A PRIVACIDADE
NO LOCAL DE TRABALHO

AMADEU GUERRA
Vogal da Comissão Nacional de Protecção de Dados

A PRIVACIDADE
NO LOCAL DE TRABALHO

As novas tecnologias e o controlo dos trabalhadores através de sistemas automatizados
As alterações do Código do Trabalho

ALMEDINA

TÍTULO:	A PRIVACIDADE NO LOCAL DE TRABALHO
AUTOR:	AMADEU GUERRA
EDITOR:	LIVRARIA ALMEDINA – COIMBRA www.almedina.net
LIVRARIAS:	LIVRARIA ALMEDINA ARCO DE ALMEDINA, 15 TELEF. 239 851900 FAX 239 851901 3004-509 COIMBRA – PORTUGAL livraria@almedina.net LIVRARIA ALMEDINA ARRÁBIDA SHOPPING, LOJA 158 PRACETA HENRIQUE MOREIRA AFURADA 4400-475 V. N. GAIA – PORTUGAL arrabida@almedina.net LIVRARIA ALMEDINA – PORTO R. DE CEUTA, 79 TELEF. 22 2059773 FAX 22 2039497 4050-191 PORTO – PORTUGAL porto@almedina.net EDIÇÕES GLOBO, LDA. R. S. FILIPE NERY, 37-A (AO RATO) TELEF. 21 3857619 FAX 21 3844661 1250-225 LISBOA – PORTUGAL globo@almedina.net LIVRARIA ALMEDINA ATRIUM SALDANHA LOJAS 71 A 74 PRAÇA DUQUE DE SALDANHA, 1 TELEF. 213712690 atrium@almedina.net LIVRARIA ALMEDINA – BRAGA CAMPUS DE GUALTAR, UNIVERSIDADE DO MINHO, 4700-320 BRAGA TELEF. 253678822 braga@almedina.net
EXECUÇÃO GRÁFICA:	G.C. – GRÁFICA DE COIMBRA, LDA. PALHEIRA – ASSAFARGE 3001-453 COIMBRA producao@graficadecoimbra.pt MAIO, 2004
DEPÓSITO LEGAL:	211668/04

Toda a reprodução desta obra, por fotocópia ou outro qualquer processo, sem prévia autorização escrita do Editor, é ilícita e passível de procedimento judicial contra o infractor.

ÍNDICE

Introdução 9

CAPÍTULO I
O CONTRATO DE TRABALHO E AS RELAÇÕES ENTRE O EMPREGADOR E O TRABALHADOR

I.   O contrato de trabalho e a posição das partes 21
II. Os poderes do empregador 24
III. Delimitação legal dos poderes do empregador e das obrigações do trabalhador 30

CAPÍTULO II
O CONTROLO AUTOMATIZADO DOS TRABALHADORES NO LOCAL DE TRABALHO

I.   A legislação aplicável 43
II. Princípios gerais de protecção de dados na Lei 67/98 48
III. Regras e procedimentos a observar no tratamento de dados por parte do empregador 61
   1. Princípios relativos à qualidade dos dados 61
      1.1. Requisitos do tratamento 61
      1.2. Princípio da adequação e da pertinência 68
      1.3. Actualização de dados e tempo de conservação 69
   2. Condições de legitimidade e de licitude do tratamento 71
      2.1. Tratamento de dados sensíveis 73
      2.2. Tratamento de suspeitas de actividades ilícitas, infracções penais e contra-ordenações 84
      2.3. Tratamento de outros dados 88

3. Obrigação de notificação dos tratamentos à CNPD 90
    3.1. Responsabilidade pela notificação e suas formalidades 90
    3.2. Isenções e Simplificações 95
4. Decisões individuais automatizadas 100
5. Garantias 105
    5.1. Dever de Segurança 106
    5.2. Segredo Profissional 110
IV. Tutela Administrativa e Jurisdicional 115
    1. O papel da CNPD 115
    2. Responsabilidade civil e criminal 121
    3. Responsabilidade contra-ordenacional e penal por violação da Lei 67/98 124

CAPÍTULO III

**O TRATAMENTO DE DADOS PESSOAIS
NO ÂMBITO DA RELAÇÃO DE TRABALHO**

I. Tratamento de dados no âmbito da contratação de pessoal 131
    1. Responsável pelo tratamento e regras a observar 131
    2. Os contornos do princípio da pertinência na legislação laboral 141
        2.1. O direito comparado 142
        2.2. O Código do Trabalho 146
    3. Dados pessoais que podem ser objecto de tratamento 159
    4. O prazo de conservação 168
II. Tratamento de dados relativos à gestão de trabalhadores e processamento de remunerações 171
III. Sanções disciplinares 181
IV. Controlo de entradas e saídas e da assiduidade com recurso a sistemas biométricos 185
    1. Introdução 185
    2. A biometria e o funcionamento geral dos sistemas biométricos ... 190
    3. Uma breve referência a algumas técnicas biométricas 199
        3.1. A impressão digital 200
        3.2. A geometria da mão 204
        3.3. O reconhecimento facial 205
        3.4. O padrão da íris e o reconhecimento da retina 206
    4. Os problemas jurídicos específicos do controlo de trabalhadores através de sistemas biométricos 207

V. A informação genética e testes de ADN 223
   1. Introdução. A natureza da informação genética 223
   2. Informação genética e relação de trabalho 230
   3. O tratamento de dados genéticos 247
VI. Tratamento de dados no âmbito dos serviços de medicina do trabalho 254
   1. Enquadramento legal dos serviços de medicina do trabalho 254
   2. Abordagem do tratamento de algumas categorias de dados 261
      2.1. Tratamento não detalhado de dados 261
      2.2. A realização de testes de alcoolémia, consumo de droga e HIV 262
      2.3. O tratamento de dados sensíveis 273
         2.3.1. Princípios gerais 273
         2.3.2. Tratamento de dados relativos a alcoolémia, consumo de droga, HIV e vida sexual 282
      2.4. Tratamento de dados de saúde e relativos a acidentes de trabalho 291
      2.5. Outros dados sobre hábitos do trabalhador e condições de vida 293

CAPÍTULO IV
O CONTROLO DE CHAMADAS TELEFÓNICAS, A VIDEOVIGILÂNCIA, O E-MAIL E A INTERNET

I. Posições adoptadas ao nível de organizações internacionais e de autoridades de protecção de dados 299
   1. Conselho da Europa 299
   2. Organização Internacional do Trabalho 301
   3. Grupo do artigo 29.º da Directiva 95/46/CE 302
      3.1. Princípios gerais aplicáveis à monitorização do correio electrónico e Internet 303
      3.2. Monitorização do correio electrónico 307
      3.3. Monitorização do acesso à Internet 309
   4. Comissão de Protecção da Vida Privada – BÉLGICA 310
   5. Comissão Holandesa 312
   6. A legislação inglesa e o código de conduta da autoridade de controlo 315
   7. Posição da Comissão Nacional de Informática e Liberdades – França 320
   8. Posição da Comissão Nacional de Protecção de Dados – Portugal 325
II. O controlo de chamadas, a videovigilância, o controlo do e-mail e acesso à Internet no nosso ordenamento jurídico 332

1. As chamadas telefónicas 334
   1.1. O registo e controlo do tráfego telefónico 337
   1.2. A intercepção e gravação das chamadas 340
2. Os sistemas de videovigilância 348
   2.1. Enquadramento geral da videovigilância 348
   2.2. A videovigilância no local de trabalho 358
3. O Correio Electrónico e a Internet 364
   3.1. Considerações gerais 364
   3.2. O Correio electrónico 368
      3.2.1. A comunicação através dos suportes tradicionais 368
      3.2.2. Implicações da atribuição do e-mail ao trabalhador 370
      3.2.3. Os contornos possíveis do controlo da utilização do e-mail 374
      3.2.4. Princípios de protecção de dados 378
      3.2.5. Um olhar pela jurisprudência 382
      3.2.6. Os limites do poder de controlo da entidade patronal e o novo Código do Trabalho 387
   3.3. O acesso à Internet 393
Bibliografia 403

ANEXOS

ANEXO I – AUTORIZAÇÕES DE ISENÇÃO

1. Autorização de isenção n.º 1/99 413
2. Autorização de isenção n.º 4/99 417
3. Autorização de isenção n.º 5/99 419
4. Autorização de isenção n.º 6/99 421

ANEXO II – FORMULÁRIOS PARA NOTIFICAÇÃO DE TRATAMENTOS À CNPD

Declaração n.º 1 – Gestão de informação de candidatos a emprego 425
Declaração n.º 2 – Gestão de pessoal e sanções disciplinares 431
Declaração n.º 3 – Gestão dos serviços de medicina do trabalho 438
Declaração n.º 4 – Gestão da assiduidade com recurso a sistemas biométricos 444
Declaração n.º 5 – Gestão do controlo e utilização de e-mail e Internet para fins estranhos à actividade da empresa 449

INTRODUÇÃO

1. As novas tecnologias obrigaram os Estados a encarar com especial atenção os desafios colocados e a aproveitar, com particular determinação, as suas potencialidades. Tanto ao nível dos Estados como ao nível de importantes organizações internacionais – quer económicas, quer políticas, quer de defesa dos direitos dos cidadãos – se reconhece que o futuro do desenvolvimento, da criação de bem-estar ou da competitividade passa, necessariamente, pela forma como as novas tecnologias de informação e comunicação são aproveitadas e assimiladas. É um lugar comum, por isso, afirmar que estamos na era da «Sociedade da Informação».

Em bom rigor, como refere Oliveira Ascensão [1], o conceito técnico aplicável é o de *sociedade de comunicação* «uma vez que o que se pretende impulsionar é a comunicação e só em sentido muito lato se pode qualificar toda a mensagem como informação». E quais são, afinal, os seus contornos?

O "Livro Verde para a Sociedade de Informação em Portugal" [2] delimita o conceito da expressão «Sociedade da Informação» referenciando-a "a um modo de desenvolvimento social e económico em que a aquisição, armazenamento, processamento, valorização, transmissão, distribuição e disseminação de informação conducente à criação de conhecimento e à satisfação das necessidades dos cidadãos e das empresas, desempenham um papel central na actividade económica, na criação de riqueza, na definição da qualidade de vida dos cidadãos e das suas práticas culturais".

---

[1] "Sociedade de Informação" *In* "Direito na Sociedade de Informação", Vol. I, Coimbra Editora, Outubro de 1999, pág. 167.

[2] Disponível *in* http://www.missao-si.mct.pt

Numa outra perspectiva, a sociedade de informação assenta num novo modelo de organização industrial, cultural e social ([3]), com participação de todos os agentes económicos e em que os cidadãos são parte integrante e assumem um papel decisivo na vida económica e social.

Para o tema que nos vai ocupar esta ideia é decisiva na medida em que, como se verá, os trabalhadores, enquanto cidadãos, devem ser estimulados a usarem as novas tecnologias de comunicação; esse estímulo passa pela criação de condições favoráveis à utilização de alguns meios disponíveis no seu posto de trabalho, não se vislumbrando que seja benéfico ou desejável ao desenvolvimento económico e à competitividade uma proibição absoluta e injustificada da utilização destes meios.

2. A explosão das novas tecnologias de informação decorre de uma conexão e integração de um complexo de mudanças. Já não está em causa, apenas, a utilização dos computadores. É necessário saber tirar as devidas vantagens do relacionamento e inter-operacionalidade dos sistemas de bases de dados relacionais, dos suportes de texto com a imagem ou com os serviços vocais clássicos e das aplicações interactivas; aproveitar as telecomunicações (fixas ou móveis), as tecnologias de semi-condutores, a comutação e transmissão, bem como o desenvolvimento das indústrias de conteúdos em ambiente multimédia e o audiovisual, está na ordem do dia. A digitalização e a compressão da informação decorrente da «numerização», as novas infra-estruturas de telecomunicações, as grandes potencialidades das redes digitais e da comunicação por satélite abrem caminho a uma «revolução».

Estas diferentes tecnologias são determinantes para o aumento do interesse por parte dos utilizadores, facto que é decisivo, reflexamente, para desencadear o desenvolvimento do mercado. A comunicação não se confina às relações de «um para vários», sem interactividade, como acontece na radiodifusão; não se limita à «interactividade de um para um», como acontece no sistema tradicional de telefone; abrange uma verdadeira interactividade em que todos podem, reciprocamente, difundir e aceder a informação.

Aquela revolução deixou de assentar nos vectores que caracterizavam a "sociedade industrial" – em que a energia ou a força muscular, os

---

([3]) Cf. Herminia Campuzano Tomé – " Vida Privada Y Datos Personales", Madrid, 2000, pág. 20.

recursos naturais, as matérias primas ou as máquinas eram determinantes para criar riqueza e assegurar o desenvolvimento – passando o crescimento e o desenvolvimento a estarem baseados na «informação» ([4]), assumindo esta um papel fundamental dinamizador da «nova economia».

A sociedade de informação tem um impacto decisivo na vida social e económica a todos os níveis: no trabalho, na educação, na ciência e na investigação, na saúde, na ocupação dos tempos livres, nos transportes, no ambiente, no comércio e, mesmo, na política.

3. São já visíveis substanciais alterações de hábitos e de relações contratuais, não escapando a estas mudanças as relações de trabalho ([5]).

No domínio da *prestação de trabalho* aparecem soluções mais versáteis e que respondem, por vezes, a verdadeiras ambições dos cidadãos: a flexibilização do tempo de trabalho ou o aumento dos níveis percentuais do trabalho a tempo parcial. A forma clássica da prestação do trabalho, assente na ideia de presença física do trabalhador na empresa, deu lugar a formas de prestação de trabalho longe do «centro de produção». As novas tecnologias permitiram, deste modo, a explosão do teletrabalho ([6]) e a colocação de algumas dificuldades em matéria de separação entre «tempo de trabalho» e período estritamente pessoal onde releva a vida privada.

---

[4] "As novas tecnologias configuram a informação como um dos valores fundamentais da nossa sociedade. Estamos a evoluir de uma forma de vida baseada nos bens físicos para uma outra centrada no conhecimento e na informação" *in* Herminia Campuzano Tomé – "Vida Privada Y Datos Personales", Madrid, 2000, pág. 19 e 20. No mesmo sentido veja-se Fabrice Fevrier – "Pouvoir de contrôle de l'employeur et droits des salariés à l'heure d'Internet", Les enjeux de la cybersurveillance dans l'entreprise. Droit et Nouvelles Technologies (*in* http://www.droit-technologie.org). Para este autor "os processos de produção modernos fazem apelo a um trabalho colectivo em que a troca de informação, a cooperação entre pessoas com maior autonomia, mas ao mesmo tempo mais interdependentes, são factores de eficácia e de fiabilidade".

[5] Veja-se, para maior desenvolvimento, o Livro Verde Viver e Trabalhar na Sociedade de Informação: prioridade às pessoas, COM (96) 389, de 22 de Janeiro de 1996.

[6] Sobre o «teletrabalho» e as relações de trabalho no contexto das novas tecnologias vejam-se: Pedro Romano Martinez – "Relações entre empregador e empregado" *in* "Direito da Sociedade de Informação", Coimbra Editora, 1999, pág. 185; Maria Regina Redinha – "O Teletrabalho" *in* II Congresso Nacional de Direito do Trabalho, Almedina, pág. 83; Juan José Fernández Domínguez e Susana Rodríguez Escanciano – "Utilización y Control de Datos Laborales Automatizados", 1997, pág. 53 e ss. A *ECTF, European Community Telework/telematics Forum* – dirigida para a concertação em matéria de teletraba-

As novas tecnologias – ao permitirem o armazenamento e interactividade dos vários suportes – podem ser utilizadas para potenciar uma maior delimitação dos perfis psicológicos dos trabalhadores nas diversas fases de relacionamento com a entidade patronal. Na fase pré-contratual e da admissão na empresa – em que se pretende coligir uma multiplicidade de dados de identificação, profissionais e familiares – bem como na fase da prestação de trabalho, é recolhida múltipla e variada informação que pode ser utilizada no controlo e apreciação do desempenho dos trabalhadores: em matéria de produtividade, na verificação do grau de eficiência ou na apreciação da sua competência e, até, como instrumento de aferição do cumprimento das ordens e instruções dadas pela entidade empregadora [7].

As entidades empregadoras recolhem informação diversificada sem que, em alguns casos, se apercebam ou estejam conscientes, muitas vezes, de que o tratamento de dados pessoais dos trabalhadores tem regras jurídicas próprias e que não se confinam às disposições decorrentes da legislação do trabalho ou aos termos que foram definidos no próprio contrato de trabalho ou noutros instrumentos avulsos. A entidade empregadora, quando pede ao trabalhador para preencher determinados questionários ou solicita o fornecimento de certos dados, ainda que esses dados sejam necessários ao cumprimento de algumas obrigações resultantes da relação de trabalho, não deixa de se "intrometer" na esfera da privacidade do trabalhador ou da sua família. As várias operações de «tratamento de dados» [8] são, algumas

---

lho e aplicações telemáticas – tem vindo a desenvolver iniciativas para promover o teletrabalho, em particular no âmbito da difusão de informação de projectos sobre teletrabalho.

Os artigos 233.º a 243.º do Código do Trabalho, aprovado pela Lei n.º 99/2003, de 27 de Agosto, consagram o regime jurídico do «teletrabalho» e estabelecem princípios específicos de salvaguarda da privacidade e intimidade do trabalhador e da sua família (cf. o artigo 237.º).

[7] Para Henri Delahaie e Félix Paoletti ("Informatique et libertés", Editions la Decouverte, pág. 41), "a introdução da informática nas empresas desencadeou não só problemas de emprego, de condições e de organização do trabalho, de qualificações e de formação, mas também de liberdades e de democracia".

[8] A Lei 67/98, de 26 de Outubro, define o conceito de «*tratamento de dados pessoais*» (artigo 3.º al. b), nele se abrangendo uma multiplicidade de operações: engloba «qualquer operação ou conjunto de operações sobre dados pessoais, efectuadas com ou sem meios automatizados, tais como a recolha, o registo, a organização, a conservação, a adaptação ou alteração, a recuperação, a consulta, a utilização, a comunicação por trans-

vezes, realizadas com grande naturalidade sem que a entidade empregadora se aperceba (⁹) de que a sua actuação pode afectar, de forma profunda e marcante, a privacidade e intimidade dos trabalhadores, nomeadamente quando essa informação é cruzada e utilizada com objectivos de controlo ou de constituição de perfis. Muitas vezes, são os próprios equipamentos (computadores ou centrais telefónicas) que «convidam» as entidades empregadoras a fazer determinado tipo de tratamentos uma vez que o seu *software* está preparado para registar determinado tipo de dados.

Noutras situações é a alegação da necessidade de «securitização» que serve para fundamentar a conservação dos "traços" relativos à troca de dados e ao fluxo de informação no seio da empresa.

Várias são as situações em que o tratamento de dados pessoais decorre de um hábito institucionalizado na empresa (¹⁰), da adopção de procedimentos que ocorrem noutras empresas (¹¹), do aproveitamento das novas metodologias para melhorar a eficácia de certos controlos (¹²), da aferição

---

missão, por difusão ou por qualquer outra forma de colocação à disposição, com comparação ou interconexão, bem como o bloqueio, apagamento ou destruição».

(⁹) Como refere o "Anuario de Derecho de las Tecnologías de la Información y las Comunicaciones" – (TIC), 2002, Davara & Davara, Asesores Jurídicos, pág. 38 – existe uma "falta de cultura básica sobre protecção de dados". Apela o autor da obra a uma colaboração de todos para atingir um "equilíbrio necessário para poder desenvolver as actividades profissionais e empresariais sem impedimentos, mas com total respeito pelos direitos dos titulares dos dados e com garantia dos princípios nas normas vigentes".

(¹⁰) Receber dados de estudantes junto de estabelecimentos de ensino superior para captar os melhores alunos e facultar-lhes um estágio na empresa; obrigar os candidatos a um emprego a preencher questionários extremamente detalhados, muitas vezes com informação não pertinente, e com o objectivo de "conhecer melhor" o trabalhador (com perguntas sobre hábitos de vida, tempos livres, *hobbies*, dados psicológicos – *v.g.* testes psicotécnicos – ou, mesmo, dados de saúde).

(¹¹) Utilização de sistemas de controlo de entradas e saídas na empresa que se mostraram eficazes em empresas do mesmo sector (*v.g.* cartões magnéticos, comparação das impressões digitais ou dados biométricos); utilização de *cameras* para controlar os movimentos ou a produtividade.

(¹²) Controlo da utilização do *e-mail* para fins pessoais ou o acesso à Internet; utilização dos telefones disponibilizados pela empresa (fixos ou móveis) para fins particulares; controlo de movimentos dos trabalhadores (*v.g.* Via Verde ou sistemas GPS); intromissão nas comunicações gravadas, por serviços de atendimento (*v.g.* perda de cartões de crédito, serviço da assistência em viagem, inquéritos e sondagens de opinião), para valorar a qualidade do atendimento ou introduzir melhorias nos procedimentos.

da produtividade (¹³) e, até, para cumprir certas obrigações legais (¹⁴) ou contratuais (¹⁵).

Porém, se pararmos um pouco e olharmos para a multiplicidade de procedimentos de tratamento de dados, não podemos deixar de reconhecer que os trabalhadores estão a ser continuamente «vigiados» e o relacionamento de todas as informações detidas pela entidade patronal a seu respeito permite a constituição de autênticos «perfis». As fórmulas de controlo são cada vez mais sofisticadas, à custa da introdução sistemática da informática nos processos de controlo de entradas e saídas, de movimentos no interior da empresa e, mesmo, no processo produtivo. O trabalhador, que anseia passar despercebido, pode transformar-se num trabalhador vigiado e «transparente» (¹⁶) em relação ao qual a máquina se encarregou de registar e transmitir as suas "coordenadas". O controlo já não está exclusivamente direccionado para os resultados da prestação do trabalho, tendo passado a abranger outros aspectos que o empregador pode valorar: o comportamento do trabalhador, a forma como executa as tarefas que lhe estão atribuídas (v.g. forma de atendimento de clientes, o entusiasmo que imprime à sua actividade, a eficácia e rapidez de execução das tarefas) ou como se adapta ao trabalho em grupo.

Os sistemas de controlo devem apresentar-se como necessários para o desenvolvimento da actividade produtiva. Decorrendo o exercício dos poderes de controlo do próprio contrato, não devem os sistemas de informação assumir carácter ilimitado mas ater-se ao que se revele necessário para aferir o cumprimento do contrato, naquilo que se relacione com a melhoria da organização produtiva da empresa. Por outro lado, devem ser proporcionados e exercidos de forma racional com o nível de intromissão objectivamente justificado no contexto do contrato, respeitando "um

---

(¹³) Registo do número de contratos celebrados, do número de clientes atendidos, gestão do número de reclamações recebidas em relação ao trabalhador, gestão das pausas no decurso do tempo de trabalho, verificação percentual do volume de vendas.

(¹⁴) Gestão da filiação sindical para efeitos de descontos das quotas; afixação dos mapas de quadro de pessoal; gestão da informação para efeitos de medicina do trabalho; comunicações obrigatórias de dados a certas entidades (Segurança Social, Contribuições e Impostos ou Inspecção do Trabalho).

(¹⁵) Comunicação de dados às companhias de seguros no âmbito de um contrato de seguro de acidente de trabalho na modalidade de «folha de férias».

(¹⁶) Cf. Juan Domínguez e Susana Escanciano – "Utilización y Control de Datos Laborales Automatizados", 1997, pág. 82.

mínimo de serenidade das condições de trabalho ... e o direito do trabalhador de não ser atingido por estímulos produtivos, exasperantes e usurários"; é que "a dignidade do trabalhador é algo demasiado importante para poder ser posta em causa através de meios de vigilância clandestina" ([17]) que, nalguns casos, podem vir a comprometer o exercício de alguns dos seus direitos (cf. artigos 16.º, 119.º e 122.º al. a) do Código do Trabalho). Por outro lado, o controlo sistemático, para além de ser susceptível de comprometer o grau de confiança recíproco que deve caracterizar a relação laboral, pode contribuir para dar a ideia de que o trabalhador não será «responsável e incapaz de se auto-disciplinar» ([18]).

4. Sendo pacífico que não é admissível a renúncia do trabalhador ao exercício dos seus direitos na vigência do contrato de trabalho ([19]), a legitimidade da entidade empregadora para tratar determinado tipo de dados deve passar, cada vez menos, pelo consentimento ou, mesmo, por disposições de natureza contratual ([20]).

As operações de tratamento, especialmente quando afectam alguns direitos dos trabalhadores (v.g. a sua intimidade ou privacidade), devem, preferencialmente, assentar em disposições legais. Por isso, o nosso legislador tem, ainda, um longo caminho a percorrer ([21]).

([17]) O. de Tissot – «Pour une analyse juridique du concept de "dignité" du salarié» in Droit Social, num. 12, 1995, pág. 975.

([18]) Lionnel Bochurberg e Sebastian Counuaud – "Internet et la vie privée au bureau", Delmas Express, 2001, pág. 21.

([19]) Sobre a indisponibilidade dos direitos de natureza pecuniária na vigência do contrato de trabalho veja-se o Ac. do STJ de 12 de Dezembro de 2001 (Proc. 2271/2001). Já quanto à renúncia após a cessação do contrato a mesma será possível (cf. Ac. Relação de Lisboa de 31/5/1982 in Col. Jur. Ano VII, t. 3, pág. 179).

([20]) Também Catarina Sarmento e Castro ("A protecção de dados pessoais dos trabalhadores" in Questões Laborais, Coimbra Editora, Ano IX, 2002, pág. 58) considera, no mesmo sentido, que a relação subordinada "pode não conceder ao trabalhador liberdade suficiente para tomar uma decisão sobre os tratamentos de dados que o afectem. Muitas vezes o consentimento poderá não ser completamente livre, receando os trabalhadores prejuízos na sua progressão na carreira, nos aumentos salariais, ou temendo não conseguir o emprego que procuram, em caso de recusa".

([21]) Como veremos, o Código do Trabalho apresenta alguns avanços que apontam no sentido da defesa do trabalhador contra intromissões desnecessárias e injustificadas da entidade empregadora, embora com disposições demasiado genéricas que mereceriam uma melhor explicitação.

Delimitar as condições em que as entidades empregadoras podem tratar os dados dos trabalhadores não é tarefa simples, na medida em que as várias formas de tratamento têm que compatibilizar os vários direitos da entidade empregadora (iniciativa privada e liberdade de estabelecimento) ([22]), os seus poderes (de direcção e orientação), os princípios decorrentes do contrato de trabalho (onde, teoricamente, domina a liberdade contratual), com os direitos e obrigações do trabalhador que, numa situação de desvantagem, está adstrito ao dever de subordinação e de obediência. Torna-se necessário, por isso, assegurar um "equilíbrio entre dois dos mais significantes postulados da sociedade hodierna: a livre iniciativa e autonomias privadas e a integridade física e reserva da intimidade da vida privada. Importa, assim, harmonizá-las e maximizar os direitos em causa, sem aniquilar as dimensões essenciais de qualquer deles" ([23]).

5. A par da legislação de trabalho, não podem deixar de ser observadas, igualmente, as disposições de protecção de dados.

A verdade é que o complexo de legislação vigente não apresenta, ainda, a desejável coerência e rigor que permita atingir a segurança jurídica e que forneça às entidades empregadoras, interessadas em fazer controlo das suas ordens e instruções em determinados domínios, os meios adequados para avaliar em que medida podem ou não realizar determinados tratamentos de dados ([24]).

([22]) Conforme doutrina do Tribunal Constitucional, a liberdade de iniciativa privada não é um direito absoluto e legalmente incondicionável mas, antes, sujeito, no seu exercício, às "restrições legais impostas pelo interesse colectivo". A compatibilização de direitos deverá ser feita à luz dos princípios da "necessidade e proporcionalidade da restrição, do seu carácter geral e abstracto, e não retroactivo, e do respeito pelo conteúdo essencial do preceito constitucional consagrador do direito" – cf. Ac. de 12 de Julho de 1989, in BMJ n.º 389, pág. 214.

([23]) João Nuno Zenha Martins – "O Genoma Humano e a Contratação Laboral", Celta Editora, Oeiras, 2002, pág. 52.

Em sentido similar, salienta Assane Diop ("Vie au travail et protection de la vie privée: pour un travail décent dans une société de l'information" in La 23.ª Conférence Internationale des Commissaires à la Protection des Données, Paris, 24/26 Setembro 2001 – http://www.parisconference-2001.org/fr) que "interessa lembrar que a delicada questão da demarcação da esfera da vida privada no local de trabalho supõe o respeito, para os trabalhadores, dos seus direitos fundamentais e, para os empregadores, dos seus interesses legítimos".

([24]) Os autores do Anuario de Derecho de las Tecnologias, cit. pág. 39, entendem que a "segurança jurídica é uma meta a alcançar pois, de um ponto de vista prático, tem a sua

A utilização das novas tecnologias no seio das empresas e da Administração Pública veio trazer novos desafios para a delimitação jurídica dos direitos dos trabalhadores em relação a todas as formas de tratamento de dados. São um bom exemplo dessas dificuldades todas as formas que permitam o controlo dos trabalhadores na sequência da realização de chamadas telefónicas no local de trabalho, o controlo e verificação do conteúdo dos *e-mails* dos trabalhadores ou o grau de utilização da *Internet*, a utilização de *cameras* no local de trabalho com a finalidade de medir a produtividade ou de controlar a prestação de trabalho. Tratar dados no contexto dos serviços de medicina de trabalho, bem como utilizar dados biométricos dos trabalhadores ou realizar testes genéticos são temas que estão, igualmente, na ordem do dia e cuja delimitação jurídica apresenta alguma complexidade.

Sendo o signatário membro da Comissão Nacional de Protecção de Dados (CNPD) – cargo que desempenha desde 1994 – entende ser útil partilhar alguma da sua experiência e reflexão sobre a temática do tratamento de dados pessoais no contexto das relações de trabalho. Ao mesmo tempo, aqui fica um desafio aos intervenientes na relação laboral para, também, reflectirem sobre a implicação das novas tecnologias nas relações de trabalho, na perspectiva de contribuir para a definição de alguns procedimentos em relação a certos tratamentos de dados pessoais.

A legislação sobre protecção de dados – Lei 67/98, de 26 de Outubro – não está suficientemente divulgada e a generalidade das entidades empregadoras desconhece, por isso, as regras que devem observar quando processam, automaticamente, dados pessoais dos seus empregados.

Ao serem evidenciados os procedimentos práticos a adoptar nas relações com a CNPD, especialmente em matéria de notificação de tratamentos, podemos dar um passo para ajudar a sensibilizar as empresas, de uma forma pedagógica, para as novas obrigações atinentes ao tratamento de dados pessoais no domínio das relações de trabalho.

---

parcela de importância, *a priori*, na medida em que quem realize tratamento de dados de carácter pessoal possa conhecer o risco que corre a fim de poder tomar as medidas necessárias para evitar que se produza o tratamento ilegal, não consentido, ou efectuado de forma irregular". Reconhecem os autores da obra, em face das sanções previstas na lei espanhola, que o incumprimento da lei representa um «risco elevado». Por isso, interessa, pelo menos, que o empresário conheça e possa decidir em relação ao risco que está disposto a assumir.

Constata-se que a entidade empregadora – ou quem lhe presta serviços no âmbito da contratação de pessoal – pode proceder à recolha de dados, mesmo antes da celebração do contrato de trabalho. Procuraremos fazer uma abordagem prática do tema, evidenciando, de uma forma abrangente, as várias situações de tratamento de dados no decurso da relação de trabalho.

Para facilitar a tarefa das entidades responsáveis pelo tratamento de dados constam, em anexo a este trabalho, as autorizações de isenção de notificação proferidas pela CNPD no âmbito laboral (Anexo I) e alguns exemplos de formulários de notificação, com as respectivas sugestões de preenchimento (Anexo II).

Capítulo I

O CONTRATO DE TRABALHO E AS RELAÇÕES ENTRE O EMPREGADOR E O TRABALHADOR

I. O CONTRATO DE TRABALHO E A POSIÇÃO DAS PARTES

A reflexão que agora nos ocupa não pode deixar de ser feita sem que, previamente, se faça uma abordagem do posicionamento dos vários intervenientes na relação de trabalho.

O artigo 10.º do Código do Trabalho, aprovado pela Lei n.º 99/2003, de 27 de Agosto, define o contrato de trabalho – em termos similares em que o faz o artigo 1152.º do Código Civil (e o artigo 1.º da revogada LCT) – como sendo *"aquele pelo qual uma pessoa se obriga, mediante retribuição, a prestar a sua actividade a outra pessoa ou outras pessoas, sob a autoridade e direcção destas"*.

Por força da definição legal, a doutrina e a jurisprudência têm entendido que o contrato de trabalho supõe a existência de uma subordinação económica (o trabalhador recebe a retribuição do dador do trabalho) e de uma «subordinação jurídica» (exercício da actividade sob as ordens, direcção e fiscalização do dador do trabalho) ([25]).

Mas, o traço fundamental que caracteriza este tipo de relação contratual – e que o distingue de contratos afins ([26]) – é a existência de uma «subordinação jurídica» do trabalhador.

Conforme refere Monteiro Fernandes ([27]) "a subordinação jurídica consiste numa relação de dependência necessária de conduta pessoal do trabalhador na execução do contrato face às ordens, regras ou orientações

---

([25]) Cf. Acórdãos do STJ de 22/4/88, 26/9/90 e de 19/2/97 *in* Ac. Dout. 319, pág. 1004, BMJ 399, pág. 405 e Col. Jur./STJ, 1997, t. 1, pág. 184.

([26]) Veja-se a jurisprudência citada por Abílio Neto – "Contrato de Trabalho, Notas práticas", 14.ª Edição, 1997, página 57 e ss. e Amadeu Guerra – "Leis do Trabalho", 2.ª Ed. Vol. I, pág. 63.

([27]) "Noções Fundamentais de Direito do Trabalho", 2.ª Edição, Coimbra, 1976, pág. 37. Veja-se, igualmente, Luís Miguel Henrique Monteiro – "Da vontade contratual na configuração da prestação de trabalho" *in* Revista de Direito e Estudos Sociais, Jan/Dez 1990, Ano XXXII, pág. 287.

ditadas pelo empregador, dentro dos limites do mesmo contrato e das normas que o regem".

O elemento subordinação jurídica confere à entidade patronal, desde logo, a faculdade de delimitar o âmbito e conteúdo da prestação de trabalho, estabelecendo e concretizando as situações de vinculação do trabalhador.

O Parecer da PGR de 28 de Maio de 1981 ([28]) enuncia, com rigor, alguns aspectos fundamentais inerentes à subordinação jurídica: "não é mais do que o lado passivo da posição de supremacia que corresponde ao dador de trabalho, titular de um poder directivo que o habilita a organizar e disciplinar o trabalho, a fixar os termos em que este há-de ser prestado, com vista à consecução dos fins visados pelo organismo de trabalho de que o trabalhador faz parte; sobre este impende, por sua vez, um dever de obediência, no tocante à execução e disciplina do trabalho, postulando esta dependência mais do que uma simples submissão a instruções ou a contrato genérico e ocasional, que também em relações de trabalho autónomo, e para a consecução do resultado em vista, se podem dar. Mas a subordinação jurídica tem de entender-se com bastante latitude e flexibilidade, de modo a abranger as variadíssimas gradações de que é susceptível, variáveis em função das aptidões profissionais do trabalhador e da tecnicidade das próprias tarefas, sendo certo, por outro lado, que a doutrina e a jurisprudência vêm sustentando que tal conceito apenas exige a mera possibilidade de ordens e direcção".

A subordinação está, por definição, subjacente ao próprio contrato, só existindo contrato se a entidade patronal tiver o poder de dar ordens aos seus trabalhadores, dirigi-los e fiscalizá-los, mesmo que não exerça estes poderes de forma permanente ([29]) ou que os poderes de orientação sejam "comprimidos" e limitados, apenas, a instruções genéricas ou à simples definição do momento da prestação ou à fiscalização do horário de trabalho ([30]). A subordinação jurídica é temperada por uma certa autonomia ([31]),

---

([28]) *In* BMJ 312, pág. 112.

([29]) Cf. neste sentido o Ac. Relação do Porto de 15/12/80, *in* Col. Jur. 1980, t. 5, pág. 167.

([30]) Cf. Ac. do STJ de 21/11/86, *in* Ac. Dout. n.° 307, pág. 1045 e Ac. Rel. Coimbra de 23/2/95, *in* Col. Jur. 1995, t. 1, pág. 78.

([31]) O Código do Trabalho obriga o empregador a "respeitar a autonomia técnica do trabalhador que exerça actividades cuja regulação profissional a exija" (vejam-se os artigos 112.° e 120.° alínea e).

em função das especialidades das tarefas e da aptidão técnica do trabalhador, mas nem por isso a entidade patronal perde a «posição de supremacia» que caracteriza a relação laboral. Porém, a ideia fundamental a reter é a de que, por força do contrato de trabalho, o trabalhador coloca à disposição do empregador a sua força de trabalho, mas não a sua pessoa ([32]). Por isso, a doutrina sublinha que as novas formas de subordinação, adaptadas em função das exigências inerentes à utilização das novas tecnologias, apresentam novos riscos, bem como "novas formas de insegurança no emprego e novas ameaças para a liberdade" ([33]).

Este poder de direcção e de organização da actividade no posto de trabalho (quer no âmbito de uma empresa quer na Administração) dá-lhe, em abstracto, o direito de estruturar o seu sistema de informação para poder responder, com eficácia e rapidez, às múltiplas necessidades que se lhe deparam no exercício da sua actividade. Em termos de protecção de dados podemos aqui deixar uma consideração geral, a que voltaremos mais tarde, e que caracteriza o «*princípio da necessidade*». Quer dizer, o tratamento pode apresentar-se como «legítimo» se se revelar *necessário* ao exercício da actividade económica do respectivo responsável.

Sem entrar em detalhes, esta ideia encontra suporte em duas disposições da Lei de Protecção de Dados (LPD), aprovada pela Lei 67/98, de 26 de Outubro:

a) Os dados pessoais devem ser «adequados, pertinentes e não excessivos relativamente às finalidades para que são recolhidos e posteriormente tratados» (art. 5.º n.º 1 al. c);

b) O tratamento será possível quando for necessário à «prossecução de interesses legítimos do responsável pelo tratamento ou de terceiro a quem os dados são comunicados, desde que não devam

---

([32]) Veja-se Riviero em Lenoir e Wallon, "Informatique, travail et libertés" *in* Droit Social, 1988, pág. 213-241. Também Maria do Rosário Ramalho ("Estudos de Direito do Trabalho", Vol. I, Almedina, Junho de 2003, pág. 163 e 164), numa perspectiva próxima mas qualitativamente diversa, salienta que "no contrato de trabalho verifica-se um envolvimento integral da *personalidade do trabalhador* em razão da estrutura do próprio vínculo, *verbi gratia*, por força da inseparabilidade entre a prestação de trabalho e a pessoa do prestador; este envolvimento acarreta, naturalmente, um perigo acrescido de invasão da esfera pessoal do trabalhador pelo contrato e pelo empregador".

([33]) Fabrice Fevrier – "Pouvoir de Contrôle de l'employeur et droits des salariés à l'heure d'Internet", Les enjeux de la cybersurveillance dans l'entreprise. Droit et Nouvelles Technologies (*in* http://www.droit-technologie.org) – que cita Christophe Radé.

prevalecer os interesses ou os direitos, liberdades e garantias dos titulares dos dados» (art. 6.º al. e).

A parte final do preceito citado (em b) faz apelo à compatibilização dos interesses dos intervenientes (responsável pelo tratamento e titular dos dados), princípio que, também, encontra consagração na legislação laboral quando refere que a entidade empregadora deve respeitar e tratar com urbanidade e probidade o trabalhador (cf. artigo 120.º al. a) do Código do Trabalho). Mas, mais do que isso, o novo Código do Trabalho – nos seus artigos 15.º e 16.º n.º 1 – consignou que as relações de trabalho se devem nortear por um *respeito recíproco* dos direitos de personalidade e, particularmente, pela reserva da intimidade da vida privada. Esta reciprocidade não deixa de ser aparente uma vez que não é comparável nem pode ser equiparado o risco de invasão de direitos de personalidade que envolve a celebração do contrato para as duas partes. Aliás, a declaração de princípio sobre preservação da «esfera íntima e pessoal *das partes*», incluída 16.º n.º 2 do Código do Trabalho, não tem qualquer sequência ou materialização no Código – nomeadamente nos artigos 17.º e 18.º – na medida em que as exigências sobre a «prestação de informações» relativas à vida privada ou ao estado de saúde, bem como a realização de testes ou exames médicos, só é exigível em relação a candidatos a emprego ou trabalhadores [34].

II. OS PODERES DO EMPREGADOR

1. Para o bom e eficiente desenvolvimento da actividade profissional a entidade empregadora dispõe de poderes que lhe permitem, na prática, criar as condições para a boa execução do trabalho e a condução normal

---

[34] Se é admissível a realização de exames médicos (v.g. testes de HIV) em relação ao exercício de certas profissões, é anómalo que o trabalhador – fazendo apelo ao princípio da reciprocidade – exija que a entidade empregadora seja submetida a exames similares, sob pena de rescisão do contrato com justa causa. Conforme salienta Maria do Rosário Ramalho ("Estudos de Direito do Trabalho", Vol. I, Almedina, Junho de 2003, pág. 34, nota 29) é a "componente pessoal da actividade do trabalhador que torna a tutela dos seus direitos de personalidade particularmente importante no contrato mas também, pela natureza das coisas, qualitativamente diferente da tutela que merecem os direitos do empregador. É que, ao contrário do trabalhador, o empregador não envolve a sua pessoa no contrato".

da actividade empresarial, bem como a aplicação de sanções aos seus trabalhadores quando se verifiquem os pressupostos legais ou os requisitos estabelecidos pelo regulamento interno ([35]).

Vários autores ([36]) debruçaram-se sobre o tema, tendo sido sistematizados e agrupados os poderes da entidade patronal de modo diferenciado.

Para uns ([37]) a entidade patronal teria um poder genérico de direcção que compreende: um poder determinativo das funções, um poder confirmativo da prestação, um poder regulamentar e um poder disciplinar.

Noutra óptica ([38]), há quem entenda que os poderes da entidade patronal se apresentam sob 3 formas: *poder de direcção* (poder de comando sobre os subordinados por ocasião do trabalho), *poder regulamentar* (direito de elaborar o regulamento interno) e *poder disciplinar* (faculdade de impor determinadas sanções aos seus trabalhadores).

2. Mais recentemente ([39]), entendeu-se que a posição de domínio do empregador lhe conferiu uma série de poderes: poder organizativo, poder directivo, poder regulamentar e poder disciplinar.

O *poder organizativo*, ainda que possa centrar-se nos aspectos da "estruturação dos meios necessários à prossecução dos fins económicos e pessoais", pode ser determinante na ordenação dos diversos "factores de produção". É através dele que a entidade patronal delimita os objectivos a desenvolver e define toda a política empresarial (política de produção, plano de vendas, desenvolvimento e crescimento económico), bem como a estruturação e rentabilidade de todos os factores de produção.

Também se inclui no âmbito do poder organizativo a escolha do tipo de serviços e a arquitectura de telecomunicações a adoptar, a forma de estruturação do sistema de informação, a definição da segurança física

---

([35]) Segue-se de perto a nossa obra "Despedimentos e outras formas de cessação do contrato de trabalho", Coimbra, Almedina, 1984, pág. 68.

([36]) Monteiro Fernandes, ob. cit. pág. 104 e ss, e "Fundamentos do poder disciplinar" *in* Estudos Sociais e Corporativos, n.º 24, 1967, pág. 17 e ss; F. J. Coutinho de Almeida, "Os poderes da entidade patronal no direito português" *in* Revista de Direito e Economia, Ano III, 1977, pág. 301 e José António Mesquita – "Poder Disciplinar" *in* Suplemento ao BMJ, 1979, pág. 215. Veja-se, ainda, Maria do Rosário P. Ramalho – "Do fundamento do poder disciplinar laboral".

([37]) Monteiro Fernandes, ob. cit. pág. 105.

([38]) Coutinho de Almeida, ob. cit. pág. 303 e 304.

([39]) Maria do Rosário Ramalho, loc. cit. pág. 148 e 149.

(*v.g.* utilização de sistemas de controlo com recurso a dados biométricos ou a utilização de *cameras* de videovigilância), bem como a definição das políticas de publicitação da actividade da empresa ou de comunicação com o exterior (criação de página de *Internet*, definição do papel do correio electrónico na actividade da empresa ou a aposta no comércio electrónico como factor de desenvolvimento e flexibilização das relações comerciais). Em particular, é ao empregador que incumbe, nos termos do artigo 3.º al. d) da Lei 67/98, de 26 de Outubro, definir quais os meios de tratamento de dados pessoais e determinar as finalidades determinantes do tratamento. É óbvio que muitas destas tarefas podem estar dependentes de pareceres técnicos, os quais podem ser obtidos quer exteriormente à empresa (*v.g.* recurso à prestação de serviços) quer no seu seio, com recurso aos meios que o empregador considerar adequados, servindo-se de um outro poder: o «poder directivo».

Mas, independentemente das várias posições da doutrina, que não se revelam de todo divergentes, o *poder directivo* é aquele que confere ao empregador, sob as mais diversas formas, o direito de emitir comandos adequados para responder à necessidade de estruturação e estabelecimento da hierarquia na empresa (*v.g.* elaboração de organigramas e posicionamento de cada trabalhador na "escala hierárquica"), critérios de admissão, determinação inicial das funções de cada trabalhador ([40]) e das categorias profissionais (*v.g.* tarefas a desempenhar e conteúdo da prestação de trabalho), divisão de trabalho, formas de cumprimento da obrigação laboral – quer pela "atribuição de uma função ao trabalhador dentro do género de actividade para que foi contratado, como pela emissão de ordens directas ou instruções genéricas quanto à forma de cumprimento" do contrato ([41]) – e, em geral, as mais variadas formas de "planificação da fase executiva" da prestação ([42]).

([40]) "O poder de direcção legalmente reconhecido e que corresponde à titularidade da empresa, desdobra-se em vários, designadamente no chamado determinativo da função, pelo exercício do qual é atribuído ao trabalhador um certo posto ou categoria na organização concreta da entidade empregadora, equivalente a determinado tipo de actividade, delimitada pelas necessidades da empresa e pelas aptidões próprias daquele" (Ac. STJ de 14/4/99 *in* http://www.itij.pt).

([41]) Na concepção de Bernardo Xavier (*in* "Regime Jurídico do Contrato de Trabalho", 2.ª Ed. Coimbra, 1972, pág. 43 e 105) estes poderes integram o "poder determinativo".

([42]) "A exigência de «picar o ponto», estando o trabalhador sujeito a horário de trabalho, é legítima, por a ordem a esse respeito estar compreendida dentro do *poder direc-*

"A componente organizacional do contrato de trabalho revela-se no facto de ele envolver a integração do trabalhador na organização do empregador com a inerente sujeição às respectivas regras. Ora, uma vez que algumas destas regras podem condicionar o trabalhador em termos pessoais – pense-se em regras de apresentação e de comportamento na empresa, de cooperação com os colegas, ou de relacionamento com os clientes –, o elemento organizacional contribui para acentuar o envolvimento pessoal integral do trabalhador no contrato e, nessa medida, aumenta os perigos que do contrato podem advir para a sua personalidade ou para a sua vida privada" (43).

Por isso, entendemos que o poder de direcção se deve ater aos aspectos que se relacionem com a actividade organizativa e produtiva da empresa, não podendo estender-se ou afectar a esfera da personalidade ou os direitos subjectivos do trabalhador.

Porém, não devemos ter ilusões acerca do efectivo exercício dos princípios consagrados no artigo 15.º do Código do Trabalho, tanto mais que a liberdade de expressão e de divulgação do pensamento estão condicionados *ao que for ditado pelo «normal funcionamento da empresa»*. E, na prática, esta ideia de «pluralismo» está sempre condicionada à relação de forças que se debate no seio da empresa, onde o capital e o trabalho se defrontam em condições de desigualdade, sem que, neste domínio, a legislação se tenha preocupado com a compensação do desequilíbrio que afecta a posição do trabalhador.

O artigo 150.º do Código do Trabalho, aprovado pela Lei 99/2003, de 27 de Agosto, consagra, embora de forma mais genérica, os princípios anteriormente contidos no 39.º n.º 1 da Lei do Contrato de Trabalho. Reconhece à entidade patronal, de forma expressa, o direito de fixar os termos em que deve ser prestado o trabalho, devendo fazê-lo nos limites estabelecidos pelo contrato de trabalho e das normas que o regem. A entidade empregadora pode, sempre que as condições de trabalho ou o número de trabalhadores o justifiquem, elaborar *regulamentos internos* (44) donde

---

tivo da entidade patronal" (Ac. Rel. Lisboa, 1/10/97, Col. Jur. 1997, t. 4, pág. 164). No mesmo sentido veja-se o Ac. STJ de 25/5/84 *in* BMJ 337, pág. 269.

(43) Maria do Rosário Ramalho – "Estudos de Direito do Trabalho", Vol. I, Almedina, Junho de 2003, pág. 163.

(44) A jurisprudência diferencia a eficácia das ordens de serviço e dos regulamentos internos: "As ordens de serviço distinguem-se dos regulamentos internos pelo diferente

constem as «normas de organização e de *disciplina* do trabalho» (artigo 153.º n.º 1 do Código do Trabalho – itálico nosso). Interessa referir que os regulamentos internos devem ser precedidos da audição da comissão de trabalhadores, se a houver (cf. artigo 153.º n.º 2 do Cód. Trabalho). No domínio da LCT os regulamentos internos eram aprovados e fiscalizados pela Inspecção-Geral do Trabalho (cf. artigo 39.º n.º 3 e artigo 13.º al. c) do DL 219/93, de 16/6); o artigo 153.º n.º 4 do Código do Trabalho limita-se a referir que a «produção de efeitos» só ocorre depois de recebidos na IGT para «registo e depósito».

No domínio da LCT a entidade empregadora podia, no decurso do contrato, modificar unilateralmente o objecto da prestação por imperativos de gestão e desde que não fosse modificada substancialmente a posição e afectada a dignidade do trabalhador – *v.g.* através do recurso à figura do *jus variandi* (cf. artigo 22.º da LCT) – admitindo Alonso Olea ([45]) como possível, ainda, alguma interferência "sobre a conduta privada do trabalhador, desde que não envolva situações de discriminação". O artigo 314.º do Código do Trabalho permite à entidade empregadora alterar o objecto da prestação de trabalho – faculdade agora designada como *«mobilidade funcional»* – quando seja necessário por razões ligadas ao «interesse da empresa» e desde que "tal não implique modificação substancial da posição do trabalhador". O n.º 2 deste preceito permite que a "flexibilidade" do objecto do contrato possa ser delimitada com maior rigor, logo, no momento da celebração do contrato. A ideia fundamental a sublinhar é a de que a lei confere à entidade empregadora um especial poder para estabelecer os deveres funcionais do trabalhador, nomeadamente quando invoque que essa alteração é exigível em função do «interesse da empresa».

---

suporte que têm, pois enquanto estes servem para a manifestação da vontade contratual pela entidade patronal, não é nela, mas sim no poder de direcção, que assentam aquelas, razão porque só os regulamentos internos dependem da concordância ou adesão, expressa ou tácita, dos trabalhadores" (cf. Ac. STJ de 26/9/89 *in* http://www.itij.pt). Por isso, enquanto não houver disposições legais expressas, o regulamento interno deverá ser o meio desejável para estabelecer os termos em que deve ser utilizado o telefone, o *e-mail* ou a *Internet* no seio da empresa, ideia que saiu reforçada com a formulação constante da previsão dos artigos 21.º n.º 2 e 153.º do Código do Trabalho.

([45]) Citado por Maria do Rosário Ramalho, cit. pág. 161, nota 39.

3. Ao poder de direcção da entidade patronal corresponde, por parte do trabalhador, o *dever de obediência* (⁴⁶). O artigo 121.º n.º 1 al. d) do Código do Trabalho estabelece que um dos deveres do trabalhador é o de *"cumprir as ordens e instruções do empregador em tudo o que respeita à execução e disciplina do trabalho"*, acrescentando o n.º 2 que o dever de obediência respeita tanto às normas e instruções dadas directamente pelo empregador como às emanadas dos superiores hierárquicos do trabalhador, dentro dos poderes que por aquele lhes forem atribuídos. O dever de obediência pode, no entanto, deixar de ser observado quando e na medida em que as ordens emanadas «se mostrem contrárias aos direitos e garantias» dos trabalhadores (cf. artigo 121.º n.º 1 al. d) do Código do Trabalho).

Ao mesmo tempo que o trabalhador está adstrito ao dever de obediência, cabe à entidade patronal a faculdade de "vigilância e controlo da forma de cumprimento das ordens e instruções dadas". Para alguns autores esta faculdade de «controlo» tem autonomia em relação ao poder de direcção.

Não interessa, porém, entrar em considerações doutrinárias. É inevitável, para que o poder direcção tenha um sentido útil e se revele eficaz, que a entidade patronal faça um controlo – quer inicial, quer continuado – sobre a actividade do trabalhador por forma a verificar e a valorar o cumprimento da prestação nos termos estabelecidos, a ajustar determinados procedimentos organizativos ou a modificar, de acordo com os limites legais ou do contrato, a forma da prestação de trabalho (⁴⁷).

O incumprimento dos deveres por parte do trabalhador pode fazer funcionar um outro poder – o *poder disciplinar* (cf. artigo 365.º do CT) – e, no limite, ser determinante para o seu despedimento com justa causa (cf. artigo 396.º do Código do Trabalho). Alguns autores chamam-lhe «poder de autoridade» (⁴⁸), por conferir à entidade patronal a faculdade de "valorar negativamente as condutas do trabalhador, contrárias aos deveres profissionais, de impor sanções disciplinares que exprimem essa valoração negativa, com o fim de reintegrar o trabalhador na disciplina da empresa e salvaguardar a estabilidade da relação de trabalho".

(⁴⁶) Cf. Ac. STJ de 13/11/87 *in* http://www.itij.pt

(⁴⁷) Veja-se, no mesmo sentido, Joaquín Aparicio e Antonio Baylos – "Autoridad y Democracia en la Empresa", Editorial Trotta, 1992, pág. 10.

(⁴⁸) Fernando Ribeiro Lopes – "Trabalho subordinado ou trabalho autónomo: um problema de qualificação" *in* Revista de Direito e Estudos Sociais, Janeiro/Março 1987, ano XXIX, n.º 1 pág. 59.

Não interessa vincar de forma marcante este poder, na medida em que não será objecto desta reflexão saber se a entidade empregadora pode ou não aplicar sanções disciplinares (e muito menos quais) aos trabalhadores que violem as determinações em matéria de utilização, para fins privados, dos instrumentos de trabalho colocados à sua disposição ou se recusem a fornecer determinados dados pessoais. A única ideia que aqui queremos deixar é a de que a entidade empregadora que exerce os poderes de direcção e que, nesse contexto, profere ordens legítimas, e a que o trabalhador deve obediência, tem instrumentos jurídicos ao seu dispor que, com um objectivo *conservatório* e *intimidativo*, lhe permitem "manter o comportamento do trabalhador no sentido adequado ao interesse da empresa" e "levá-lo a proceder de harmonia com as regras de disciplina, reintegrando-o assim no padrão de conduta visado" ([49]).

Porém, a questão fundamental prende-se com a delimitação rigorosa da extensão do dever de subordinação e com a demarcação do alcance e limites de um poder privado sobre a pessoa do trabalhador, ante o «poder empresarial» da entidade empregadora.

É para nós claro, porém, que os poderes de vigilância e controlo não podem afectar a dignidade do trabalhador ou a reserva da sua intimidade da vida privada (cf. o artigo 16.° do Código do Trabalho)[50].

III. DELIMITAÇÃO LEGAL DOS PODERES DO EMPREGADOR E DAS OBRIGAÇÕES DO TRABALHADOR

1. Conforme resulta do artigo 121.° n.° 1 al. d) do Código do Trabalho, o trabalhador não está vinculado ao dever de obediência se as ordens se mostrarem "contrárias aos seus direitos e garantias" ([51]). Por isso, o

---

([49]) Cf. Monteiro Fernandes, "Noções...", cit. pág. 109 e Fabrice Fevrier – "Pouvoir de Contrôle de l'employeur et droits des salariés à l'heure d'Internet", Les enjeux de la cybersurveillance dans l'entreprise. Droit et Nouvelles Technologies (*in* http://www.droit-technologie.org), pág. 33.

([50]) Veja-se, em sentido similar, o que acontece em Espanha. O artigo 20.° do Estatuto dos Trabalhadores estabelece que o trabalhador está obrigado a realizar o trabalho de acordo com o poder de direcção do empresário, podendo este adoptar medidas de vigilância e controlo que considere oportunas para verificar o cumprimento pelo trabalhador das suas obrigações laborais, *com salvaguarda devida da dignidade do trabalhador*.

([51]) Corresponde ao artigo 20.° n.° 1 al. c) da LCT.

Capítulo I – O contrato de trabalho e as relações entre... 31

artigo 374.º n.º 1 al. b) do Código do Trabalho considera abusivas as sanções disciplinares motivadas por recusa ao cumprimento de ordens a que o trabalhador não deva obediência ([52]).

Interessa evidenciar outros preceitos da lei laboral que são determinantes para definir o exercício dos poderes de autoridade da entidade patronal e o vínculo de subordinação jurídica do trabalhador:

  a) O artigo 18.º n.º 1 da LCT estabelecia que a "entidade patronal e os trabalhadores são mútuos colaboradores" e a sua colaboração deveria tender para a obtenção da maior produtividade e para a promoção humana e social do trabalhador. Foi questionada, por alguma doutrina, a vigência do preceito ([53]). No entanto, parecia-nos que os princípios da «promoção humana e social do trabalhador» podiam ser revitalizados através de uma nova filosofia que passa pela "afirmação e salvaguarda das liberdades individuais" e pela "consagração dos chamados direitos fundamentais específicos dos trabalhadores", onde assume papel de relevo a chamada "cidadania na empresa" ([54]). O Código do Trabalho manteve o «princípio da colaboração» estabelecendo, no artigo 119.º n.º 2, que na execução do contrato de trabalho as partes devem "colaborar na obtenção da maior produtividade, bem como na promoção humana, profissional e social do trabalhador". Ou seja, os objectivos determinantes do princípio da colaboração mantêm-se, sendo de sublinhar a vertente da «promoção humana».

  b) A entidade patronal deve tratar e respeitar o trabalhador como seu colaborador (art. 119.º n.º 2 do CT). A obrigação de «respeito»

([52]) Corresponde ao artigo 32.º n.º 1 al. b) da LCT.

([53]) Jorge Leite – "Legislação do Trabalho", 13.ª Ed., Coimbra, 1999, pág. 86 – considerava que o preceito foi revogado pela nova ordem jurídico-constitucional.

A maioria da doutrina admitia a conformidade do preceito com a nova ordem jurídica constitucional, muito embora fizesse uma interpretação actualista. Veja-se, neste sentido, Bernardo Xavier – "Curso de Direito do Trabalho", 1992, pág. 295 e J. Mota Veiga – "Lições de Direito do Trabalho", 1997, pág. 380.

Na jurisprudência continuaram a ser feitas referências a este princípio (cf. Acórdãos do STJ de 12/1/90, de 17/10/95 e de 20/1/199, *in*, respectivamente, BMJ 393, pág. 437, Ac. Dout. 415, pág. 914 e Col. Jur./STJ 1999, t. 1, pág. 268).

([54]) Veja-se, para maior desenvolvimento, José João Abrantes – "Contrato de Trabalho e Direitos Fundamentais" *in* II Congresso Nacional de Direito do Trabalho, Almedina, pág. 107.

implica a utilização parcimoniosa dos seus poderes, não abusando da relação de dependência, respeitando a dignidade do trabalhador, a sua liberdade pessoal e a reserva da sua intimidade da vida privada (cf. o artigo 16.º do CT). A exigência geral de boa-fé na execução do contrato (artigo 119.º n.º 1 do CT) reveste-se, neste domínio, de particular significado, por estar em causa o desenvolvimento de um vínculo caracterizado pela natureza duradoura e pessoal das relações dele emergentes (cf. art. 762.º do Código Civil). Assim, "justifica-se que se acentue o elemento fiduciário dessas relações, dado que o contrato de trabalho é celebrado com base numa recíproca confiança entre o empregador e o trabalhador, devendo as relações obedecer a ditames da boa-fé e desenvolver-se no âmbito dessa relação de confiança" ([55]). O dever de lealdade deve ser recíproco (cf., para o trabalhador, o disposto no artigo 121.º n.º 1 al. e) do CT).

c) Para além do dever de obediência, o trabalhador deve "velar pela conservação e *boa utilização* dos bens relacionados com o seu trabalho que lhe forem confiados pelo empregador" (art. 121.º al. f) do CT).

d) A entidade empregadora está proibida de se opor, por qualquer forma, a que o trabalhador exerça os seus direitos (cf. artigo 122.º n.º 1 al. a) do CT).

e) Os artigos 97.º a 101.º do Código do Trabalho consagraram no direito interno – em obediência à Directiva 91/533/CE – a obrigação de a entidade empregadora *informar o trabalhador* «sobre os aspectos relevantes do contrato de trabalho» (artigo 97.º n.º 1), ainda que com referência ao regulamento interno da empresa (artigo 98.º n.º 3). Afigura-se-nos que a existência de disposições sobre utilização de equipamentos da empresa, limites de utilização do telefone para fins privados, *e-mail* ou Internet devem ser objecto de informação expressa (cf. artigo 98.º n.º 2). Pensamos que se justificava uma expressa obrigação de informação em relação a todas as formas de tratamento de dados pessoais do trabalhador, para além da remissão expressa do artigo 17.º n.º 5 para a legislação de «protecção de dados pessoais». Em particular, como se verá, justificava-se que todas as formas e meios de vigilância

___

([55]) Ac. do STJ 18/11/98, Col. Jur./STJ, 1998, t. 3, pág. 279.

dos trabalhadores – não proibidas pelo Código do Trabalho (cf. artigo 20.º) – fossem objecto, até por uma questão de transparência, de informação escrita aos trabalhadores (cf. artigo 99.º n.º 1 do CT).

2. Há quem pense que as relações privadas não devem influir nas relações de trabalho e que, portanto, a entidade patronal não deve interferir nos actos da vida privada do trabalhador. O sentido da doutrina e da jurisprudência não tem sido esse, admitindo-se que condutas da vida particular, adoptadas fora do tempo e local de trabalho ou ainda que não directamente relacionadas com o trabalho, possam, em alguns casos, afectar a relação de trabalho e influir na «harmonia da empresa», pondo em risco o seu prestígio e as relações de confiança ([56]).

O que terá que ser apreciado é se os comportamentos da vida privada do trabalhador, ainda que praticados fora do tempo e local de trabalho, têm reflexos prejudiciais no serviço e ambiente de trabalho, ao ponto de comprometerem, irremediavelmente, a relação laboral ([57]).

Quando isso acontecer a entidade patronal pode, em sede disciplinar, apreciar a gravidade da conduta e ponderar os seus reflexos na relação de trabalho.

Embora não estejamos perante relações privadas, merece uma especial referência o regime do *trabalho realizado no domicílio*, agora denominado, com maior rigor, por «teletrabalho» na medida em que, necessariamente realizado «fora da empresa» (artigo 233.º n.º 1 do CT), o mesmo nem sempre é prestado no domicílio do trabalhador. Este tipo de prestação de trabalho contém princípios que evidenciam, em face da especificidade da forma e condições da prestação de trabalho, algumas preocupações de *salvaguarda de direitos* de ambas as partes:

    a) O trabalhador está obrigado a guardar segredo sobre as informações e as técnicas que lhe tenham sido confiadas pelo empregador (cf. o artigo 242.º n.º 3 do CT);

([56]) Cf., a título de exemplo, o Acórdão da Relação de Lisboa de 31/7/85 – BTE 2.ª S. 1-2/88, pág. 217, Ac. Rel. Porto 16/12/85 – BMJ 352, pág. 429, Ac. STJ 30/10/86 e de 16/1/91 – BMJ 360, pág. 468 e Col. Jur./STJ 1991, t. 1 pág. 204. Na doutrina pode ver-se, para maior desenvolvimento, Fabrice Fevrier – "Pouvoir de Contrôle de l'employeur et droits des salariés à l'heure d'Internet", Les enjeux de la cybersurveillance dans l'entreprise. Droit et Nouvelles Technologies (*in* http://www.droit-technologie.org), pág. 39 a 41.

([57]) Cf. o Ac. do STJ de 12/10/97 (Proc. n.º 145/97).

b) Salvo acordo em contrário, o trabalhador não pode dar aos equipamentos e instrumentos fornecidos pelo empregador uso diverso do inerente ao cumprimento da sua prestação de trabalho (artigo 238.º n.º 3);
c) O empregador deve respeitar a privacidade do teletrabalhador, sendo as visitas no domicílio limitadas ao período entre as 9 e as 19 horas (artigo 237.º).

Os preceitos citados demonstram especiais preocupações do legislador que visam preservar qualquer intromissão da entidade empregadora na vida privada do trabalhador. Isto não significa que a entidade empregadora não tenha acesso à residência do trabalhador para realizar tarefas relacionadas com a actividade: verificar a operacionalidade dos instrumentos de trabalho, fazer instalação/actualização de novo *software*, ou velar pelas condições de segurança, saúde e ambiente de trabalho.

3. E será que, quando o trabalho não é prestado no domicílio, os direitos dos trabalhadores ficam à porta do local de trabalho?

Já vimos que o dever de obediência só existe quando a ordem é legítima e não viole os direitos e garantias do trabalhador. Efectivamente, os poderes conferidos pela lei ao empregador não podem ofender os direitos, liberdades e garantias dos trabalhadores ([58]), muito embora se admita que estes direitos não são absolutos. Pelo menos, tal como acontece nas relações dos cidadãos com o Estado, há necessidade de conciliar os direitos fundamentais com os princípios fundamentais de direito privado.

Este entendimento resulta, desde logo, do disposto no artigo 18.º n.º 1 da CRP que impõe a aplicação dos preceitos constitucionais respeitantes aos direitos, liberdades e garantias, consignando que são directamente aplicáveis e que vinculam as entidades públicas e privadas.

Se é verdade que o contrato de trabalho se caracteriza por uma situação evidente de supremacia da entidade empregadora e que envolve uma relação de dependência do trabalhador – que disponibiliza a sua força de trabalho e vê alguma da sua criatividade, subjectividade e liberdade individual comprimidas no contexto do exercício dos poderes de direcção – torna-se necessário não esquecer que, quando estão em causa direitos,

---

([58]) Cf. Ac. STJ de 12/1/1990, BMJ 393, pág. 432 e Marie-France Mialon – "Les pouvoirs de l'employeur ", pág. 113.

liberdades e garantias, devem ser criados mecanismos de protecção similares àqueles que são adoptados contra o poder do Estado. Admitindo-se que possa haver uma certa interacção entre as relações de trabalho e alguns aspectos da vida privada, há situações da vida privada que nada têm a ver com a vida profissional e que é legítimo o trabalhador preservar e defender da curiosidade empresarial. Ao nível da empresa "o empregador deve não só assegurar o segredo da vida privada dos trabalhadores, bem como respeitar a liberdade do trabalhador na sua vida privada, isto é, os comportamentos que relevam, estritamente, da sua vida pessoal ([59])".

Conforme refere João Caupers ([60]) "os direitos fundamentais dos trabalhadores são fundamentais na medida em que visam assegurar condições de vida dignas, no sentido de minimamente compatíveis com o desenvolvimento da personalidade humana, e de garantir as condições materiais indispensáveis ao gozo efectivo dos direitos de liberdade".

Os direitos fundamentais dos trabalhadores mereceram especial realce da parte da jurisprudência do Tribunal Constitucional espanhol, através da consagração da «teoria do despedimento radicalmente nulo». Esta figura jurídica, inicialmente aplicada aos «despedimentos discriminatórios» (sentença 38/81 de 23 de Novembro), passou a ser aplicada, mais tarde, a todos os despedimentos lesivos de direitos fundamentais (Sentença 88/1985, de 19 de Julho e 104/87 de 17 de Junho).

O Grupo de protecção das pessoas no que diz respeito ao tratamento de dados pessoais ([61]) teve oportunidade de considerar, em documento de

---

([59]) Sylvain Lefebvre – "Nouvelles Technologies et Protection de la Vie Privée en Milieu de Travail en France et au Québec", Centre de Droit Social, 1998, pág. 26.

([60]) "Os direitos fundamentais dos trabalhadores e a Constituição", Almedina, 1985, pág. 108. Salienta este autor uma situação ocorrida em França em relação à conversão em lei do projecto AUROUX sobre a restauração e alargamento dos direitos dos trabalhadores (pág. 174). A Lei n.º 82-689, de 4 de Agosto de 1982, refere, no relatório do projecto, que «as liberdades públicas devem entrar na empresa dentro dos limites compatíveis com os constrangimentos decorrentes da actividade produtiva», sendo de excluir da previsão legal práticas empresariais como a proibição de falar com os companheiros durante o período de trabalho ou a abertura de correspondência pessoal.

([61]) Grupo de Trabalho que foi criado pelo artigo 29.º da Directiva 95/46/CE (in JO da Comunidades, n.º L 281 de 23/11/95, pág. 31), neste trabalho designado por «Grupo do Artigo 29.º». É um órgão consultivo e independente, com as atribuições estabelecidas no artigo 30.º desta Directiva, e é composto por um representante da autoridade ou autoridades de controlo designadas por cada Estado-Membro, por um representante da autoridade

trabalho recente ([62]), que "os trabalhadores não abandonam o direito à sua vida privada e à protecção dos dados, cada manhã, ao atravessarem a soleira do seu posto de trabalho. Eles esperam – legitimamente – um certo grau de respeito da vida privada no seu lugar de trabalho, porque é aí que eles desenvolvem uma parte importante das suas relações com outras pessoas. Este direito deve, no entanto, ser equilibrado com outros direitos e interesses legítimos do empregador, nomeadamente o seu direito de gerir de forma eficaz a sua empresa de acordo com certos padrões, e sobretudo, o seu direito de se proteger da responsabilidade ou do prejuízo que as acções dos trabalhadores podem suscitar. Estes direitos e interesses são os motivos legítimos que podem justificar medidas apropriadas que visam limitar o direito à vida privada dos trabalhadores".

A doutrina ([63]) entende que "os particulares poderão, assim, de acordo com a *natureza específica, a razão de ser* e a *intensidade* do poder exercido, invocar os direitos fundamentais que asseguram a sua liberdade, por um lado, e exigir, por outro, uma igualdade de tratamento, em relação a outros indivíduos nas mesmas circunstâncias (arguindo a invalidade dos actos que ofendam os princípios constitucionais ou reclamando a indemnização por danos causados), em termos semelhantes àqueles em que o podem fazer perante os poderes públicos".

Mas os contornos do problema no domínio laboral têm especialidades que devem ser consideradas. Para confirmar o carácter não absoluto da eficácia desses direitos, basta pensar que os direitos dos trabalhadores têm que ser confrontados com a "liberdade de empresa" ([64]), também ela com tutela constitucional, e não comprimir, de forma não proporcionada, os

---

ou autoridades criadas para as instituições e organismos comunitários, bem como por um representante da Comissão Europeia (art. 29.º n.º 2).

([62]) Veja-se «O controlo das comunicações electrónicas no local de trabalho», pág. 3, *in* http//www.europa.eu.int/comm./privacy

([63]) José Carlos Vieira de Andrade – "Os direitos fundamentais nas relações entre particulares" *in* Documentação e Direito Comparado, n.º 5, pág. 244.

([64]) Veja-se, no mesmo sentido, a doutrina espanhola. Salienta Fernando Valdés Dal-Ré (Joaquin Aparicio e Antonio Baylos, ob. cit. pág. 31) que "o fundamento constitucional dos poderes do empresário no plano laboral é a liberdade de empresa, reconhecida no artigo 38.º da Constituição Espanhola. A liberdade de empresa envolve, por um lado, o livre acesso ao mercado, isto é, o direito de criar e manter empresas em produção e ostentar a sua titularidade; por outro lado, o livre exercício de actividades empresariais, isto é, o direito de o titular tomar «decisões económicas primárias», tais como a fixação das inver-

poderes do empregador para não comprometer a execução ou a subsistência do contrato. Nalgumas situações as posições das partes são conflituantes ou, pelo menos, contraditórias – em face dos interesses envolvidos – devendo procurar-se uma compatibilização de direitos na óptica da «mútua colaboração» e da «confiança recíproca» subjacentes às disposições legais acima enunciadas, mas com uma interpretação actualista que a nova realidade económica, social e tecnológica exigem.

Impõe-se, por isso, que o trabalhador seja visto, desde logo, como um cidadão a quem a lei reconhece a titularidade de direitos fundamentais [65] e que não pode ser privado desses direitos só pelo facto de celebrar um contrato de trabalho. O Tribunal Constitucional espanhol [66] desenvolve esta ideia quando refere que «a celebração de um contrato de trabalho não implica, de modo algum, a privação para uma das partes, o trabalhador, dos direitos que a Constituição lhe reconhece como cidadão, pois nem as organizações empresariais estão inseridos em mundos separados e estanques do resto da sociedade, nem a liberdade de empresa prevista no artigo 38.º do texto constitucional legitima que aqueles que prestam serviços naquelas, por conta e na dependência dos seus titulares, devam suportar esbulhos transitórios ou limitações injustificadas dos seus direitos fundamentais».

Quando a relação de trabalho se vê confrontada com a utilização das novas tecnologias e com o tratamento de dados pessoais do trabalhador, os contornos da subordinação jurídica têm que ser moldados com as exigências legais atinentes ao regime de protecção de dados, com particular incidência, nomeadamente, para os princípios da transparência, do direito de informação e acesso, boa-fé e lealdade, adequação e pertinência e, porque não, com o direito de oposição consignado no artigo 12.º al. a) da Lei 67/98, de 26 de Outubro [67].

---

sões, o desenho de objectivos e estratégias de funcionamento ou a combinação dos meios pessoais e materiais".

[65] Para maior desenvolvimento veja-se João Caupers, ob. cit. pág. 134 e ss. No mesmo sentido veja-se Maria do Rosário Ramalho *in* "Estudos de Direito do Trabalho", cit. pág. 172.

[66] Sentença 88/1985, de 19 de Junho, citada por Fernando Valdés Dal-Ré (Joaquin Aparicio e Antonio Baylos, ob. cit. pág. 32).

[67] "Os direitos e liberdades de terceira geração apresentam-se como resposta ao fenómeno da denominada «contaminação de liberdades» (*liberties' pollution*), termo com que alguns sectores da teoria social anglosaxónica aludem à erosão e degradação dos direi-

Como refere J. J. Abrantes ([68]) "só é possível alcançar um equilibrado respeito por todos os valores constitucionais a partir do reconhecimento da conflitualidade inerente ao contrato de trabalho, recorrendo-se às regras próprias dos conflitos de direitos, sem subalternizar os direitos do trabalhador à liberdade de empresa, antes os considerando em paridade.

Só essa ideia de conflitualidade dá uma resposta cabal ao nosso problema, não tendo razão de ser alguma a prevalência da liberdade contratual em termos de justificar a renúncia do trabalhador aos seus direitos ([69]).

Se o contrato de trabalho, pela sua natureza, supõe a renúncia – ainda que parcial – do trabalhador ao exercício de alguns dos seus direitos, a verdade, contudo, é que as restrições à liberdade do trabalhador apenas serão admissíveis na medida estritamente necessária ao assegurar dessa finalidade". Na linha do nosso pensamento, apela este autor à aplicação, *mutatis mutandis*, do artigo 18.º n.º 3 da CRP, só admitindo como possíveis as "limitações dos direitos fundamentais que não afectem a extensão e o alcance do conteúdo essencial dos direitos fundamentais e que, além disso, se mostrem justificadas por critérios de *necessidade* e de *proporcionalidade*". A compatibilização passa por "uma solução que não sacrifique totalmente nem a autonomia privada, nem o princípio ou o direito fundamental com ela em conflito, preservando, sempre que possível, o essencial de cada um" ([70]). Essa compatibilização terá que ser feita no caso concreto, pode não depender de uma só norma concreta e específica mas de um complexo de normas, tendo sempre em conta o aspectos doutrinais e jurisprudenciais relevantes.

---

tos fundamentais perante determinadas utilizações das novas tecnologias" (Antonio Enrique Pérez Luño – "La Tutela de la Libertad Informatica" *in* Jornadas sobre el Derecho Español de la Protección de Datos Perosnales, Madrid, 1996, pág. 97).

([68]) Ob. cit. pág. 113 e 114. Também João Caupers (ob. cit. pág. 158) considera que está em causa o "equilíbrio entre a autonomia negocial e o respeito pelos direitos, liberdades e garantias constitucionalmente consagrados".

([69]) Embora num outro contexto, o Tribunal Constitucional reconhece que a liberdade negocial sofre, no nosso ordenamento jurídico, limitações várias, nomeadamente "ditadas pela necessidade de assegurar uma situação de real liberdade e igualdade dos contraentes, bem como garantir as exigências de justiça social" (cf. Acórdão de 12 de Julho de 1990, *in* BMJ 399, pág. 113).

([70]) João Caupers (ob. cit. pág. 171) e Jorge Miranda – "O regime dos direitos liberdades e garantias", pág. 78 e 79.

Porém, uma coisa é o enquadramento legal e doutrinário dos direitos fundamentais dos trabalhadores e outra é o seu respeito por parte dos empregadores ou a existência de condições objectivas para o seu efectivo exercício por parte dos trabalhadores. A grande interrogação que aqui fica é a de saber se, na vivência quotidiana das relações laborais, são respeitados os direitos fundamentais e os direitos de personalidade dos trabalhadores. Será que, nos locais de trabalho, é preservada a não discriminação, a liberdade de iniciativa ou de expressão, os direitos de personalidade ou a esfera privada do trabalhador? Será que existem mecanismos efectivos que permitam aos trabalhadores fazer assegurar a defesa desses seus direitos? Perante a situação actual – caracterizada pelo aumento do desemprego, pela precaridade das condições do emprego, pela diminuição das garantias de conservação do posto de trabalho ([71]) – não pode deixar de se reconhecer que está sempre condicionada a atitude dos trabalhadores quando está em causa a defesa dos seus direitos fundamentais.

É perante estas ameaças e perigos que o direito deve ser claro e explícito, sendo oportuno salientar os ensinamentos de Gérard Lyon-Caen quando refere que "o direito, particularmente aquele que se refere às liberdades individuais, não tem que se inclinar perante o estado da tecnologia; é à tecnologia que cabe adaptar-se às exigências fundamentais do direito" ([72]).

E quais são, afinal, os direitos, liberdades e garantias que estão em causa?

Desde logo, estão em causa os princípios constitucionais relativos à «utilização da informática» (art. 35.° da CRP), a reserva da intimidade da vida privada e proibição de utilização abusiva de informação contrária à dignidade da pessoa humana (art. 26.° da CRP). Em função do tipo de dados tratados e das respectivas finalidades merecem especial protecção os direitos relativos à liberdade de filiação sindical (cf. artigos 55.° e 35.° n.° 3 da CRP) e intimidade ou confidencialidade em relação aos dados de saúde dos trabalhadores quando tratados no âmbito dos serviços de medicina de trabalho (cf. DL n.° 441/91, de 14 de Novembro, e DL 26/94, de 1 de Fevereiro) e a salvaguarda contra qualquer discriminação em função do

---

([71]) Os artigos 438.° e 439.° do Código do Trabalho admitem, em alguns casos, que o «direito à reintegração» não seja assegurado.

([72]) Citado por Fabrice Fevrier – "Pouvoir de Contrôle de l'employeur et droits des salariés à l'heure d'Internet", Les enjeux de la cybersurveillance dans l'entreprise. Droit et Nouvelles Technologies (*in* http://www.droit-technologie.org), pág. 12.

sexo, raça, território de origem, religião, convicções políticas ou ideológicas (artigo 13.º da CRP) ou da nacionalidade (artigo 15.º n.º 1 da CRP)..

Poderá estar em causa, igualmente, a protecção da liberdade de expressão e informação (cf. artigo 15.º do CT e 37.º da CRP) e a inviolabilidade da correspondência e das telecomunicações ([73]) (art. 34.º da CRP).

([73]) Veja-se o Acórdão do Tribunal Constitucional de 29 de Maio de 2002 (Processo n.º 444/2001) *in* DR II.ª Série de 23 de Julho de 2002, pág. 12825.

Capítulo II

O CONTROLO AUTOMATIZADO
DOS TRABALHADORES NO LOCAL DE TRABALHO

I. A LEGISLAÇÃO APLICÁVEL

Para além da legislação básica de direito de trabalho, já analisada no capítulo anterior, merece agora realce e referência mais detalhada a legislação relacionada com os direitos, liberdades e garantias e com a protecção de dados. Neste momento limitamo-nos a referenciar disposições de carácter geral, deixando para depois a legislação aplicável, em concreto, às situações a analisar.

1. A *Convenção Europeia dos Direitos do Homem*, aprovada, para ratificação, pela Lei n.º 65/78, de 13 de Outubro, estabelece – no artigo 8.º n.º 1 – que *"qualquer pessoa tem o direito à sua vida privada e familiar, do seu domicílio e da sua correspondência"* ([74]).

Acrescenta o n.º 2 que "não pode haver ingerência da autoridade pública no exercício deste direito, senão quando esta ingerência estiver prevista na lei e constituir uma providência que, numa sociedade democrática, seja necessária para a segurança nacional, para a segurança pública, para o bem-estar económico do país, a defesa da ordem e a prevenção das infracções penais, a protecção da saúde ou da moral, ou a protecção dos direitos e liberdades de terceiros".

O artigo 10.º estabelece, no seu n.º 1, que a pessoa *"tem direito à liberdade de expressão. Este direito compreende a liberdade de opinião e a liberdade de receber ou de transmitir informações ou ideias sem que possa haver ingerência de quaisquer autoridades públicas e sem considerações de fronteiras"*.

O Tribunal Europeu dos Direitos do Homem tem entendido, pacificamente, que a protecção da «vida privada», com assento no artigo 8.º,

---

[74] Veja-se, para mais desenvolvimento, Irineu Cabral Barreto – "A Convenção Europeia dos Direitos do Homem" Anotada, Coimbra Editora, 1999, pág. 184.

não se confina à habitação, podendo ser aplicável, igualmente, às relações estabelecidas no local de trabalho.

O balanceamento destes interesses, no seio da empresa, foi reconhecido por duas decisões do Tribunal Europeu dos Direitos do Homem as quais, por aplicação do artigo 8.º da Convenção, reconheceram que o direito à vida privada merece protecção no domínio das actividades profissionais ou comerciais ([75]).

No caso *Niemietz* contra a Alemanha, de 23/11/1992, o Tribunal considera que "o respeito pela vida privada deve também englobar, *numa certa medida,* o direito de o indivíduo estabelecer e desenvolver relações com os seus semelhantes. Parece, por outro lado, não existir qualquer razão de princípio para interpretar a noção de «vida privada» de forma a dela excluir as actividades profissionais ou comerciais; para além de tudo, é nas relações de trabalho que a maioria das pessoas tem muitas e grandes ocasiões para estreitar as suas relações com o mundo exterior".

No caso *Halford* contra o Reino Unido, de 27 de Maio de 1997, estava em causa a realização de escutas telefónicas profissionais e o Tribunal confirmou que decorria da sua jurisprudência que "as chamadas telefónicas provenientes do local de trabalho, tal como aquelas que são feitas do domicílio, *podem* encontrar-se compreendidas nas noções de «vida privada» e de «correspondência» previstas no artigo 8.º n.º 1" ([76]).

De notar que algumas expressões do sumário (em itálico) assumem um sentido pouco peremptório, o que confirma o carácter casuístico das situações que irão merecer uma abordagem mais detalhada.

A decisão de 27 de Junho de 1994 considerou, igualmente, que o artigo 8.º "protege a correspondência, no sentido mais amplo do termo, incluindo os mais sofisticados meios de comunicação de mensagens". Esta ideia abrangente permite incluir na previsão do preceito, sem qualquer dúvida, as mensagens através de correio electrónico.

([75]) Decisões citadas por M. Hubert Bouchet – "La Cybersurveillance des Salariés dans L'entreprise", Março de 2001 (*in* http://www.cnil.fr), pág. 17 e 18.

([76]) Entendimento já adoptado nos casos Klass e Malone c. Reino Unido de 2 de Outubro de 1984 (Série A n.º 82, pág. 30). Veja-se, também, Carlos Ruiz Miguel – "El derecho a la protección de la vida privada en la jurisprudencia del Tribunal Europeo de Derechos Humanos", Cuadernos Civitas, 1994.

2. No contexto da defesa e concretização destes direitos sobressaem, na *Constituição da República Portuguesa*, os seguintes preceitos:
   a) Artigo 26.º – A todos são reconhecidos os direitos à identidade pessoal, ao desenvolvimento da personalidade ...à reserva da intimidade da vida privada e familiar e à protecção legal contra qualquer forma de discriminação (n.º 1). Acrescenta o número 2 que "a lei estabelecerá garantias efectivas contra a utilização abusiva, ou contrária à dignidade humana, de informações relativas às pessoas e famílias". Uma referência especial para o n.º 3 quando atribui à lei o papel de garantir a *"dignidade pessoal e a identidade genética do ser humano, nomeadamente na criação, desenvolvimento e utilização das tecnologias e experimentação científica*.
   b) Artigo 32.º n.º 8 – São nulas todas as provas obtidas mediante tortura, coacção, ofensa à integridade física ou moral, abusiva intromissão na vida privada, no domicílio, na correspondência ou nas telecomunicações.
   c) Artigo 34.º – "O domicílio e o sigilo da correspondência e dos outros meios de comunicação privada são invioláveis" (n.º 1), sendo proibida "toda a ingerência das autoridades públicas na correspondência, nas telecomunicações e nos demais meios de comunicação, salvo os casos previstos na lei em matéria de processo criminal" (n.º 4).
   d) Artigo 35.º – Integrado no título dos direitos, liberdades e garantias, consagra este preceito os direitos fundamentais em matéria de tratamento de dados pessoais. O preceito começa por reconhecer a todos o direito de acesso, rectificação e o conhecimento sobre a finalidade a que se destinam os dados, cabendo à lei definir as suas condições (n.º 1). Cabe ainda à lei, nos termos do n.º 2, definir o conceito de dados pessoais, as condições aplicáveis ao tratamento automatizado, bem como a sua transmissão e utilização. O n.º 3 refere que a informática não pode ser utilizada para tratamento de dados referentes a convicções filosóficas ou políticas, filiação partidária ou sindical, fé religiosa, vida privada e origem étnica, salvo mediante consentimento expresso do titular, autorização prevista por lei com garantias de não discriminação"...

3. O artigo 194.º do *Código Penal* prevê a moldura penal para os crimes de violação da correspondência ou de telecomunicações ao estabele-

cer: "Quem, sem consentimento, abrir encomenda, carta ou outro escrito que se encontre fechado e lhe não seja dirigido, ou tomar conhecimento, por processos técnicos, do seu conteúdo...é punido com pena de prisão até 1 ano ou com pena de multa até 40 dias" (n.º 1). Adianta o n.º 2 que incorre na mesma pena "quem, sem consentimento, se intrometer no conteúdo de telecomunicações ou dele tomar conhecimento".

O artigo 192.º incrimina com a mesma pena a «devassa da vida privada». Está preenchido o tipo legal de crime, nomeadamente, quando alguém – *sem consentimento e com intenção de devassar a vida privada da pessoa* – "interceptar, gravar, registar, utilizar, transmitir ou divulgar conversa ou comunicação telefónica" (n.º 1 al. a).

Também o artigo 199.º n.º 1 al. a) sanciona criminalmente quem, *sem consentimento*, gravar palavras proferidas por outra pessoa e não destinadas ao público.

A lei processual penal admite, excepcionalmente, que possa haver intercepção ou gravação de conversas ou comunicações telefónicas, nos termos estabelecidos nos artigos 187.º e ss., *só podendo este procedimento ser ordenado ou autorizado por despacho do juiz.* De salientar, ainda, que o artigo 190.º do CPP considera aplicável o regime de intercepção previsto nos artigos 187.º a 189.º "às conversações ou comunicações transmitidas por qualquer meio técnico diferente do telefone, designadamente correio electrónico ou outras formas de transmissão de dados por via telemática, bem como à intercepção das comunicações entre presentes".

O artigo 164.º do CPP admite a prova documental como meio de prova, adiantando o artigo 167.º que "as reproduções fotográficas, cinematográficas ou por meio de processo electrónico e, de um modo geral, quaisquer reproduções mecânicas só valem como prova dos factos ou coisas reproduzidas se não forem ilícitas, nos termos da lei penal".

O artigo 125.º do CPP considera admissíveis as provas não proibidas por lei. São nulas, por força do artigo 126.º, as provas "obtidas mediante tortura ou coacção ou, em geral, ofensa da integridade física ou moral das pessoas". Ressalvadas as excepções legalmente previstas, são também nulas as provas "obtidas mediante intromissão na vida privada, no domicílio, na correspondência ou nas telecomunicações sem o consentimento do respectivo titular" (n.º 3).

4. O DL 231/98, de 22 de Julho, regulava o regime de utilização de sistemas de videovigilância no âmbito das empresas de segurança privada

e de autoprotecção. Os n.ºs 1 e 2 do artigos 12.º do DL 231/98 – que permitiam a utilização de equipamentos electrónicos de vigilância – foram declarados inconstitucionais pelo Acórdão do Tribunal Constitucional de 12 de Junho de 2002 ([77]).

Para ultrapassar a inconstitucionalidade orgânica declarada pelo Tribunal Constitucional a Assembleia da República, através da Lei n.º 29/2003 de 22 de Agosto, autorizou o Governo a legislar sobre o regime jurídico do exercício da actividade de segurança privada. O Governo no uso dessa autorização, veio regular a matéria no DL n.º 35/2004, de 21 de Fevereiro ([78]).

Também o artigo 20.º do Código do Trabalho, aprovado pela Lei 99/2003, de 27 de Agosto, considera lícita a «utilização de meios de vigilância à distância no local de trabalho» desde que "tenha por finalidade a protecção e segurança de pessoas e bens".

5. A *Lei 69/98, de 28 de Outubro*, aprovou o regime de tratamento de dados e da protecção da privacidade no sector da telecomunicações e estabeleceu, no artigo 5.º, o alcance do princípio da «confidencialidade das comunicações»:

"1. Os prestadores de serviços e operadores de rede devem garantir a confidencialidade e o sigilo das comunicações através de serviços de telecomunicações acessíveis ao público e das redes públicas de telecomunicações.

2. É proibida a escuta, a colocação de dispositivos de escuta, o armazenamento ou outros meios de intercepção ou vigilância de comunicações por terceiros sem o consentimento expresso dos utilizadores, com excepção dos casos previstos na lei.

3. O disposto na presente lei não obsta à gravação de comunicações, no âmbito de práticas comerciais lícitas, para o efeito de prova de uma transacção comercial ou de qualquer outra comunicação de negócios, desde que o titular dos dados tenha sido disso informado e dado o seu consentimento expresso".

Em relação aos *dados de tráfego* – quer dos utilizadores quer dos assinantes – aponta o n.º 1 do artigo 6.º para o seu apagamento ou anoni-

---

([77]) Publicado na I.ª Série – A do Diário da República de 8 de Julho de 2002, pág. 5237.

([78]) Abordaremos, oportunamente (Capítulo IV, ponto II. 2.), o novo regime estabelecido pelo DL n.º 35/2004, de 21 de Fevereiro e a sua compatibilização com as disposições constantes do artigo 20.º do Código do Trabalho.

mização após a conclusão da chamada, admitindo o n.º 2 e 3 a sua conservação para efeitos de facturação ou pagamento das interligações, pelo período durante o qual a factura pode ser contestada ou paga ([79]).

Muito embora alguns dos comandos citados se refiram a obrigações específicas dos prestadores de serviços ou operadores de redes de telecomunicações, deve dizer-se que os princípios do sigilo das comunicações são extensíveis àqueles que «tenham o domínio e controlo» da comunicação. Em particular, os aspectos relativos à escuta, armazenamento e vigilância das comunicações (n.º 2 do art. 6.º) e a gravação (n.º 3 do art. 6.º) assumem especial relevo nas relações de trabalho.

Em tudo aquilo que não se encontrar previsto nesta lei é aplicável, subsidiariamente, nos termos do artigo 14.º, o disposto na Lei de Protecção de Dados.

II. PRINCÍPIOS GERAIS DE PROTECÇÃO DE DADOS NA LEI 67/98

1. O conceito legal de tratamento, intencionalmente abrangente para englobar as diversas formas de processamento de dados pessoais (cf. art. 3.º al. b), integra – *por princípio* – todas as operações que vão ser objecto de desenvolvimento neste trabalho.

Dizemos "por princípio" não porque não estejam em causa dados pessoais, mas para afastar a aplicação de alguns preceitos da lei a situações em que os sistemas de informação fazem, objectivamente e por natureza, o tratamento de dados mas a empresa ou entidade detentora do equipamento não pretende, de forma alguma, fazer qualquer utilização ou aceder à informação tratada. Efectivamente, as centrais telefónicas existentes estão preparadas para tratar a informação relativa às conexões realizadas

---

([79]) Com especial incidência nas relações de trabalho veja-se o acórdão do Tribunal Constitucional de 29 de Maio de 2002 (Processo n.º 444/01 – 1.ª Secção) que se pronunciou pela inconstitucionalidade do artigo 519.º n.º 3 al. b) do Código de Processo Civil "quando interpretado no sentido de que, em processo laboral, podem ser pedidas, por despacho judicial, aos operadores de telecomunicações, as informações relativas a dados de tráfego e à facturação detalhada de linha telefónica instalada na morada de uma parte, sem que enferme de nulidade a prova obtida com a utilização dos documentos que veiculam aquelas informações, por infracção do disposto no artigo 26.º n.º 1 e 34.º n.º 1 e 4 da CRP". Estava em causa a utilização de facturação telefónica detalhada do trabalhador, enquanto assinante, para fazer prova de comunicação difundida na Internet.

mas as entidades podem não estar interessadas em aceder à informação registada ou em realizar qualquer tipo de controlo ([80]). O servidor de *Internet* ou o posto do trabalhador guardam informação sobre as transacções e conteúdo da comunicação (*e-mail*) ou das páginas consultadas (*Internet*) mas o empregador – para além de não estar interessado em «tratar» esses dados (na vertente de conservação, organização ou utilização para qualquer finalidade de controlo) – pode, até, dar instruções internas no sentido de ser interdita qualquer forma de controlo ou intromissão, institucionalizando, assim, uma «política de privacidade», de «liberdade informática» ([81]) e «autodeterminação» no seio da empresa.

Estas tecnologias, não sendo concebidas para exercer qualquer vigilância sobre os utilizadores, estão preparadas para permitirem um controlo sobre as transacções efectuadas, a sua natureza e o tempo de conexão. O trabalhador utiliza o telefone móvel fornecido pela empresa, para fins profissionais, mas a empresa não controla a facturação detalhada. O trabalhador utiliza o veículo da empresa, mas o empregador não controla os trajectos utilizados através do identificador Via-Verde (Brisa).

Nestes casos, afigura-se-nos que – embora possa estar preenchida a previsão legal do conceito de «tratamento» – os dados podem não ser acessíveis (*vd*. art. 3.º al. c), não podendo afirmar-se que exista um «responsável» no conceito técnico-jurídico da alínea d) do artigo 3.º. Isto porque

---

([80]) Em muitos casos desconhecem as verdadeiras potencialidades desses sistemas.

([81]) Para mais desenvolvimento sobre o conceito de «liberdade informática» veja-se Juan José Fernández Dominguez e Susana Rodríguez Escanciano – "Utilización y Control de Datos Laborales Automatizados", Agencia de Protección de Datos, 1997, pág. 177 e Antonio Enrique Pérez, ob. cit., pág. 91. Abel Téllez Aguilera – "Nuevas Tecnologías, Intimidad y Protección de Datos", Madrid, 2001, pág. 73 – desenvolve aspectos importantes do conceito de «liberdade informática», com referência à abordagem feita pelo Tribunal Constitucional espanhol. A Sentença do Tribunal Constitucional 292/2000, de 30 de Novembro, considera que "a função do direito fundamental à intimidade do artigo 18.1 da Constituição é assegurar a protecção contra qualquer invasão que possa realizar-se naquele âmbito da vida pessoal e familiar que a pessoa deseja excluir do conhecimento alheio e das intromissões de terceiros contra a sua vontade" (cf. também a sentença de 144/1999, de 22 de Julho). Em contrapartida, "o direito fundamental relativo à protecção de dados visa garantir a essa pessoa um poder de controlo sobre os seus dados pessoais, sobre o seu uso e destino, com o propósito de impedir o seu tráfico ilícito e lesivo para a dignidade e direito do interessado. O direito à intimidade permite, assim, excluir certos dados do conhecimento alheio" (cf. Sentenças do TC 134/99, de 15 de Julho, 98/2000, de 10 de Abril, e 115/2000, de 10 de Maio).

ninguém definiu a necessidade de realizar qualquer tratamento, não foi estabelecida qualquer finalidade, nem afectos meios específicos para a obtenção de qualquer resultado útil para a empresa. Podemos afirmar que existe um «arquivo morto» de informação, sem que tenha sido definida qualquer finalidade de utilização.

Trata-se de informação inócua, e que não tem qualquer utilização, porque a entidade que sobre ela tem um poder de disposição renunciou a qualquer tipo de utilização ou aproveitamento. Muitas vezes, dá instruções no sentido de a mesma ser protegida contra qualquer curiosidade (v.g. determinando a inutilização imediata da facturação detalhada, logo que recebida na empresa).

Nas circunstâncias referidas afigura-se-nos que a entidade está dispensada de notificar o tratamento ou de assegurar qualquer informação prévia aos titulares dos dados. Isto não invalida que os titulares estejam impedidos de questionar a entidade empregadora sobre a existência ou inexistência de tratamento, ou obter informação sobre as finalidades definidas (cf. art. 11.º n.º 1 al. a) ou, se for o caso, que haja responsabilidade civil ou criminal por acesso indevido (cf. artigos 34.º e 44.º da Lei 67/98).

Esta nota prévia tem como objectivo fundamental evidenciar, uma primeira conclusão:

Qualquer operação em que a entidade patronal tenha estabelecido o tratamento de dados pessoais dos trabalhadores para exercer qualquer forma de controlo – por mínimo ou pontual que seja – está sujeita à observância, em toda a sua plenitude, da Lei 67/98. A entidade empregadora assume a qualidade de responsável, na acepção do artigo 3.º al. d), porque determina as finalidades e os meios afectos ao tratamento.

2. A Lei 67/98, de 26 de Outubro, estendeu a sua aplicação, igualmente, à "videovigilância e outras formas de captação, tratamento e difusão de sons e imagens que permitam identificar pessoas" (art. 4.º n.º 4). Esta nova previsão tem um alcance vasto e permite nela englobar algumas formas de tratamento que são objecto da presente reflexão. Efectivamente, estão em causa, *sem qualquer dúvida*, formas de tratamento de dados pessoais dos trabalhadores no tempo e local de trabalho, o qual pode ser realizado através do recurso a computadores (isolados ou em rede), à gravação áudio, fotografia ou vídeo.

Por força da aplicação da Lei 67/98 – e porque estamos perante um tratamento com relevância para a lei de protecção de dados – os seus responsáveis estão obrigados, em particular, a notificar estes tratamentos à CNPD (art. 27.º n.º 1), a observar os princípios relativos à qualidade dos dados (artigo 5.º), a respeitar as "condições de legitimidade" e de licitude para poderem tratar os dados (artigos 6.º e 7.º) e a assegurar o direito de informação (art. 10.º). Os dados devem ser conservados por prazos limitados, cabendo à CNPD fixar o prazo de conservação em função da finalidade (artigo 23.º n.1 al. f). Não nos parece, igualmente, que possa ser afastado o direito de oposição quando se verifiquem os requisitos do artigo 12.º al. a).

Tendo como suporte os princípios acabados de referir, a CNPD tem vindo a autorizar alguns tratamentos de recolha de som e imagem, a estabelecer alguns limites à recolha de dados e a limitar os prazos de conservação. Instaurou processos de contra-ordenação, que culminaram na aplicação de coimas, pela falta de notificação destes tratamentos e, pelo menos num caso, participou criminalmente do responsável por considerar que a omissão de notificação era intencional.

É para nós pacífico que as condições de tratamento de som e imagem – ao qual é aplicável o artigo 4.º n.º 4 da Lei 67/98 – podem, por isso mesmo, ser apreciadas à luz da Lei 67/98. A CNPD pode proibir o tratamento de dados quando haja violação dos princípios relativos à "qualidade dos dados" (cf. artigo 5.º da Lei 67/98): quando se revele estarem a ser recolhidos de forma ilícita (v.g. gravação de imagem ao nível das actividades de detectives privados), quando se revelem excessivos e desproporcionados (alguns tratamentos realizados no ambiente de trabalho – v.g. em locais de repouso, vestiários, casas de banho ou com finalidade de controlo do desempenho profissional).

Mas, em função da natureza dos dados e da forma como são recolhidos, interessa saber se as entidades têm *legitimidade* para proceder ao seu tratamento, continuando a realizar a captação de som e imagem ([82]).

3. O artigo 2.º da Lei 67/98 consagra princípios nucleares em matéria de protecção de dados, em particular no que diz respeito aos direitos dos titulares. A afirmação de princípio de que o tratamento se deve processar "de forma transparente e no estrito respeito pela reserva da vida privada" e pelos "direitos, liberdades e garantias" corresponde, desde logo, ao apelo formulado no artigo 35.º da CRP.

([82]) Este aspecto será abordado no Capítulo IV, ponto II.2.

Os principais desenvolvimentos deste preceito são concretizados, nomeadamente, através da consagração de outros princípios, normalmente identificados como relativos à «qualidade dos dados» [83].

A *transparência* passa, necessariamente, pela informação aos titulares sobre a existência, finalidade do tratamento e destinatários da informação (art. 10.º n.º 1 e 11.º n.º 1 al. a).

Em relação ao direito de informação a Lei 67/98 estabeleceu mecanismos que pretenderam assegurar uma maior transparência e controlo por parte dos titulares em relação ao tratamento de dados a seu respeito.

A Lei 67/98 apresenta algumas novidades em relação à Lei 10/91:

– Obriga a assegurar o direito de informação quando os dados não são recolhidos junto dos titulares ou se destinem a ser comunicados a terceiros (art. 10.º n.º 3);
– Obriga o responsável a informar sobre as condições de circulação dos dados nas redes abertas (art. 10.º n.º 4);
– Estabelece as condições em que pode ser dispensada a obrigação de informação (art. 10.º n.º 5);
– Dispensa a obrigação de informação em relação aos tratamentos efectuados para fins exclusivamente jornalísticos ou de expressão artística ou literária (art. 10.º n.º 6);

Em relação aos dados pessoais tratados no âmbito do posto de trabalho, a entidade empregadora deve ser clara e expressa em relação ao tipo de tratamentos, suas finalidades, categorias de dados tratados e política de controlo adoptada pela empresa, devendo cumprir as obrigações atinentes ao direito de informação. Deve informar os titulares dos dados, nomeadamente, sobre os seguintes aspectos:

– Se há tratamento de dados dos candidatos a emprego no decurso das diligências prévias à celebração do contrato, com que finalidade, quais os destinatários dos dados e qual o tempo de conservação ou destino da informação no caso de não ser celebrado qualquer contrato;
– Quais as finalidades do tratamento de dados dos trabalhadores (gestão de pessoal, processamento de remunerações, registo das penas

---

[83] A desenvolver de seguida (ponto III.1).

disciplinares, acções de *marketing* em relação a realizações da entidade empregadora), entidades a quem os mesmos podem ser transmitidos e para que finalidades, existência de fluxos transfronteiras, com que finalidades, que categorias de dados são transmitidos e para que países/entidades.
- Se os serviços de medicina de trabalho são assegurados através da empresa ou se são contratualizados a empresas especializadas e a quem podem vir a ser comunicados alguns dados dos trabalhadores.
- Se existe uma *recusa absoluta* de utilização dos meios da empresa para fins particulares, se é interdita a realização de chamadas, o uso do correio electrónico ou da *Internet* para fins privados;
- Se há uma eventual permissão (não controlada ou controlada) ou tolerância destes meios para todos ou, apenas, para alguns trabalhadores;
- No caso de existir controlo, em que circunstâncias é feito, as finalidades e as modalidades utilizadas, os dados tratados e o tempo de conservação.

Para assegurar aos titulares dos dados aquilo que se designa por «autodeterminação informacional» o legislador reconhece-lhes uma série de direitos e estabelece mecanismos que lhe permitem um determinado «controlo» sobre os dados tratados a seu respeito. Na linha do artigo 35.º n.º 3 da Constituição e da Directiva 95/46/CE (artigo 8.º n.º 2 al. a) já não está apenas em causa a simples proibição de tratamento de certos dados (sensíveis ou não), mas também a liberdade de controlar e poder determinar a sua recolha e utilização.

Este controlo será realizado no momento em que é assegurado o direito de informação (artigo 10.º) ou, posteriormente, através do exercício do direito de acesso, consagrado no artigo 11.º da Lei 67/98.

O princípio da transparência é nuclear uma vez que são os «ficheiros desconhecidos» e organizados à revelia dos titulares dos dados – desde logo porque fora do seu controlo e com recolha de dados que poderiam não ser obtidos se o tratamento fosse do seu conhecimento – que apresentam maiores perigos para a sua privacidade. É o seu «secretismo» e a falta de transparência no modo como os dados são recolhidos que, muitas vezes, tem como pano de fundo o tratamento automatizado à margem da lei, com violação dos direitos, liberdades e garantias consagrados no artigo

35.º da CRP e que pode colocar em causa a relação de confiança que o contrato de trabalho deve supor ([84]).

Por influência desses princípios de protecção de dados há quem entenda, neste contexto, que está a surgir um novo *direito fundamental do trabalhador* ([85]) – «direito à intimidade informática» – e que lhe confere a "faculdade de *conhecer* e de *controlar* quantas transacções e operações se realizam com os seus dados de carácter pessoal, assim como a faculdade de decidir sobre as referidas operações através da concessão do direito ao consentimento informado, colocando nas suas mãos os instrumentos válidos para uma defesa prévia, convertendo o próprio trabalhador, titular dos dados, no mais eficiente garante da sua intimidade" ([86]).

Este direito assume, no domínio laboral, particular relevância pelas razões já evidenciadas e que se relacionam com os princípios da «mútua colaboração» e da «confiança recíproca», sem esquecer que a realização de tratamentos sem informação dos trabalhadores não contribui, de forma alguma, para atenuar a "conflitualidade" inerente ao desenvolvimento da relação de trabalho.

([84]) Por essa razão, entendemos que seria desejável que o novo Código do Trabalho tivesse sido expresso em relação à obrigação de a entidade empregadora estar obrigada a informar o trabalhador, especialmente, de todos os tratamentos automatizados e que fossem utilizados para controlo da sua actividade ou cumprimento das determinações decorrentes do contrato. Essa obrigação de informação – que no nosso ponto de vista se apresenta como «relevante» no contexto do contrato e da "prestação da actividade laboral" (cf. artigo 97.º n.º 2) – deveria constar do artigo 98.º. Pensamos que, como corolário da falta de transparência, poderia ser consignado que a falta de informação implicaria a impossibilidade de utilização desses elementos de prova contra o trabalhador.

([85]) Fernando De Vicente Pachés – "El Derecho à la Intimidad y la Informática en el Ambito Laboral" *in* Informática y Derecho, Revista Iberoamericana de Derecho Informático, n.º 30-32, pág. 283, que cita Cardona Rupert ("La intimidad informática del trabajador: obtención y tratamiento informatizado de sus datos" – tese de doutoramento inédita – 1997, pág. 685).

([86]) Assane Diop – "Vie au travail et protection de la vie privée: pour un travail décent dans une société de l'information" *in* La 23.ª Conférence Internationale des Commissaires à la Protection des Données, Paris, 24/26 Setembro 2001, pág. 5 – salienta que os progressos da informática «fizeram crescer os meios à disposição do empregador para coligir, armazenar e tratar informações pessoais dos trabalhadores, bem como para incorporar rapidamente nos seus ficheiros informações provenientes de outras fontes». Essa «livre recolha», acrescenta, pode originar uma recolha enganosa e à revelia dos trabalhadores, o que pode implicar um desvio da finalidade originária e uma difusão que escapa ao controlo dos trabalhadores.

Para além de a falta de informação aos titulares dos dados ser susceptível de integrar uma violação da Lei 67/98, não havendo razão jurídica para negar aos trabalhadores esse direito, tal omissão tem implicações evidentes no domínio da *validade da prova*. Encontramos várias decisões dos tribunais nesse sentido, tanto no nosso direito interno como no direito comparado.

A doutrina francesa salienta, com especial preocupação, o facto de a entidade empregadora dispor de meios técnicos de vigilância "capazes de registar os seus gestos, as suas palavras e os seus movimentos" ([87]).

Perante os perigos apresentados para a privacidade dos trabalhadores a *jurisprudência francesa* tem considerado, de forma uniforme e pacífica, que o direito de informação não pode deixar de ser assegurado. Se estes procedimentos foram colocados em marcha sem o seu conhecimento, eles não poderão servir como meio de prova em relação a uma falta na execução do contrato de trabalho, uma vez que essa prova foi adquirida de forma irregular.

O Tribunal de Paris começou por fazer uma primeira aproximação em relação à «parcialidade da prova», considerando que o registo secreto pela entidade empregadora não apresenta qualquer garantia de fiabilidade e que a "admissibilidade de um tal meio de prova submeterá o trabalhador a uma espionagem contínua", apresentando-se como um "factor de desconfiança" no seio da empresa ([88]).

O Tribunal de Lyon pronunciou-se no mesmo sentido em relação ao empregador que pretendia provar a existência de concorrência desleal de um empregado através da reprodução escrita das conversações telefónicas ([89]).

O Cour de Cassation confirmou esta orientação, na sua decisão de 20 de Novembro de 1991 ([90]), ao reconhecer ao empregador o direito de controlar e de supervisionar a actividade do trabalhador durante o tempo de trabalho, tendo decidido que "qualquer registo, por imagens ou palavras, *sem o seu conhecimento*, quaisquer que sejam os motivos, constitui um meio de prova ilícito".

([87]) Pierre Kayser – "La Protection de la Vie Privée par le Droit", 3.ª Ed., 1995, pág. 268.
([88]) 21.ª Ch. de 9 de Novembro de 1966 *in* Gazette du Pallais, 1967, 1, pág. 135.
([89]) 1.ª Ch. 21 de Dezembro de 1967 nota 218 de Pierre Kayser, ob. cit. pág. 268.
([90]) Sumariado *in* http://www.droitquotidian.com

Mas, o Cambre Criminelle proferiu uma decisão que é inconciliável com a orientação anterior. Pronunciou-se no sentido de que uma sociedade, que constatou uma baixa importante nas entradas de caixa pode, licitamente, instalar clandestinamente uma câmara a fim de vigiar as caixas, por forma a obter, regularmente, os elementos de prova que comprovavam o abuso de confiança ([91]). Fundamenta este entendimento no facto de nenhum texto da lei processual penal interditar que uma pessoa possa recolher a prova de uma infracção em que crê ser vítima, a fim de as jurisdições repressivas poderem apreciar o seu valor.

Pierre Kayser ([92]) entende ser admissível e justificada a abertura de uma excepção, em função das circunstâncias concretas, para "conciliar a ilicitude da vigilância clandestina da execução do contrato de trabalho" com a necessidade de fazer prova de uma infracção que se apresenta como verosímil perante factos pertinentes ([93]).

Em Portugal o STJ ([94]) considerou que as gravações feitas por particulares e sem o consentimento do visado destinadas a ser utilizadas para efeitos probatórios, constituem provas proibidas, sendo, por isso, nulas.

No mesmo sentido, Leal Henriques e Simas Santos ([95]) afirmam que "não valem como prova, por exemplo, as gravações de conversas particulares de outrem ou fotografias ou filmes de pessoas em privado, quando não autorizadas, já que a sua obtenção é ilícita".

A questão que deve ser equacionada, em relação a cada forma de tratamento, é o "carácter privado", "público" ou restrito ao "ambiente da empresa". Mesmo assim, entendemos que, à luz do nosso direito, não será admissível a utilização «secreta» destes meios uma vez que a nossa lei apenas admite (no DL 35/2004, de 21 de Fevereiro) a utilização destes mecanismos – no contexto de actividades de segurança privada ou autoprotecção – como meios de dissuasão e prevenção da prática de crimes.

([91]) Decisão de 23 de Julho de 1992, Bull. Crim. N.º 274.

([92]) Ob. cit. pág. 269.

([93]) Essa possibilidade – de «monitorização dissimulada» – foi admitida no documento de trabalho produzido e aprovado em 29 de Maio de 2002 pelo Grupo do Artigo 29.º quando «a lei do Estado o permita» – veja-se o documento de trabalho WP-55 sobre "a vigilância das comunicações electrónicas no local de trabalho", pág. 15, in http//europa.eu.int/comm/internal_market/privacy/workinggroup

([94]) Acórdão de 14 de Janeiro de 1999, in Col. Jur./STJ 1999, t.1, pág. 179.

([95]) In "Código de Processo Penal Anotado", Rei dos Livros, 1996, pág. 657.

Mesmo aqui, a lei obriga a assegurar o direito de informação, com a aposição de texto, em local bem visível, em relação à recolha de imagem.

Com a declaração de inconstitucionalidade orgânica do artigo 12.º n.º 1 e 2 do DL 231/91 este entendimento saiu reforçado em face dos argumentos aduzidos pelo Tribunal Constitucional ([96]). Considerou o Tribunal que "a permissão da utilização dos referidos equipamentos constitui uma limitação ou uma restrição do direito à reserva da intimidade da vida privada, consignada no artigo 26.º n.º 1 da CRP". Acrescentou que as tarefas de definição das regras e a apreciação dos aspectos relativos à videovigilância constituem «matéria atinente a direitos liberdades e garantias». Daí que se deva concluir que a limitação do direito à reserva da intimidade da vida privada – realizada através dos métodos de intrusão secretos – só poderá ser autorizado por lei da Assembleia da República ([97]). Não existindo qualquer disposição desta natureza no âmbito da relação laboral, não será admissível a utilização destes meios sem que o trabalhador tenha conhecimento da sua utilização.

O Tribunal Constitucional, no seu acórdão n.º 207/2003, de 28 de Abril ([98]), sufragou este entendimento ao considerar que «a instalação de tais equipamentos...permite a captação de imagens, som e actuação das pessoas que se encontram nas instalações dos casinos, com possibilidade de fazer registos dos mesmos, sem que por elas seja dado o mínimo consentimento a tal captação», o que, desta sorte, vai, inequivocamente – ao menos – «tocar os direitos à imagem e reserva da vida privada dessas pessoas».

Assim, na linha das disposições da lei penal e processual acima citadas, pensamos que a utilização de mecanismos clandestinos de recolha de

---

([96]) Acórdão de 12 de Junho de 2002 – publicado na I.ª Série – A do Diário da República de 8 de Julho de 2002, pág. 5237.

([97]) Nos termos do artigo 4.º n.º 2 do Decreto-Lei 275-A/2000, de 9 de Novembro (Lei Orgânica da Polícia Judiciária) a Polícia Judiciária pode "proceder à identificação de pessoas e realizar vigilâncias, se necessário, com recurso a todos os meios e técnicas de registo de som e imagem, bem como revistas e buscas, nos termos do disposto no Código de Processo Penal e legislação complementar". Também o artigo 6.º da Lei 5/2002, de 11 de Janeiro (que estabelece medidas de combate à criminalidade organizada e económico-financeira) permite o "registo de voz e imagem, por qualquer meio, sem o consentimento do visado". De acordo com o n.º 2 deste preceito "a produção destes registos depende de prévia autorização ou ordem do juiz", sendo-lhe aplicáveis, com as necessárias adaptações, as formalidades previstas no artigo 188.º do CPP (n.º 3).

([98]) *In* DR II.ª Série n.º 125, de 30 de Maio de 2003, pág. 8421.

imagens – para além de se revelarem desproporcionados e violadores da intimidade das pessoas ([99]) – integram uma forma ilícita de obtenção da prova. O acórdão do STJ, acima citado, é expresso ao considerar que «o conteúdo típico do actual artigo 199.° esgota-se com a simples audição e gravação não consentidas, prescindindo de toda a referência ao conteúdo da conversa gravada nem se exigindo que ela contenha qualquer conotação ou relevância do ponto de vista da reserva da vida privada, da intimidade ou do segredo "*stricto sensu*". O propósito de carrear provas para o processo penal não pode, enquanto tal, excluir a ilicitude das gravações efectuadas por particulares».

Assim, uma outra conclusão deve ser evidenciada:

O tratamento de dados sem ser assegurado o direito de informação (cf. art. 10.° da Lei 67/98), para além de integrar uma grosseira violação da Lei 67/98, pode, em casos específicos, constituir um meio de prova ilícito.

4. Assegurado que seja o direito de informação e de acesso, os titulares dos dados estão em condições de poderem reagir e de assegurar os seus direitos de correcção e actualização ou, mesmo, de manifestarem, na sequência da tutela dos seus direitos fundamentais, a sua *oposição ao tratamento* ([100]). Trata-se de um mecanismo cautelar e de «auto-tutela», prévio à intervenção de outras entidades – v. g. a CNPD e os tribunais – com o objectivo de conformar o tratamento com os direitos fundamentais dos titulares ([101]).

O direito de «controlar os dados» é "uma forma de proteger os direitos fundamentais e em particular a intimidade" e de garantir a oposição ao tratamento sempre que sejam violados esses direitos. Por isso, a Lei 67/98,

---

([99]) A coberto de uma pressuposta suspeita, podem ser recolhidas imagens violadoras da privacidade e que nada têm a ver com os objectivos que determinaram a gravação, sendo certo que as empresas ou entidades empregadoras não estarão vocacionadas para desempenhar qualquer papel relevante em matéria de obtenção da prova e de investigação criminal.

([100]) «Só depois de assegurado o direito de informação os titulares estão em condições de, eventualmente, poderem exercer o "direito de oposição" (cf. art. 12.° al. a) da Lei 67/98) ou invocar a "prevalência de interesses ou direitos" consignados no artigo 6.° al. e) da Lei 67/98» (Autorização n.° 11/99, de 13 de Abril de 1999 – N/ publicada).

([101]) Para mais desenvolvimento veja-se Reyes Corripio Gil-Delgado – "Las nociones de interés publico y interés legitimo en relacion al ejercicio del derecho de oposicion del interessado" *in* Jornadas sobre el Derecho Español de la Protección de Datos Personales, Madrid, 1996, pág. 288 e 289.

que nesta matéria apresenta novidades relevantes em relação à Lei 10/91, conferiu ao trabalhador, enquanto titular de dados objecto de tratamento, um meio que pode ser utilizado com grande eficácia na defesa dos seus direitos contra a elaboração de perfis, decisões individuais automatizadas ou registos excessivos capazes de gerar discriminação.

Como veremos, é no domínio das relações de trabalho que pode ser necessário, para resolução dos conflitos de interesses, averiguar em que medida os direitos, liberdades e garantias dos trabalhadores devem prevalecer sobre a pretensão do responsável do tratamento (cf. artigo 6.º al. e). Se assim for, o trabalhador pode utilizar o direito de oposição – nos termos do artigo 12.º al. a) da Lei 67/98 – para evitar a realização de um tratamento que ofenda a sua dignidade. Para o efeito, e para que possa ser apreciada a existência de «oposição justificada», deve invocar "as razões ponderosas e legítimas relacionadas com a sua situação particular ([102])" que permitem fundamentar o seu direito e que sejam idóneas para proibir o responsável de tratar dados pessoais a seu respeito.

5. A grande dúvida que hoje se coloca, em função da multiplicidade de meios de controlo disponíveis, é a de saber se a entidade empregadora pode, sem mais, servir-se das tecnologias para fazer um controlo permanente e arbitrário, invocando o poder de direcção e o dever de subordinação a que o trabalhador se encontra vinculado.

Estes direitos dos trabalhadores, reconhecidos pelo facto de os seus dados serem objecto de tratamento, não podem ser subalternizados por um simples «interesse empresarial», muitas vezes mal fundamentado, ou assente numa qualquer «necessidade produtiva» ou de «controlo». Con-

---

([102]) Tal como decorre da letra da lei, está em causa, fundamentalmente, a condição ou situação particular do titular dos dados. Neste caso, o trabalhador deve explicitar as razões subjectivas que justificam o exercício de um direito que se apresenta com um grau de prevalência superior ao da entidade empregadora. Trata-se, na generalidade dos casos, de aplicar o princípio da proporcionalidade conferindo relevância à situação particular do trabalhador. Pode acontecer, por exemplo, uma situação em que um trabalhador a quem tenha sido diagnosticada uma doença – ainda que relacionada com o serviço – queira impedir um seu familiar próximo (médico do trabalho) de ter conhecimento desse seu diagnóstico. Sendo este trabalhador assistido por outro médico, pretende que este diagnóstico não seja registado no sistema uma vez que – se o registo for realizado – corre o risco de aquele diagnóstico chegar ao conhecimento do médico seu familiar. Esta pretensão parece poder ser enquadrada na previsão do preceito citado.

forme referem Juan Domínguez e Susana Escanciano ([103]), a escolha dos meios por parte da empresa devem obedecer a um "carácter necessário, suficiente, razoável e proporcionado do meio de controlo seleccionado, sem o que, dando um passo em relação à exigência de boa-fé, é exigível que o empresário apresente prova no sentido de ser impossível ou impraticável a utilização de outro meio de controlo de menor impacto sobre os direitos fundamentais dos trabalhadores".

É, exactamente, no domínio do exercício dos poderes de direcção e de controlo que se justifica a aplicação dos princípios da *pertinência*, da *proporcionalidade* e da *necessidade* os quais, tal como acontece no domínio do direito do trabalho, também têm consagração na lei de protecção de dados.

O tratamento deve configurar-se como sendo o instrumento capaz de permitir ao empregador o exercício dos poderes de vigilância e controlo das ordens legítimas, e os dados a tratar devem ser os adequados e estritamente necessários às finalidades que determinaram a recolha e que possibilitam o referido controlo (art. 5.º n.º 1 al. c) da Lei 67/98).

Os dados a tratar e os meios utilizados devem ser ajustados à organização da empresa, ao desenvolvimento da actividade produtiva e compatíveis com os direitos e obrigações dos trabalhadores consignados no Código do Trabalho, correspondendo a um «interesse empresarial sério» que, utilizando os poderes de direcção e esperando a subordinação do trabalhador, não se revele abusivo e desproporcionado em relação ao grau de protecção da esfera privada do trabalhador.

Por outro lado, nem todas as formas de tratamento se podem revelar ajustadas ao cumprimento da finalidade que a empresa se propõe realizar. Pode ser suficiente o registo generalizado dos dados, sem que se revele necessária a consulta específica dos dados pessoais. Uma amostragem genérica (v.g. quantidade de chamadas feitas por uma extensão, número de *e-mails* enviados, valor global gasto em determinado período com o telemóvel, tempo gasto em consultas na *Internet*) pode ser suficiente para satisfazer os objectivos de controlo. Conforme se tem entendido ([104]), um registo e acesso sistemático a todos os movimentos do trabalhador – para

---

([103]) "Utilización y Control de Datos Laborales Automatizados", Agencia de Protección de Datos, 1997, pág. 90 e 91.

([104]) Avis n.º 10/2000, de 3 de Abril de 2000, da Comissão belga *in* http://www.privacy.fgov.be e Juan Domínguez, ob. cit. pág. 96.

além de se poder revelar desproporcionado ao objectivo de controlo e atentar contra a sua dignidade – pode não se revelar eficaz e necessariamente produtivo pelo "clima de angústia e tensão" que todos estes métodos podem criar no seio da empresa.

Esta apreciação, que será casuística, deve ser compatibilizada com os princípios enunciados em relação à legitimidade do tratamento (art. 6.º al. e) da Lei 67/98) num balanceamento dos interesses e direitos em presença.

III. REGRAS E PROCEDIMENTOS A OBSERVAR PARA O TRATAMENTO DE DADOS POR PARTE DO EMPREGADOR

1. Princípios relativos à qualidade dos dados

Os princípios relativos à qualidade dos dados, inspirados no artigo 5.º da Convenção n.º 108 do Conselho da Europa e no artigo 6.º da Directiva 95/46/CE, vêm especificados no artigo 5.º da Lei 67/98.

Em função dos princípios da transparência e da qualidade dos dados podemos abordar alguns aspectos fundamentais que devem ser objecto de análise em qualquer tratamento de dados.

O Considerando 28.º da Directiva ilustra e sintetiza os aspectos relevantes em relação ao princípio da «qualidade dos dados»: "qualquer tratamento de dados pessoais deve ser efectuado de forma lícita e leal para com a pessoa em causa; deve, em especial, incidir sobre dados adequados, pertinentes e não excessivos em relação às finalidades prosseguidas com o tratamento; essas finalidades devem ser explícitas e legítimas e ser determinadas aquando da recolha dos dados e as finalidades dos tratamentos posteriores à recolha não podem ser incompatíveis com as finalidades especificadas inicialmente".

1.1. Requisitos do tratamento

1. A Lei 67/98 refere que o tratamento (em especial a recolha – cf. art. 3.º al. b) deve ser efectuado de *forma lícita* e com respeito pelo princípio da *boa fé* (art. 5.º al. a). As expressões utilizadas, embora similares com as

previsões inseridas no direito comparado ([105]), não coincidem, em termos terminológicos, com a redacção da Directiva 95/46/CE a qual, no seu artigo 6.º n.º 1 al. a), considera que os dados pessoais devem ser objecto de um «tratamento *leal* e *lícito*» ([106]).

Estas duas expressões da Lei 67/98 dão-nos uma ideia de que podem ser abarcadas duas realidades diversas: uma ligada aos princípios (regras jurídicas) a observar em matéria de tratamento de dados – onde se integra a «licitude» – e outra mais direccionada para os procedimentos e meios a observar nas operações que integram o conceito de «tratamento de dados» (lealdade).

Uma análise mais aprofundada da Directiva ajuda-nos a compreender o alcance das expressões enunciadas. Deve anotar-se, desde logo, que o Capítulo II da Directiva 95/46/CE se refere às «condições gerais de licitude do tratamento de dados pessoais» (nele se incluindo, nomeadamente, os princípios relativos à qualidade dos dados, às condições de legitimidade, ao direito de informação, acesso, oposição). Por seu turno, o artigo 5.º obriga os Estados-membros, dentro dos limites desse capítulo, a estabelecer as "condições em que é *lícito* o tratamento de dados pessoais".

Para que o tratamento se considere *lícito* pretendeu o legislador que se verificassem, em particular, as condições especificadas nos artigos 7.º e 8.º da Directiva (correspondentes aos artigos 6.º e 7.º da Lei 67/98), conforme se alcança do Considerando n.º 22 da Directiva 95/46.

Deve reconhecer-se que, em termos doutrinários, tanto o texto da Directiva, como o texto da nossa lei, apresentam algumas dificuldades para diferenciar o que serão «condições de legitimidade» e «condições de licitude». Esta dificuldade resulta das várias formulações que teve a Directiva. Em 1990, a proposta de texto utilizava a expressão «licitude», tendo sido substituído pelo termo «legitimidade». A utilização do conceito de «legitimidade» atribuía "uma excessiva liberdade de apreciação ao responsável" uma vez que lhe conferia uma certa margem de manobra para apreciar o seu «interesse legítimo» no confronto com o interesse do titular dos dados ([107]).

([105]) O artigo 4.º n.º 7 da Lei espanhola – Ley Orgánica 15/1999, de 13 de Dezembro – manteve os princípios consignados na lei anterior ao estabelecer que "se proíbe a recolha de dados por meios fraudulentos, desleais ou ilícitos".

([106]) O artigo 5.º al. a) da Convenção 108 do Conselho da Europa refere que os dados pessoais devem ser «obtidos e tratados de forma *leal e lícita*».

([107]) Veja-se o artigo 7.º al. f) da Directiva e, para maior desenvolvimento, Manuel Higueras, ob. cit. pág. 98.

Assim, tal como sugeria a CNIL ([108]) – que defendeu a substituição do termo «legitimidade» pelo termo «licitude» – optou-se pela utilização do termo «licitude» para expressar a ideia de que o tratamento por parte do responsável deveria ser «conforme à lei».

Ou seja, o responsável não pode coligir dados pessoais, sem que haja um fundamento legal em que assenta o seu tratamento. Não faz sentido proceder à recolha de dados se, depois, não se podem realizar as restantes operações de tratamento que vão facilitar o acesso rápido à informação coligida. O Considerando 30 da Directiva 95/46/CE, concretizando essa ideia, refere que, para ser *lícito*, o tratamento deve "ser efectuado com o consentimento da pessoa em causa ou ser necessário para a celebração ou execução de um contrato que vincule a pessoa em causa, ou para o cumprimento de uma obrigação legal"...

Também não se justifica – não sendo, por isso, lícita – uma recolha de dados excessivos e desproporcionados em relação à finalidade ([109]).

Ou seja, a ideia de licitude aponta no sentido de que o tratamento deve respeitar os princípios jurídicos da legalidade. O tratamento da filiação sindical dos trabalhadores, desacompanhado das condições estabelecidas na lei – com a finalidade de assegurar o desconto da quota sindical e mediante subscrição de «declaração de autorização ou pedido expresso» (cf. artigos 494.º n.º 3 al. b) e 495.º do Código do Trabalho) – apresenta-se como ilícito (cf. artigo 35.º n.º 3 da CRP).

O tratamento de dados da intimidade da vida privada fora do contexto laboral – recurso a meios de investigação privada (detectives), com violação do segredo profissional de outros profissionais (v.g. médico de família) – ou o controlo dos trabalhadores através de métodos contrários à lei – escuta ou gravação de conversações privadas, leitura não consentida de conteúdo de comunicações privadas, pressões violadores do segredo profissional dos trabalhadores ([110]) – são um bom exemplo de uma conduta ilícita. Recolher dados com recurso a estes meios "não só determina o

---

([108]) Veja-se o 11.º Rapport d'Activité, 1990, pág. 55.

([109]) "A licitude da recolha tem enquadramento no princípio da finalidade, no direito de informação, na não excessibilidade dos dados pedidos, na utilização conforme à finalidade do ficheiro" (Autorização da CNPD N.º 66/97, de 10 de Julho de 1997, Relatório de 1997, pág. 201).

([110]) Por exemplo, em relação ao médico do trabalho ou ao administrador de sistema.

risco de lesão de direitos da pessoa, como a sua intimidade", podendo originar um tratamento discriminatório dos trabalhadores ([111]).

Já quanto aos «procedimentos» utilizados pelo responsável importa salientar, em termos históricos, que o artigo 12.º n.º 1 da Lei 10/91 referia que o tratamento deveria ser feito de "forma não enganosa" ([112]).

A Lei 67/98 substituiu a expressão «não enganosa», tendo optado por estabelecer que o tratamento deve ser feito com observância do «princípio da boa fé».

Era pacífico que a recolha de dados com artifícios fraudulentos, artimanhas para encobrir ou não revelar as intenções dos responsáveis era susceptível de integrar o conceito de tratamento «enganoso». Nele se incluíam todos os métodos que, de forma ardilosa, pretendiam enganar o titular e levá-lo a fornecer os seus dados pessoais. Não está em causa, simplesmente, uma omissão do dever de informação mas uma atitude ou comportamento que visa, fundamentalmente, iludir a pessoa em causa e levá-la a fornecer dados pessoais que, eventualmente, não seriam fornecidos. Para determinar se uma informação foi obtida lealmente há que considerar o "procedimento ou método pelo qual foi obtida, em especial se alguma pessoa de quem foi obtida foi enganada ou induzida em erro em relação à finalidade ou finalidades para que a informação deveria ser conservada, usada ou cedida" ([113]).

Uma realidade diversa – mas mais abrangente – é o tratamento com observância do princípio da boa fé. Tratar com boa-fé significa, igualmente, recolher os dados com lealdade (cf. artigo 6.º n.º 1 al. a) da Directiva 95/46/CE) e dar à pessoa em causa "conhecimento da existência dos tratamentos e obter, no momento em que os dados lhe são pedidos, uma informação rigorosa e completa das circunstâncias dessa recolha" (cf. Considerando n.º 38.º da Directiva 95/46).

Qualquer tratamento «enganoso» integra, necessariamente, uma violação da boa fé. Mas, pode haver um tratamento de má-fé sem que sejam

---

([111]) Para mais desenvolvimento veja-se Fernando de Vicente Pachés – "El Derecho a la Intimidad y la Informática en el Ambito Laboral" *in* Informatica y Derecho, Revista Iberoamericana de Derecho Informático, n.º 30-32, 1999, pág. 297.

([112]) Influência da lei francesa – Loi n.º 78-17 de 6 de Janeiro – que, no seu artigo 25.º, dispunha o seguinte: *"La collecte de données opérée par tout moyen frauduleux, déloyal ou illicite est interdite"*.

([113]) Heredero Higueras – "La Directiva Comunitaria de Protección de los Datos de Carácter Personal", Aranzadi Editorial, 1997, pág. 91.

utilizados artifícios enganosos; o caso em que o responsável assume uma postura de «meias palavras» em relação aos verdadeiros objectivos ou finalidades do tratamento ou, ainda, uma atitude «autoritária» – que pode ser configurada no contexto da relação laboral – de quem não admite ser questionado, são situações susceptíveis de integrar uma recolha de má-fé ([114]). Uma omissão de informação sobre as finalidades, quando exista uma suspeita de que o esclarecimento do titular pode pôr em causa o fornecimento dos dados, integra, igualmente, um tratamento contrário ao princípio da boa-fé.

O responsável não pode obter os dados através de *meios ilícitos ou desleais*, sob pena de o seu comportamento ser susceptível de ser punido com coima prevista no artigo 38.º n.º 1 al. b) da Lei 67/98 ([115]).

No domínio da Lei 10/91, de 29 de Abril, os titulares dos dados tinham o direito de exigir a "supressão" dos dados recolhidos com recurso a meios ilícitos ou enganosos (cf. art. 30.º n.º 1). A lei actual – que revogou a Lei 10/91 – adoptou uma formulação mais genérica ao garantir aos titulares dos dados o direito de «rectificação, o apagamento ou o bloqueio dos dados cujo tratamento não cumpra o disposto na presente lei», admitindo, a título de exemplo, que esse direito poderia decorrer do "carácter incompleto ou inexacto dos dados".

Logo que o titular tenha conhecimento que foi levado a fornecer alguns dos seus dados, que não forneceria se tivessem sido recolhidos de boa-fé, assiste-lhe o direito, conforme o caso, a pedir a sua rectificação ou a eliminação total ou parcial. Ou seja, o tratamento de dados com violação da lei de protecção de dados pode legitimar um pedido de rectificação, apagamento ou bloqueio em função do tipo de vício que afecta o tratamento.

([114]) "A forma não enganosa afasta qualquer acto ou omissão que vise recolher e tratar dados pessoais através de uma declaração não séria, ou com reserva mental ou com simulação (cfr. artigos 244.º e 245.º do Código Civil); mas a extensão do conceito tratamento leal ou não enganoso revela-se mais abrangente. O dever de lealdade inclui assim o dever de abstenção de um comportamento que possa falsear o objectivo de determinado tratamento de dados e um dever de actuação positiva que contribua para a clara e justa percepção do particular quando disponibiliza a terceiros os seus dados pessoais ou quando terceiros têm acesso a esses dados" (Autorização da CNPD n.º 66/97, de 10 de Julho, *in* Relatório da Comissão, 1997, pág. 201).

([115]) Veja-se, na doutrina francesa, Pierre Kayser, ob. cit. pág. 475 e ss.

Por razões similares, justifica-se que a autoridade de controlo, por aplicação do artigo 22.º n.º 3 al. b) da Lei 67/98, possa diligenciar pela destruição total ou parcial dos dados ou, a pedido do interessado, fazer assegurar o direito de rectificação (cf. artigo 23.º n.º 1 al. g).

2. Os dados devem ser recolhidos para finalidades determinadas, explícitas e legítimas, não podendo ser posteriormente tratados de forma incompatível com essas finalidades (artigo 5.º al. b).

As finalidades da recolha devem ser definidas de uma forma precisa e concreta, sem que restem dúvidas em relação às razões que levam o responsável a recolher os dados. Não satisfaz esta previsão legal uma especificação vaga e imprecisa – «fins comerciais» ou «gestão empresarial» – em relação ao objecto do tratamento, nomeadamente quando não permite ao titular dos dados ou à autoridade de controlo concretizar os objectivos prosseguidos ou determinar as verdadeiras finalidades para que são utilizados os dados.

A delimitação rigorosa da finalidade é fundamental uma vez que dela depende a definição de outros aspectos relativos ao tratamento de dados: apreciação da pertinência ou necessidade de recolha de certo tipo de dados, a definição de quais são as finalidades compatíveis, a fixação dos prazos de conservação.

A definição precisa das finalidades é fundamental, igualmente, no âmbito das relações laborais. Como veremos, há dados pessoais que não são necessários nem pertinentes na fase prévia à celebração do contrato [116], mas que se justificam no momento da celebração do contrato de trabalho. Em relação à informação de saúde necessária, o nível de detalhe é, igualmente, diferente conforme o trabalhador seja candidato a uma admissão na empresa ou já exerça funções. De acordo com a categoria profissional ou com a função desempenhada pode ser necessário coligir informação específica, que não se revela necessária para a generalidade dos trabalhadores da empresa [117].

A finalidade definida assume relevância no momento em que é assegurado o direito de informação (artigo 10.º n.º 1), no momento em que a

---

[116] No momento da contratação de pessoal está em causa, primordialmente, a delimitação da capacidade profissional dos candidatos para o cargo a concurso, admitindo-se que só em casos excepcionais seja relevante – para cargos muito específicos – alguma "incursão" por aspectos da vida ou relacionamentos do candidato.

[117] Ao nível do controlo dos trabalhadores, será decisivo o seu grau de autonomia e independência em relação à entidade empregadora.

autoridade de controlo aprecia os pedidos de notificação/autorização (cf. artigo 29.º al. b) e 30.º al. c) ou em relação à apreciação de um pedido de autorização para a interconexão de dados pessoais (cf. artigo 9.º n.º 2).

A alínea c) do artigo 23.º, disposição inovadora em relação a Lei 10/91 ([118]), permite à CNPD autorizar, excepcionalmente, a utilização de dados pessoais para finalidades não determinantes da recolha.

As finalidades devem ser «legítimas». Já não estamos perante uma apreciação de procedimentos ou métodos de recolha, mas na definição e concretização das finalidades. As finalidades que justificam a recolha (que devem ser determinadas e explicitadas) têm que resultar de um interesse legítimo do empresário (cf. artigo 6.º al. e) da Lei 67/98), apresentarem-se como juridicamente relevantes, estarem de acordo com a lei ([119]) e não serem contrárias à ordem pública e aos bons costumes ([120]).

Os dados não podem ser tratados, posteriormente, de forma incompatível com as finalidades determinantes da recolha. A compatibilidade ou incompatibilidade é verificada caso a caso e em função de cada declaração de tratamento.

Sendo a compatibilidade apreciada no caso concreto, terá que ser considerada a actividade desenvolvida pelo responsável, a finalidade declarada e a eventual utilização posterior que se pretende dar aos dados pessoais. Este aspecto está, igualmente, relacionado com os princípios da adequação e da pertinência, na medida em que só será de autorizar o tratamento de dados necessários à finalidade declarada. Em função da finalidade declarada e da utilização dos dados pessoais a CNPD aprecia, *em concreto*, se a finalidade é ou não compatível, podendo autorizar, em seguida, a utilização de dados para finalidades diversas, desde que compatíveis[121] (cf. artigo 23.º al. c) e 28.º n.º 1 al. d), com referência ao artigo 5.º al. b) da Lei 67/98).

([118]) O artigo 15.º da Lei 10/91 referia: «os dados pessoais só podem ser utilizados para a finalidade determinante da sua recolha, salvo autorização concedida por lei».

([119]) Não será «legítima», por exemplo, a recolha de dados com a finalidade de controlar o tempo que os trabalhadores gastam na casa de banho (cf. Deliberação n.º 32/96, *in* Relatório da CNPD pág. 235). A lei belga (*in* http://www.privacy.fgov.be) estabelece, no seu artigo 4.º, que "os dados de carácter pessoal devem ser recolhidos para finalidades determinadas, explícitas e legítimas".

([120]) Veja-se o disposto no artigo 117.º do Código do Trabalho.

([121]) "A modificação posterior da finalidade de um tratamento só seria legítima se fosse compatível com a finalidade inicial" – M. Heredero Higueras – "La Directiva Comunitaria de Protección de los Datos de Carácter Personal", Aranzadi Editorial, 1997, pág. 104.

1.2. Princípios da adequação e da pertinência

O tratamento deve processar-se em estrita *adequação e pertinência*, não devendo os dados ser *excessivos* ([122]) em relação à finalidade que determinou a recolha ou o tratamento posterior (artigo 5.º al. c). A formulação corresponde ao texto da Directiva.

De acordo com a finalidade expressa, assim são definidos os dados ou categorias de dados necessários ao desempenho dessa finalidade. Pretende-se assegurar que, no âmbito da empresa, sejam recolhidos os dados relativos ao trabalhador que lhe permitam aferir a aptidão e capacidade do trabalhador (na fase da contratação), o registo dos elementos relativos à sua carreira e gestão da formação no interior da empresa, ao cálculo da retribuição, ao cumprimento de obrigações legais (v.g. registo de sanções disciplinares), à organização da empresa e registo de informações relevantes em termos de produtividade, higiene e segurança no trabalho. Para a aferição da adequação, pertinência e necessidade é fundamental assumir uma postura realista e prática – em função da actividade concreta desenvolvida pela empresa – considerando-se desejável indagar junto da empresa, em caso de dúvida, em que medida alguns dados se apresentam como pertinentes à finalidade indicada.

Havendo interesses conflituantes e podendo estar em causa o registo de dados relativos à esfera privada do trabalhador, será de indagar e apreciar em que medida os dados são imprescindíveis para a realização da finalidade, admitindo-se como possível a aplicação do princípio da proporcionalidade em relação aos interesses em presença.

([122]) Na discussão da lei espanhola de 1992 foi sugerida a substituição da expressão «não excessivos» por «estritamente necessários», por se entender que "a expressão a substituir introduzia um factor de indeterminação que prejudicava a segurança jurídica". Essa sugestão não foi acolhida por se considerar desejável manter a formulação da Convenção 108 (cf. M. Higueras, ob. cit. pág. 84). Pensamos que a expressão da lei não compromete os objectivos que estão subjacentes à previsão legal uma vez que existe sempre uma certa margem de subjectividade para determinar, no caso concreto, quais serão os dados estritamente necessários à satisfação das finalidades que determinam a recolha.

A lei suíça refere que o tratamento de dados "deve ajustar-se aos princípios da boa fé e da proporcionalidade" (cf. artigo 4.º parágrafo 2.º). Trata-se de um princípio ainda mais indeterminado, mas nem por isso fica comprometida a apreciação da adequação e da pertinência.

Os princípios da adequação e da pertinência devem ser observados, independentemente da forma de recolha (directa ou indirecta) e da origem dos dados (ainda que os mesmos sejam recolhidos de fontes acessíveis ao público).

1.3. *Actualização de dados e tempo de conservação*

Os dados devem ser exactos e, se necessário, actualizados (art. 5.º al. d), sendo conservados de forma a permitir a identificação dos seus titulares, apenas durante o período necessário para a prossecução das finalidades da recolha e do tratamento posterior (art. 5.º al. e) ([123]).

A actualização é um princípio fundamental vigente em matéria de protecção de dados, na medida em que se pretende que os dados registados correspondam, com verdade, à situação do titular. Em termos gerais, a actualização da informação interessa aos responsáveis dos tratamentos (que podem dispor de dados o mais actualizados possíveis para tomarem as decisões mais adequadas ou contactarem com os clientes) e aos titulares dos dados (que podem ter interesse em ser contactados e que têm todo o direito a ver actualizada a informação que lhes diz respeito).

Nalguns sectores de actividade a actualização dos dados apresenta-se como um "valor comercial": é o caso típico do *marketing* directo em que as empresas estabelecem contratos com "fornecedores de informação" para manterem actualizados os seus ficheiros. Dispor de informação desactualizada (v.g. moradas) implica uma excessiva percentagem de devolução de cartas, que não chegam aos respectivos destinatários.

Noutros sectores, mais do que ter disponível uma informação actualizada, pretende-se guardar um "histórico" sobre o titular dos dados: é o caso da actividade financeira e das "informações e negócios" em que se pretende guardar informação que (embora desactualizada) permite apurar

---

([123]) Em França, a Comissão Nacional de Informática e Liberdades (CNIL) estabeleceu regras precisas em relação ao tempo de conservação na área da banca, tendo em atenção a duração da execução do contrato, as finalidades da recolha, a recolha de dados sem que se siga a celebração de contrato (os dados não devem ser conservados para além de 6 meses) e o respeito pelas regras estabelecidas na lei comercial em relação ao tempo de conservação dos livros e documentos comerciais (cf. art. 4.º da "Norma Simplificada n.º 13 - Deliberação n.º 80-23 de 8/7/80 *in* "Informatique et Libertés", Edições da CNIL, Julho de 1991, pág. 169).

o "perfil negocial" (se é ou não "mau pagador"), com recurso a dados que podem pertencer ao passado ([124]).

O tempo de conservação dos dados deve ser definido e limitado, em função da finalidade do tratamento ([125]), sendo claro que incumbe ao responsável "tomar as medidas adequadas para assegurar que sejam apagados ou rectificados os dados inexactos ou incompletos" ou não necessários (cf. artigo 5.º n.º 1 al. c), d) e n.º 3)[126]. Isto é, o responsável deve proceder à eliminação dos dados quando tiver sido atingida a finalidade que fundamentou a recolha ou quando não logrou atingir a finalidade que se propunha em relação a alguns dos titulares dos dados ([127]).

No domínio da Lei 10/91 discutia-se, nomeadamente em relação à informação de crédito e solvabilidade, em que medida deveria ser eliminada "informação negativa" sobre certo cidadão e que relevância deveria ter o "direito ao esquecimento" ([128]). Para alguns autores ([129]) um dos fundamentos da "liberdade dos cidadãos repousa, em parte, no «direito ao esquecimento», princípio que traduz o facto de as informações pessoais deverem ser periodicamente apagadas dos ficheiros". O «direito ao esquecimento» assume-se, muitas vezes, como factor de «reabilitação» e apresenta-se, em alguns casos, como o único meio capaz de evitar a "estigmatização" ou a discriminação dos titulares dos dados. Daí que a Directiva 95/46/CE alerte os Estados-membros (2.ª parte do artigo 6.º al. e) para a necessidade de serem estabelecidas "garantias apropriadas" quando os

---

([124]) Para mais desenvolvimento, também no domínio do direito comparado, veja-se a nossa obra "Informática e Tratamento de Dados Pessoais", Vislis Editores, 1997, pág. 87 e ss.

([125]) Cf. Deliberação n.º 19/97, de 5 de Junho – *in* Relatório da CNPD, 1997, pág. 93.

([126]) No contexto destes preceitos é fundamental, desde logo, que seja o responsável do tratamento a sugerir à CNPD, no respectivo pedido de notificação (cf. artigo 29.º al. g), os prazos de conservação de dados que entende adequados à finalidade do tratamento.

([127]) A CNPD considerou que "deixa de ser pertinente o tratamento quando – pela natureza das informações recolhidas (v.g. dados de saúde) – a Companhia não celebra o contrato de seguro. Não se vislumbra a necessidade de registo desses dados uma vez que deixam de existir as razões determinantes da recolha: a celebração do contrato (cf. artigo 5.º al. c) e e) da Convenção ratificada por Decreto do Presidente da República n.º 21/93 *in* DR I.ª Série A de 9/7/93)" – Autorização n.º 1/96, de 9 de Janeiro de 1996 (não publicada).

([128]) Veja-se, entre muitas, a Deliberação n.º 85/98, de 1 de Outubro (Relatório de 1998, pág. 138).

([129]) José António Barreiros, *in* "Estudos sobre a Constituição", pág. 130 e Herminia Campuzano Tomé, ob. cit. pág. 84.

dados são conservados por períodos mais longos por razões de interesse histórico, estatístico e científico.

Quando está em causa o tratamento de dados dos trabalhadores, como veremos, é desejável, em situações específicas, a conservação por prazos muito limitados por forma a evitar discriminações, constituição de perfis ou utilização indevida de dados para proferir decisões individuais automatizadas. Porém, no domínio das relações de trabalho, os prazos de conservação podem variar de empresa para empresa na medida em que há situações específicas em que – na sequência de benefícios ou prerrogativas concedidas aos trabalhadores ou seus familiares (v.g. uma pensão complementar de reforma, assistência médica aos elementos do agregado familiar, faculdade de continuar a usufruir de benefícios em relação à utilização dos meios de transporte da empresa ou de refeitório) – o tratamento de certos dados pessoais pode perdurar para além da subsistência do contrato de trabalho ou, até, da vida do trabalhador.

Perante as dificuldades evidenciadas no domínio da lei anterior, o artigo 23.º n.º 1 al. f) da Lei 67/98 conferiu à CNPD competência para fixar o tempo de conservação de dados pessoais em função da finalidade, dando-lhe a possibilidade de emitir directivas sobre esta matéria em determinados sectores de actividade ([130]). Por isso, variando os prazos de conservação em função da finalidade (v.g. para fins de contratação, gestão de pessoal, processamento de remunerações, higiene e segurança no trabalho), é imprescindível que o responsável refira – no formulário de notificação – quais os prazos de conservação da informação por forma a permitir à CNPD o exercício das suas competências neste domínio.

2. Condições de legitimidade e de licitude do tratamento

O artigo 35.º n.º 2 da CRP estabelece que "a lei define o conceito de dados pessoais, bem como as condições aplicáveis ao seu tratamento automatizado, conexão, transmissão e utilização".

Daqui decorre que o tratamento de dados está sujeito a condições e que não está na disponibilidade de cada um realizar um tratamento de dados pessoais, ainda que recolha a informação em ficheiros cuja única

---

([130]) Até à presente data não foram emitidas directivas sobre o tempo de conservação de dados.

finalidade seja a manutenção de registos que se destinem a informação do público, acessíveis ao público e que possam ser consultados pelo público em geral ou por qualquer pessoa que provar um interesse legítimo. A lei estabelece, nos artigos 6.º a 8.º, as condições que podem legitimar o tratamento de dados pessoais ([131]).

Contrariamente ao que acontecia na Lei 10/91, não é feita qualquer distinção de regime sobre as "condições de legitimidade" entre os tratamentos da responsabilidade dos «serviços públicos» ou de outras entidades. A actual lei veio resolver um problema que a Lei 10/91 colocava e que apontava para a necessidade de os «dados sensíveis», processados pelos serviços públicos, serem regulados por «lei especial». O Tribunal Constitucional entendeu, no acórdão de 7 de Maio de 1997 ([132]), que a "lei especial" necessária a delimitar o tratamento de dados sensíveis (v.g. dados de saúde) devia assumir a forma de lei da Assembleia da República ou de decreto-lei por esta autorizado uma vez que o tratamento daquela informação integrava matéria relativa a direitos, liberdades e garantias.

A Lei 67/98 estabeleceu regimes diferenciados, em função da categoria de dados a tratar:

– Tratamento de dados sensíveis (art. 7.º);
– Tratamento de suspeitas de actividades ilícitas, infracções penais e contra-ordenações (art. 8.º);
– Tratamento de outras categorias de dados não indicados nos pontos anteriores (artigo 6.º).

Será digno de nota o facto de a informação sobre *situação patrimonial e financeira*, quando envolva uma apreciação sobre *crédito e solvabilidade*, ter deixado de ser integrada no âmbito dos "dados sensíveis" passando a legitimidade do seu tratamento a estar sujeito às regras do artigo 6.º. A única exigência particular resulta do facto de o artigo 28.º n.º 1 al. b) continuar a impor um *controlo prévio* da CNPD quando os dados pessoais tratados permitirem uma apreciação sobre o «crédito e a solvabilidade dos seus titulares».

([131]) Segue-se de perto a nossa intervenção "A lei de protecção de dados pessoais" in Direito da Sociedade de Informação, Vol II, Coimbra Editora, 2001, pág. 145.
([132]) *In* DR I.ª Série n.º 131, de 7/6/97, pág. 2803.

2.1. Tratamento de dados sensíveis

1. Tanto a Convenção 108 do Conselho da Europa (artigo 6.º) como a Directiva 95/46/CE (artigo 8.º) – sem utilizarem a expressão dados sensíveis, mas tendo como epígrafe categorias especiais (ou específicas) de dados – regularam as condições em que podem ser tratados os dados que a doutrina passou a designar de «dados sensíveis». Trata-se de dados pessoais que "oferecem uma vulnerabilidade especial, na medida em que a partir dos mesmos é possível adoptar decisões discriminatórias ou que, de algum modo, podem causar aos seus titulares prejuízos mais graves que outros dados de carácter pessoal" ([133]).

Enquanto a Convenção optou por uma formulação mais permissiva ao tratamento destes dados, condicionando a sua legitimidade à adopção, no direito interno, de «garantias adequadas», a Directiva considera que os Estados-membros devem, em princípio, proibir o tratamento destes dados, salvo se verificadas algumas condições ([134]).

A lei portuguesa (art. 7.º n.º 1 da Lei 67/98), na linha da Directiva, considera *dados sensíveis* aqueles que se referem às "convicções filosóficas ou políticas, filiação partidária ou sindical, fé religiosa, vida privada e origem racial ou étnica" (estes já tinham sido incluídos no artigo 35.º n.º 3 da CRP), bem como os "dados de saúde", da "vida sexual" e os "dados genéticos".

Uma questão que este preceito coloca – e que foi abordado nos trabalhos preparatórios da Directiva – é a de saber se a enumeração das categorias de dados é taxativa (lista «fechada») ou se os Estados-membros podem retirar ou aditar categorias de dados ao elenco da Directiva. Parece-nos, desde logo, em face da formulação do preceito (os Estados «proibirão»...), que os Estados estão obrigados a incluir no seu direito interno,

---

([133]) M. Heredero Higueras – "La Directiva Comunitaria de Protección de los Datos de Carácter Personal", Aranzadi Editorial, 1997, pág. 116. Garcia Marques e Lourenço Martins, ob. cit. pág. 179 referem-se a estes dados como sendo «dados pessoalíssimos».

([134]) Para maior desenvolvimento sobre uma análise comparativa, em diversos países, das condições de tratamento de dados sensíveis veja-se Simitis, M. – "Les données sensible revisitées", Conselho da Europa, Strasbourg 24-26 de Novembro de 1999 (http://www.coe.int). Em relação ao tratamento de dados sensíveis nas relações de trabalho em Itália pode consultar-se Autorização 1/2002, de 31 de Janeiro, da autoridade de controlo italiana (Garante per la Protezione dei Dati Personali) – *in* http://www.garanteprivacy.it e http://www2.garanteprivacy.it.

pelo menos, as categorias específicas de dados incluídos na Directiva. Já quanto à possibilidade de incluir novos dados no elenco do artigo 8.°, houve Estados-membros que se pronunciaram favoravelmente à adopção de uma «lista aberta» ([135]), muito embora a maioria dos Estados e a Comissão tenham entendido que essa solução impedia a harmonização das legislações.

A verdade é que a Constituição da República Portuguesa, na formulação do artigo 35.° n.° 3 anterior à 4.ª Revisão constitucional, considerava insusceptíveis de tratamento os dados relativos à «vida privada». A 4.ª Revisão constitucional, consciente de que havia que preparar este preceito para a transposição da Directiva 95/46/CE, veio aditar ao elenco originário a «origem étnica» – como decorria da Directiva – tendo mantido na tipologia dos dados sensíveis os relativos à «vida privada».

O artigo 7.° n.° 1 da Lei 67/98, como não podia deixar de ser, manteve as categorias de dados enunciados na Constituição tendo incluído, no elenco dos *dados sensíveis*, os relativos à saúde e à vida sexual (constantes da Convenção e da Directiva) e explicitou, para que não restassem quaisquer dúvidas, que nestas categorias de dados seriam abrangidos os «dados genéticos». Ficou claro, deste modo, que o nosso legislador se manteve fiel à interpretação que defendia que o preceito da Directiva apresentava uma «lista aberta». Muito embora entendamos que a expressão «vida privada» ([136]) inserida na Constituição da República é susceptível de gerar dificuldades interpretativas e se nos afigurar que essa previsão tem em vista garantir o «direito à solidão», à intimidade da vida familiar e privada, ao anonimato e ao distanciamento sobre o conhecimento de factos que se pretendem resguardar do conhecimento de estranhos. Pensamos, contrariamente ao que já tem sido defendido, que não existe na Directiva qualquer elemento literal que permita concluir no sentido de que os Estados estão impedidos de incluir outros dados pessoais no elenco das «categorias especiais de dados» ([137]).

([135]) M. Heredero Higueras refere que se pronunciaram favoravelmente a esta solução a Alemanha, Dinamarca, Irlanda e Reino Unido (ob. cit. pág. 118).

([136]) Não encontramos na legislação dos Estados-membros a especificação do dado «vida privada» nas disposições relativas às «categorias especiais de dados». No entanto, existem outros conceitos que se aproximam da filosofia que presidiu à opção constitucional.

([137]) Um rápido olhar pelo direito comparado mostra que, a nível do seu direito interno, os Estados entenderam que a Directiva permitia a inclusão de outras categorias de dados no elenco dos «dados sensíveis». Assim: a Holanda integrou nas «categorias espe-

Perante uma formulação não coincidente entre o artigo 35.º n.º 3 da CRP e n.º 2 do artigo 7.º da Lei 67/98, pensamos que as condições de legitimidade do tratamento devem ser interpretadas à luz da norma constitucional, havendo quem entenda que o tratamento individualizado das categorias de dados incluídos na disposição constitucional só poderá ocorrer se verificada uma das condições aí indicadas: «consentimento do titular» ou «autorização prevista por lei» ([138]).

Quando *o tratamento for estabelecido por lei* a CNPD limita-se a emitir parecer sobre as disposições legais (cf. art. 23.º n.º 1 al. a) e 29.º)[139] ou a verificar se o tratamento que se pretende realizar é feito nos estritos limites fixados na lei ([140]).

Quando o tratamento se fundamentar em *"consentimento expresso dos titulares"* a CNPD poderá autorizar o processamento dos dados (cf.

---

ciais de dados a *"filosofia de vida"* (artigo 16.º da Lei 25 892); a Itália – Lei 675, de 31/12/96 – considera sensível as "crenças religiosas, filosóficas ou outras"; no Reino Unido, o *Data Protection Act de 1998* considera sensíveis as "crenças religiosas ou *outras de natureza idêntica*"; na Grécia (art. 2.º al. b) da Lei 2472/97) são sensíveis as informações relativas à qualidade de «membro de uma associação», bem como o «comportamento social»; na Finlândia assumem especial sensibilidade os dados relativos à «filiação social», à «doença ou incapacidade» ou «quaisquer outras limitações similares relacionadas com a pessoa, as preferências sexuais...e as necessidades assistenciais ou os proveitos, ajudas ou outros apoios assistenciais auferidos» (Lei 523/199).

([138]) Garcia Marques e Lourenço Martins, ob. cit. pág. 279 entendem que o artigo 7.º n.º 2 é «de constitucionalidade duvidosa» porque "veio colocar ao lado da autorização por disposição legal, a autorização da CNPD". Não defendo uma interpretação tão restritiva e literal do preceito, na medida em que se me afigura que a «autorização» da CNPD não deve ser interpretada como uma «prerrogativa» ou «faculdade» que esta autoridade administrativa detém e que pode utilizar de forma discricionária. A CNPD, enquanto autoridade de controlo (cf. artigo 35.º n.º 2 da CRP), está submetida à observância da lei e a sua «autorização» – que tem como fonte o artigo 28.º n.º 1 alínea a) da Lei 67/98 – deverá resultar, <u>sempre</u>, da verificação de condicionalismos legais que admitem como legítimo certo tratamento concreto que lhe é submetido para aferir da sua conformidade com os princípios de protecção de dados. Porém, não me parece que este aspecto tenha que ser aprofundado no contexto dos tratamentos objecto de análise nesta nossa reflexão.

([139]) Não haverá, nestes casos, qualquer *"autorização"* da CNPD (cf. art. 28.º n.º 2).

([140]) Será o caso típico do tratamento no âmbito dos serviços de higiene e segurança do trabalho. Veja-se o Acórdão do Tribunal Constitucional de 25/9/2002 – Proc. 577/98 *in* DR II.ª Série de 25/10/2002, pág. 17790 – quando refere que o tratamento de dados de saúde deverá ser realizado «sob controlo da CNPD». Este acórdão, que não fez qualquer alusão à questão da inconstitucionalidade deste preceito, considerou que o «controlo da CNPD», tal como previsto no artigo 7.º n.º 2 da Lei 67/98, contribuía para considerar

art. 28.º n.º 1 al. a) se verificar que o consentimento se apresenta como sendo «livre e informado», que existem garantias de não discriminação, medidas de segurança adequadas (art. 7.º n.º 2 *in fine*) e, como é óbvio, respeito pelos princípios da qualidade dos dados (art. 5.º). Isto é, o tratamento depende da verificação da existência de uma necessidade do seu processamento por parte do responsável e da constatação de que os dados não se apresentam como excessivos em relação às finalidades e às suas atribuições legais ou estatutárias (cf. art. 5.º al. c) e 7.º n.º 2).

2. Em relação à *religião* foram formulados, junto da CNPD, alguns pedidos no âmbito dos tratamentos relativos a estabelecimentos de saúde. Para fundamentar o seu tratamento foi invocada a resposta à necessidade de prestação de assistência religiosa a pessoas internadas nos hospitais. A CNPD admitiu o tratamento deste dado quando tenha sido obtido o *consentimento expresso* do titular, tendo condicionado o registo desta informação ao período de internamento do doente. O responsável do ficheiro deveria, em consequência, adoptar medidas técnicas que garantissem a eliminação automática deste dado no momento da alta ([141]).

A possibilidade do tratamento da religião foi colocada, igualmente, no projecto de lei relativo ao Censos 2001. Pretendia-se recolher esta informação no inquérito – este dado será identificável enquanto estiver em suporte de papel – sendo a mesma anonimizada quando transposta para o suporte informático (cf. artigo 28.º n.º 2 do DL 143/2000, de 15 de Julho). A CNPD, muito embora tenha considerado que estava no âmbito das competências da Assembleia da República estabelecer a forma de tratamento deste tipo de dados (cf. art. 35.º n.º 3 e art. 165.º n.º 1 al. b), considerou que o regime deveria ser compatibilizado com o (então) projecto de lei de liberdade religiosa ([142]) e que se deveria proceder à destruição dos inqué-

---

conformes com a Constituição os procedimentos de tratamento de dados de saúde dos trabalhadores.

Merece particular referência, igualmente, o tratamento relativo à filiação sindical dos trabalhadores por parte da entidade empregadora, que foi objecto de regulamentação pela Lei n.º 81/2001, de 28 de Julho (submetido a Parecer da CNPD – Parecer n.º 4/2001, de 4 de Abril).

([141]) Cf. a Autorização n.º 40/98, de 3 de Junho, a qual aponta para o consentimento dos titulares, que devem ser "informados sobre o fundamento da recolha, o destino e utilização dos dados".

([142]) A lei de liberdade religiosa – que veio a ser aprovada pela Lei n.º 16/2001, de 22 de Junho – refere, no seu artigo 9.º n.º 1 al. c), que "ninguém pode ser perguntado acerca

ritos relativos à religião no momento da transposição dos dados para os suportes informáticos ([143]).

Já quanto à gestão de dados por uma igreja, *em relação aos seus fiéis*, a CNPD considerou admissível o seu tratamento desde que os dados fossem pertinentes e houvesse consentimento dos titulares dos dados, com conhecimento do seu destino e utilização, nos termos do n.º 3 al. b) do artigo 7.º ([144]).

Apresenta alguma complexidade, porém, delimitar em que medida pode ser *perguntada* ao trabalhador, candidato a um emprego, a religião (*v.g.* emprego em actividades relacionadas com o culto religioso), a "simpatia política" ou a sua filiação sindical (*v.g.* emprego em partidos políticos ou em sindicatos). E, uma vez revelado esse dado pessoal, será possível proceder ao seu tratamento automatizado?

Em relação à religião, o artigo 41.º n.º 2 da Constituição estabelece que "ninguém pode ser perseguido, privado de direitos ou isento de obrigações ou deveres cívicos por causa das suas convicções ou prática religiosa". Para prevenir qualquer hipótese de perigo de discriminação adianta o n.º 3 ([145]) que a "ninguém pode ser perguntado por qualquer autoridade

---

das suas convicções ou prática religiosa, salvo para recolha de dados estatísticos não individualmente identificáveis, nem ser prejudicado por se recusar a responder".

Sobre o tratamento de dados relativos à religião veja-se, para maior desenvolvimento, Jorge Bacelar Gouveia – " A protecção de dados informatizados e o fenómeno religioso em Portugal" *in* Revista da Faculdade de Direito da Universidade de Lisboa, Vol. XXXIV, 1993, pág. 181.

([143]) Cf. Parecer n.º 4/99 de 23 de Março.

([144]) Veja-se a Autorização n.º 11/2000, de 15 de Fevereiro (Relatório de 2000, pág. 134), a qual condicionou o tratamento à observância de algumas condições:

a) O responsável deve prestar, no momento da recolha de dados, as informações constantes do artigo 10.º;

b) Deve ser assegurado o direito de acesso aos dados por parte do seu titular (cfr. artigo 11.º).

c) Os titulares dos dados têm direito de oposição, nos termos do artigo 12.º.

d) Os responsáveis pelo tratamento de dados pessoais estão obrigados ao sigilo profissional.

([145]) Disposição similar ao artigo 16.º n.º 2 da Constituição espanhola. "Ninguém poderá ser obrigado a declarar sobre a sua ideologia, religião ou crenças". Esta disposição constitucional garante a liberdade ideológica, "sem mais limitações que as necessárias à manutenção da ordem pública protegida por lei, e estabelece que ninguém pode ser obrigado a declarar as suas ideologias e crenças" (cf. Angel Martin Aguado – "Actuaciones Irregulares que Afectan a la Libertad, Dignidad o Vida Privada del Trabajador, Limites

acerca das suas convicções ou prática religiosa, salvo para recolha de dados estatísticos não individualmente identificáveis, nem ser prejudicado por se recusar a responder" ([146]). Conforme decorre do preceito citado, a indagação sobre a «fé religiosa» abrange uma vasta gama de situações e reconduz-se à questão de "saber se as pessoas têm ou não certa religião, se a praticam e com que intensidade. Aqui se incluem, portanto, informações quanto à qualidade de crente, ao grau de participação, na sua religião, e o nível dessa participação" ([147]).

Estamos perante aquilo que a doutrina designa por «direito de calar» ([148]) e representa, como referem alguns autores ([149]), uma "concretização do direito à reserva da intimidade da vida privada (art. 26.º n.º 1); deste modo, as convicções e a prática religiosa assumem um estatuto de foro íntimo das pessoas, indevassável e totalmente indiferente ao estatuto social, profissional ou político dos cidadãos".

Este direito de calar que, como qualquer direito, não é absoluto, pode vir a ceder perante algumas "regras institucionais de culto" ([150]) ou outros interesses, também eles, dignos de alguma protecção.

Quando confrontado o artigo 41.º com o artigo 35.º n.º 3 da CRP – alteração operada pela 4.ª revisão constitucional – admite-se que se o dado «religião» for pertinente possa ser objecto de tratamento, pelo menos, na sequência de uma revelação ou iniciativa do titular dos dados e desde que

---

Constitucionales al Poder de Direccion Empresarial" in Joaquin Aparicio e Antonio Baylos – "Autoridad y Democracia en la Empresa, pág. 55).

([146]) Em 28 de Abril de 2000 foi publicada a Resolução da Assembleia da República n.º 40/2000, na qual se afirmava o "empenhamento do Estado Português no respeito e promoção da liberdade religiosa no Mundo".

([147]) Jorge Bacelar Gouveia – "A protecção de dados informatizados e o fenómeno religioso em Portugal" in Revista da Faculdade de Direito da Universidade de Lisboa", Vol XXXIV, 1993, pág. 182.

([148]) Este direito foi introduzido pela revisão constitucional de 1982, para por cobro a abusos que, cada vez mais, "se tornavam frequentes no sentido de certas autoridades não se eximirem de fazer perguntas sobre a prática religiosa dos cidadãos" (Deputado Vital Moreira, Diário da Assembleia da República, I, de 16 de Junho de 1982).

([149]) Alexandre Sousa Pinheiro e Mário João de Brito Fernandes – "A Concordata de 1940 e a Constituição da República Portuguesa", Setembro de 2000, pág. 93 (obra inédita).

([150]) Veja-se o exemplo dado por Alexandre Pinheiro e Mário Fernandes, ob. cit. nota 251 (pág. 93), no sentido de que não se afigura aceitável que "alguém que queira inscrever-se num seminário invoque o artigo 41.º n.º 3 para se eximir a perguntas relativas às suas convicções religiosas".

tal possibilidade esteja prevista em lei ou haja consentimento expresso do interessado. Esse princípio foi, também, consagrado no artigo 9.º n.º 2 da Lei 16/2001, de 22 de Junho, ao consignar que "a informática não pode ser utilizada para tratamento de dados referentes a convicções pessoais ou fé religiosa, salvo mediante *consentimento expresso* do titular dos dados".

Destes preceitos resulta, de forma clara, que está na disponibilidade da pessoa revelar ou não a sua convicção ou fé religiosa. Por isso, sendo proibida a *indagação* de informação sobre convicção ou fé religiosa, será legítimo que um trabalhador se negue a responder às questões formuladas uma vez que estes dados, por princípio, não têm qualquer relevância na apreciação da capacidade profissional do trabalhador ([151]).

Parece, igualmente, legítimo o seu tratamento quando o titular tornou pública a sua convicção religiosa e se pode concluir das suas declarações o consentimento para o tratamento desse dado (cf. artigo 7.º n.º 3 al. c) da Lei 67/98).

A Lei 16/2001 não deixou de fazer referência a uma das vertentes em que a religião pode ter implicações na prestação do trabalho ([152]): os funcionários e agentes do Estado e demais entidades públicas, bem como os trabalhadores em regime de contrato de trabalho, têm o direito de, a seu pedido, suspender o seu trabalho no dia de descanso semanal, nos dias das festividades e nos períodos horários que lhes sejam prescritos pela confissão", desde que se verifiquem algumas condições (art. 14.º n.º 1 da Lei 16/2001).

Por isso, não será despiciendo concluir que a confissão religiosa dos trabalhadores não será indiferente e desprezível no estabelecimento das relações de trabalho. Pelo contrário, o legislador tentou compatibilizar a prestação do trabalho com os deveres de culto. Por isso, não pode ser negada a possibilidade de as empresas em geral e as entidades de culto particularmente ligadas a confissões religiosas – as chamadas «empresas ideológicas ou de tendência» ([153]) – poderem alegar um interesse em ter

---

([151]) Cf. neste sentido Juan Domínguez e Susana Escanciano, ob. cit. pág. 185.

([152]) Veja-se, também, em relação às faltas às aulas e exames, em dias de repouso ou culto, por motivos de confissão religiosa, o artigo 14.º n.º 2 e 3 da Lei 16/2001.

([153]) Trata-se de organizações cuja finalidade é "realizar programas ideológicos e de crença; empresas com fins políticos, religiosos, sindicais ou culturais ou cuja actividade é indissolúvel de um determinado postulado ideológico, empresas ou actividades que implicam a defesa ou, pelo menos, o acatamento de determinados princípios ideológicos; as

alguma informação, por mínima que seja, em relação às pessoas que vão contratar. Pode dizer-se que, nestas empresas, a vertente ou componente ideológica faz parte do próprio «processo produtivo».

A nossa lei nada diz sobre esta matéria, muito embora se deva reconhecer, pelo menos, que nas relações prévias à celebração do contrato as partes devem actuar de acordo com os princípios da boa-fé (cf. artigo 227.º do Código Civil). Por isso, ambas as partes devem actuar com particular transparência em relação aos aspectos de identificação de objectivos que se propõem atingir com a celebração do contrato. Em relação à contratação para «empresa ideológica ou de tendência», em que é pressuposto, para algumas actividades ou funções, partilhar a ideologia da própria organização, pode configurar-se como conduta violadora da boa fé a falsa informação sobre aspectos que permitam, ainda que indirectamente, aferir as convicções que sejam estritamente necessárias ao desenvolvimento funcional da prestação de trabalho de um candidato ([154]). Contrariamente ao que defendem alguns autores, parece-nos ilegítimo e desproporcionado que a empresa ou organização realize «investigações preventivas» sobre a ideologia do trabalhador uma vez que estas averiguações, para além de serem susceptíveis de violar a reserva da intimidade da vida privada, ultrapassam em muito o exercício de poderes integrados em actividades de diligência *in contrahendo*.

O *Statuti dei Lavoratori italiano*, no seu artigo 8.º, proíbe o empresário – para efeitos de contratação – de efectuar indagações, ainda que indirectas, sobre opiniões políticas, religiosas ou sindicais do trabalhador, assim como factos ou circunstâncias da vida privada que se revelem *irrelevantes* para apreciar a aptidão do trabalhador ([155]).

---

empresas criadoras ou defensoras de uma determinada ideologia em função da qual existem e cuja própria estrutura organizativa não é senão uma forma de manifestação daquela e também as empresas privadas que administram bens e serviços de componente quase exclusivamente ideológico" (Blat Gimeno – "Relaciones laborales en empresas ideológicas", Madrid, 1986, pág. 66).

([154]) Veja-se, para mais desenvolvimento, Joaquin Aparicio – "Empresas Ideológicas y Derechos Fundamentales del Trabajador" *in* Joaquin Aparicio e Antonio Baylos – "Autoridad Y Democracia en la Empresa, pág. 89, e Paula Meira Lourenço – "Os deveres de informação no contrato de trabalho", separata da Revista de Direito e Estudos Sociais, Janeiro/Junho de 2003, Ano XLIV, pág. 64.

([155]) Camillo Filadoro, pág. 20.

Paula Meira Lourenço ([156]) refere que este preceito "tem originado alguma divergência doutrinária, perfilando-se três teses distintas:
 a) O referido artigo 8.º estipula a ilegalidade de qualquer comportamento do empregador que pretenda valorar a religião ou convicção política do trabalhador para efeitos de aptidão profissional;
 b) A norma em apreço só proíbe a investigação acerca de tais questões, quando estas não exerçam qualquer influência no desempenho da actividade; assim, a informação acerca da religião ou convicção política é admissível sempre que estas façam parte do conteúdo da prestação, ou seja, o único caso será quando se esteja perante «empresas ideológicas»;
 c) O mencionado preceito legal estabelece uma presunção *iuris tantum* de ilegalidade de tais indagações, que é ilidida quando a empresa prova a existência de uma causa legítima, como acontece nas empresas ideológicas".

Pensamos, pelo menos, que podemos considerar que as indagações não pertinentes (irrelevantes) e não necessárias para apurar em que medida o candidato se pode integrar na filosofia da empresa devem ser afastadas. *A contrario*, não será de excluir como possível alguma indagação quando a mesma se apresenta como necessária e relevante para o desempenho de um cargo que pressupõe a identificação com a ideologia professada.

Propendemos no sentido de considerar que esta excepção deve assumir um carácter pontual em que os poderes da entidade patronal, em matéria de «indagação», devem assumir um carácter restritivo com a utilização das metodologias e meios estritamente necessários, não discriminatórios, e que possam avaliar com objectividade e rigor se o trabalhador se pode identificar com as tarefas inerentes ao desempenho do cargo ([157]). Por isso, pensamos que a entidade empregadora deve, em primeiro lugar, explicar ao trabalhador a natureza da actividade a desempenhar, procurando que seja ele a revelar aspectos da sua personalidade que comprovem reunir

---

([156]) Ob. cit. pág. 66.

([157]) "O dever de informação do trabalhador acerca da religião, convicção política ou ideológica, renasce sempre que a actividade a desempenhar tenha uma conexão objectiva com tais dados, como acontece nas «empresas ideológicas» e circunscreve-se aos aspectos importantes para aquela empresa em concreto (*e. g.* um partido político deve ser informado acerca da convicção política do trabalhador, mas já não existe qualquer dever de o informar acerca da religião deste)" – Paula Lourenço, loc. cit. pág. 67.

todas as condições para o desempenho do cargo ([158]). Alguma doutrina ([159]) defende que os questionários apresentados no momento da contratação devem ser submetidos a «mecanismos de controlo e a limites precisos que impeçam a intromissão irregular por parte do empresário naquele "reduto" pessoal impenetrável». Uma das vias de controlo passaria pela verificação e «declaração de conformidade» por parte dos representantes dos trabalhadores.

Adianta-se, por outro lado, que nem todos os cargos a desempenhar exigirão, necessariamente, uma identificação com as ideologias da empresa, sendo necessário indagar esse aspecto no caso concreto. Porém, a identificação com ideologias contrárias àquelas que são partilhadas na «empresa ideológica» exigem que o trabalhador informe a entidade empregadora desse facto. A este propósito Menezes Cordeiro ([160]) considera que "o candidato a um lugar de porteiro num partido político tem o dever de informar que está filiado num partido rival". Também Maria do Rosário Ramalho, no mesmo contexto, considera que "um partido político de determinada linha ideológica poderá ter fundamento para fazer cessar o contrato de trabalho de um funcionário que descobriu ser militante de um partido de ideologia oposta" ([161]).

Admite-se como possível, particularmente, o recrutamento de pessoas no universo dos seus associados. Caso as pessoas candidatas ao emprego sejam suas associadas (na confissão, no próprio sindicato ou no

---

([158]) Fernando Pachés, ob. cit. pág. 309, pronunciando-se no mesmo sentido, considera serem legítimas as perguntas sobre filiação religiosa ou sindical do candidato, bem como outras que, indirectamente, possam atingir os mesmos fins: *hobbies*, inscrição em clubes culturais ou recreativos, tipo de leituras, películas ou obras de teatro vistas ultimamente, ocupação dos tempos livres, opinião sobre as organizações sindicais ou sobre temas políticos da actualidade. No mesmo sentido De Otaduy Guerín – "Libertad religiosa y contratación del profesorado en centros concentrados" *in* Actualidad Laboral, n.º 33, 1991, pág. 410 e Juan Domínguez e Susana Escanciano, ob. cit. pág. 186 e 187. Numa outra perspectiva – e que merece a nossa concordância – entende Pierre Kayser (ob. cit. pág. 267) que o questionário utilizado para fins de emprego não deve conter questões sobre os costumes, opiniões políticas, convicções religiosas ou actividade sindical.

([159]) Angel Martin Aguado – "Actuaciones Irregulares que Afectan a la Libertad, Dignidad o Vida Privada del Trabajador, Limites Constitucionales al Poder de Direccion Empresarial" *in* Joaquin Aparicio e Antonio Baylos – "Autoridad Y Democracia en la Empresa, pág. 56.

([160]) "Manual de Direito do Trabalho", Coimbra, Almedina, 1994, pág. 560, nota 12.
([161]) "Estudos de Direito do Trabalho", cit. pág. 178

partido político que o pretende recrutar), entende-se que a manutenção do registo não levanta qualquer objecção na medida em que o tratamento já era realizado, na qualidade de associado e na sequência de um consentimento anterior, porque estariam verificados os requisitos legais estabelecidos no artigo 7.º n.º 3 al. b) da Lei 67/98. A utilização de dados para esta finalidade parece-nos compatível com a finalidade originária do tratamento (cf. artigo 5.º n.º 1 al. b) da Lei 67/98), mas não dispensa o consentimento para a nova finalidade.

Caso o trabalhador não seja associado, à data da admissão, em associação de carácter religioso, sindical ou político – ou não venha a tornar-se seu associado – afigura-se-me que, para além de só em casos muito excepcionais se poder indagar da sua simpatia religiosa, sindical ou política, como condição prévia a admissão da candidatura, só poderá ser feito o tratamento destes dados se tiver sido obtido *consentimento expresso* do seu titular (cf. artigo 7.º n.º 2 da Lei 67/98 e artigo 35.º n.º 3 da Constituição da República), se este tratamento se revelar necessário e adequado ao exercício da função e à actividade ou à realização das atribuições legais e estatutárias da empresa (cf. artigo 5.º n.º 1 al. c) da Lei 67/98) e se forem estabelecidas garantias de não discriminação, acompanhadas de medidas de segurança adequadas (cf. artigo 6.º da Convenção 108 do Conselho da Europa ([162]) e artigo 7.º n.º 2 *in fine* da Lei 67/98) ([163]).

3. Em relação aos dados sensíveis não previstos na disposição constitucional – dados de "*saúde, da vida sexual, incluindo os dados genéticos*" – a Lei 67/98, seguindo a Directiva 95/46/CE, faz uma distinção de regimes:

- Considera legítimo o seu tratamento quando "for necessário para efeitos de medicina preventiva, de diagnóstico médico, de prestação de cuidados ou tratamentos médicos ou de gestão de serviços de saúde, desde que o tratamento desses dados seja efectuado por

---

([162]) Ratificada pelo Decreto do Presidente da República n.º 21/93, de 9 de Julho de 1993 (*in* DR I.ª Série-A, n.º 195 de 20 de Agosto de 1993) e aprovada, para ratificação, pela Resolução da Assembleia da República n.º 23/93, de 9 de Julho de 1993.

[163] Cf., no mesmo sentido, a Deliberação da CNIL n.º 02-017, de 21 de Março de 2002 (*in* http://www.cnil.fr): "é interdita a recolha e conservação, salvo acordo expresso do candidato, de dados nominativos que, directa ou indirectamente, revelem a origem racial ou opinião política, filosófica ou religiosa ou filiação sindical... O acordo expresso exigido pela lei, que deve ser recolhido por escrito, não poderá, só por si, justificar a recolha de tais dados se estes não apresentam uma relação directa e necessária com o emprego proposto".

um profissional de saúde obrigado a sigilo ou por outra pessoa sujeita igualmente a segredo profissional" (art. 7.º n.º 4).
- Quando não se verificarem os requisitos indicados no *item* anterior condiciona o tratamento a uma autorização prévia da CNPD (cf. art. 28.º n.º 1 al. a), a qual só poderá ser fundamentada em disposição legal ou consentimento expresso do titular dos dados, em "motivos de interesse público importante indispensável ao exercício das atribuições legais ou estatutárias dos seus responsáveis". A autorização deverá ser condicionada à existência de "garantias de não discriminação" e à existência de medidas de segurança previstas no artigo 15.º.

Os dados desta natureza, relativos aos trabalhadores, são tratados, fundamentalmente, no contexto da contratação de pessoal, da legislação sobre acidentes de trabalho e doenças profissionais (Código do Trabalho aprovado pela Lei n.º 99/2003, de 27 de Agosto, Lei n.º 100/97, de 13 de Setembro, DL 143/99, de 30 de Abril, e DL 248/99, de 2 de Julho) ([164]), sobre Segurança, Higiene e Saúde nos locais de trabalho (cf. DL 441/91, de 14 de Novembro, e DL 26/94, de 1 de Fevereiro) ([165]).

2.2. Tratamento de suspeitas de actividades ilícitas, infracções penais e contra-ordenações

1. O artigo 8.º faz uma distinção entre a criação e manutenção de registos centrais (n.º 1), registos não centralizados (n.º 2) e tratamento de dados para fins de investigação policial (n.º 3).

Na linha do artigo 8.º n.º 5 da Directiva 95/46/CE, o *registo centralizado* («registo completo das condenações penais» são os termos da Directiva) sobre suspeitas de actividades ilícitas, infracções penais, contra-ordenações e decisões que apliquem penas, medidas de segurança, coimas e sanções acessórias só poderá ser mantido por serviços públicos com competência para o efeito e em conformidade com a lei de organização e funcionamento ([166]).

([164]) De acordo com o artigo 21.º n.º 2 da Lei 99/2003 – normas preambulares – as disposições relativas a acidentes de trabalho e doenças profissionais mantêm-se em vigor até à aprovação de novas normas regulamentares.

([165]) Veja-se, para maior desenvolvimento, o Capítulo III, ponto VI.

([166]) Veja-se a Lei 57/98, de 18 de Agosto, que aprovou a Lei de Identificação Criminal. Esta lei foi regulamentada pelo DL n.º 381/98, de 27 de Novembro (regulamentou

Este tratamento obedece às condições previstas em diploma legal, o qual é submetido a prévio parecer da CNPD (art. 8.º n.º 1 *in fine*). No Parecer n.º 19/2000, de 23 de Maio ([167]), a CNPD teve oportunidade de reconhecer que cai no âmbito do n.º 1 do artigo 8.º da Lei 67/98, um tratamento em que se indicia "um tratamento de dados centralizado", por se reunir num único registo todas as infracções cometidas num determinado sector de actividade – registo do cadastro dos agentes económicos, previsto no artigo 80.º do Decreto-Lei n.º 28/84, de 20 de Janeiro.

A criação e manutenção de «registos centrais», previstos no artigo 8.º n.º 1 da Lei 67/98, só será conservado por serviços públicos com competência para o efeito, nos termos da lei de organização e funcionamento. Vocacionado este registo para o tratamento de condenações que apliquem penas, medidas de segurança, coimas ou sanções acessórias, não englobará qualquer realidade que ocorra no domínio das relações entre empregador e trabalhador.

2. O *registo não centralizado* («registo avulso») das decisões relativas a suspeitas de actividades ilícitas, infracções penais ou contra-ordenações pode ser autorizado ([168]) pela CNPD quando, observadas as normas de protecção de dados e de segurança da informação, esse tratamento "for necessário à execução de finalidades legítimas do seu responsável, desde que não prevaleçam os direitos, liberdades e garantias dos titulares dos dados" (art. 8.º n.º 2) ([169]).

A CNPD tem entendido que o tratamento de dados relativos à gestão de processos de averiguações, disciplinares e registo das respectivas san-

---

a lei de identificação criminal e de contumazes). O tratamento da informação sobre identificação criminal e de contumazes vem regulado no DL 62/99 de 2 de Março.

([167]) *In* Relatório da CNPD, 2000, pág. 326.

([168]) "Não estando em causa um "registo central" – n.º 2 do artigo 8.º – a implementação do tratamento referido está apenas sujeito a "autorização" da CNPD, devendo o respectivo "responsável" solicitá-la nos termos do disposto nos artigos 28.º n.º 1 al. a) e 29.º – Parecer 12/2000, de 29 de Fevereiro (*in* Relatório de 2000, pág. 272).

([169]) A CNPD considerou, no domínio da Lei 10/91, que o tratamento de *suspeitas de actividades ilícitas* por parte das instituições financeiras só em casos excepcionais poderia ser efectuado (v.g. cheques sem provisão, contumácia, branqueamento de capitais). Proibiu, igualmente, o tratamento das condenações. Veja-se, para maior desenvolvimento, a Deliberação n.º 7/95, de 14 de Março (*in* 2.º Relatório, 1995, pág. 113 – sumariado *in* Informática e Tratamento de Dados, cit. pág. 110 e 111) e, entre muitas, a autorização n.º 51/95, de 26 de Setembro (*in* 2.º Relatório, pág. 58 e "Informática cit., pág. 111).

ções a trabalhadores – em face da redacção abrangente do artigo 8.º n.º 2 – deve obedecer às condições estabelecidas no preceito. Nesse contexto, a CNPD tem vindo a considerar, de modo uniforme, que "o tratamento de dados pessoais relativos a procedimentos disciplinares se enquadra, legalmente, no art. 8.º n.º 2 da Lei n.º 67/98, de 26 de Outubro, na medida em que os procedimentos disciplinares podem originar a aplicação de "penas disciplinares" ([170]).

A entidade empregadora deve, deste modo, solicitar à CNPD autorização para realizar este tratamento ([171]), previamente a qualquer registo de dados (cf. artigo 27.º n.º 1 e 28.º n.º 1 al. a) da Lei 67/98), sempre que pretenda assegurar a gestão processual ou o registo de sanções disciplinares e observar normas de segurança reforçadas ([172]), em face da natureza reservada da informação.

O Código do Trabalho reconhece ao empregador, no artigo 365.º n.º 1, o exercício do poder disciplinar "sobre o trabalhador que se encontre ao seu serviço" e admite que essa faculdade tanto pode por ele ser exercida, directamente, como através dos superiores hierárquicos (n.º 2)[173]. O artigo 376.º do CT obriga a entidade empregadora a "manter devidamente actualizado, a fim de o apresentar às entidades competentes sempre que estas o requeiram, o registo das sanções disciplinares, escriturado de forma a poder verificar-se facilmente o cumprimento" das disposições relativas à aplicação das sanções ([174]).

([170]) Autorização n.º 28/2000, de 2 de Maio – in Relatório de 2000, pág. 162. A Comissão considerou, na mesma linha de pensamento, que "o registo do «cadastro disciplinar», pela Ordem dos Advogados, cabe na previsão do artigo 8.º n.º 2 da Lei 67/98, de 26/10, na medida em que poderá incluir-se no conceito de "decisões que apliquem penas" – Autorização n.º 31/99, de 15 de Junho (Relatório de 1999, pág. 202).

([171]) Em relação aos procedimentos e formalidades a observar na notificação veja-se o ponto 3. seguinte.

([172]) A informação deverá ser de acesso reservado a um número limitado de funcionários, isto é, àqueles que dela necessitam para o exercício das suas funções. Para o efeito, em função do «perfil do utilizador», deverá ser atribuída *password* específica para possibilitar o acesso a esta informação.

([173]) Corresponde ao artigo 26.º da LCT.

([174]) Em relação aos funcionários e agentes da Administração Central, Regional e Local – que não gozem de estatuto especial – rege o Estatuto Disciplinar, aprovado pelo DL 24/84, de 16 de Janeiro. O pessoal a quem seja aplicável este regime é disciplinarmente responsável perante os seus superiores hierárquicos (artigo 2.º n.º 1), que devem exercer o poder disciplinar nos prazos legalmente fixados (artigo 4.º). Conforme resulta do artigo

Será de concluir, por isso, que as entidades detentoras do poder disciplinar actuam no exercício de "finalidades legítimas" ([175]), em obediência a uma obrigação legal, não havendo qualquer razão que possa fundamentar, em relação ao interesse do responsável, uma prevalência dos direitos dos trabalhadores.

3. Uma outra questão que pode ser suscitada prende-se com a possibilidade de indagação, por parte da entidade empregadora, sobre *antecedentes criminais* ou da obrigação do trabalhador de informar sobre *condenações em processo crime*.

A doutrina tem entendido que há determinadas profissões onde é exigível uma certa «idoneidade» ou «grau de confiança», constituindo a prática de determinados crimes um obstáculo ao exercício de certas funções ([176]).

Na ponderação dos aspectos relativos à indagação ou à obrigação de informação sobre condenações deve ter-se em atenção que a fixação de *condições limitativas* para o exercício de certas profissões ou actividades tem implicações no âmbito da liberdade de escolha de profissão, consagrada no artigo 47.º da Constituição da República. Nesse sentido, a fixação desses limites constitui matéria da competência exclusiva da Assembleia da República por afectar direitos, liberdades e garantias ([177]). O artigo 47.º n.º 1 da CRP sujeita essas limitações àquilo que for determinado pelas «restrições legais impostas pelo interesse colectivo ou inerentes à sua capacidade». Por isso, tanto as limitações à livre escolha ou exercício de certa profissão como a «matéria legislativa» que pondera os interesses em presença terão que constar de disposição legal, que assumirá a fórmula de Lei da Assembleia da República ou Decreto-Lei autorizado ([178]).

11.º n.º 3, as penas são sempre registadas no processo individual do funcionário ou agente – que servirá de suporte à elaboração do "registo disciplinar do arguido" (art. 55.º n.º 1).

([175]) Veja-se a autorização n.º 22/2000, de 18 de Abril – *in* Relatório de 2000, pág. 150.

([176]) Vejam-se Paula Meira Lourenço – "Os deveres de Informação no contrato de trabalho", Separata da Revista de Direito e Estudos Sociais, Janeiro/Junho 2003, Ano XLIV, pág. 69 e 69, Menezes Cordeiro – "Manual de Direito do Trabalho", 1994, Coimbra, 1994, pág. 69 e Maria do Rosário Palma Ramalho – "Estudos de Direito do Trabalho", volume I, Almedina, Junho de 2003, pág. 176 e 177.

([177]) Vejam-se os acórdãos do Tribunal Constitucional n.º 367/99 (publicado no DR, 2.ª Série, de 9 de Março de 2000) e 255/2002 (publicado no DR, 1.ª Série, de 8 de Julho de 2002, pág. 5242).

([178]) Acórdão do Tribunal Constitucional de 12 de Junho de 2002 (publicado no DR, 1.ª Série, de 8 de Julho de 2002, pág. 5242), Jorge Miranda – "Manual de Direito Constit-

Assim, caso os limites ao exercício de certas profissões com base na existência de antecedentes criminais seja estabelecido na sequência de Lei ou decreto-lei autorizado será admissível a indagação ou obrigação de informação nos precisos termos legalmente estabelecidos. Efectivamente, a entidade empregadora só poderá tratar os dados sobre condenações de candidatos a emprego ou de trabalhadores quando tal exigência esteja prevista em disposição legal. O tratamento destes dados – *necessariamente sujeito a controlo prévio da CNPD* (cf. artigo 8.º n.º 2 e 28.º n.º 1 al. a) da Lei 67/98) – deve apresentar-se como "necessário à execução de finalidades legítimas do seu responsável" e não deve ser mantido quando os direitos, liberdades e garantias do titular dos dados prevaleçam sobre interesses da entidade empregadora.

Em termos gerais, os princípios acabados de enunciar legitimam a recolha de dados no momento da contratação de trabalhadores que, nos termos de disposição legal, devam comprovar que não praticaram determinados crimes. Porém, a não contratação do candidato com fundamento na existência de antecedentes impeditivos ao estabelecimento do vínculo laboral é fundamento bastante para a eliminação daqueles dados – caso tenham sido registados no sistema – na medida em que já não são necessários (cf. artigo 5.º n.º 1 alíneas c) e e) da Lei 67/98) e porque os seus direitos prevalecem sobre os interesses do responsável (cf. artigo 8.º n.º 2 *in fine* da Lei 67/98).

2.3. *Tratamento de outros dados*

Para além das situações relativas às categorias específicas de dados, que acabámos de enunciar, as «*condições gerais*» que legitimam o tratamento de dados pessoais têm assento legal no artigo 6.º. Estamos perante disposição genérica ("residual") que é aplicável a todos os tratamentos não integráveis na previsão dos artigos 7.º e 8.º ([179]).

---

ucional", Vol. IV, 3.ª Edição, Coimbra Editora, pág. 502 e J. J. Gomes Canotilho e Vital Moreira – "Constituição da República Anotada", nota VIII ao artigo 168.º, pág. 672.

([179]) Se compararmos os três preceitos, verificamos que algumas das condições (especialmente no artigo 7.º) são muito similares: referimo-nos, por exemplo, ao consentimento (corpo do artigo 6.º e artigo 7.º n.º 2), a uma disposição legal (art. 6.º al. b) e 7.º n.º 2), protecção de interesses vitais (artigo 6.º al. c) e artigo 7.º n.º 3 al. a).

O *consentimento inequívoco* do titular é, desde logo, o primeiro fundamento enunciado no corpo do preceito.

O tratamento será, ainda, legítimo quando se revelar necessário:

– À execução de contrato ou contratos em que o titular dos dados seja parte ou de diligências prévias à formação do contrato ou declaração da vontade negocial efectuada a seu pedido (al. a). Está integrado neste preceito o tratamento de dados necessários à contratação de trabalhadores, ao processamento e pagamento da retribuição, à gestão administrativa e da carreira profissional.

– Ao cumprimento de obrigação legal a que o responsável pelo tratamento esteja sujeito (al. b). Muitos dos tratamentos – **na sua vertente de comunicação a terceiros** – decorrem da lei e, nessa medida, as entidades empregadoras estão obrigadas a processar esses dados para cumprirem essas obrigações legais. A título de exemplo, podemos referir que a lei estabelece descontos obrigatórios (a título de IRS, CGA, Segurança Social, ADSE), comunicação de dados à Inspecção do Trabalho (v.g. quadros de pessoal), comunicação dos elementos insertos nas folhas de férias às companhias de Seguros no âmbito de seguro obrigatório de acidente de trabalho, participação de acidentes de trabalho às entidades seguradoras e, se for o caso, aos tribunais.

– À prossecução de interesses legítimos do responsável pelo tratamento ou de terceiro a quem os dados sejam comunicados, desde que não devam prevalecer os interesses ou os direitos, liberdades e garantias do titular dos dados (al. e). Será, na nossa opinião, o caso do tratamento de dados biométricos para controlo de entradas e saídas. Quando haja interesse legítimo do responsável para a recolha de dados impõe a lei que haja uma ponderação dos interesses em presença, podendo os interesses do responsável ceder perante os direitos liberdades e garantias dos titulares ([180]).

([180]) Este aspecto é fundamental em termos de protecção de dados no âmbito das relações de trabalho, em face da conflitualidade em que as mesmas de desenvolvem, nomeadamente quando o tratamento se destina a fazer o controlo dos trabalhadores e implica uma certa intromissão na sua esfera de intimidade. As implicações do preceito serão analisadas em relação a cada um dos tratamentos específicos (cf. controlo das chamadas telefónicas, dados biométricos, videovigilância, e-mails e Internet).

A defesa dos direitos, liberdades e garantias dos titulares pode ser assegurado pelo trabalhador, como vimos, através dos mecanismos relativos ao direito de oposição (cf. artigo 12.º al. a) da Lei 67/98).

3. Obrigação de notificação dos tratamentos à CNPD

3.1. *Responsabilidade pela notificação e suas formalidades*

1. Para além do controlo da actuação da entidade empregadora poder ser efectuado pelos trabalhadores (v.g. através do direito de acesso, correcção e exercício do direito de oposição) e pelo IDICT (*v.g.* os regulamentos internos que estabeleçam condições e meios de controlo dos trabalhadores – chamadas telefónicas, *cameras*, correio electrónico e Internet) o tratamento de dados pelas entidades empregadoras em relação aos seus trabalhadores está sujeito a notificação à CNPD, nos termos do artigo 27.º n.º 1 e 2 da Lei 67/98. Não está em causa o controlo da legalidade das relações contratuais estabelecidas, mas a verificação das condições em que é processada a informação (dados pessoais dos trabalhadores ou da sua família) no seio da empresa.

Conforme ressalta deste preceito, a notificação deve ser feita, necessariamente, «*antes da realização de um tratamento ou conjunto de tratamentos*». Ou seja, antes de a entidade empregadora recolher os dados pessoais dos trabalhadores ou fazer a sua introdução no sistema deve certificar-se de que foi feita a notificação à Comissão ou – quando os tratamentos são objecto de *controlo prévio* – que foi proferida respectiva autorização, legalmente necessária (cf. artigo 23.º n.º 1 al. b) e 28.º da Lei 67/98).

É na sequência desta «notificação» que a CNPD, no exercício dos poderes de controlo e fiscalização do "cumprimento das disposições legais e regulamentares em matéria de protecção de dados" (art. 22.º n.º 1 da Lei 67/98), pode estabelecer as condições de tratamento ou limitar o processamento de certo tipo ou categorias de dados ([181]) – *v.g.* por os considerar

---

([181]) O Considerando n.º 48 da Directiva 95/46 refere que "a notificação à autoridade de controlo tem por objectivo assegurar a publicidade das finalidades e princípios característicos do tratamento, a fim de permitir verificar a sua conformidade com as disposições nacionais tomadas nos termos da presente directiva".

excessivos ou não pertinentes, por verificar que o consentimento do interessado, que se revela necessário, não foi obtido ou não foi dado de forma livre e informada – fazer o balanceamento entre os interesses em presença, avaliando as medidas de segurança adoptadas e apreciando as condições como são assegurados os direitos de informação (art. 10.º), acesso e correcção (art. 11.º) ([182]).

A CNPD pode exercer os seus poderes através de uma das seguintes formas:

1. *Emite o seu parecer* sobre tratamentos que sejam objecto de diploma legal (art. 23.º n.º 1 al. a) e 28.º n.º 2) ([183]) ou sobre instrumentos jurídicos em preparação em instituições comunitárias ou internacionais relativos ao tratamento de dados pessoais (art. 22.º n.º 2);
2. Exerce o "controlo prévio" – *emitindo a respectiva autorização* (art. 23.º n.º al. b) – quando estiverem em causa os tratamentos a que se refere o artigo 28.º da Lei 67/98.
3. *Autoriza* a transferência de dados para um Estado que não assegure um nível de protecção adequado (cf. art. 19.º n.º 2, 20.º n.º 2 e 23.º n.º 1 al. e).
4. *Procede ao registo*, nos casos não englobados nos pontos anteriores, na sequência da notificação do responsável (art. 27.º n.º 1 e 29.º).

As entidades que pretendam proceder à notificação dos tratamentos devem utilizar os formulários preparados pela CNPD para essa finalida-

---

([182]) Para além destas finalidades, a notificação tem como objectivo «alimentar» um "registo público" que permitirá publicitar os tratamentos notificados e autorizados. Como decorre do artigo 31.º da Lei 67/98, o "tratamento dos dados pessoais, quando não for objecto de diploma legal e dever ser autorizado ou notificado, consta de registo na CNPD, aberto à consulta por qualquer pessoa".

([183]) Esta forma de intervenção ocorre quando a Assembleia da República ou o Governo legislam em matérias de natureza laboral que contenham, também, disposições legais que envolvam aspectos de tratamento de dados dos trabalhadores. A CNPD teve oportunidade de se pronunciar, previamente, sobre a Lei 81/2001, de 28 de Julho (Parecer n.º 4/2001, de 4 de Abril.) Pronunciou-se, *a posteriori* e a solicitação de entidades patronais e do Secretário de Estado do Trabalho e Formação, sobre a conformidade da Lei 67/98 com algumas disposições do DL 332/93, de 25 de Setembro (Mapas de Quadro de Pessoal – Parecer n.º 6/2001, de 24 de Abril de 2001) e com a Lei 81/2001 (Parecer n.º 21/2001, de 11 de Dezembro).

de ([184]). Estes formulários podem ser solicitados, por qualquer meio, junto da CNPD ([185]) (correio, fax, correio electrónico, pedido pessoal) ou serem obtidos mediante acesso à página da Internet: http://www.cnpd.pt.

Por força do disposto no artigo 30.° n.° 2 da Lei 67/98, qualquer alteração ao tratamento inicialmente notificado – *v.g.* mediante a inclusão de novos campos para registo de dados pessoais, cedência ou comunicação de dados a outras entidades não identificadas originariamente, alteração do prazo de conservação – deve ser objecto de nova notificação ([186]), sob pena da aplicação, conforme os casos, das sanções previstas no artigo 37.° ou 43.° da Lei 67/98.

2. Esta obrigação que, em princípio, impende sobre o *responsável do tratamento* (a entidade empregadora), pode, também, ser cumprida pelo «representante» do responsável.

Salienta-se que a figura do «representante» está prevista no artigo 4.° n.° 5 da Lei 67/98 e ocorre nas situações em que o responsável pelo tratamento – **não estabelecido no território da União Europeia** – recorra a meios ([187]), automatizados ou não, situados em território português, a

---

([184]) A CNPD tem disponíveis, neste momento, 2 formulários diferentes: Um primeiro que será utilizado para a notificação de tratamentos relativos à videovigilância e outras formas captação de som e imagem; um segundo que se destina à notificação dos restantes tratamentos (para facilidade de compreensão, porque esse não é o conceito da Lei 67/98, estamos a referir-nos aos dados pessoais contidos em «ficheiros» ou «bases de dados» que permitem registar e relacionar a informação – SGBD). No anexo II desta obra exemplificaremos algumas situações práticas de preenchimento de formulários por forma a auxiliar as entidades nas suas tarefas de notificação à CNPD.

([185]) Comissão Nacional de Protecção de Dados – Rua de S. Bento, n.° 148, 3.°, 1200–821 LISBOA; Fax- 213976832; *e-mail*: geral@cnpd.pt

([186]) Tem-se entendido, de acordo com a prática da CNPD, que não se torna necessário preencher novo formulário, especialmente quando se trata de alterações pontuais (v.g. inclusão de novos dados pessoais). Bastará, em ofício dirigido à CNPD, especificar, com clareza, que alterações foram introduzidas ao tratamento originário.

([187]) Embora esta situação não seja muito usual em relação ao tratamento de dados de trabalhadores, pode verificar-se, por exemplo, se existir um «angariador» de pessoal que, em nome e a pedido de uma empresa situada em território fora da União Europeia, se encarrega de coligir dados curriculares de candidatos a um emprego nesse país. Servindo-se de meios seus ou dessa empresa localizados em Portugal (*v.g.* fax, computador – *e-mail*) remete os dados pessoais para, nesse país, serem objecto de tratamento.

Mais problemática poderá ser a situação em que um candidato, consultando uma página de Internet situada num país terceiro, fornece os seus dados pessoais (*v.g. curricu-*

menos que esses meios só sejam utilizados para trânsito através do território da União Europeia (cf. art. 4.º n.º 2 al. c). Neste caso, o responsável – mediante comunicação à CNPD – designa um representante em Portugal, "que se lhe substitui em todos os direitos e obrigações, sem prejuízo da sua própria responsabilidade".

Se dúvidas houvesse sobre os objectivos que se pretendiam atingir com esta previsão, elas ficam dissipadas com o cotejo de alguns considerandos da Directiva 95/46/CE:

a) Para evitar que a pessoa seja privada da protecção a que tem direito, "é necessário que qualquer tratamento de dados pessoais efectuado na Comunidade respeite e legislação de um dos Estados-membros" (Considerando 18);

b) O facto de o tratamento de dados ser da responsabilidade de uma pessoa estabelecida num país terceiro não pode, igualmente, constituir obstáculo à protecção das pessoas cujos dados pessoais são objecto de tratamento; quando assim for, "o tratamento deverá ser regido pela legislação do Estado-membro onde se encontram os meios utilizados para o tratamento de dados em causa e que deverão oferecer-se *garantias* de que os direitos e as obrigações estabelecidas na presente directiva serão efectivamente respeitados" (Considerando 20).

---

lum vitae) a fim de poder ser considerado como candidato a um emprego. No caso em apreço a iniciativa, que culmina com o fornecimento de dados pessoais, parte do titular dos dados – que faz a sua conexão à rede e resolve, sem qualquer intervenção do responsável pelo tratamento, fornecer os seus dados pessoais. Aqui, no nosso ponto de vista, o responsável não está a «recorrer» a quaisquer meios em Portugal para obter dados da pessoa que está conectada à rede. Foi o «dono» do PC que quis – através dos "seus meios" – ser «transportado» até ao país onde o *site* está localizado. Parece-nos que o artigo 4.º n.º 3 al. c) da Lei 67/98 não valorou o «elemento de conexão» *residência/localização do titular dos dados*, tendo colocado o acento tónico na ideia de que o responsável deve ter alguma *influência* ou *«poder de disposição»* sobre os meios utilizados. A disponibilização de um formulário não envolve qualquer influência sobre o titular na medida em que este pode fornecer os dados livremente, sem que isso implique qualquer dependência em relação ao responsável (veja-se, numa situação diferente, a Deliberação da CNPD n.º 28/2000, de 6 de Junho – Relatório de 2000, pág. 91).

Veja-se, ainda, o documento de trabalho, aprovado em 30 de Maio de 2002 no âmbito do Grupo do artigo 29.º sobre "determinação da aplicação internacional da legislação da União Europeia em matéria de tratamento de dados pessoais na Internet efectuado por *sites* não europeus" – *in* http//europa.eu.int/comm/privacy

Estas *garantias* devem ser assumidas pelo representante, que funcionará como "interlocutor" da CNPD em relação a todas as operações de tratamento realizadas, podendo assumir algumas obrigações do responsável. Em particular, poderá assumir a tarefa de assegurar – em nome do responsável – o direito de informação, acesso e correcção de dados aos seus titulares, que se encontram no território nacional. Fica vinculado, igualmente, a transmitir ao responsável as instruções que tenha recebido da CNPD em relação às condições de tratamento.

3. Como vimos, há situações específicas em que, em função do tipo e natureza dos dados tratados, a lei atribui à CNPD a tarefa de exercer um *controlo prévio* sobre os tratamentos notificados. Ou seja, em função da sensibilidade dos dados ou dos riscos que determinadas «operações» de tratamento podem envolver para a reserva da vida privada, o legislador entendeu que o tratamento devia, necessariamente, ser objecto de apreciação pelo plenário da CNPD. Daqui decorre que **a entidade responsável está impedida de fazer qualquer tratamento de dados enquanto este não for autorizado pela Comissão** ([188]). Exemplos típicos de tratamentos a submeter a controlo prévio serão as situações em que esteja em causa o registo de sanções disciplinares ou outras sanções administrativas (art. 8.º n.º 2), a gestão de informação de saúde pelos serviços de medicina de trabalho (artigo 7.º n.º 2), a instalação de sistemas de videovigilância (artigo 7.º n.º 2), os fluxos transfronteiras de dados dos trabalhadores para países que não assegurem um nível de protecção adequada (art. 19.º n.º 3) ou eventuais interconexões ou relacionamento de dados de ficheiros com finalidades diversas, pelo mesmo responsável (cf. art. 3.º al. i), art. 9.º e art. 23.º n.º 1 al. d). Também em relação aos dados biométricos se aconselha que a CNPD se pronuncie antes da sua aquisição para obviar, nomeadamente, que sejam adquiridos sistemas de controlo que não cumpram os pressupostos da Lei de Protecção de Dados.

Em relação aos tratamentos que sejam objecto de «*simples notificação*» – *v.g.* quando esteja em causa a gestão do processo de contratação de pessoal (sem registo de dados sensíveis), ou a gestão administrativa de funcionários, empregados e prestadores de serviços (quando não estejam abrangidos pela autorização de isenção n.º 4/99) – entende-se que as enti-

---

([188]) Veja-se a letra do artigo 28.º n.º 1 da Lei 67/98: «*Carecem de autorização da* CNPD».

dades responsáveis podem iniciar o tratamento, nos termos declarados, imediatamente após a realização da notificação à CNPD. Uma vez que a lei não condiciona o início do tratamento a um «controlo prévio», deve entender-se que a CNPD poderá fazer um controlo ulterior, em que pode solicitar esclarecimentos complementares ou sugerir ajustamentos ao tratamento ou, mesmo, limitar-se – como acontece noutros países (*v.g.* Espanha) – a integrar o tratamento notificado no «registo público» e dar disso conhecimento ao responsável.

A prática da CNPD tem sido a de efectuar uma análise, ainda que sumária, aos formulários de notificação antes de proceder à inscrição no «registo público».

4. Os tribunais franceses consideraram, em algumas situações concretas, que a falta de notificação do tratamento à CNIL traduzir-se-ia num «tratamento ilícito» por falta de declaração prévia e, por consequência, consubstanciaria um meio ilícito de prova ([189]).

Afigura-se-nos, à luz da nossa lei, que o tratamento não notificado à CNPD pode também ser considerado ilícito – porque sancionável com aplicação de coima ou pena de prisão – sendo, igualmente, questionável a validade da prova não «controlada» pela autoridade competente e obtida em violação dos preceitos legais citados. Assim os tribunais tenham a sensibilidade para não valorar o tratamento de dados violadores da Lei 67/98, em particular no domínio da relação de trabalho ou quando a prova obtida viole direitos de personalidade dos trabalhadores.

3.2. Isenções e simplificações

1. O artigo 27.º n.º 2 da Lei 67/98 – na sequência do que dispõe o artigo 18.º n.º 2 da Directiva 95/46/CE – estabelece que a CNPD pode "autorizar a simplificação ou a isenção de notificação para determinadas categorias de tratamentos que, atendendo aos dados a tratar, não sejam susceptíveis de por em causa os direitos e liberdades dos titulares dos dados e tenham em conta critérios de celeridade, economia e eficiência".

([189]) Cour d'Appel de Paris de 7 de Março de 1997 (Gaz. Pallais 21/1/99, pág. 30).

Com as autorizações de isenção ou simplificação de notificação pretendem-se "evitar formalidades administrativas desnecessárias" ([190]) em relação à realização de notificações à autoridade de controlo. Na sua apreciação devem ser ponderados aspectos fundamentais que a previsão legal supõe, a saber:

 a) Os factores determinantes da isenção ou simplificação devem assentar na celeridade, economia e eficiência, por se considerar que o tratamento, em si mesmo, não justifica preocupações especiais por parte da autoridade de controlo e a falta de notificação não apresenta riscos acrescidos para os direitos e liberdades dos titulares;

 b) Deve tratar-se de finalidades que, pela sua própria natureza, também não representam especiais perigos para a privacidade dos titulares;

 c) Deve ter-se em atenção, em especial, o tipo ou categorias de dados a tratar. Não deverão, por princípio, ser tratados dados sensíveis, na medida em que se nos afigura que esta possibilidade se apresenta como sendo, em certa medida, incompatível com a previsão legal. No entanto, haverá situações pontuais em que o tratamento de certas categorias especiais de dados ocorrem num círculo restrito de pessoas – v.g. uma associação política, sindical ou religiosa que congrega os seus associados – e com a finalidade, exclusiva, de se limitar à gestão de contactos dos associados. No caso de tratamento destes dados, devem ser fixadas condições rigorosas de tratamento, sendo o tratamento destes dados realizado de acordo com a autorização prevista na lei ou o consentimento expresso e informado dos titulares.

([190]) Pretende-se dispensar a entidade responsável da formalidade de notificação e aliviar a CNPD da prática de actos administrativos que não se revelam fundamentais para assegurar a conformidade dos tratamentos com os princípios de protecção de dados. O Considerando 49 da Directiva 95/46/CE refere que as isenções de notificação ou simplificação podem ser estabelecidas "nos casos em que o tratamento não seja susceptível de prejudicar os direitos e liberdades das pessoas em causa, desde que seja conforme com um acto adoptado pelo Estado-membro que precise os seus limites; que podem igualmente ser estabelecidas isenções ou simplificações caso uma pessoa designada pelo responsável pelo tratamento se certifique de que o tratamento efectuado não é susceptível de prejudicar os direitos e liberdades das pessoas em causa". O nosso legislador apenas consignou a primeira possibilidade prevista.

d) A CNPD deve delimitar, com especial rigor, as condições da isenção ou simplificação, especificando "as finalidades do tratamento, os dados ou categorias de dados a tratar, a categoria ou categorias de titulares dos dados, os destinatários ou categorias de destinatários a quem podem ser comunicados os dados e o período de conservação" (cf. artigo 27.° n.° 3).

2. Verifica-se que a Lei 67/98, contrariamente ao que acontecia com o artigo 3.° n.° 2 da Lei 10/91, não enveredou pela via de estabelecer excepções à aplicação da lei – o que acontecia para os tratamentos de gestão de pessoal ou de remunerações, bem como para a "mera gestão de serviços" (al. a), facturação de fornecimentos efectuados ou de serviços prestados (al. b) e cobrança de quotizações de associados ou filiados (al. c).

Ou seja, a Lei 67/98 é, agora, aplicável, em geral, a todos os tratamentos ([191]) e a CNPD poderá autorizar simplificações ou isenções quando essa decisão contribua para evitar formalidades de notificação que se revelam desnecessárias.

Estas autorizações – que estão sujeitas às especificações constantes do artigo 27.° n.° 3 – são publicadas em *Diário da República*.

A Lei 67/98, no seu artigo 27.° n.° 4, considera, desde logo, isentos de notificação os "tratamentos cuja única finalidade seja a manutenção de registos que, nos termos das disposições legislativas ou regulamentares, se

---

([191]) Só são excluídos da aplicação da lei os «tratamentos de dados pessoais efectuados por pessoa singular no exercício de actividades exclusivamente pessoais ou domésticas» (artigo 4.° n.° 2 da Lei 67/98).

A CNPD, ainda no domínio da Lei 10/91, teve oportunidade de considerar que «a expressão *"uso pessoal ou doméstico"* não pode ser interpretada no sentido de permitir o tratamento de dados pessoais no interior de uma empresa. A excepção abrange apenas os ficheiros de dados pessoais usados exclusivamente por uma única pessoa singular e não, obviamente, por uma pluralidade de pessoas no seio de uma empresa» (*Deliberação n.° 32/96 de 4/6 – 3.° Relatório, pág. 235*).

O STA (Acórdão de 5 de Junho de 1997 – Rec. N.° 41023) teve oportunidade de confirmar este entendimento da Comissão ao referir que a expressão *uso pessoal ou doméstico* «só pode querer referir-se aos ficheiros contendo informações exclusivamente destinadas a uso por pessoa individual ou no âmbito doméstico (no sentido restrito de domicílio familiar). Impõe-se, pois, concluir que os ficheiros automatizados instalados em empresa contendo dados pessoais relativos aos respectivos trabalhadores e empregados não cabem na isenção prevista na alínea a) do n.° 2 do art. 3° da Lei 10/91».

destinem a informação ao público e possam ser consultados pelo público em geral ou por qualquer pessoa que provar um interesse legítimo".

Até à presente data a CNPD proferiu 6 autorizações de isenção ([192]), relacionando-se com os dados dos trabalhadores, algumas delas indirectamente, as seguintes ([193]):

a) *Autorização de Isenção n.° 1/99, de 7 de Dezembro* – Processamento de retribuições, prestações, abonos de funcionários ou empregados;

b) *Autorização de Isenção n.° 4/99, de 7 de Dezembro* – Gestão administrativa de funcionários, empregados e prestadores de serviços;

c) *Autorização de Isenção n.° 5/99, de 7 de Dezembro* – Registo de entradas e saídas de pessoas em edifícios;

d) *Autorização de Isenção n.° 6/99, de 7 de Dezembro* – Cobrança de quotizações em associações e contactos com os respectivos associados ([194]).

As autorizações de isenção têm a mesma estrutura e estabelecem as condições a observar em matéria das finalidades abrangidas, das categorias de dados, do prazo de conservação e dos destinatários das informações.

Os responsáveis só estão isentos de notificação se os seus tratamentos observarem, de forma coincidente com a previsão da isenção, as condições aí estabelecidas. Ou seja, a existência de finalidades não previstas na isenção, o tratamento de outras categorias de dados para além das especificadas na autorização de isenção, a conservação de dados por prazo superior ao previsto ou a comunicação de dados a outros destinatários diferentes dos expressamente indicados, obriga a entidade responsável a notificar os respectivos tratamentos ([195]).

([192]) Foram publicadas a coberto da Deliberação n.° 60/2000, *in* Diário da República II.ª Série, de 27 de Janeiro de 2000, pág. 1813.

([193]) Podem ser consultadas no Anexo I.

([194]) As restantes autorizações de isenção dizem respeito à "gestão de utentes de bibliotecas e arquivos" (2/99) e "facturação e gestão de contactos com clientes, fornecedores e prestadores de serviços" (3/99).

([195]) «Apenas as finalidades estabelecidas na isenção, bem como os dados nela mencionados, podem ser objecto deste regime excepcional. Desta forma, não está isento de notificação à CNPD o tratamento de dados de saúde dos associados, cônjuges ou seus dependentes em tratamento em que se declara como finalidade a cobrança de quotizações

Os responsáveis devem dar particular atenção a este aspecto, nomeadamente quando, no início do tratamento, não estavam previstas certas comunicações a terceiros e, depois, por força de um contrato de prestação de serviços, passa a haver comunicação de dados. Tem acontecido, por exemplo, que a entidade empregadora trata dados para efeitos de processamento da retribuição ou para gestão administrativa de funcionários e, por isso, não faz a notificação. Porém, na sequência de certas *iniciativas internas* (v.g. uma acção de informação – divulgação de aquisição de acções) ou da *celebração de certos contratos* (seguros de saúde dos seus trabalhadores, adjudicação a empresa especializada das tarefas relacionadas com a prestação de serviços de higiene e medicina do trabalho) utiliza os dados para finalidades não previstas originariamente. Nestes casos, interessa ter presente que tais utilizações subsequentes determinam a cessação do regime de isenção, passando o responsável a ficar obrigado a fazer a notificação à CNPD.

O facto de o tratamento estar abrangido por uma isenção proferida pela CNPD não dispensa as entidades responsáveis de cumprirem as restantes obrigações que, em geral, estão previstas na lei de protecção de dados. Em particular, devem respeitar as obrigações inerentes ao direito de informação sobre a existência e alcance do tratamento, sobre a origem dos dados, bem como assegurar o exercício dos direitos de acesso, rectificação e eliminação ou oposição por motivos legítimos.

3. Em relação à *simplificação*, admite o legislador que possam ser dispensadas certas exigências. Por exemplo, limitar-se a notificação a identificar o responsável, as finalidades e os dados tratados. A CNPD, naqueles tratamentos que não oferecem especial sensibilidade, mas que, para a mesma finalidade, as entidades podem tratar uma maior ou menor quantidade de dados, poderia optar por autorizar uma simplificação e restringir o conteúdo dos pedidos de notificação (formulário) a um número reduzido e indispensável de informações suficientes para apreciação da legitimidade e legalidade do tratamento.

Até à presente data, a CNPD não proferiu qualquer autorização desta natureza. Afigura-se-nos, no entanto, que o recurso à notificação simplificada se revela benéfica quer para os responsáveis quer para a eficácia dos serviços da CNPD.

---

e contactos com os associados, no âmbito da actividade estatutária da Associação» – cf. Autorização n.º 64/2000, de 24 de Outubro, *in* Relatório da CNPD de 2000, pág. 199.

4. Decisões individuais automatizadas

1. O artigo 13.º da Lei 67/98 – disposição similar ao artigo 15.º da Directiva 95/46/CE – refere-se à tomada de «decisões individuais automatizadas». Se o artigo 11.º n.º 1 al. c) reconhece aos titulares dos dados o direito de conhecerem a «lógica subjacente ao tratamento automatizado», o artigo 13.º vai mais longe e estabelece que "qualquer pessoa tem o direito de não ficar sujeito a uma tomada de decisão que produza efeitos na sua esfera jurídica ou que a afecte de modo significativo, tomada exclusivamente com base num tratamento automatizado de dados destinado a avaliar determinados aspectos da sua personalidade, designadamente a sua capacidade profissional, o seu crédito, a confiança de que é merecedora ou o seu comportamento".

A previsão legal da norma acabada de transcrever está direccionada, também, para os tratamentos levados a cabo no domínio laboral. Tal constatação era já salientada pela doutrina quando referia que a informática "tem vindo a ser usada sistematicamente, sobretudo no sector privado, para a elaboração dos chamados perfis electrónicos. Um exemplo clássico é o do perfil de personalidade: o candidato a um determinado emprego é automaticamente excluído se as suas características não correspondem às condições também previamente introduzidas num programa de computador" ([196]). Efectivamente, sabemos que a entidade empregadora pode constituir um «perfil do trabalhador» no momento da admissão ao socorrer-se de testes psicotécnicos específicos e confrontá-los com algumas respostas dadas em questionários vocacionados para o conhecimento de hábitos e preferências do candidato.

O Prof. Heinrich Rupp ([197]) salienta estes perigos: "o problema cardeal que o computador coloca em matéria de informações sobre as pessoas parece residir, não tanto na natureza dos dados recolhidos nem no processo da sua recolha, os quais podem não ser *a priori* discutíveis ou condenáveis, mas no facto de a máquina, segundo a teoria do «mosaico», permitir estabelecer interligações dos dados memorizados que conduzam inclusi-

---

([196]) J. de Seabra Lopes – "A protecção dos dados pessoais no contexto internacional e comunitário", Separata de Legislação, Cadernos de Ciência de Legislação, INA, n.º 8, Outubro/Dezembro, 1993, pág. 31 e 32.Veja-se, também, a referência à análise do «comportamento laboral» *in* M. Heredero Higueras, ob. cit. pág. 123.

([197]) Citado por Garcia Marques, "Informática e Liberdade", pág. 36.

vamente a descrições da personalidade ou psicogramas graças a uma rede de informação permanentemente actualizada e obter, assim, uma verdadeira radiografia da personalidade".

O sentido do preceito, inspirado no artigo 2.º da lei francesa, é o de evitar que os tratamentos automatizados armazenem informação sobre os comportamentos, sentimentos, personalidade dos cidadãos, enfim, um "perfil psicológico" que permita aos responsáveis "julgar" as pessoas, *exclusivamente*, de acordo com a informação armazenada e, eventualmente, recolhida em fontes dispersas e para várias finalidades, especialmente quando esses «juízos» produzam efeitos (negativos) na sua esfera jurídica e os afectem significativamente.

O texto francês ([198]) refere que "nenhuma decisão administrativa ou privada que implique uma apreciação sobre o comportamento humano pode ter como *único* fundamento um tratamento automatizado de informação que permita uma definição do perfil ou da personalidade do interessado". Este preceito esteve em evidência quando a CNIL verificou que algumas instituições financeiras atribuíam códigos aos seus clientes que permitiam efectuar uma «segmentação comportamental» da clientela, com alguns descritivos nada consentâneos com a actividade desenvolvida: "modernistas, laxistas, fortemente consumidores, vivendo para além dos seus meios, modestos, negligentes" ([199]).

Considerando que a "segmentação" é um dado pessoal (porque atribuídos certos «qualificativos» a pessoa identificada) a CNIL defendeu que lhe seriam aplicáveis as regras da lei de protecção de dados, nomeadamente os princípios da "adequação, pertinência e do tratamento não excessivo de informação". O princípio da finalidade deverá, igualmente, influenciar as operações de "segmentação" não sendo admissível que assente em dados cuja recolha é interdita ou que sejam estranhos às actividades das empresas, nomeadamente quando se referem à sua vida privada.

([198]) Segue-se a nossa obra "Informática e tratamento de dados pessoais", 1997, pág. 98.

([199]) Na mesma linha de pensamento o Grupo do Artigo 29.º – na sua Recomendação 1/2001 "relativa aos dados de avaliação dos trabalhadores", adoptada em 22 de Março de 2002 (*in* http://europa.eu.int/comm/internal_market/en/dataprot/wpdocs/index.hmt) – considera que "as avaliações e julgamentos subjectivos podem conter dados pessoais passíveis de incluir elementos específicos da identidade física, fisiológica, psíquica, económica, cultural ou social do titular dos dados. Isto é igualmente verdade se um julgamento ou uma avaliação forem resumidos em classes ou escalas ou expressos através de outros critérios de avaliação".

Por outro lado, "a definição ou a descrição dos segmentos não pode ser formulada de tal modo que permita a exclusão, automática e sistemática, de todos aqueles que pertencem ao mesmo tipo de segmentação", sem considerar as características específicas de cada cidadão ou as particulares potencialidades de cada trabalhador ([200]).

2. A ideia fundamental a reter neste domínio, e tendo em conta que nas relações de trabalho são recolhidos múltiplos dados dos trabalhadores, é a de que a violação *só existe* se a decisão for tomada, «*exclusivamente*», com base no tratamento automatizado. Ou seja, o que se pretende evitar é que seja a máquina a proferir a decisão, sem ter em consideração outros aspectos da personalidade relevantes e que poderiam ter sido ponderados, tanto mais que, como sabemos, as decisões da entidade empregadora em relação aos trabalhadores – que estão em «avaliação permanente» – caracterizam-se, exactamente, pela diversidade de fundamentos e multiplicidade de fontes, "tendo em conta as características próprias da relação laboral e da organização de trabalho" ([201]). Este requisito de «exclusividade» vem dificultar a comprovação de violações aos princípios estabelecidos na norma ([202]) e limitar a sua aplicação em casos muito pontuais na medida em que, na relação de trabalho, as decisões "são adoptadas, normalmente, com uma grande variedade de fundamentos". Devemos reconhecer que será extremamente difícil comprovar que a entidade empregadora proferiu certa decisão em relação ao trabalhador com recurso exclusivo a procedimentos automáticos.

Porém, não podemos esquecer que o computador é um excelente instrumento que permite o *apoio à decisão* – o que pressupõe o seu carácter «não exclusivo» – e que, em muitas situações específicas, pode «alertar» a entidade empregadora para a situação do trabalhador, que está "nos limites" do aceitável. Como veremos, os registos automatizados permitem «medir» a experiência profissional e curricular, o cumprimento do horário de trabalho, as faltas ao serviço e a sua natureza (justificadas ou injustifi-

---

([200]) Cf. a Deliberação n.º 93032 de 6 de Abril de 1993.

([201]) Neste sentido Juan Dominguez e Susana Escanciano, "Utilización y Control de Datos Laborales Automatizados", Agencia de Protección de Datos, 1997, pág. 245.

([202]) Ao ponto de alguma doutrina reconhecer que a proibição não tem um alcance demasiado amplo. Ao referir-se à tomada de decisões fundadas "unicamente" em tratamentos automatizados torna-se praticamente inaplicável o preceito. Veja-se Fernando Pachés, ob. cit. pág. 331.

cadas, seguidas ou interpoladas), a produtividade, a evolução na carreira e os benefícios e regalias que lhe são atribuídas. Em função da natureza da situação concreta a informação disponível terá, necessariamente e em regra, um «peso» diverso na decisão final a tomar, sendo de admitir que, em muitos casos, a decisão adoptada pode não ter nada a ver com a natureza dos suportes utilizados.

3. Se considerarmos o momento da contratação de um trabalhador verificamos que pode haver aspectos que determinam, desde logo, a exclusão do candidato: o facto de não possuir os requisitos exigíveis para o desempenho do cargo ou para a celebração do contrato ([203]). Neste caso, não pode dizer-se que a exclusão automática – por não preenchimento dos requisitos exigíveis para a validade da candidatura – se apresente como violadora do artigo 13.° Mesmo quando o trabalhador tem todos os requisitos necessários e foi aceite a sua candidatura deve reconhecer-se, se quisermos ser realistas, que é problemática a impugnação da escolha numa empresa privada na medida em que, ao contrário do que acontece na função pública, não existe qualquer vinculação a regras de fundamentação em relação à escolha ou graduação dos candidatos. A realidade à face da lei é que a razão da escolha, ou melhor, da exclusão, não pode ser «ditada» pela máquina.

Há outras situações em que o tratamento automático pode produzir efeitos imediatos quando a solução a adoptar resulta de regras pré-estabelecidas: um certo número de faltas num determinado período de tempo (um mês) pode determinar a perda do "subsídio de assiduidade"; a mudança de funções pode originar a perda de determinada retribuição variável (v.g. abono de falhas). Nestes casos a perda destas regalias está prevista e o computador limita-se a executar aquilo que está previamente determinado pela lei ou nos instrumentos de regulamentação colectiva.

Pelo contrário, existem outros domínios em que os dados registados não têm uma influência tão objectiva na decisão. É aí que o registo de dados e o tratamento em relação a certas características ou ocorrências

---

([203]) Não ter a idade mínima para trabalhar, não possuir licenciatura quando a mesma é exigida para o desempenho do cargo, não possuir um requisito profissional quando o mesmo é condição necessária (uma especialidade médica, a inscrição numa Ordem profissional), não ter carteira profissional. Estamos perante condições em que o tratamento não tem a mínima influência na decisão.

assume um papel acessório, necessariamente relativo, porque a decisão não pode ser tomada, exclusivamente, com base em procedimentos automáticos. O caso típico onde os registos automáticos têm um papel secundário será no domínio do procedimento disciplinar. Desde logo, e tal como resulta do artigo 371.º n.º 1 do Código do Trabalho, a sanção disciplinar não pode ser aplicada sem a audiência prévia do trabalhador [204]. Por outro lado, a sanção disciplinar deve ser proporcionada à gravidade da infracção e à culpabilidade do infractor (cf. o artigo 367.º do CT), factores de ponderação insusceptíveis de qualquer programação e incompatíveis com qualquer «lógica de tratamento» de dados pessoais.

Mesmo naquelas situações em que a lei aponta para uma certa objectividade – v.g. constituir justa causa de despedimento a verificação, em cada ano, de 5 faltas injustificadas seguidas ou dez interpoladas (artigo 396.º n.º 3 al. g) do CT) – e em que os sistemas automatizados registam esses dados (as datas das faltas, os atrasos, o indicador da natureza da falta – «injustificada»), nem por isso é legítimo, mesmo em termos de direito do trabalho, que a decisão seja tomada unicamente nessa base. Também aqui, o artigo 396.º n.º 1 do Código exige a verificação de certos requisitos: um "comportamento culposo do trabalhador que, pela sua gravidade e consequências, torne imediata e praticamente impossível a subsistência da relação de trabalho" [205]. Isto é, o despedimento não pode ser «automaticamente» decretado; é necessário que a entidade empregadora – após a audição do trabalhador – tenha concluído que está irremediavelmente comprometida a relação de trabalho.

4. O artigo 13.º da Lei 67/98 é expresso ao reconhecer que o trabalhador não pode ficar sujeito a uma decisão que produza efeitos na sua esfera jurídica ou que o afecte de forma significativa com base numa avaliação da «personalidade» ou da sua «capacidade profissional» – em exclusivo – com base num tratamento automatizado.

---

[204] O que afasta, desde logo, a ilegalidade prevista no artigo 13.º n.º 1 da Lei 67/98 na medida em que o n.º 2 do mesmo preceito admite que os tratamentos automatizados possam ter o seu «peso» quando a pessoa visada pela decisão tenha tido a possibilidade de se pronunciar.

[205] Este entendimento é pacífico na nossa jurisprudência. Pode consultar-se a jurisprudência citada na nossa obra "Leis do Trabalho", Vol. I, 2.ª Edição, Vislis Editores, 2000, pág. 229.

A lei admite, porém, excepções a este princípio (no n.º 2) quando tal situação ocorra «no âmbito da celebração ou da execução de um contrato e sob condição de o seu pedido de celebração ou execução do contrato ter sido satisfeito, ou de existirem medidas adequadas que garantam a defesa dos seus interesses legítimos, designadamente o seu direito de representação ou expressão».

Assim, quando uma decisão tomada pela entidade empregadora no momento da celebração ou da execução do contrato de trabalho tenha em conta elementos ou dados pessoais com origem em tratamentos automatizados deve ser assegurado ao trabalhador o direito de defender os seus interesses legítimos e ser informado da lógica subjacente ao tratamento, em particular sobre os factores de ponderação adoptados ([206]).

5. Garantias

Os trabalhadores confiam os seus dados pessoais aos empregadores, a fim de os mesmos serem utilizados para finalidades relacionadas com o desenvolvimento da relação do trabalho. Na qualidade de responsáveis pelos tratamentos, as entidades empregadoras devem adoptar uma «política de privacidade», dando especial atenção às normas de segurança da informação e definir os "perfis dos utilizadores" por forma a evitar que os dados pessoais dos trabalhadores sejam acessíveis a pessoas que não precisam desses dados para desempenharem as funções que lhe estão confiadas.

Conforme resulta do Considerando 46 da Directiva 95/46/CE, a protecção dos direitos e liberdades das pessoas passa pelo tipo de "medidas técnicas e organizacionais" tomadas, tanto aquando da concepção do sistema de tratamento como da realização do próprio tratamento. Estas medidas "devem assegurar um nível de segurança adequado, atendendo aos conhecimentos técnicos disponíveis e aos custos da sua aplicação em função dos riscos que o tratamento implica e da natureza dos dados a proteger".

([206]) No domínio do *credit scoring* a CNPD autorizou a utilização deste tipo de metodologia desde que (a) se apresente como meio auxiliar de ajuda à tomada de decisão e (b) os requerentes do crédito possam ser informados, se assim o solicitarem, da existência do tratamento e da lógica que serve de base ao tratamento – cf. Autorização n.º 58/99, de 2 de Novembro de 1999, *in* Relatório da CNPD, pág. 241.

Esta realidade deve ser encarada pelos responsáveis, uma vez que não é exigível o mesmo nível de segurança numa pequena empresa – em que o grau de tratamento de dados é diminuto (v.g. há uma aplicação para cálculo das retribuições e registo do processo individual) – ou numa grande empresa (v.g. em que há uma direcção de recursos humanos que gere toda a informação do trabalhador desde o momento da contratação até à cessação do contrato: assiduidade, evolução na carreira, acidentes de trabalho, faltas por doença, sanções disciplinares, filiação sindical, adesão à greve, incapacidade para o desempenho de certas funções determinada pelos serviços de medicina de trabalho).

A complexidade e sensibilidade de alguns tratamentos pode impor um acesso restrito a certo tipo de informações. Como veremos, os dados de saúde revelados ao serviço de medicina de trabalho são de acesso restrito ao médico do trabalho, impondo-se, desde logo, que o próprio sistema esteja concebido para assegurar que o acesso a estes dados seja limitado àqueles profissionais.

Nas empresas em que são definidos limites à utilização do correio electrónico e Internet para fins privados e existe um controlo em relação à forma como estas regras são cumpridas pelos trabalhadores entendemos que, preferencialmente, devem ser adoptados mecanismos preventivos (impossibilidade de anexar, com as mensagens, determinados tipos de ficheiros – .zip, imagens, mp3 – ou a "filtragem" quando se pretende impedir o acesso a determinados sítios). Qualquer controlo sobre a utilização destes meios não deve ser banalizada, impondo-se que os poderes de auditoria sejam restritos ao administrador de sistema.

5.1. *Dever de Segurança*

1. A necessidade de adopção de medidas de segurança nos sistemas informáticos ([207]) resultou de duas exigências fundamentais: do interesse de as próprias empresas que não querem ver os seus sistemas devassados por terceiros – podendo colocar em risco os seus segredos comerciais ou industriais e perder a confiança dos seus clientes – ou de uma imposição

---

([207]) A lei da criminalidade informática – Lei 109/91, de 17 de Agosto – define «sistema informático» como o "conjunto constituído por um ou mais computadores, equipamentos periféricos e suporte lógico que assegura o processamento de dados».

legal que assumiu especial relevância a partir do momento em que se enveredou pela regulamentação do tratamento de dados pessoais. As preocupações do legislador centram-se na ideia de que só faz sentido autorizar o tratamento de dados se os responsáveis garantirem que os mesmos estão convenientemente protegidos contra perdas, devassas ou acessos indevidos de terceiros, podendo completar a segurança com sistemas de alarme ou de registos que permitam alertar para tentativas de intrusão.

O artigo 14.º n.º 1 da Lei 67/98 delimita os objectivos a perseguir em termos de segurança: o responsável deve "pôr em prática as medidas técnicas e organizativas adequadas para proteger os dados pessoais contra destruição, acidental ou ilícita, a perda acidental, a alteração, a difusão ou o acesso não autorizados, nomeadamente quando o tratamento implicar a sua transmissão por rede, e contra qualquer forma de tratamento ilícito" ([208]).

Em França, os artigos 29.º e 45.º alínea 1 da Lei de 6 de Janeiro de 1978 obrigam o responsável do tratamento a tomar "todas as precauções úteis a fim de preservar a segurança da informação". A adopção destas medidas aparecem-nos como «boas práticas de comportamento» realizadas pelos informáticos que desenham e concebem os programas, em função dos riscos que envolve o processamento de dados.

A grande questão que se pode colocar é a de saber se o legislador privilegiou a «obrigação de meios» ou a «obrigação de resultado». A Convenção 108 – no seu artigo 7.º – impõe ao responsável o dever de tomar as «medidas de segurança apropriadas». Não nos parece que possam ser elencadas, em termos gerais, determinadas medidas técnicas ou organizativas capazes de satisfazer o dever de segurança.

É necessário que, em função da natureza da informação, do tipo de suportes utilizados para o tratamento, dos riscos que o processamento envolve (vg. acesso em equipamento monoposto, circulação em rede local,

---

([208]) O artigo 9.º n.º 1 da lei espanhola (Ley Orgánica 15/1999, de 13 de Dezembro) tem uma disposição muito similar à lei portuguesa. O Real Decreto 994/1999, de 11 de Junho – que aprovou o Regulamento de medidas de segurança dos ficheiros que contenham dados pessoais – estabeleceu, em função da natureza dos dados tratados e do maior ou menor risco para garantir a confidencialidade e a integridade da informação processada, três níveis de segurança (básico, médio e alto). Para mais desenvolvimento vejam-se Abel Téllez Aguillera – "Nuevas Tecnologías. Intimidad y Protección de Datos", Madrid, 2001, pág. 135 e ss. e Fernando Galindo – "Derecho e Informatica", Madrid, Dezembro de 1998, pág. 69.

circulação em rede pública) sejam adoptadas as medidas certas para atingir o resultado pretendido.

Esta ideia encontra-se consagrada na 2.ª parte do artigo 14.º da Lei 67/98 quando se refere que as medidas a adoptar "devem assegurar, atendendo aos conhecimentos técnicos disponíveis e aos custos resultantes da sua aplicação, um nível de segurança adequado em relação aos riscos que o tratamento apresente e à natureza dos dados a proteger". Por isso, e dado que a nossa lei não concretiza, de forma específica, medidas de segurança a adoptar, entendemos que a opção do legislador assenta numa «obrigação de resultado». É nesta perspectiva que a CNPD analisa os procedimentos de segurança adoptados pelas entidades responsáveis e verifica se se apresentam como adequados à satisfação do objectivo a atingir.

Estas medidas são de índole técnica e organizativa, materiais ou físicas e subjectivas. Estas medidas devem ser adoptadas em função de 3 critérios:

a) *Do estado da tecnologia*: as medidas devem articular-se em função das possibilidades reais da técnica, o que obrigará o responsável a uma constante adequação das medidas de segurança já que a evolução da tecnologia é contínua;

b) *Da natureza dos dados tratados*: a nossa lei estabelece, no artigo 15.º, «medidas especiais de segurança» quando estão em causa tratamentos especialmente sensíveis – os referidos no artigo 7.º n.º 2 ([209]) e 8.º n.º 1.

c) *Dos riscos a que estão expostos os dados pessoais* ([210]) – Do número de pessoas que acedem aos dados ou da forma como é disponobilizada a informação (v.g. em computador isolado, em rede ou em rede aberta).

Porém, a rápida evolução das tecnologias e a vulnerabilidade de alguns sistemas – sistematicamente sujeitos a tentativas de intrusão – obrigam as empresas a procurarem, incessantemente, antídotos e actualizações para pre-

---

([209]) Pensamos que houve um lapso na referencia à disposição legal, na medida em que o n.º 2 do artigo 7.º não se refere a «categorias de dados» mas a condições de legitimidade de tratamento. Pela sensibilidade dos dados, pensamos que estão em causa os dados indicados no n.º 1 do artigo 7.º, tanto mais que o artigo 7.º n.º 3 e 4.º impõem determinadas condições e exigências de segurança para os dados sensíveis e sobre suspeitas de actividades ilícitas.

([210]) Pedro Grimalt Servera – "La responsabilidad civil en el tratamiento automatizado de datos personales", Editorial Comares, Granada, 1999, pág. 203 a 205.

servarem a segurança das aplicações e dos dados nelas contidos. Estes esforços não podem ser dissociados dos custos que envolvem os sistemas de segurança. Por outro lado, as políticas de segurança devem ser compatibilizadas com a forma como está estruturado todo o sistema de informação e a política da empresa em termos de utilização de sistemas abertos ([211]) que permitem uma constante e múltipla comunicação com o exterior.

Devemos reconhecer que ainda não se encontra enraizada em todas as empresas ou serviços públicos a ideia de que é indispensável o estabelecimento de políticas de segurança e que estas questões se apresentam como um "requisito indispensável para a expansão em regime de liberdade do mercado da informação e dos serviços disponíveis nas redes de comunicação" ([212]). Não raras vezes, verificamos que algumas aplicações nem sequer dispõem de *password* para acesso aos dados, o que permite que qualquer empregado, ou mesmo um estranho, possa ter acesso aos dados.

As empresas que enveredaram pela aposta na «internacionalização» dos seus produtos, através do *comércio electrónico*, cedo perceberam que as políticas de segurança assumem particular importância, especialmente quando está em causa o reforço da confiança dos consumidores. Preocupações reforçadas tem merecido a adopção de mecanismos que garantam uma particular segurança em sede de meios de pagamento.

2. O artigo 23.° n.° 1 al. l) da Lei 67/98 atribui à CNPD a competência para emitir directivas sobre medidas de segurança para determinados sectores de actividade. Até à data a CNPD não emitiu qualquer directiva, limitando-se, nos tratamentos que lhe são apresentados, a formular certas exigências em termos de segurança.

A par das exigências gerais contidas no artigo 14.° n.° 1 e das medidas especiais de segurança enunciadas no artigo 15.°, que devem ser observadas pelos responsáveis dos tratamentos, a CNPD inseriu, no formulário de notificação, vários items: realização de cópias de *backup* (realização regular de *backups*), adopção de *password* de acesso à informação, acesso restrito a pessoas, sistemas de processamento de *backup* (realização

---

([211]) Como salienta Fernando Galindo, ob. cit. pág. 71, sabe-se que "a rede Internet é um sistema anárquico que apresenta múltiplos riscos, em que qualquer um pode conectar-se e comunicar em qualquer sentido com outro membro do sistema, podendo enviar-lhe qualquer mensagem que pode saltar as barreiras de segurança de qualquer sistema".

([212]) Fernando Galindo, ob. cit. pág. 71.

automática de *backups* pelo sistema), informação cifrada ou encriptada, sistemas de alarme e resposta (procedimentos automáticos que avisam e registam tentativas de intrusão no sistema) e outros (v.g. utilização de meios seguros de identificação dos utilizadores perante o sistema – cartões, recurso a identificação biométrica/impressão digital – identificação dos utilizadores que procederam ao registo e actualização de dados, registo das consultas aos dados).

A inclusão desta especificação no formulário dá corpo à previsão do artigo 29.º al. j) e é com base nessa declaração que a CNPD aprecia, ainda que sumariamente, as condições concretas de segurança adoptadas pelo responsável.

Em relação aos tratamentos da responsabilidade das entidades empregadoras estas devem dar particular atenção ao tratamento da filiação sindical e aos dados de saúde. O conhecimento da filiação sindical deve ser de acesso restrito à Direcção de Pessoal. Os dados de saúde só podem ser tratados no âmbito dos serviços de higiene e segurança no trabalho e, mesmo aqui, deverá ser observado o disposto no artigo 15.º n.º 3 – separação lógica entre dados administrativos e de saúde – para assegurar que a informação de saúde seja de acesso restrito ao médico do trabalho ou, sob a sua direcção e responsabilidade, a outro profissional de saúde obrigado a segredo profissional.

5.2. Segredo Profissional

1. O artigo 17.º n.º 1 delimita, com grande amplitude e abrangência, o universo das pessoas obrigadas do segredo profissional: "os responsáveis do tratamento de dados pessoais, bem como as pessoas que, no exercício das suas funções, tenham conhecimento dos dados pessoais tratados, ficam obrigados a sigilo profissional, mesmo após o termo das suas funções".

Em primeiro lugar, e em sede de medidas de segurança, importa limitar o acesso à informação àquelas pessoas que dela necessitam para o exercício das suas funções (cf. artigo 15.º n.º 1 alíneas c), d) e e) da Lei 67/98). Através desta via é dado, desde logo, um passo decisivo para preservar o segredo profissional na medida em que é reduzido o universo de pessoas que acedem à informação [213].

---

[213] "O responsável do ficheiro deverá tomar medidas rigorosas para tornar efectiva a confidencialidade, estabelecendo níveis de acesso em função do tipo de dados e das fun-

Como ensina Rabindranath Capelo de Sousa ([214]), "relativamente a diversas formas de sigilo há que distinguir as posições jurídicas das pessoas de confiança no sigilo das de terceiros. Estes violam a vida privada sempre que se intrometem indevidamente na esfera do segredo, quando tomam conhecimento não autorizadamente dos segredos de outrem e, obviamente, quando transmitem ou se aproveitam do segredo. Relativamente às pessoas de confiança no sigilo, embora obviamente seja lícita e presumida a tomada de conhecimento do segredo, já é juscivilisticamente ilícita a não consentida captação da documentação do mesmo, assim como a divulgação não autorizada do segredo ou um aproveitamento deste de um modo contrário à recognoscível vontade do autor da confidência, os quais se devem entender não apenas como violações contratuais ou negociais, quando vigorar um contrato ou um negócio jurídico entre o autor da confidência e o confidente que obrigue a sigilo (vg. profissional), mas, *prima facie*, como ilícitos extracontratuais do direito à esfera privada".

Pode afirmar-se, em termos gerais, que o *"segredo profissional é a proibição de revelar factos ou acontecimentos de que se teve conhecimento ou que foram confiados em razão e no exercício de uma actividade profissional"* ([215]).

2. A doutrina admite, porém, que o interesse público que reconheceu o direito à confidencialidade deve ser compatibilizado com outros interesses públicos dignos de protecção. Por isso, "a obrigação de segredo não deve ser mantida quando razões superiores àquelas que determinaram a sua criação imponham a revelação dos factos conhecidos durante as relações profissionais" ([216]).

O Tribunal Constitucional tem entendido de forma pacífica que "nas relações entre os particulares e o Estado se introduza a noção de respeito da vida privada, de modo a que o Estado não afecte o direito ao segredo e

---

ções desempenhadas" (cf. autorização da CNPD n.° 40/98, de 3 de Junho, *in* Relatório de 1998, pág. 210).

([214]) "O Direito Geral de Personalidade", Coimbra Editora, 1995, pág. 336.

([215]) Cf. Pareceres da PGR n.° 270/78 (*in* BMJ n.° 290, pág. 167) e n.° 49/91, de 12/3/92 (*in* DR IIª S. de 16/3/95, pág. 2938).

([216]) Cf. Pareceres da PGR n.° 11/83 e 49/91, este último de 12/3/92 (*in* DR. II.ª S. de 16/3/95, pág. 2937).

a liberdade da vida privada senão por via excepcional, para assegurar a protecção de outros valores que sejam superiores àqueles ([217]).

Alguns autores ([218]) consideram que "uma honesta relação entre a defesa da denominada privacidade e a necessária utilização dos recursos tecnológicos numa instituição para levar a cabo a sua actividade, deve passar pelo equilíbrio no tratamento e sentido que ambas as partes – instituição titular do ficheiro e cidadão titular dos dados – dão à confidencialidade. Se o titular do ficheiro deve, indubitavelmente, respeitar o maior ou menor grau de segredo a que vai submeter os dados, dependendo das suas características e do fim perseguido, não é menos verdade que o cidadão deve conhecer os seus direitos e possuir uma cultura de protecção de dados".

O n.º 3 do artigo 17.º da Lei 67/98 admite a quebra de segredo quando exista uma obrigação de informação assente em disposição legal. No domínio das relações laborais existem várias disposições que estabelecem um «dever de comunicação». Podemos referir, a título de exemplo, a obrigação de comunicação de dados às Contribuições e Impostos (retenções na fonte), à Segurança Social, à Inspecção do Trabalho, às Companhias de Seguros (vg. seguro de acidentes de trabalho) e aos tribunais. A lei admite, ainda, outras situações em que é possível a comunicação de dados: ao Banco (para fins de depósito da retribuição), ao sindicato (para fins de pagamento, por desconto, da quota sindical), muito embora seja exigível o consentimento ou solicitação expressa prévia do trabalhador.

Embora o artigo 17.º não o preveja expressamente, é também possível a «libertação do segredo» quando haja autorização do titular dos dados

---

([217]) Veja-se o Acórdão de 7 de Maio de 1997 e Pierre Kayser – "La protection de la vie Privée", 2.ª Ed., 1990, pág. 7. Também em Espanha o Tribunal Constitucional considera que «o segredo profissional se entende como a subtracção ao conhecimento alheio, justificada em função de uma actividade, de dados e informações obtidas que se referem à vida privada das pessoas» (Acórdão de 11 de Dezembro de 1989). Este segredo «está estreitamente relacionado com o direito à intimidade que o artigo 18.1. da Constituição garante, na sua dupla dimensão pessoal e familiar, como objecto de um direito fundamental». Veja-se, para maior desenvolvimento Abel Téllez Aguilera – "Nuevas Tecnologías, Intimidad y Protección de Datos", Madrid, 2001, pág. 154.

([218]) *In* "Anuario de Derecho de las Tecnologías de la Información y las Comunicaciones" – (TIC), 2002, Davara & Davara, Asesores Jurídicos, pág. 40.

(cf. corpo do artigo 6.º da Lei 67/98). Será o caso, por exemplo, em que o trabalhador permite a comunicação de dados a outras entidades (vg. serviços sociais, grupo desportivo da empresa).

Verifica-se, por vezes, que se pretende a «troca» de informações relativas aos trabalhadores entre empresas pertencentes ao mesmo Grupo. Em primeiro lugar, a vinculação que possa existir entre empresas que integram o mesmo grupo empresarial não afecta a sua autonomia jurídica e a existência de uma personalidade que as diferencia. Por isso, à luz da Lei 67/98 não deixa de se reconhecer que cada uma das empresas assume a qualidade de responsável pelos seus tratamentos (cf. artigo 3.º al. d). Acontece, por vezes, que há razões práticas que justificam a troca de informações entre empresas do Grupo: estabelecimento de políticas salariais integradas ou de incentivos (v.g. prémios de produtividade, participação em lucros), sistematização centralizada do tipo de quadro existente no Grupo com vista ao estabelecimentos de «políticas de mobilidade», atribuição de seguros de Grupo, prestação integrada de serviços ao nível das empresas do Grupo (v.g. seguros de saúde, serviços de medicina do trabalho, benefícios em empréstimos), participação dos trabalhadores em iniciativas de compra de acções das empresas do Grupo.

Neste caso a legitimidade que fundamenta a troca/comunicação de dados pode passar pelo consentimento dos trabalhadores (corpo do artigo 6.º da Lei 67/98) ou pela aplicação do disposto no artigo 6.º al. e). O controlo da comunicação carece, necessariamente, de intervenção da CNPD, a qual deve ter em atenção vários aspectos:

a) Se a comunicação de dados é compatível com as finalidades determinantes da recolha (cf. artigo 5.º n.º 1 al. b), 23.º al. c) e 28.º al. d) da Lei 67/98);

b) Se as finalidades da comunicação estão determinadas, se são explícitas e legítimas (art. 5.º al. b);

c) Se os trabalhadores foram convenientemente informados sobre as finalidades do tratamento (na vertente de comunicação) e, se legalmente necessário, deram o seu consentimento (art. 10.º e 6.º da Lei 67/98);

d) Se todas as empresas do Grupo têm os seus tratamentos notificados junto da CNPD;

e) Ponderação dos interesses em causa, quando a comunicação decorra do disposto no artigo 6.º al. e) da Lei 67/98.

3. Deve ser encarado numa outra perspectiva o processamento de dados de uma determinada empresa no âmbito de um contrato de prestação de serviços, para realizar tarefas em nome ou por conta do responsável pelo tratamento. Esta operação, usualmente conhecida como *outsourcing*, permite à empresa ou entidade subcontratante (cf. o artigo 3.º al. e) da Lei 67/98) ter acesso aos dados dos trabalhadores para realizar tarefas que competem ao responsável. Este procedimento é normalmente utilizado, por exemplo, no *processamento de salários* e realização de tarefas com ele conexas (processamento e encaminhamento de descontos, emissão das ordens de pagamento junto dos bancos, produção dos recibos e sua entrega aos trabalhadores), na *elaboração da contabilidade da empresa* ([219]), na realização de campanhas de informação dos trabalhadores (v.g. impressão e expedição de folhetos informativos aos empregados).

Neste caso não existe um tratamento autónomo, limitando-se o subcontratante, conforme decorre da lei (art. 3.º al. e) e 16.º da Lei 67/98), a agir de acordo com as instruções do responsável pelo tratamento, não podendo utilizar os dados para finalidades diversas da operação contratualizada. Isto é, o subcontratante está impedido de utilizar os dados no seu próprio interesse, devendo devolver os suportes magnéticos ou destruir os dados logo que tenha executado a tarefa contratada.

A utilização de dados por parte do subcontratante não o obriga a desencadear qualquer procedimento junto da CNPD, na medida em que não é «responsável» por qualquer tratamento; o responsável deve, em obediência ao disposto no artigo 29.º al. d) da Lei 67/98, informar a CNPD sobre as condições em que os dados são comunicados e para que finalidades, devendo juntar o contrato de prestação de serviços ([220]) do qual constem as instruções dadas ao subcontratante e a sua sujeição, nos termos do artigo 17.º n.º 1 da Lei 67/98, ao dever de sigilo.

([219]) Existem empresas especializadas no processamento de salários ou na elaboração da contabilidade da empresa (v.g. técnicos de contas).

([220]) Conforme dispõe o artigo 14.º n.º 3 da Lei 67/98, "a realização de operações de tratamento em subcontratação deve ser regida por um contrato ou acto jurídico que vincule o subcontratante ao responsável pelo tratamento e que estipule, designadamente, que o subcontratante apenas actua mediante instruções do responsável pelo tratamento" e que lhe incumbe a adopção de medidas de segurança adequadas.

IV. TUTELA ADMINISTRATIVA E JURISDICIONAL

1. O papel da CNPD

1. A Constituição da República consagra a existência de uma "entidade administrativa independente", a quem a lei atribuiu – genericamente – a competência de «controlar e fiscalizar o cumprimento das disposições legais e regulamentares em matéria de dados pessoais, em rigoroso respeito pelos direitos do homem e pelas liberdades e garantias consagradas na Constituição e na lei» (art. 22.º da Lei 67/98).

Essa "entidade administrativa independente" é a Comissão Nacional de Protecção de Dados e é composta por sete membros (art. 25.º): o presidente e 2 vogais são eleitos pela Assembleia da República; 2 vogais são magistrados – um judicial e um do Ministério Público – com mais de 10 anos de carreira e designados, respectivamente, pelo Conselho Superior da Magistratura e pelo Conselho Superior do Ministério Público; 2 vogais são designados pelo Governo.

Os poderes da CNPD foram substancialmente reforçados com a Lei 67/98, cabendo-lhe agora assumir um papel decisivo no âmbito da interconexão de ficheiros ou na utilização de dados para finalidades diversas das determinantes da recolha de dados, na aplicação de coimas, bem como na autorização para o tratamento de certo tipo de dados. O poder de aplicação de coimas e a competência para ordenar o bloqueio de tratamentos devem, igualmente, ser evidenciadas por materializarem uma das vertentes dos «poderes de autoridade» que lhe foram atribuídos.

As suas atribuições e competências podem ser agrupados do seguinte modo ([221]):

- *De emissão de pareceres*:
- Sobre disposições legais, bem como sobre instrumentos jurídicos em preparação em instituições comunitárias e internacionais (art. 22.º n.º 3 al. c) e 23.º n.º 1 al. a).

([221]) Veja-se a nossa obra "Informática e Tratamento de Dados Pessoais" – Os direitos dos cidadãos e as obrigações dos responsáveis pelos tratamento automatizados, Vislis Editores, 1997, pág. 51 e 52.

- *De decisão*:

  – Autorizar, previamente, o tratamento de dados a que se referem os artigos 7.º n.º 2 e 8.º n.º 2, a interconexão de dados pessoais, a sua utilização para fins não determinantes da recolha, bem como o tratamento de dados pessoais relativos ao crédito e à solvabilidade (artigos 23.º n.º 1 alíneas b), c), d) e 28.º);
  – Autorizar o fluxo transfronteiras para os Estados que não assegurem um nível de protecção adequada (art. 20.º e 23.º al. e);
  – Autorizar a conservação de dados para fins históricos, estatísticos ou científicos, nos termos do artigo 5.º n.º 2;
  – Autorizar a simplificação ou isenção de notificações dos tratamentos (art. 27.º n.º 2);
  – Autorizar a fixação de custos ou de periodicidade para o exercício do direito de acesso (art. 23.º n.º 1 al. h);
  – Registar os tratamento de dados pessoais (art.º 23.º n.º 1 al. b);
  – Dispensar, quando houver fundamento legal, o direito de informação (art 10.º n.º 5);
  – Fixar o tempo de conservação dos dados pessoais em função da finalidade (art. 23.º n.º 1 al. f);
  – Ordenar o bloqueio, apagamento e destruição de dados (art. 22.º n.º 3 al. b);
  – Deliberar sobre a aplicação de coimas (art. 23.º n.º 1 al. n);

- *Poder regulamentar* ([222]):

  – Emitir directivas sobre o tempo de conservação para determinados sectores de actividade (art. 23.º n.º 1 al. f) e 23.º n.º 2);
  – Emitir directivas sobre medidas de segurança para determinados sectores de actividade (art.º 23.º n.º 1 al. l);

- *Poderes de investigação:*

  – Tem poderes de investigação e inquérito, podendo aceder aos dados objecto de tratamento e recolher todas as informações necessárias ao desempenho das suas funções de controlo (art. 22.º n.º 3 al. a);

([222]) Sobre o poder regulamentar da CNPDPI, no domínio da Lei 10/91, veja-se Jorge Bacelar Gouveia – "Os Direitos Fundamentais à Protecção dos Dados Pessoais Informatizados" *in* Revista da Ordem dos Advogados, Ano 51.º, Dez. 1991, III, pág. 721.

– Aprecia as reclamações, queixas ou petições dos particulares (art. 23.º n.º 1 al. k);
– Pode praticar actos cautelares necessários e urgentes para assegurar os meios de prova (art. 22.º n.º 5 *in fine*);
– Na sequência dos poderes de investigação, deve denunciar ao Ministério Público as infracções penais de que tiver conhecimento (art.º 22.º n.º 5).

* *Outros poderes da autoridade de controlo*:
– Assegura a representação junto das instâncias comuns de controlo e exerce funções de representação e fiscalização no âmbito dos sistemas de informação Schengen e Europol (cf. art. 23.º n.º 1 al. m), artigos 23.º e 24.º da Convenção Europol, Lei 69/98, de 26/10, artigo 109.º da Convenção Schengen e artigos 3.º e 6.º da Lei 2/94, de 19 de Fevereiro);
– Exerce o acesso aos dados, a pedido dos seus titulares, quando o mesmo não possa ser exercido por razões de prevenção e investigação criminal ou no âmbito da actividade jornalística, de expressão artística ou literária (art. 11.º n.º 2 e 3) e informa-os da realização da verificação (art. 23.º n.º 1 al. j);
– Promove e aprecia códigos de conduta (art. 23.º n.º 1 al. o) e 32.º);
– Tem legitimidade para intervir em processos judiciais em caso de violação das disposições da lei de protecção de dados (art. 22.º n.º 5);
– Pode advertir e censurar publicamente o responsável pelo tratamento em caso de reiterado não cumprimento das disposições legais em matéria de dados pessoais (art. 22.º n.º 4 e 49.º n.º 1 al c);
– Pode sugerir à Assembleia da República as providências que entender úteis à prossecução das suas atribuições e ao exercício das suas competências (art.º 23.º n.º 4).

As decisões proferidas pela CNPD no exercício das suas funções têm força obrigatória e são passíveis de reclamação e de recurso para o Tribunal Central Administrativo (art. 23.º n.º 3).

A Lei 67/98 procedeu, em relação à Lei 10/91 de 29 de Abril, a um reforço substancial das competências da CNPD por razões diferenciadas. Algumas decorrem, directamente, da transposição da Directiva 95/46/CE e outras tiveram em vista responder às exigências da sociedade de informação (*v.g.* interconexão de ficheiros ou utilização de dados para as finalidades não determinantes da recolha). A lei introduziu, ainda, modificações que visam assegurar uma maior eficácia às decisões da Comissão e contribuiu, de forma objectiva, para o cumprimento efectivo de algumas disposições sobre protecção de dados (*v.g.* bloqueio, apagamento ou destruição de dados, aplicação de coimas, advertência ou censura pública aos responsáveis dos tratamentos).

A regulamentação sobre interrupção do tratamento ou a destruição de dados pessoais não estava suficientemente explícita na Lei 10/91, tendo sido introduzidas alterações substanciais, com atribuição de competências claras às CNPD. As disposições da Lei 10/91 não eram claras em matéria de "interrupção do funcionamento dos ficheiros" (art. 20.º). Á luz do artigo 8.º n.º 1 al. g) a autoridade de controlo apenas poderia *«promover»*, junto da autoridade judiciária competente, os "procedimentos necessários para interromper o funcionamento de ficheiro e, se necessário, proceder à sua destruição, nos casos previstos na lei". Era para nós claro que o Tribunal poderia ordenar a interrupção ou a eliminação de tratamentos quer no âmbito de processo cível instaurado pelos particulares, quer no âmbito de um processo-crime.

Na linha do artigo 28.º n.º 3 da Directiva 95/46/CE, o art. 22.º n.º 3 al. b) da Lei 67/98 é expresso em relação à possibilidade de a CNPD poder:

- Ordenar o bloqueio, o apagamento ou destruição de dados;
- Proibir, temporária ou definitivamente, o tratamento de dados pessoais.

Esta decisão tem reflexos importantes na actividade das entidades responsáveis e, por isso, deve ser convenientemente ponderada. Anota-se, porém, que esta medida é susceptível de recurso para o Tribunal Central Administrativo (art. 23.º n.º 3) ou para o tribunal com competência para apreciar matéria contra-ordenacional (de pequena instância criminal ou de competência genérica) no caso de o bloqueio ter sido decretado em consequência de sanção acessória (cf. artigo 49.º n.º 1 al. a) da Lei 67/98).

2. A CNPD pode desempenhar – no exercício das suas competências de autorização ou de registo – um papel fundamental na definição e delimitação de regras relativas ao tratamento de dados no âmbito das relações de trabalho. Para além dos aspectos já evidenciados em relação aos poderes de direcção da entidade empregadora e ao dever de subordinação do

trabalhador – situação que aconselha uma aplicação do princípio da proporcionalidade – interessa ter presente:
  a) Que a Lei 67/98 optou por não dar qualquer relevância à possibilidade, prevista no artigo 8.º n.º 2 al. b) da Directiva 95/46, de introduzir especialidades, no nosso direito interno, em relação ao tratamento quando for necessário ao "cumprimento das obrigações e dos direitos do responsável pelo tratamento no domínio da legislação laboral";
  b) Que a legislação laboral portuguesa – tanto a nível da administração pública como a nível privado – não teve, até à aprovação do Código do Trabalho pela Lei 99/2003, de 27 de Agosto, qualquer preocupação na regulamentação das implicações da utilização das novas tecnologias nas relações de trabalho, em particular quando elas podem afectar a esfera privada do trabalhador ou sejam utilizadas como instrumento de aferição da qualidade do serviço ou como meio de controlo da sua actividade.
  c) O Código do Trabalho poderia ter ido muito mais longe na regulação de alguns aspectos em que as novas tecnologias fazem parte integrante da prestação de trabalho (v.g. utilização de dados biométricos para controlo de trabalhadores, a utilização de telefones fixos ou móveis, a utilização do correio electrónico e Internet no local de trabalho). Limitou-se a estabelecer princípios gerais no domínio da liberdade de expressão e opinião (artigo 15.º), da reserva da intimidade da vida privada (artigo 16.º). Em matéria de protecção de dados aplaude-se o facto de ter havido uma preocupação especial com o tratamento de dados no domínio da contratação de pessoal (artigo 17.º), não se compreendendo que em relação aos «trabalhadores» se ficasse pela simples remissão para a "legislação em vigor relativa à protecção de dados pessoais" (artigo 17.º n.º 5). São francamente positivas e benéficas – porque clarificadoras – as previsões dos artigos 20.º, relativa à utilização de «meios de vigilância à distância», e 21.º relativa à «confidencialidade da mensagem».

A grande objecção em relação a estes preceitos prende-se com o seu carácter genérico e, em alguns casos, impreciso, e com a previsão de excepções de difícil concretização.

Esta realidade coloca a CNPD numa posição em que terá de interpretar os princípios gerais relativos aos direitos e obrigações dos trabalhadores e empregadores, compatibilizando-os com as disposições protecção de dados. Se em alguns domínios a tarefa não se revelará problemática – v.g. no domínio da gestão de pessoal e processamento de remunerações ou, mesmo, no âmbito do recrutamento de pessoal (agora complementada com novas disposições orientadoras) – há situações bastante complexas em que a colisão dos direitos dos intervenientes obriga a uma ponderação, com o princípio da proporcionalidade a servir de orientação, para delimitar as condições em que poderá ser feito o tratamento. O tratamento de dados pessoais do trabalhador, como qualquer outro, passa pelo controlo da CNPD e esta terá que assumir o seu papel, cabendo-lhe fixar as condições concretas em que se deve processar esse tratamento, na sequência de um pedido de notificação (cf. artigo 27.º n.º 1, 29.º e 30.º da Lei 67/98).

A insuficiência ou falta de regulamentação legal da utilização das novas tecnologias para controlo dos trabalhadores – v.g. a utilização de *camera* no local de trabalho, o controlo de chamadas telefónicas, do correio electrónico, da navegação na Internet ou a utilização de dados biométricos ([223]) – coloca a CNPD numa posição incómoda e complexa ([224]), mas de fundamental importância para a defesa da privacidade dos trabalhadores. Em face da posição em que se encontram os intervenientes, há razões para confiar a uma «entidade administrativa independente» (cf. artigo 35.º n.º 2 da CRP) a tarefa de definir as condições em que deve ser realizado esse controlo.

Numa altura em que, sistematicamente, se fala na adaptação e reformulação da legislação laboral, e em que acaba de entrar em vigor o Código do Trabalho, entendemos que – à semelhança do que recentemente aconteceu em alguns países da União Europeia ([225]) – o legislador deveria ter regulado com maior detalhe, e de forma expressa, os aspectos que enunciámos, mesmo que fixasse princípios gerais orientadores que permitissem à CNPD neles fundamentar, com maior precisão, as formas, os meios, os limites, o âmbito e alcance do controlo dos trabalhadores ([226]). Entende-

---

([223]) Isto para não falar noutras formas de intromissão mais intrusivas, tal como o recurso aos testes genéticos.

([224]) Porque, apesar da insuficiência e omissão de disposições legais expressas, lhe caberá fazer uma conciliação harmoniosa de interesses confliituantes, que nem sempre é fácil.

([225]) É o caso da Finlândia (Act on Protection on Privacy in Working Life – 477/2001).

([226]) A mesma ideia foi defendida no Parecer n.º 8/2003, de 20 de Maio (disponível *in* http://www.cnpd.pt) emitido pela CNPD em relação ao Código de Trabalho. No entanto,

mos que essa seria a melhor solução para acautelar o perigo – que pode ser real – de uma entidade administrativa, por mais cuidadosa e esforçada que seja em relação à utilização dos seus poderes de autoridade e na fixação da justa medida dos meios de controlo propostos por uma entidade empregadora, poder, num caso concreto, estar equivocada em relação à avaliação que faz, exactamente, pela inexistência de parâmetros legais quanto à utilização das novas tecnologias.

Parece-nos, por outro lado, que os órgãos representativos dos trabalhadores deveriam assumir um papel importante na utilização destes procedimentos de controlo, cabendo-lhes, pelo menos, uma função consultiva (que deveria ser obrigatória). Esse parecer – quando emitido – deveria constar, obrigatoriamente, do processo de notificação a submeter à CNPD.

Mas, para que isso pudesse acontecer, seria necessário que a lei assim o estabelecesse. O Código de Trabalho, com exclusão dos aspectos relativos ao tratamento de dados relativos a candidatos a emprego (artigo 15.º) e utilização de meios de vigilância à distância para controlo do desempenho profissional (artigo 21.º n.º 1), fica muito longe do que seria desejável e possível, dando um contributo muito tímido, manifestamente insuficiente, em relação à regulação da utilização das novas tecnologias no posto de trabalho.

2. Responsabilidade civil e criminal

Para além dos mecanismos já enunciados, que estão vocacionadas para fazer assegurar o cumprimento de disposições sobre protecção de dados, a lei não deixou de prever sanções para os casos em que o responsável não respeitou os direitos da pessoa cujos dados foram objecto de tratamento.

A lei reconhece aos cidadãos o direito de recurso a meios administrativos e jurisdicionais para defesa dos seus interesses (cf. art. 33.º). Os trabalhadores, para além de poderem dirigir-se à CNPD para reclamar em

---

as recomendações formuladas não podiam ser consideradas na medida em que, insolitamente, o pedido de parecer foi solicitado em data posterior à votação do Código na Assembleia da República. Anota-se que o Parecer não passou despercebido ao Tribunal Constitucional quando se pronunciou sobre as dúvidas de inconstitucionalidade suscitadas pelo Sr. Presidente da República.

relação à violação dos seus direitos por parte das entidades empregadoras (cf. artigo 23.º n.º 1 al. k) da Lei 67/98), podem recorrer para os tribunais das decisões da autoridade de controlo que afectem os seus direitos. Por força deste preceito, será admissível o recurso aos tribunais para deles obterem uma decisão que assegure as medidas necessárias à suspensão ou cessação de um tratamento de dados pessoais que afecte os seus direitos e, em particular, a sua intimidade.

Em função da natureza da lesão ou da providência que se pretende tomar, deverão ser analisadas disposições relativas à competência dos tribunais, uma vez que a tutela jurisdicional efectiva pode ser assegurada pelos tribunais de trabalho, pelo tribunal criminal ou, ainda, pelos tribunais com competência cível.

Como se verá, os métodos de controlo – especialmente quando utilizados, intencionalmente, sem o conhecimento do trabalhador e com a finalidade de intromissão na sua esfera privada – podem consubstanciar situações de «devassa da vida privada» (cf. artigo 192.º do Código Penal), de «violação de correspondência ou de telecomunicações» (artigo 194.º do Código Penal) ou «gravação ilícita» (cf. artigo 199.º). Neste domínio o trabalhador assume um papel fundamental na medida em que é a defesa da sua privacidade que está em causa e o desencadeamento do procedimento criminal depende da sua iniciativa uma vez que – conforme resulta do disposto no artigo 198.º do Código Penal – o procedimento criminal depende de queixa ou de participação.

O artigo 10.º da Convenção 108.º do Conselho da Europa ([227]) estabelece, numa formulação genérica, que as partes se comprometem a "estabelecer sanções e vias de recurso apropriadas em face das disposições de direito interno que confiram eficácia aos princípios básicos para a protecção dos dados".

A Lei 67/98 reconhece, nesse contexto, o direito de as pessoas serem ressarcidas pelos prejuízos sofridos em consequência do tratamento ilícito de dados ou na sequência de acto que viole disposições legais em matéria de protecção de dados (cf. art. 34.º). O artigo 34.º n.º 2 adianta que pode haver uma exoneração total ou parcial de responsabilidade se o responsável pelo tratamento provar que o facto que causou o dano não lhe é imputável.

([227]) Ratificada pelo Decreto do Presidente da República n.º 21/93, de 9 de Julho (DR I.ª Série de 20 de Agosto de 1993).

Estes princípios estão consignados no artigo 23.° da Directiva 95/46/CE, sobressaindo do Considerando 55 que "os danos de que podem ser vítimas as pessoas em virtude de um tratamento ilegal devem ser ressarcidos pelo responsável do tratamento, o qual só pode ser exonerado da sua responsabilidade se provar que o facto que causou o dano não lhe é imputável, nomeadamente quando provar existir responsabilidade da pessoa em causa ou um caso de força maior".

O direito à indemnização pode colocar-se, nomeadamente, quando o responsável toma decisões com base em informações desactualizadas ou erróneas, as quais, nomeadamente, afectam direitos subjectivos dos titulares ou prejudicam o seu bom nome ou reputação.

O direito à indemnização pode surgir, ainda, a propósito da difusão ou comunicação a terceiros de dados que – por estarem desactualizados – acarretam prejuízos ou afectam o bom nome do titular.

A doutrina estrangeira reconhece que o responsável do tratamento deverá "estabelecer um mecanismo de recolha de informação que melhor garanta a exactidão, o completamento e actualização da informação. Em caso de litígio o tribunal pode interrogar-se se o responsável, como um bom pai de família prudente e diligente, observou as normas de qualidade inerentes aos usos em vigor e às potencialidades oferecidas pelo sistema informático no domínio da verificação de dados".

A CNPD tem estado atenta aos aspectos relacionados com a actualização de dados e com a responsabilidade pela sua difusão indevida quando este procedimento possa causar prejuízos. Sugeriu aos responsáveis – nos casos em que o titular questiona a actualização da informação – a suspensão da difusão da informação, como medida cautelar, até que a pudesse confirmar ou infirmar junto da fonte ou da entidade que a forneceu ([228]).

Decidiu, por várias vezes, que o responsável deveria fazer constar do registo de dados pessoais o "ponto de vista" do titular, nomeadamente quando este questiona a informação e, em particular, quando se trata de «créditos litigiosos», isto é, em situações de incumprimento contratual ou mora que estão dependentes de apreciação judicial ([229]).

Muito embora o reconhecimento e a fixação da indemnização seja da competência dos tribunais, a CNPD – numa perspectiva de alertar o res-

---

([228]) Cf. Deliberação n.° 74/96, de 12 de Dezembro (3.° Relatório, pág. 319).

([229]) Cf., entre outras, a Deliberação n.° 11/97, de 9 de Abril (*in* 4.° Relatório, 1997, pág. 79) e Autorização n.° 118/97 de 12 de Novembro (*in* 4.° Relatório, 1997, pág. 241).

ponsável e, especialmente, de sensibilizar o titular dos seus direitos – já reconheceu que alguns comportamentos relativos ao processamento de dados (vg. utilização de informação não actualizada ou difusão da mesma a terceiros) eram susceptíveis de constituir um direito à reparação que será quantificada em função do prejuízo sofrido [230].

Mais uma vez esta previsão se aplica, com toda a propriedade, ao tratamento de dados no domínio laboral. Para além de a intrusão poder envolver responsabilidade civil, também é certo que o responsável pode ser exonerado. Por vezes, as intromissões e violações da privacidade dos trabalhadores podem ocorrer na "cadeia hierárquica" ou resultarem de uma utilização indevida dos meios automatizados que a entidade empregadora coloca à disposição dos trabalhadores.

Deve dizer-se, finalmente, que as «decisões individuais automatizadas» – tomadas com violação dos princípios consignados no artigo 13.º da Lei 67/98 – também podem fundamentar um direito de indemnização.

3. Responsabilidade contra-ordenacional e penal por violação da Lei 67/98

1. As medidas sancionatórias previstas na Lei 67/98 podem ser aplicadas na sequência de "reclamações, queixas ou petições dos particulares" (art. 23.º n.º 1 al. k) ou por iniciativa da própria Comissão [231]. As acções de fiscalização levadas a efeito pela CNPD, no decurso dos últimos anos, têm vindo a aumentar. Conforme consta do Relatório de Actividades de 2000 [232], foram realizadas 133 acções de fiscalização [233]. Das inspecções realizadas, mais de 100 acções ocorreram na sequência da apresentação de queixas; 10 fiscalizações foram levadas a cabo no âmbito de acções de averiguação que a CNPD empreendeu por iniciativa própria e 3 decorreram de pedido de acesso indirecto, designadamente a dados policiais.

---

[230] Vejam-se: Deliberação n.º 14/98, de 5 de Março (*in* Relatório de 1998, pág. 72); Deliberação n.º 5/99, de 28 de Janeiro (informação desactualizada sobre cheques, não publicada); Deliberação 16/2000, de 14 de Março (*in* Relatório de 2000, pág. 67).

[231] Não podem ser tratados dados pessoais que não tenham sido comunicados à Comissão. Não pode haver cedência/comunicação de dados a entidades diferentes das indicadas no pedido ou autorização da CNPD.

[232] Destas acções de fiscalização 122 dizem respeito a entidades privadas e 11 a entidades públicas (cf. pág. 13).

É no domínio do elenco e da tipificação das sanções que a Lei 67/98 apresenta inovações em relação à lei anterior, tendo sido criado um sistema misto: de contra-ordenações e sanções criminais (similar ao que acontece na lei espanhola).

A experiência da Lei 10/91 mostrou que o regime sancionatório – que apontava, em exclusivo, para a aplicação de penas de prisão ou multa – se revelou pouco eficaz e desajustado em termos de prevenção especial.

Em sede de incriminação, verificou-se que havia uma grande dificuldade em comprovar a conduta dolosa, o que originava, sistematicamente, o arquivamento dos processos instaurados. A invocação da falta de consciência da ilicitude foi determinante, igualmente, para o arquivamento de alguns processos-crime instaurados.

Neste contexto, pensa-se – e isso tem-se comprovado – que a aplicação de coimas contribuirá para sensibilizar os responsáveis para a necessidade de conferirem uma outra importância aos aspectos da protecção de dados, levando-os, gradualmente, a adoptar políticas de privacidade e a cumprir as obrigações a que se encontram legalmente vinculados [234].

Em casos extremos o bloqueio (temporário ou definitivo) dos tratamentos tem-se revelado eficaz para assegurar o efectivo cumprimento da lei ou a cessação de violações grosseiras da privacidade dos cidadãos [235].

2. As entidades empregadoras devem dar especial atenção às disposições sobre a obrigatoriedade de notificação prévia dos seus tratamentos à CNPD e estar cientes de que a omissão de notificação pode ser sancionada, conforme o caso, nos termos do artigo 37.º ou artigo 43.º n.º 1 al. a) da Lei 67/98.

A violação da obrigação de notificação, quando negligente, integra a contra-ordenação punível com coima de **€ 1496,39** a **€ 14963,94**, nos termos do artigo 37.º n.º 1 al. b) da Lei 67/98, de 26 de Outubro [236].

---

[233] Em 1998 foram realizadas cerca de 100 as acções de fiscalização (Relatório, pág. 13). Em 1999 as acções de fiscalização ascendem a 148 (Relatório, pág. 15), com 5 denúncias ao Ministério Público. Em 2001 e 2002 foram realizadas, respectivamente, 223 e 211 fiscalizações.

[234] Em 2001 foram aplicadas 22 coimas, tendo havido um aumento significativo em 2002, com a aplicação de 108 coimas.

[235] Em 2002 e 2003 foram emitidas, pelo menos, 5 decisões de bloqueio. 3 decisões diziam respeito ao tratamento (recolha e difusão de dados pessoais) na Internet.

[236] A omissão de notificação dolosa é punível com pena de prisão até 1 ano e multa até 120 dias (art. 43.º n.º 1 al. a) da Lei 67/98).

Quando a omissão de notificação se refere a dados pessoais sujeitos a «controlo prévio» da CNPD – v.g. quando estejam em causa dados no domínio dos serviços de medicina do trabalho (dados de saúde – artigo 7.º n.º 2) – a coima "é agravada para o dobro dos seus limites", nos termos do artigo 37.º n.º 2 da Lei 67/98, ou seja, a coima será de € **2992,79** a € **29927,87**.

Algumas das obrigações que impendem sobre o responsável pelo tratamento – e a que é dado particular realce na presente reflexão – são, igualmente, puníveis com coima de € **498,80** a € **4987,98** por força do disposto no artigo 38.º da Lei 67/98. Referimo-nos, em particular, às seguintes violações de deveres em matéria de tratamento de dados dos trabalhadores:

a) *Falta de informação dos trabalhadores* sobre a existência de tratamento, finalidades, condições e demais obrigações reguladas no artigo 10.º da Lei 67/98;

b) Preterição dos princípios relativos à «qualidade dos dados» (artigo 5.º), com especial incidência para os princípios da licitude e boa--fé, adequação e pertinência, actualização e conservação de dados.

c) Recusa em relação ao exercício do direito de acesso e rectificação consignado no artigo 11.º

d) Denegação do direito de oposição, nomeadamente quando o trabalhador o pretenda exercer com fundamento em "razões ponderosas e legítimas relacionadas com a sua situação particular" (artigo 12.º);

e) Tomada de decisões com base, exclusivamente, em tratamentos automatizados e que produzam efeitos na sua esfera jurídica ou que afectem o trabalhador de modo significativo, desde que violados os princípios do artigo 13.º

A aplicação das coimas compete ao Presidente, sob prévia deliberação da CNPD (artigo 41.º n.º 1 da Lei 67/98).

Para além da aplicação das coimas (ou da participação criminal) a CNPD pode, ainda, nos termos do artigo 49.º da Lei 67/98, aplicar as seguintes sanções acessórias:

a) Proibir temporária ou definitivamente o tratamento de dados pessoais, o bloqueio, o apagamento ou a destruição total ou parcial dos dados ([237]);

([237]) Consideramos, por confrontação dos artigos 22.º n.º 3 e 4 com o artigo 49.º n.º 1 da Lei 67/98, que os poderes de autoridade – bloqueio, apagamento ou destruição de

b) Advertir ou censurar publicamente o responsável pelo tratamento em caso de reiterado não cumprimento da lei (art. 49.º al. c).

Em face do exposto, aqui fica um apelo às entidades empregadoras para fazerem a *notificação prévia* de todos os tratamentos que não estejam abrangidos por qualquer das autorizações de isenção referidas. No seu relacionamento com os titulares dos dados (os trabalhadores) deve o responsável, igualmente, actuar com a necessária *transparência* (cf. artigo 2.º da Lei 67/98), assegurando o *direito de informação* sobre os dados tratados e condições de tratamento, fornecendo o *acesso aos dados* sempre que lhes seja solicitado e *eliminando a informação* logo que a mesma não seja necessária.

Estes procedimentos, para além de criarem um clima de confiança entre trabalhador e empregador, evitam que certos tratamentos não possam ser oponíveis a comportamentos dos trabalhadores por serem feitos sem o seu conhecimento e, se necessário, o seu consentimento.

---

dados, proibição temporária ou definitiva de tratamento – bem como de advertência ou censura pública podem ser exercidos quer no contexto de processo de contra-ordenação (acessoriamente), quer com autonomia e desenquadrado de qualquer «processo sancionatório».

Capítulo III

O TRATAMENTO DE DADOS PESSOAIS NO ÂMBITO DA RELAÇÃO DE TRABALHO

I. TRATAMENTO DE DADOS NO ÂMBITO DA CONTRATAÇÃO DE PESSOAL

1. Responsável pelo tratamento e regras a observar

1. O primeiro momento em que pode haver tratamento de dados pessoais, *ainda que não tenha sido celebrado o contrato de trabalho*, será na altura em que o trabalhador apresenta a sua candidatura a um emprego. Deve anotar-se, desde logo, que a abordagem jurídica do tratamento de dados pode apresentar, neste domínio, diversas cambiantes, em função das formas e da metodologia utilizada pela entidade empregadora para assegurar a contratação dos trabalhadores: pode, ela própria, levar a efeito a contratação de pessoal ou recorrer a serviços especializados – com características diversificadas ([238]) – hoje disponíveis no mercado.

Independentemente da forma como se realizam as diligências prévias à celebração do contrato, há uma série de questões jurídicas atinentes a matéria de protecção de dados que devem ser equacionadas.

([238]) Não é objecto da nossa reflexão desenvolver os aspectos relativos à contratação de pessoal, levadas a efeito por empresas especializadas de contratação. Existem diversas metodologias muito variadas de «oferta de emprego» e de «contratação de pessoal». A par do recurso a empresas de contratação de pessoal – a quem é solicitada a contratação de pessoas, com certas características, para certa categoria profissional ou para o exercício de determinadas funções, ainda que estas possam recorrer a uma «bolsa de candidatos» que mantêm em «carteira» para satisfazer os pedidos dos clientes – surgem, cada vez com maior proliferação, ofertas de emprego *"on line"* que podem assumir várias formas. Estamos a referir-nos a *sites* em que os responsáveis dos tratamentos de dados assumem o papel de "intermediários" e se limitam a recolher os dados de candidatos a fim de proporcionar ou agilizar – com ou sem custos – o contacto das partes interessadas. Assiste-se hoje, a nível europeu, a uma certa pesquisa – por parte de empresas específicas – a diligências investigatórias que têm em vista encontrar cidadãos especialmente dotados para o exercício de profissões no domínio científico e da investigação, actividade conhecida como de «caça cérebros».

2. Desde logo, interessa saber quem é o *responsável pelo tratamento de dados* porque dessa caracterização depende a obrigatoriedade de assegurar o cumprimento de certas formalidades e obrigações legais. Responsável – como resulta do artigo 3.º al. d) da Lei 67/98 – é a entidade que "determina as finalidades e os meios de tratamento dos dados pessoais" necessários a atingir os objectivos a que se propõe: a contratação de uma ou várias pessoas. Este aspecto é fundamental para definir que obrigações impendem sobre as empresas que recolhem dados pessoais no âmbito da contratação de pessoal, em particular nos domínios da obrigação de notificação do tratamento, do direito de informação, acesso e oposição, se têm legitimidade para tratar os dados, se os podem conservar, a quem podem transmitir os dados, para que finalidades e quem pode ser responsabilizado em caso de violação das disposições de protecção de dados.

Não restam dúvidas de que a empresa que desencadeia e realiza o «processo de contratação», sem recorrer a serviços de outras entidades, é a responsável pelo tratamento de dados [239]. Também, da mesma forma, continua a ser responsável pelo tratamento se «por sua conta e risco ou em seu nome» (ainda que contratualize esta tarefa a terceiros) publicita o interesse na contratação de pessoas para fins de emprego e convida os candidatos a fornecer-lhe os seus dados pessoais. Mesmo que as tarefas atinentes à entrevista, apreciação de candidatos, realização de testes psicotécnicos ou exames médicos possa ser feita em regime de contratação de serviços, não perde a empresa a qualidade de «responsável».

No caso em apreço a empresa interessada na contratação de um trabalhador define a finalidade e meios de tratamento, elabora (ou solicita que alguém o faça em seu nome) a lista de candidatos, colige os dados pessoais que considera relevantes e, após a escolha do (s) candidato (s), determina o destino dos dados.

Realidade diversa será aquela em que a empresa, interessada na celebração de um contrato de trabalho para o exercício de certas funções, contrata os serviços de uma empresa terceira – a quem dá total independência e autonomia – para seleccionar um candidato que apresente certo «perfil», categoria profissional ou capacidade técnica para o desempenho de funções

---

[239] Esta realidade é similar se a empresa disponibiliza, no seu *site*, uma opção que permite aos interessados/candidatos fornecer os seus dados para, futuramente, poderem ser contactados para efeito de emprego.

determinadas (²⁴⁰). Pode não interessar à empresa, por exemplo, saber quantos concorrentes se apresentaram, se o candidato escolhido foi submetido a concurso ou resultou de escolha no contexto de uma «bolsa de candidatos». Neste caso a entidade responsável pelo tratamento é a empresa terceira – *especializada na contratação de pessoal* – na medida em que é ela que define as finalidades do tratamento (vocacionado para satisfazer pedidos múltiplos de emprego), os meios a afectar nas diversas fases do processo (na recolha de dados – v.g. por anúncio em meios de comunicação social, por aceitação de *curricula*, por obtenção de listagens em estabelecimentos de ensino superior ou politécnicos, por colocação de questionário em *site* Internet, através da troca com outras empresas), as condições em que os dados são comunicados a terceiros e as normas de segurança a adoptar para evitar o acesso indevido por parte da concorrência (²⁴¹).

Os tratamentos levados a cabo por este tipo de empresas – que normalmente tentam constituir uma «bolsa de emprego» para satisfazer, de forma rápida e expedita, as pretensões dos seus clientes – levantam problemas acrescidos em matéria de protecção de dados. Efectivamente, não estando em causa o preenchimento de um posto de trabalho específico, estas empresas recolhem informação heterogénea sobre o candidato, realizam-lhe testes psicotécnicos e estabelecem o seu «perfil de empregado» por forma a definir os postos de trabalho que podem ocupar. A primeira dificuldade que existe, à luz da Lei 67/98, é a de definir em que medida a informação é pertinente e necessária ao preenchimento de determinado posto de trabalho. Existe um grande risco de o tratamento dos seus dados, em vez de assentar em critérios estritamente profissionais, poder ser agrupado segundo certos «perfis» influenciados por critérios subjectivos. Acresce, finalmente, que esta finalidade pode comprometer a delimitação objectiva de prazos de actualização e de conservação da informação.

Um olhar pelo regime jurídico das *agências privadas de colocação* – aprovado pelo DL 124/89, de 14 de Abril – permite evidenciar algumas

---

(²⁴⁰) Também os cidadãos a receber subsídio de desemprego ou o rendimento social de inserção podem vir a ser contratados por empresas que se disponibilizam a empregar estas pessoas. Neste caso, as próprias disposições legais têm subjacente a possibilidade de os tratamentos poderem ser utilizados para efeito de convocatória de emprego.

(²⁴¹) A CNIL francesa dá-nos conta de existirem em França, em 1985, mais de uma centena de «gabinetes» que se dedicavam a encontrar novos trabalhadores – em geral quadros – para satisfazerem pedidos de empresas (cf. 6.º Relatório da CNIL, 1985, pág. 134).

disposições que interessa ter presentes. As agências privadas de colocação englobam o universo de entidades que, não integrando a Administração Pública, "promovam a colocação de candidatos a emprego, servindo de intermediárias entre a procura e a oferta de emprego" (artigo 2.º n.º 1). A actividade destas agências pode consistir na recepção de ofertas de emprego, de inscrição de candidatos a emprego e a colocação de candidatos a emprego (artigo 3.º). Estas empresas são responsáveis pelos tratamentos necessários ao desempenho das suas funções.

O exercício de actividade depende da necessária licença ou autorização, nos termos dos artigos 7.º e seguintes. A lei regula, no artigo 12.º, os montantes que podem ser cobrados por cada colocação efectuada ([242]).

Uma outra realidade ao nível da contratação, que é «sinal dos tempos» prende-se com a existência de empresas ou entidades que – *v.g.* através da Internet – coligem os dados de pessoas que se inscrevem tendo em vista a obtenção de um emprego ou o possível contacto para a celebração de um contrato ([243]). Podemos, igualmente, estar perante uma situação mista em que ambas as entidades envolvidas podem, simultaneamente, ser responsáveis por cada um dos tratamentos ([244]).

Não estando as finalidades de contratação – porque representam *diligências prévias à contratação de pessoas* – abrangidas por qualquer *autorização de isenção* (cf. artigo 27.º n.º 2 da Lei 67/98) a **entidade responsável está obrigada**, seguindo os procedimentos enunciados supra, a notificar o respectivo tratamento à CNPD.

([242]) Por força do artigo 12.º n.º 1 as agências não podem cobrar aos candidatos a emprego quaisquer importâncias pela prestação de serviços de inscrição, orientação profissional e selecção.

([243]) Este tipo de meio tem um grande impacto nos EUA. Segundo um estudo da Pew Internet and American Life, citado pelo TEK/Sapo – http://www.tek.sapo.pt/4Q0/345047.html – 52 milhões de norte-americanos "já acederam à Internet para encontrar informação acerca de emprego, enquanto diariamente há mais de um milhão que visitas a sites de oferta de trabalho". Esse estudo de 2002 refere que, em relação a Março de 2000, essa procura de trabalho *on line* aumentou em mais de 60%. A faixa etária entre os 18 e os 29 anos de idade é aquela onde existe maior probabilidade da procura *on line* acontecer.

([244]) Uma hipótese possível será o caso de uma ou várias empresas de contratação de pessoal – responsáveis pelos respectivos tratamentos – enviarem a uma empresa, interessada na contratação de certo profissional, uma listagem de candidatos susceptíveis de serem contactados. Esta empresa regista os seus dados pessoais (criando, assim, um novo tratamento), com o objectivo de desencadear o processo de contratação.

3. Por princípio, as entidades referidas *têm legitimidade* para tratar dados pessoais de candidatos a emprego sempre que o façam no âmbito de «diligências prévias à formação do contrato» (cf. artigo 6.º n.º 1 al. a) da Lei 67/98). Quando o tratamento é feito por parte de empresas ou entidades que não estão vocacionadas para celebrar contratos de trabalho com os candidatos mas que pretendem, tão só, proporcionar-lhes um contacto com uma empresa interessada ([245]), haverá, igualmente, legitimidade para o tratamento de dados se foi celebrado um contrato específico para esse efeito (que pode ou não envolver encargos financeiros para o candidato) – cf. artigo 6.º al. a) da Lei 67/98 – ou se foi obtido o consentimento inequívoco e informado do titular dos dados (corpo do artigo 6.º da Lei 67/98). O tratamento pode, ainda, ser legítimo na medida em que pressuponha a "prossecução de interesses legítimos ([246]) do responsável ou de terceiro a quem os dados sejam comunicados, desde que não devam prevalecer os interesses ou os direitos, liberdades e garantias do titular dos dados" (cf. artigo 6.º al. e) da Lei 67/98).

Importa salientar que as entidades que tratam dados no âmbito desta finalidade devem dar particular atenção ao *princípio da transparência* (cf. artigo 2.º da Lei 67/98) e ao direito de informação dos titulares (cf. artigo 10.º da Lei 67/98), sendo expressas em relação à finalidade do tratamento ([247]), ao carácter obrigatório ou facultativo do fornecimento de determinados dados, aos destinatários ou categorias de destinatários a quem podem ser transmitidos os dados e para que finalidades, à forma

---

([245]) A recolha destes dados deverá corresponder a uma possibilidade efectiva e séria de encaminhamento para um posto de trabalho. Um tratamento que tem em vista, tão só, constituir um ficheiro de candidatos e que não apresente perspectivas séria de colocação pode integrar uma recolha desleal, fraudulenta e ilícita (cf. no mesmo sentido Deliberação da CNIL n.º 02-017 de 21 de Março de 2002 – *in* http://www.cnil.fr).

([246]) Não será legítimo o tratamento de dados que tenha em vista a contratação de pessoas para a celebração de contratos de trabalho contrários à lei, à ordem pública ou ofensivos dos bons costumes (cf. artigo 280.º n.º 1 do Código Civil). Veja-se, ainda, o artigo 117.º do CT e Monteiro Fernandes – "Noções Fundamentais de Direito do Trabalho", 2.ª Ed., Almedina, pág. 191.

([247]) Na definição da finalidade do tratamento pode ser insuficiente uma indicação genérica que se limite a referir a função de «contratação de pessoal». O candidato ao emprego deve estar ciente e aderir – quer pela via contratual, quer pela via do consentimento – à intenção de o responsável, se for o caso, poder vir a ceder os dados pessoais a terceiras entidades para fins de emprego. O titular tem o direito de «controlar» a utilização dos seus dados pessoais.

como pode ser exercido o direito de acesso e, especialmente, de oposição e, ainda, ao tempo de conservação dos dados. Deve ficar claro, para os respectivos titulares, se os dados pessoais fornecidos se destinam, exclusivamente, a servir de fundamento a uma única candidatura a emprego – podendo ser imediatamente eliminados porque foi atingida a finalidade do tratamento (cf. artigo 5.º n.º 1 al. e) da Lei 67/98) – ou se se prevê a possibilidade de serem aproveitados, no âmbito da mesma finalidade (candidatura a emprego), para realização de contactos ou convocatória sempre que se apresente como provável que o perfil ou pretensão do candidato venha a corresponder a uma nova «oferta de emprego»[248].

Por princípio, e tendo em atenção que a inclusão dos titulares em tratamentos para fins de emprego podem trazer problemas específicos em relação a pessoas empregadas, o *direito de oposição*, consignado no artigo 12.º al. a) da Lei 67/98, tem uma relevância fundamental neste tipo de ficheiros. Pode acontecer, por outro lado, que o titular deixe de estar interessado, por circunstâncias várias relacionadas com a sua situação particular ([249]), na manutenção do tratamento dos seus dados pessoais ([250]). O direito de oposição – que é legítimo – não pode, no entanto, colidir com as obrigações legais de conservação de informação sobre candidaturas a emprego ou comprometer o controlo de aspectos de transparência (v.g. na

---

([248]) Deve ser afastada, obviamente, qualquer possibilidade de os dados poderem ser utilizados para efeitos de *marketing* ou qualquer outra forma de prospecção comercial.

([249]) Várias hipóteses são possíveis: por ter, entretanto, celebrado um contrato que pretende manter, por ter perdido o interesse na celebração de um contrato ou por não querer que os seus dados continuem a ser utilizados para aquela finalidade.

([250]) O Código do Trabalho, neste contexto, dispõe que "o candidato a emprego ou o trabalhador que haja fornecido informações de índole pessoal goza do *direito ao controlo* dos respectivos dados pessoais, podendo tomar conhecimento do seu teor e dos fins a que se destinam, bem como exigir a sua rectificação e actualização" (artigo 17.º n.º 4). Pensamos que o «direito de controlo» a que se refere o Código se consubstancia e limita ao direito de acesso, rectificação e actualização. Estes direitos não apresentam novidade em relação às disposições da Lei 67/98 (art. 11.º), uma vez que qualquer cidadão tem esse direito. Entendemos que o legislador deveria diferenciar o «direito de controlo» do candidato a emprego e do trabalhador, especialmente, no que se refere ao direito de oposição/eliminação de dados. Neste domínio é que o Código do Trabalho poderia ter dado contributos susceptíveis de resolver algumas dificuldades decorrentes da compatibilização entre a necessidade de conservar alguma informação – v.g. para efeitos de averiguação de discriminações (em função do sexo, raça ou etnia) em matéria de contratação – e o exercício do direito de eliminação por motivos ponderosos e legítimos do candidato.

Administração Pública) e de não discriminação em função do sexo, raça ou etnia (cf. o disposto nos artigos 22.° e ss. do CT e no artigo 6.° da Lei 105/97).

Para que o titular possa exercer o direito de rectificação e de oposição é pressuposto – como decorre do artigo 11.° n.° 1 da Lei 67/98 – que lhe seja facultado, "com periodicidade razoável e sem demoras ou custos excessivos", o *direito de acesso* sobre os dados tratados a seu respeito, incluindo o conhecimento sobre a origem desses dados e a "lógica subjacente ao tratamento automatizado dos dados que lhe digam respeito".

Importa sublinhar que, nas negociações do contrato, as partes estão vinculadas, igualmente, tanto nos preliminares como na sua formação, a proceder segundo as regras da boa-fé (cf. artigo 227.° do Código Civil e o artigo 119.° n.° 1 do CT). Integra uma actuação de má-fé o tratamento de dados com finalidades discriminatórias e violadora dos direitos dos titulares dos dados.

4. Em geral, os dados pessoais são recolhidos directamente junto dos titulares – *v.g.* através de formulário escrito (artigo 10.° n.° 2 da Lei 67/98). Quando assim for, deve ser dada particular atenção à determinação constante do artigo 10.° n.° 1 da Lei 67/98. Assim, o formulário de recolha de dados deve ser expresso, salvo se isso já for do conhecimento do candidato, em relação à informação sobre a identificação do "responsável pelo tratamento, finalidade do tratamento, destinatários e categorias de destinatários dos dados, carácter obrigatório ou facultativo da resposta, bem como as possíveis consequências se não responder, as formas como se exercem os direitos de acesso e rectificação". Se o formulário estiver disponível na Internet o titular dos dados deve, também, ser advertido de que "os seus dados pessoais podem circular na rede sem condições de segurança, correndo o risco de serem vistos e utilizados por terceiros não autorizados" (cf. artigo 10.° n.° 4 da Lei 67/98).

Esta informação deverá ser assegurada através de texto claro e perceptível (*v.g. com o mesmo corpo de letra do formulário de recolha de dados*) a inserir no impresso de recolha de dados ([251]).

([251]) De entre os princípios de protecção de dados, em que assumem especial relevância os princípios da lealdade e da transparência, sobressai a obrigação de informação do titular dos dados. Não podemos considerar que foi assegurada a informação quando a

Acontece, em alguns casos, que *os dados não são recolhidos junto dos titulares* dos dados ([252]).

Existem, por exemplo, situações em que as empresas têm uma política de "prospecção" de candidatos a estágio ou a emprego junto de estabelecimentos de ensino (secundário, politécnico ou superior). *Salvo se o aluno ou o seu legal representante tiverem dado o consentimento junto do respectivo estabelecimento de ensino* – que é o responsável pelo tratamento, na vertente de cedência de dados (cf. artigo 3.º al. b) da Lei 67/98) – a disponibilização de dados a empresas para aquela finalidade integra um tratamento ilícito ([253]), susceptível de ser sancionado criminalmente ou passível de integrar contra-ordenação (cf. artigo 37.º, 38.º e 43.º n.º 1 alíneas a) a c) da Lei 67/98).

Efectivamente, estes comportamentos dos estabelecimentos de ensino que, à revelia e sem o conhecimento e consentimento dos alunos e, ainda, sem autorização da CNPD, comunicam dados às empresas, integram situações de tratamento de dados com preterição das regras relativas à notificação dos tratamentos, com violação do princípio da finalidade ([254]) e com violação do direito de informação junto dos titulares dos dados.

---

mesma é feita em «letra miudinha», que ninguém consegue ler. É necessário mudar as mentalidades e criar as condições adequadas para permitir que os trabalhadores sejam informados das finalidades e demais condições de tratamento dos seus dados. Para além deste procedimento corresponder a uma exigência legal, só assim é possível estabelecer o desejável grau de confiança que deve caracterizar o desenvolvimento das relações de trabalho.

([252]) Dispõe a Recomendação do Conselho da Europa N.º R (89) 2, relativa à protecção de dados para fins de emprego, adoptada em 18 de Janeiro de 1989, que os dados pessoais para fins de emprego devem ser facultados unicamente pela pessoa interessada. Sem prejuízo do disposto no direito interno, só poderão ser consultadas outras fontes se a pessoa afectada está consciente e foi informada previamente dessa possibilidade (cf. ponto 4.3.).

([253]) "Ainda que se invoque como objectivo da recolha de dados a realização de acções de colocação de alunos finalistas no mercado de emprego e futura contratação, os estabelecimentos de ensino superior não podem disponibilizar os dados pessoais dos respectivos alunos a terceiras entidades, sem conhecimento e consentimento dos mesmos" (Deliberação da CNPD n.º 64/96 de 27/11/96 *in* Relatório de 1996, pág. 308).

([254]) Os dados pessoais facultados pelos alunos a um estabelecimento de ensino só podem ser utilizados, salvo consentimento do interessado ou do seu representante legal se for menor, para fins de gestão da actividade escolar (v.g. propinas, matrículas, notas, subsídios escolares, passagem de certificados de habilitações, emissão de cartão de estudante) ou para finalidades especificadas em disposição legal. A comunicação de dados pessoais a

Uma outra forma de recolha de dados ou de obtenção de «referências» relativas ao candidato a um emprego poderá ocorrer na sequência de pedido formulado aos empresários a quem, anteriormente, o candidato prestou a sua actividade.

Estabelece o artigo 385.º n.º 1 do Código do Trabalho (correspondente ao artigo 57.º n.º 1 do Decreto-lei n.º 64-A/89, de 27 de Fevereiro) que, no momento da cessação do contrato de trabalho, a entidade empregadora é obrigada a "entregar ao trabalhador um certificado de trabalho, indicando as datas de admissão e de saída, bem como o cargo ou cargos que desempenhou". O n.º 2 do mesmo preceito adianta que "o certificado não pode conter quaisquer outras referências, salvo pedido escrito do trabalhador nesse sentido".

O legislador pretendeu, objectivamente, proteger o trabalhador e tomou medidas preventivas para evitar que o mesmo tivesse dificuldades acrescidas na obtenção de um novo posto de trabalho. Verdadeiras ou fictícias, quaisquer referências negativas (sobre processos disciplinares, comportamento do trabalhador, percentagem de absentismo, pontualidade, hábitos de vida) constituem factores que dificultam ou, mesmo, impedem a integração do trabalhador num novo posto de trabalho. Em alguns casos, as informações podem envolver uma devassa da vida privada do trabalhador ou da sua dignidade pessoal e, pelo seu carácter eminente subjectivo, trazerem prejuízos ao trabalhador susceptíveis de gerar responsabilidade civil.

Para que não restassem dúvidas sobre a questão de saber de quem deveria partir a iniciativa em relação ao fornecimento de informação negativa, o legislador foi claro ao exigir um «*pedido escrito do trabalhador*» dirigido à antiga entidade empregadora que a autorize a ceder esses dados à empresa onde este apresentou a sua candidatura ([255]).

---

empresas integra uma situação de desvio da finalidade (cf. artigos 5.º n.º 1 al. b), que deverá ser autorizada pela CNPD, nos termos do artigo 28.º n.º 1 al. d) da Lei 67/98.

([255]) Veja-se um interessante acórdão do Tribunal da Relação da Lisboa de 28/2/1983 (in Col. Jur. Ano VIII, t. 1 pág. 197) no qual, embora o trabalhador tenha solicitado, por escrito, uma declaração sobre "a sua conduta moral" a entidade empregadora omitiu qualquer referência à "conduta moral do trabalhador", invocando que era mais favorável ao trabalhador "a omissão de qualquer referência", pelo que nada disse. O Tribunal, tendo constatado que "o passado do trabalhador não tinha sido brilhante", entendeu que «o bom senso demonstra que tal ausência terá sido até mais proveitosa para o interessado, visto que, em qualquer caso, o comportamento moral deste nunca poderia ser invocado em termos lau-

Em termos de legislação de protecção de dados a solução em relação a esta metodologia de recolha de dados é similar. Efectivamente, os dados tratados pela entidade empregadora onde o trabalhador exerceu a sua actividade – recolhidos para finalidades determinadas, explícitas e legítimas (cf. artigo 5.° n.° 1 al. b), 1.ª parte da Lei 67/98) – não podem ser posteriormente tratados de forma incompatível com aquelas finalidades (parte final do mesmo preceito). A comunicação de dados a entidades terceiras no contexto que agora nos ocupa parece ser incompatível com a finalidade de recolha na medida em que é feita com violação frontal da lei e não parece que seja pressuposto que uma das finalidades que levou o cedente a recolher os dados tenha sido a cedência a terceiros para estas finalidades ([256])

As finalidades e os destinatários ou categorias de destinatários devem ser comunicados ao trabalhador no âmbito do direito de informação (cf. artigo 10.° n.° 1 al. c) da Lei 67/98), o qual tem, sempre, a faculdade de se opor ao tratamento – v.g. na vertente de comunicação a terceiros (cf. artigo 3.° al. b) e 12.° al. a) da lei 67/98) – por razões ponderosas e legítimas. O trabalhador tem o direito de controlar a utilização dos seus dados, apresentando-se como legítimo o exercício do direito de oposição em relação à cedência de dados à empresa onde apresentou a sua candidatura, tanto mais que a lei laboral só admite tal cedência se a mesma for por ele solicitada por escrito. Por isso, o relacionamento das duas disposições permite-nos concluir que a comunicação de «dados negativos» – que não podem ser incluídos no certificado de trabalho – só pode ocorrer a solicitação ou mediante consentimento do trabalhador.

Acresce, por outro lado, que em face da cessação do contrato de trabalho o tratamento/comunicação só poderá estar fundamentado em razões legais (artigo 6.° al. b) ou no consentimento inequívoco do titular (corpo do artigo 6.°). A lei – legislação laboral citada – aponta, exactamente, no sentido de que a entidade empregadora está impedida de comunicar informação diversa daquela que consta no certificado entregue. Ou, mais precisamente, a lei refere que as informações sobre o trabalhador devem sempre constar do certificado, não parecendo legítimo concluir que possa haver «comunicações directas» a outras entidades empregadoras, à revelia, sem o consentimento e controlo do trabalhador.

---

datórios». Sobre a responsabilidade pela omissão de entrega de declaração veja-se o acórdão da Relação de Coimbra, de 1 de Outubro de 1998, *in* Col. Jur. Ano XXIII, t. 4, pág. 72.

([256]) Cf. neste sentido Fenando Pachés, ob. cit. pág. 328.

Afigura-se-nos igualmente ilegítima à luz da Lei 67/98, portanto, qualquer comunicação de dados do trabalhador, sem o seu consentimento e desenquadrado do contexto referido no artigo 385.º do Código do Trabalho. Para além disso, importa salientar que a entidade patronal detentora dessas informações – na qualidade de responsável pelo tratamento – está vinculada à obrigação de sigilo profissional, nos termos do artigo 17.º da Lei 67/98, não podendo ceder os dados a terceiros sem que haja disposição legal ou consentimento do titular [257]. Qualquer comunicação fora do contexto da lei laboral determina a violação do dever de sigilo, punível nos termos do artigo 47.º da Lei 67/98.

2. Os contornos do princípio da pertinência na legislação laboral

Um dos princípios fundamentais de protecção de dados é o de que os dados objecto de tratamento devem ser "adequados, pertinentes e não excessivos relativamente às finalidades para que são recolhidos e posteriormente tratados" (cf. artigo 5.º n.º 1 al. c) da Lei 67/98). Enunciar quais os dados pertinentes e necessários não é tarefa simples na medida em que, desde logo, não pode ser fornecido um elenco de «dados adequados». O grau de detalhe pode ser diversificado em função da natureza da actividade a desenvolver ou da especificidade da profissão ou categoria e da situação do trabalhador (menor, deficiente). Por isso, só no caso concreto se poderá definir quando estamos perante dados excessivos ou não necessários.

---

[257] Em face desta conclusão será improvável que, no nosso direito interno, se coloque questão similar àquela que foi colocada à Comissão espanhola. Como decorre do seu Relatório de 2000 (pág. 315) foi objecto de consulta a possibilidade de constituição de tratamento de dados de trabalhadores que tenham tido problemas com empresas, com o objectivo de serem consultados por terceiros. A Agencia de Protección de Datos, depois de considerar que um ficheiro deste tipo deveria ser notificado, entendeu que a "cessão de dados por parte das empresas carece do consentimento dos trabalhadores afectados" na medida em que as referidas informações excediam o âmbito de cada uma das empresas, sendo aplicável ao caso o disposto no artigo 11. 1. da Ley Orgánica. Estabelece este preceito que "os dados de carácter pessoal objecto de tratamento só poderiam ser comunicados a um terceiro para o cumprimento de fins directamente relacionados com as funções legítimas do cedente e do cessionário, com prévio consentimento do interessado". Concluiu a APD que uma actuação contrária a este preceito constituiria uma infracção muito grave.

De qualquer forma, interessa delimitar os critérios a adoptar para servir de base a um juízo sobre a pertinência e necessidade de tratamento de determinado tipo de dados.

A Lei do Contrato de Trabalho e a legislação laboral avulsa não continham, contrariamente ao que acontecia no direito comparado, disposições orientadoras expressas sobre os pressupostos que deviam nortear a recolha de dados para efeitos de contratação de pessoal. Não admira, por isso, que alguns impressos de recolha de dados para fins de emprego façam autênticos «interrogatórios» a candidatos a emprego, indo ao ponto de indagar sobre aspectos da sua vida privada e familiar.

Apesar disso, havia disposições que continham algumas referências úteis. O artigo 43.º da LCT – com a epígrafe «selecção de trabalhadores» – estabelecia que "a entidade patronal deve procurar atribuir a cada trabalhador, dentro do género de trabalho para que foi contratado, a função mais adequada à suas aptidões e preparação profissional". Este preceito, embora não estivesse imediatamente direccionado para a fase de contratação de pessoal, permitia concluir que a entidade empregadora devia, fundamentalmente, seleccionar os trabalhadores em função das suas «aptidões» e «preparação profissional» para os respectivos cargos.

O artigo 16.º n.º 1 e 2 al. a) do DL 26/94, de 1 de Fevereiro, ainda em vigor, aconselha a entidade empregadora a complementar a informação sobre o trabalhador, promovendo, *no momento da admissão*, a realização de exames de saúde, com o objectivo de "verificar a aptidão física e psíquica do trabalhador para o exercício da sua profissão, bem como a repercussão do trabalho e das suas condições na saúde do trabalhador" ([258]).

O legislador reconhecia, igualmente, que o recrutamento devia assentar em «critérios objectivos» (artigo 7.º n.º 2 do DL 392/79, de 20 de Setembro), sendo de afastar quaisquer «exigências físicas que não tenham relação com a profissão ou com as condições do seu exercício».

2.1. O direito comparado

O *Statuti dei Lavoratori italiano*, no seu artigo 8.º, proíbe o empresário – para efeitos de contratação – de efectuar indagações, ainda que através de terceiros, sobre factos ou circunstâncias da vida privada (v.g.

([258]) Em relação ao trabalho de menores veja-se o que dispunha o artigo 124.º da LCT.

opiniões políticas, religiosas ou sindicais) que se revelem *irrelevantes* para apreciar a aptidão do trabalhador.

O *direito francês* dá particular destaque à regulamentação das regras de contratação de pessoal. O artigo L 120-2 do Code du Travail, na redacção introduzida pelo artigo 25.º da Lei n.º 92-1446, de 31 de Dezembro, tem uma formulação de carácter geral segundo a qual "ninguém pode causar restrições aos direitos das pessoas e às liberdades individuais e colectivas que não sejam justificadas pela natureza da tarefa a cumprir nem seja proporcionada ao fim desejado" (veja-se Droit Social 1993, 103 e 1993, 333). De entre os «direitos da pessoa» sobressai, desde logo, o respeito pela sua vida privada, entendido como "direito ao segredo da vida privada" ([259]). Ou seja, não será lícito questionar o candidato a um emprego sobre aspectos da intimidade da sua vida privada ([260]).

De entre os limites estabelecidos em matéria de candidatura a um emprego, o artigo 121-6 do Code du Travail refere que "as informações solicitadas a um candidato a emprego ou a um trabalhador, qualquer que seja a sua forma, não podem ter como finalidade que não seja apreciar a sua capacidade para ocupar o emprego proposto ou as suas aptidões profissionais". A alínea 2 concretiza estes princípios, precisando que "estas

---

([259]) Neste sentido Pierre Kayser, ob. cit. pág. 265.

([260]) Como refere Pierre Kayser (ob cit. pág. 266) há situações em que a lei se encarrega de estabelecer garantias ou limites à indagação ou apreciação de dados relativos à vida privada no momento da contratação. Em relação à *gravidez* da mulher candidata a um emprego o artigo L 122-25 refere que o empregador "não deve tomar em consideração o estado de gravidez de uma mulher para recusar a sua contratação", adiantando que a mulher "candidata a um emprego... não está obrigada a ... revelar o seu estado de gravidez". Já em relação ao *estado de saúde* os contornos são mais complicados na medida em que – estando perante informação relativa à vida privada (artigo 9.º al. 2 do Code Civil) – o estado de saúde do candidato pode afastá-lo do emprego a que se apresenta. Mas, tal como acontece na lei portuguesa, essa apreciação é feita por intermédio do médico de trabalho, o qual está obrigado ao segredo profissional. Os questionários de emprego não devem fazer perguntas sobre o estado de saúde (v.g. sobre seropositividade ou toxicodependência), devendo o candidato – antes da contratação ou até à expiração do período experimental – ser submetido a exame médico com o objectivo de "assegurar que está medicamente apto para ser colocado no posto de trabalho em que o empregador o pretende colocar" (artigo R. 241-48 I, al. 1 e alínea 3, 2.º do Code du Travail). O médico limita-se a declarar no fim do exame, simplesmente, que ele "está apto ou inapto" para aquele posto de trabalho.

Os questionários não devem, igualmente, conter perguntas sobre a *situação familiar* do candidato (se é casado ou solteiro, se vive em união de facto ou se tem filhos).

informações devem apresentar uma relação directa e necessária com o emprego proposto ou com a avaliação das aptidões profissionais" (261).

Para assegurar a não discriminação em matéria de emprego, o direito francês garante a impossibilidade de qualquer pessoa poder ser afastada de um processo de recrutamento ou o empregado poder ser sancionado ou despedido em razão dos ... seus costumes, da sua situação familiar... das suas opiniões políticas, da sua actividade sindical, das suas convicções religiosas... ou do seu estado de saúde (artigo L 122-45).

Segundo a Circular de aplicação da lei (262), a apreciação da capacidade profissional do candidato estende-se "às suas competências, aos seus conhecimentos técnicos e capacidade de adaptação, à sua aptidão para se integrar numa equipa ou orientá-la, às suas potencialidade para evoluir noutros empregos na empresa e assenta sobre elementos de personalidade do candidato que permitem apreciar as suas qualidades".

A *jurisprudência francesa* considera que nem o regulamento interior nem o questionário a preencher pelo trabalhador permitem que o empregador possa "exigir informações que não tenham relação directa com o emprego solicitado". Por exemplo, o tribunal considerou abusivo o despedimento de um operário que, no momento da contratação e em violação do regulamento interior, não tinha indicado a sua qualidade de padre (263).

A *autoridade de controlo francesa* – CNIL – adoptou a Recomendação 85-44, em 15 de Outubro de 1985, com o objectivo de delimitar os aspectos relativos à recolha e subsequente tratamento de informação nominativa no âmbito do recrutamento de pessoal. Esta Recomendação foi recentemente revista pela Deliberação n.º 02-017 de 21 de Março de 2002 (264).

Como questões prévias definiu esta deliberação que a Recomendação é aplicável:

a) À recolha e gestão manual ou informatizada de informação nominativa no quadro das operações de recrutamento que sejam reali-

---

(261) No direito canadiano – Québec – proíbe-se, igualmente, a recolha de informações cujo fundamento não se relacione com o posto de trabalho a prover. Seguindo esta orientação confere-se ao candidato, segundo Sylvain Lefebvre (ob. ci. pág. 136), o direito de se recusar a fornecer as informações pessoais que não sejam necessárias, sem que seja possível a sua penalização em caso de recusa.

(262) Circular DRT n.º 93/10 de 15 de Março de 1993, citada por Sylvain Lefebvre, ob. cit. pág. 134.

(263) Cass. Social de 17/10/1973 *in* Bull. Civ. N.º 484, pág. 444.

(264) Pode ser consultada *in* http://www.cnil.fr/textes/recomand/d02-0171a.htm

zadas por meio de suporte electrónico ou através de conexão à distância;
b) Às «operações de recrutamento», ou seja, às operações realizadas através de intermediários escolhidos pelo empregador ou, directamente, pelo próprio empregador.

A CNIL considerou, em geral, não serem conformes às disposições legais, salvo casos particulares justificados pela natureza muito específica do cargo a prover ou pelas regras em vigor no país estrangeiro relacionado com o posto de trabalho, a recolha das seguintes informações: data de entrada em França, data de naturalização, modalidades de aquisição da nacionalidade francesa, nacionalidade de origem, número de segurança social, detalhe da situação militar, morada anterior, agregado familiar do candidato (nome, nacionalidade profissão e empregador do cônjuge, bem como o nome, nacionalidade, profissão, empregador dos pais, dos sogros, dos irmãos e filhos), estado de saúde, peso, visão, condições de habitação (proprietário ou arrendatário), vida associativa, domicílio bancário e empréstimos subscritos.

Em *Espanha* a doutrina ([265]) entende que a obtenção e tratamento de dados para fins de emprego se deve processar com respeito pelo *princípio da legalidade*, sendo proibida a utilização de meios fraudulentos, desleais ou ilícitos (cf. artigo 4.7. da Lei Orgânica 15/99, de 13 de Dezembro). O processo de selecção deve respeitar o princípio da finalidade. Para além de os dados deverem ser obtidos de forma leal e lícita, é necessário que o tratamento se realize no contexto de fins concretos e legítimos.

A finalidade legítima no processo de selecção corresponde à "valoração da capacidade profissional dos candidatos". Para Fernando Pachés o empresário tem a faculdade, excepcionalmente, de "indagar sobre a vida privada, se tal informação se apresenta como relevante para o cumprimento da prestação de trabalho". Para o efeito, "todo o registo de dados pessoais que não seja dirigido, num processo de selecção, à comprovação ou valoração das aptidões e capacidade profissional do trabalhador deverá reputar-se como proibida".

Em jeito de conclusão, afirma este autor que "o princípio da pertinência delimitará em que circunstâncias se poderá indagar e recolher

---

([265]) Fernando de Vicente Pachés, ob. cit. (pág. 281, 297 e 327) e Juan José Domínguez e Susana Escanciano, ob. cit. pág. 187.

informação. Os dados pessoais que se querem conhecer devem ter relação com a capacidade profissional do candidato a um emprego (pertinentes), ser úteis para a comprovação dessa capacidade (adequados) e, para além de adequados e pertinentes, não devem implicar um abuso ou intromissão na esfera privada do indivíduo (não excessivos)".

Outros autores advogam que as informações solicitadas devem ser "verdadeiramente relevantes na hora de avaliar a actividade profissional, para a qual será necessário criar um sistema de direitos e prerrogativas capaz de garantir a transparência e objectividade dos procedimentos de aquisição da informação, tanto dos candidatos a emprego como daqueles que já são trabalhadores, de forma a que só sejam tomados em consideração – como justa medida de valoração – os dados realmente importantes no momento de ponderar as aptidões profissionais".

2.2. O Código do Trabalho

1. O novo Código do Trabalho teve preocupações especiais em relação à recolha de informação relativa à «vida privada» dos candidatos a emprego, as quais estão orientadas no mesmo sentido das disposições de protecção de dados. Desde logo, verifica-se que os princípios determinantes e que fundamentam a recolha de dados serão o da «necessidade» e o da «proporcionalidade». Ou seja, na linha do que dispõe o direito italiano, o empregador só poderá solicitar os dados sobre a vida privada que "sejam *estritamente necessárias e relevantes* para avaliar da respectiva aptidão no que respeita à execução do contrato de trabalho" (cf. artigo 17.º n.º 1 do Código do Trabalho). Estando em causa informação sensível (cf. artigo 7.º n.º 1 da Lei 67/98), a entidade empregadora está obrigada a apresentar por escrito ao trabalhador a fundamentação da sua pretensão e a explicitação, nomeadamente, em que medida e até que ponto a informação solicitada é necessária e relevante para aferir a aptidão. É perante as justificações escritas apresentadas que o trabalhador poderá ponderar a pertinência e adequação do pedido, sendo legítima a recusa do fornecimento de dados quando não estiverem preenchidos os requisitos legais citados. Mas se a recusa do trabalhador se pode apresentar como problemática – uma vez que pode não lograr obter o emprego que tanto precisa, o que limita, necessariamente, uma actuação conforme com a defesa dos seus direitos – entendemos que a CNPD tem aqui um papel

fundamental na apreciação da pertinência e adequação em relação aos dados que se pretendem tratar.

A legitimidade para tratar dados sensíveis carece, como referimos, de autorização da CNPD (cf. artigo 28.º n.º 1 al. a) da Lei 67/98). Para que a entidade empregadora recolha esses dados deve obter, necessariamente, uma autorização da CNPD. No pedido à CNPD a entidade responsável deve apresentar – à semelhança do que acontece para o trabalhador – os fundamentos justificativos da solicitação daqueles dados pessoais. A adequação e pertinência avalia-se em função da finalidade (contratação) e do cargo a prover, aferindo-se a aptidão em função de determinadas características ou «perfil» do candidato ([266]). A falta de justificação ou uma insuficiente fundamentação levará, necessariamente, a uma proibição do tratamento de dados por parte da CNPD.

Daí que seja desejável que os trabalhadores ou os seus representantes contactem a CNPD a fim de ser feita a necessária verificação.

Perante a formulação do preceito citado pode questionar-se como deve ser aferida a pertinência em relação aos outros dados pessoais que não se enquadrem no conceito de vida privada. Em função dos princípios de protecção de dados – da adequação e pertinência – consideramos que a entidade empregadora deverá limitar-se a coligir os dados pessoais que se revelem estritamente necessários e relevantes à avaliação da aptidão do trabalhador, não sendo necessário, como é óbvio, apresentar qualquer justificação para a recolha desses dados.

Do que ficou exposto será legítimo concluir, à semelhança do que defende a doutrina estrangeira citada, que a nossa lei vigente aponta no sentido de que as informações a solicitar aos candidatos a emprego devem assentar em critérios objectivos que permitam a aferir a capacidade física, aptidão e preparação profissional do candidato. De acordo com os princípios da finalidade, da necessidade e da proporcionalidade, também determinantes em sede de protecção de dados, entendemos que os dados a tratar devem, limitar-se ao que for estritamente relevante para avaliar a aptidão profissional do candidato ao posto de trabalho, sendo de afastar qualquer dado que – ainda que indirectamente – seja susceptível de gerar discriminação no acesso ao posto de trabalho.

([266]) Veja-se o que foi referido em relação à candidatura a cargos em «empresas ideológicas», em partidos políticos ou em sindicatos.

2. Um dos aspectos que já mereceu algum debate – e que foi objecto de apreciação por parte do Tribunal Constitucional na sequência do pedido formulado pelo Presidente da República ao abrigo dos artigos 278.° n.° 1 e 3 da CRP – prende-se com o tratamento de *dados de saúde e de gravidez*. O Código do Trabalho dispõe, no artigo 17.° n.° 2, que o empregador não pode, para efeitos de admissão, exigir ao candidato a emprego "que *preste informações* relativas à sua saúde ou estado de gravidez ([267]), salvo quando particulares exigências inerentes à natureza da actividade profissional o justifiquem e seja fornecida por escrito a respectiva fundamentação".

A CNPD – no Parecer n.° 8/2003 proferido em relação à versão aprovada antes da declaração de inconstitucionalidade de alguns preceitos pelo Tribunal Constitucional ([268]) – teve oportunidade de considerar que o artigo 17.° n.° 2, «para além de admitir, numa formulação bastante genérica, excepções à não vinculação do trabalhador a fornecer informações sobre o seu estado de saúde – quando verificadas *"particulares exigências inerentes à natureza da actividade profissional"* – deixa essa decisão «nas mãos» da entidade empregadora, sem que haja qualquer referência a uma «intervenção médica» ou enquadramento do pedido no âmbito dos serviços de higiene e saúde no trabalho. Se atentarmos ao teor do Acórdão do Tribunal Constitucional de 25 de Setembro de 2002 ([269]) podemos interrogar-nos se esta indagação sobre o estado de saúde (e, mesmo, sobre a gravidez), a coberto de um fundamento impreciso – as "particulares exigências inerentes à natureza da actividade profissional" – e sem qualquer conexão com a preservação da "saúde dos trabalhadores", não estará a contribuir para institucionalizar uma «sistemática e global devassa da reserva da vida privada, constitucionalmente censurável».

Adiantava a CNPD que deveria ser feita uma clarificação no sentido de que a *solicitação* «por escrito» e «a respectiva fundamentação» deveriam ser «subscritas por médico e... ao empregador só devia ser revelada a aptidão ou inaptidão para o cargo».

Se assim não fosse, referia-se, era criado «um grave precedente, violador de princípios enraizados na nossa tradição jurídica laboral ([270]), em

---

([267]) De referir que o texto aprovado eliminou a possibilidade – prevista no anteprojecto – de serem também exigidas informações relativas à «situação familiar».

([268]) Parecer por nós relatado.

([269]) *In* DR II.ª Série de 25 de Outubro de 2002, pág. 17789.

([270]) Veja-se, neste sentido, o acórdão do Tribunal Constitucional de 25 de Setembro de 2002, *in* DR II.ª Série de 25 de Outubro de 2002, pág. 17789.

relação à possibilidade de acesso por parte da entidade empregadora aos dados da vida privada e, particularmente, sobre o estado de saúde do trabalhador». Caso não fosse feita esta precisão considerava a CNPD «que as disposições do artigo 17.º n.º 1 e 2 do Código contrariavam os artigos 26.º e 18.º n.º 2 da Constituição da República por a limitação da intimidade da vida privada dos trabalhadores se revelar excessiva, não adequada, desproporcionada e desnecessária ([271]), traduzindo-se numa efectiva aniquilação de um direito fundamental sem se atender aos princípios da «mútua compressão» que deve nortear a harmonização de direitos fundamentais».

O Acórdão do Tribunal Constitucional de 25 de Junho de 2003 ([272]) decidiu por maioria que:

a) A norma do artigo 17.º n.º 2 do Código do Trabalho, aprovado pelo Decreto da Assembleia da República n.º 51/IX, não será inconstitucional «enquanto permite a exigência de prestação de informações relativas à saúde ou estado de gravidez do candidato ao emprego quando particulares exigências inerentes à actividade profissional o justifiquem e seja fornecida por escrito a respectiva fundamentação»;

b) Esta norma seria inconstitucional «na medida em que permite o acesso directo do empregador a informações relativas à saúde ou estado de gravidez do candidato ao emprego ou do trabalhador, por violação do princípio da proibição do excesso nas restrições ao direito fundamental à reserva da intimidade da vida privada, decorrente das disposições conjugadas dos artigos 26.º n.º 1 e 18.º n.º 2 da CRP».

Constata-se da leitura do acórdão que vários Conselheiros – entre os quais o relator (Cons. Mário Torres) – propendiam no sentido de considerar também inconstitucional a situação referida em a). O carácter vago e indeterminado da previsão legal, referia na sua declaração de voto o relator, «possibilita intromissões na intimidade da vida privada do trabalhador ou do candidato ao emprego baseadas, a par de outros hipotéticos funda-

---

([271]) Cf. neste sentido o Acórdão do Tribunal Constitucional n.º 394/93, de 16 de Junho, in DR I.ª Série A, n.º 229, de 29 de Setembro de 1993.

([272]) Acórdão n.º 306/2003, publicado na I.ª Série A, de 18 de Julho de 2003, pág. 4142.

mentos constitucionalmente relevantes, em motivos não constitucionalmente atendíveis. Ora, as restrições aos direitos fundamentais só são legítimas se visarem salvaguardar outros direitos ou interesses constitucionalmente protegidos». Para este Conselheiro «a determinabilidade dos motivos justificativos de restrições de direitos fundamentais tem de constar da própria lei restritiva, não podendo ser relegada para a fundamentação dos actos concretos invasores da intimidade da vida privada» (cf. DR, cit. pág. 4166)

Para sanar a inconstitucionalidade do n.º 2 do artigo 17.º a Lei 99/2003 de 27 de Agosto – que aprovou a versão final do Código do Trabalho – foi aditado o número 3 à anterior versão, o qual tem a seguinte redacção: "*as informações previstas no número anterior são prestadas a médico, que só pode comunicar ao empregador se o trabalhador está ou não apto a desempenhar a actividade, salvo autorização escrita deste*".

O regime actualmente vigente sugere-nos os seguintes comentários:

- Os fundamentos escritos, justificativos da imprescindibilidade do fornecimento das informações para aferir a aptidão, podem ser questionados pelo candidato e, até, impugnados por violação do seu direito à privacidade ([273]). Isto sem prejuízo do que dispõe o artigo 17.º n.º 4 quando lhe garante o direito «ao controlo dos respectivos dados pessoais, podendo tomar conhecimento do seu teor e dos fins a que se destinam, bem como exigir a sua rectificação e actualização».

([273]) O que pode ser questionado em relação ao reconhecimento do «direito à impugnação judicial» são os efeitos práticos que pode produzir uma providência deste tipo, em sede de contratação de pessoal, em relação ao trabalhador que, por ter sido confrontado perante a obrigatoriedade de fornecer informações sobre o seu estado de saúde ou gravidez, se viu excluído do processo de selecção apesar de entender que aquelas informações não se revelam pertinentes para a avaliação da aptidão em relação à execução do contrato. A solução legal poderá determinar uma «reacção defensiva» para obtenção do posto de trabalho e que, em muitos casos, passa pela omissão do trabalhador em relação ao fornecimento de certos dados. Se assim for, o comportamento do candidato – que acabou por ser admitido – pode determinar ou não a invalidade do contrato de acordo com os princípios estabelecidos nos artigos 114.º e 116.º do Código do Trabalho (veja-se, para maior desenvolvimento, o ponto I. 3.5. deste capítulo). O Cons. Benjamim Rodrigues, na sua declaração de voto anexa ao Acórdão do Tribunal Constitucional de 25/6/2003 (loc. cit. pág. 4171) considera, no mesmo sentido, que o trabalhador pode recorrer «a juízo» ou, inclusivamente, «recusar-se a prestá-las quando ilicitamente pedidas».

- A consagração expressa no Código do Trabalho de que os tratamentos utilizados em matéria de contratação e de gestão de trabalhadores «ficam sujeitos à legislação em vigor relativa à protecção de dados» (artigo 17.º n.º 5) deve ser entendida como uma clara intenção, dirigida aos destinatários do Código, para sublinhar que deveriam ser compatibilizadas as suas actuações, em matéria de tratamento, com as disposições relativas à legislação de protecção de dados. Esta realidade tem consequências importantes e pode evitar, em certa medida, que o empregador possa enveredar por certas posições arbitrárias, apresentando uma justificação sem qualquer relevância e desenquadrada do contexto das funções a prover, isto é, só para satisfazer a previsão legal (a apresentação de uma justificação). Em consequência,
- Para além dos direitos consignados ao trabalhador no artigo 17.º n.º 4, este tem, ainda, o direito de poder exercer o direito de oposição em relação ao tratamento dos seus dados quando verificados os requisitos do artigo 12.º alínea a) da Lei 67/98.
- A recolha de dados por parte do empregador e as subsequentes operações de tratamento carecem – nos termos dos artigo 7.º n.º 2, 27.º n.º 1 e 28.º n.º 1 al. a) da Lei 67/98 – de *autorização prévia da CNPD*.
- Nesta autorização será apreciada, nomeadamente, a pertinência, adequação e necessidade de tratamento daqueles dados (cf. artigo 5.º n.º 1 al. b) da Lei 67/98), ajuizada a justificação apresentada e ponderados, em termos de proporcionalidade, os direitos em conflito (direito à obtenção de informação sobre estado de saúde e gravidez/direito à privacidade). Será verificado, igualmente, se o tratamento é feito com garantias de não discriminação e se são adoptadas medidas de segurança adequadas (cf. artigo 7.º n.º 2 *in fine* da Lei 67/98).
- Ou seja, a CNPD assume um papel importante susceptível de travar certas arbitrariedades, funcionando os mecanismos previstos na Lei 67/98 (artigo 7.º n.º 2 e 28.º n.º 1 al. a) como uma das vias possíveis para permitir algum equilíbrio entre direitos conflituantes [274] e assegurar os direitos da entidade empregadora (escolher o trabalha-

---

[274] Assim já tinha decidido o Acórdão do Tribunal Constitucional n.º 349/2002, de 25 de Setembro (*in* DR II.ª Série de 25 de Outubro de 2002, pág. 17790).

dor que tenha melhor aptidão para ser contratado), sem que seja aniquilado o direito à privacidade ou limitado de forma injustificada.
- A violação destes princípios em matéria de tratamento poderá determinar uma decisão de proibição de recolha destes dados. O tratamento realizado sem a obtenção de autorização prévia da CNPD é passível de ser sancionado – conforme o caso – com contra-ordenação (cf. artigo 37.º n.º 1 e 2 da Lei 67/98) ou constituir crime nos termos do artigo 43.º n.º 1 al. a).
- A possibilidade de o médico fornecer os dados de saúde ao empregador mediante consentimento do trabalhador – cf. artigo 17.º n.º 3 e 19.º 3 – levanta problemas jurídicos delicados e complexos, que serão analisados com maior profundidade no ponto seguinte, sendo de evidenciar que, no nosso ponto de vista, não há qualquer justificação lógica que justifique esta previsão ([275]).

Verifica-se, deste modo, que estas disposições terão que ser interpretadas e conciliadas com os princípios de protecção de dados, facto que pode temperar uma certa ânsia das entidades empregadoras de «interpretarem à letra» algumas "concessões" do Código do Trabalho susceptíveis de invadir, de forma desproporcionada, a privacidade dos candidatos ou dos trabalhadores.

Para além das disposições aplicáveis em sede de segurança, higiene e saúde no trabalho, o artigo 19.º n.º 1 do Código do Trabalho proíbe o empregador, para efeitos de admissão ou permanência no emprego, de exigir a "realização ou apresentação de testes ou exames médicos, de qualquer natureza, para comprovação das condições físicas ou psíquicas, salvo quando estes testes tenham por finalidade a segurança do trabalhador ou de terceiros, ou quando particulares exigências à actividade o justifiquem,

---

([275]) Cf. no mesmo sentido o acórdão do Tribunal Constitucional de 25/6/2003 (loc. cit. pág. 4147) quando refere que «o empregador não tem necessidade de conhecer directamente dados relativos à esfera íntima do candidato a emprego ou do trabalhador, bastando-lhe conhecer informação da eventual existência de inconvenientes à contratação ou à atribuição de determinadas actividades», tanto mais que «o juízo de adaptação ou inadaptação entre as condições de saúde e estado de gravidez e a natureza da actividade pressuporá, por vezes, conhecimentos científicos que, em princípio, só o médico possuirá». A questão que aqui fica é a de saber se não se «abriu a porta» a uma futura apreciação da inconstitucionalidade, uma vez que, recorde-se, o artigo 19.º n.º 3 não suscitou dúvidas de constitucionalidade ao Senhor Presidente da República.

devendo em qualquer caso ser fornecido por escrito ao candidato a emprego ou ao trabalhador a respectiva fundamentação". Adianta o n.º 2 do mesmo preceito que não pode, em caso algum, ser imposta "a realização ou a apresentação de testes ou exames de gravidez".

Muito embora se aguarde uma nova regulamentação relativa aos serviços de segurança, higiene e saúde no trabalho (cf. artigo 280.º do CT), pensamos que a análise dos exames apresentados ou a decisão de realização dos exames deve sempre ser enquadrada no âmbito e competências daqueles serviços ([276]). Isto é, competirá ao médico do trabalho determinar se estão preenchidos os requisitos estabelecidos no preceito em análise e solicitar a cooperação do candidato, demonstrando-lhe que os exames são necessário para avaliar a sua aptidão. São aqui aplicáveis as considerações expendidas, com as devidas adaptações, em relação ao pedido de informações ([277]), em particular em relação à aplicação dos princípios de protecção de dados.

3. A previsão do artigo 19.º n.º 3 do Código do Trabalho ([278]) – cujos princípios vieram a ser retomados no artigo 17.º n.º 3 para suprir a inconstitucionalidade do seu n.º 2 – merece vários reparos:

a) Não se compreende a persistência do legislador em consignar – quer na fase de contratação, quer no desenvolvimento da relação contratual – a possibilidade de acesso a dados da vida privada do trabalhador;

b) Como foi referido, não há qualquer justificação plausível para esta previsão uma vez que o conhecimento por parte da entidade empregadora de dados sobre a intimidade da vida privada do trabalhador pode ser determinante para criar situações de discriminação;

c) A solução adoptada – para além de ter consequências intoleráveis em termos de protecção de dados (que evidenciaremos em seguida) – representa uma negação dos princípios consagrados no artigo 16.º do Código do Trabalho.

([276]) Para maior desenvolvimento sobre o tratamento de dados no âmbito dos serviços de segurança, higiene e saúde no trabalho veja-se o ponto VI deste capítulo.

([277]) De salientar que o conhecimento do «estado de gravidez» só poderá ser obtido através de informação da candidata na medida em que o n.º 2 do artigo 19.º proíbe a entidade empregadora de exigir "testes ou exames de gravidez".

([278]) Este preceito não suscitou dúvidas de inconstitucionalidade ao Presidente da República.

d) O legislador não ponderou convenientemente a situação de dependência e inferioridade em que se encontra o trabalhador. Na generalidade das situações o «consentimento» não se apresentará como uma manifestação de vontade livre e informada.

Tal como referiu a CNPD, no Parecer n.º 8/2003 (cit. pág. 12), «num domínio em que o princípio da proporcionalidade é determinante para ponderar os poderes da entidade empregadora e a limitação dos direitos dos trabalhadores, seria desejável que – para compensar a situação de inferioridade em que se encontra o trabalhador – a lei tivesse estabelecido os princípios mínimos de protecção para prevenir intrusões indevidas e indesejáveis que afectem os direitos de personalidade dos trabalhadores. A posição em que o trabalhador se encontra é um bom exemplo da falta de liberdade de decisão, razão pela qual se justifica que a lei afaste qualquer dúvida que se possa colocar neste domínio. Em face do poder de autoridade que caracteriza o contrato de trabalho e da posição de subordinação em que se encontra o trabalhador, tem entendido a jurisprudência, de forma pacífica, que a renúncia a certos direitos na vigência do contrato de trabalho se caracteriza por uma «vontade não inteiramente livre, na medida em que pode, de algum modo, ser determinada por imposição da parte detentora do referido poder" [279]. Para a jurisprudência o trabalhador, na vigência do contrato de trabalho, "encontra-se dominado pela relação de subordinação, não dispondo do exercício pleno da sua liberdade de decidir, pelo menos psicologicamente».

Conforme resulta do artigo 35.º n.º 3 da CRP, o tratamento de dados sobre a vida privada do candidato ou do trabalhador – aqui na vertente de *"comunicação* por transmissão, por difusão ou por qualquer outra forma de colocação à disposição (cf. artigo 3.º al. b) da Lei 67/98) – só pode ocorrer quando haja «consentimento expresso do titular» ou «autorização prevista por lei», com garantias de não discriminação.

A lei (CT) estabelece que a comunicação depende de «autorização escrita», razão pela qual o fundamento de legitimidade para a difusão de dados de saúde será o «consentimento» (cf. artigo 7.º n.º 2 da Lei 67/98). Nos termos do artigo 3.º alínea h) da Lei 67/98 o consentimento representa

---

[279] Vejam-se, entre muitos, os seguintes acórdãos: STJ – acórdão de 3/4/1991 (BMJ 406, pág. 433). Relação de Lisboa – acórdãos de 23/10/2002, de 26/2/2003 (*in* http://www.dgsi.pt/jtrl.nsf).

«qualquer forma de manifestação de vontade, livre, específica e informada, nos termos da qual o titular aceita que os seus dados pessoais sejam objecto de tratamento».

São para nós de inconstitucionalidade duvidosa os preceitos em análise na medida em que, para além de a divulgação de dados se revelar desnecessária e desproporcionada – sem ter havido a mínima preocupação em exigir uma justificação escrita (o que preencheria o requisito de um «consentimento *informado*») – não nos parece que o candidato a emprego ou o trabalhador estejam numa posição de emitir um «consentimento livre» (só desse modo será relevante), nem há na lei qualquer mecanismo que assegure as, legalmente necessárias, «garantias de não discriminação».

Não se considerando materialmente inconstitucionais os preceitos em causa afigura-se-nos que a divulgação de dados, nos termos em que está prevista, deve acautelar, de forma efectiva, os direitos do titular:

a) O titular dos dados tem, nos termos do artigo 10.º n.º 2 da Convenção dos Direitos do Homem e da Biomedicina [280], o *direito de não ser informado* a respeito dos seus dados de saúde quando assim o expresse. A «pressão» em que é colocado, em face da posição em que se encontra, obriga-o a conhecer quais os dados tratados a seu respeito, nomeadamente como condição prévia para a emissão da sua declaração de vontade. Efectivamente, e tendo em atenção que é pressuposto que a divulgação depende da vontade do trabalhador, é lógico que este possa balizar o âmbito e limites da divulgação de dados, não parecendo legítimo que o médico informe a entidade empregadora se estão a ser revelados todos ou parte dos dados registados. Isto é, o médico só deverá divulgar os dados que o trabalhador consentir.

b) Mesmo assim – e dado que o acesso aos dados de saúde se faz por «intermediação médica» (cf. artigo 11.º n.º 5 da Lei 67/98) – o médico escolhido pelo trabalhador para o efeito (e que não será, necessariamente, o médico do trabalho) pode não lhe revelar todos os dados de saúde registados na sua ficha clínica. Quando assim for, está comprometida a possibilidade de o trabalhador

---

[280] Aberta à assinatura dos Estados membros do Conselho da Europa em Oviedo, em 4 de Abril de 1997, e ratificada por Portugal pelo Decreto do Presidente da República n.º 1/2001 (*in* DR I.ª Série A de 3 de Janeiro de 2001).

delimitar o alcance do consentimento, a menos que este especifique que dados autoriza que sejam divulgados à entidade empregadora ([281]). Se assim não se entender corre-se o risco de serem comunicados à entidade empregadora dados de saúde que o próprio trabalhador desconhece, não se podendo entender que foram objecto de autorização deste.

4. O legislador foi, igualmente, sensível à adopção de medidas que assegurem a igualdade no trabalho e no emprego (Lei n.º 105/97, de 13 de Setembro) e que evitem qualquer forma de discriminação, quer em função do sexo (cf. DL 392/79, de 20 de Setembro), quer da raça, cor, nacionalidade ou origem étnica ([282]).

O Código do Trabalho consagrou, no artigo 22.º, o direito à «igualdade de oportunidades» (n.º 1) e determinou que nem o candidato ao emprego nem o trabalhador pode ser «privilegiado, beneficiado, prejudicado, privado de qualquer direito ou isento de qualquer dever em razão, nomeadamente, de ascendência, sexo, orientação sexual, estado civil, situação familiar, património genético, capacidade de trabalho reduzida, deficiência, doença crónica, nacionalidade, origem étnica, religião, convicções políticas ou ideológicas e filiação sindical» (n.º 2). Trata-se de um princípio geral que

---

([281]) Se for feita uma declaração genérica de consentimento – v.g. «autorizo a divulgação dos meus dados de saúde» – não estaremos perante um «consentimento informado».

([282]) Ambos os diplomas serão revogados logo que feita a regulamentação a que se refere o artigo 32.º do Código do Trabalho. O DL 132/99, de 21 de Abril, consagra – em termos de política de emprego – o "acesso universal, sem distinção de idade, sexo, raça, cidadania, território de origem, religião e convicções políticas ou ideológicas" (artigo 2.º al. c).

Estes princípios foram consagrados, em termos gerais, na Lei n.º 134/99, de 28 de Agosto. O artigo 4.º desta lei evidencia alguns procedimentos que podem implicar práticas discriminatórias, quer no âmbito da contratação de pessoal, quer nas relações de trabalho (al. l). Constituem práticas discriminatórias na fase de selecção, nomeadamente:

a) A "adopção de procedimento, medida ou critério, directamente pela entidade empregadora ou através de instruções dadas aos seus trabalhadores ou a agências de emprego, que subordine a factores de natureza racial a oferta de emprego...ou a recusa de contratação" (art. 4.º al. a);

b) A produção ou difusão de anúncios de ofertas de emprego, ou outras formas de publicidade ligada à pré-selecção ou ao recrutamento, que contenham directa ou indirectamente, qualquer especificação ou preferência baseada em factores de discriminação racial" (art. 4.º al. b).

apresenta excepções logo no artigo seguinte: não há discriminação quando "em virtude da natureza das actividades profissionais em causa ou do contexto da sua execução, esse factor constitua um requisito justificável e determinante para o exercício da actividade profissional, devendo o objecto ser legítimo e o requisito proporcional" (artigo 23.º n.º 2) ([283]).

O Código do Trabalho, à semelhança do que acontecia com a Lei 105/97, teve especiais preocupações com os aspectos relativos à discriminação em função do sexo (cf. artigos 27.º e ss.). A Lei 105/97, não se limitando a prevenir discriminações em função do sexo, preocupava-se com a recolha de dados susceptíveis de, *indirectamente*, influírem na igualdade no emprego. Por isso, considera haver «discriminação indirecta» sempre que "uma medida, um critério ou uma prática aparentemente neutra prejudiquem de modo desproporcionado os indivíduos de um dos sexos, nomeadamente por referência ao estado civil ou familiar, não sendo justificados objectivamente por qualquer razão ou condição necessária relacionada com o sexo".

O DL 392/79 já reconhecia, no contexto dos artigos 13.º, 58.º n.º 2 al. b) e 59.º n.º 1 al. a) da CRP, que "o direito ao trabalho implica a ausência de qualquer discriminação baseada no sexo, quer directa, quer indirecta, nomeadamente pela referência ao estado civil ou à situação familiar" (artigo 3.º n.º 1).

O artigo 27.º n.º 2 determina que «as ofertas de emprego e outras formas de publicidade ligadas à pré-selecção e ao recrutamento não podem conter, directa ou indirectamente, qualquer restrição, especificação ou preferência baseada no sexo». Tal como consta do artigo 7.º n.º 2 da Lei 105/97, "o recrutamento para qualquer posto de trabalho far-se-á exclusivamente com base em critérios objectivos, não sendo permitida a formulação de exigências físicas que não tenham relação com a profissão ou com as condições do seu exercício".

Para apreciar e sancionar as situações de possível discriminação em função do sexo, o artigo 6.º da Lei 105/97, de 13 de Setembro, obriga as entidades empregadoras, públicas e privadas, a manter alguns dados pessoais por um prazo de 5 anos.

([283]) Um dos casos em que tal situação é possível e que foi objecto de decisão da CNPD – veja-se a *autorização n.º 192/2002*, de 5 de Novembro – será a contratação nas actividades ligadas à moda, arte, espectáculo, televisão e publicidade em que se exige a selecção de pessoas com determinadas características físicas, de idade, sexo e cor de pele.

Por isso, pode dizer-se que, pelo menos até à produção de «legislação complementar» (cf. artigo 32.°), o Código não apresenta alterações de vulto em relação ao regime anterior.

Uma referência final para o regime relativo ao «*emprego protegido*» – contrato de trabalho de pessoas deficientes – o qual tem regulamentação própria (DL 40/83, de 25 de Janeiro e Dec. Regulamentar n.° 37/85, de 24 de Junho). Os candidatos devem ser submetidos a um processo de reabilitação médica a cargo dos serviços do Ministério da Saúde, sendo a sua inscrição e encaminhamento para o emprego protegido direccionada para os centros de emprego da área de residência, mediante o preenchimento de impresso ou ficha de inscrição.

Da *ficha de inscrição* devem constar os "elementos relativos à identificação dos candidatos, à sua situação face ao emprego, às habilitações literárias e profissionais, bem como a outros aspectos relacionados com as condições de saúde, habitação, vida social e participação na comunidade" (artigo 3.° n.° 2 do Dec. Reg. 37/85). O Instituto de Emprego e Formação Profissional organiza e mantém actualizado um "*ficheiro central* de pessoas deficientes, discriminando as inscrições com encaminhamento para emprego protegido". De acordo com o n.° 5 do artigo 3.° do Dec. Reg. 37/85 "os dados do ficheiro central que não impliquem natureza confidencial poderão ser facultados às instituições públicas, privadas ou cooperativas que expressamente o solicitem".

A regulação destes tratamentos – anterior à Lei 10/91 e ao início da actividade da CNPD – deverá ser objecto de revisão, na medida em que, em face da regulamentação excessivamente genérica, se nos afigura estar em desconformidade com as disposições de protecção de dados hoje vigentes. Efectivamente, as condições de tratamento destes dados – de especial sensibilidade e passíveis de discriminação – devem estar previstas em lei ou assentar no consentimento dos titulares (cf. artigo 7.° n.° 2 da lei 67/98), serem adoptadas medidas de segurança adequadas à natureza dos dados e assegurados procedimentos que se revelem capazes de garantir a não discriminação dos titulares.

Em primeiro lugar, interessa saber se se justifica a existência – com o alcance previsto no Dec. Regulamentar 37/85 – de um «ficheiro central» de deficientes e que agregue toda a informação referida. Em segundo lugar, e porque estamos no âmbito de direitos, liberdades e garantias, parece-nos que a possibilidade de constituição de um «ficheiro central» com estas características deve constar de Lei da Assembleia da República ou de Decreto-lei autorizado (cf. artigo 165.º n.º 1 al. b) da CRP).

Por outro lado, a previsão do n.º 5 do artigo 3.º do Dec. Reg. 37/85, pela sua imprecisão de conceitos, é demasiado permissiva e pode originar grandes dúvidas de interpretação que se podem revelar violadoras da privacidade dos cidadãos deficientes. Saber quais são os dados que «não impliquem natureza confidencial» é tarefa que a norma não permite alcançar. Permitir que os dados de natureza «não confidencial» possam ser "facultados às instituições públicas, privadas ou cooperativas que expressamente o solicitem" (artigo 3.º n.º 5) – com a agravante de não ser especificada a finalidade e sem a mínima preocupação em referir que o pedido deve estar directamente relacionado com os objectivos do «emprego protegido» – implica uma violação grosseira do princípio da finalidade ([284]).

3. Dados pessoais que podem ser objecto de tratamento

1. A entidade empregadora tem legitimidade, desde logo, para consignar e tratar os dados que lhe permitam aferir a capacidade jurídica necessária à celebração de um contrato de trabalho: idade ([285]) e habilitações literárias ([286]).

Por extensão destes elementos, será adequado e pertinente o tratamento dos dados necessários à identificação do trabalhador, à sua residência e forma de contacto (*v.g.* telefone, fax, *e-mail*), bem como de informação sobre capacidades para o exercício da profissão ou actividade (domínio de línguas, cursos de formação profissional, conhecimentos de informática, carta de condução ou outras aptidões profissionais) e especi-

---

([284]) A cedência indiscriminada destes dados às entidades referidas, sem especificação de critérios e finalidades determinantes da comunicação, viola, igualmente, os princípios da necessidade e da proporcionalidade.

([285]) A idade mínima de admissão para prestar trabalho é de 16 anos – artigo 55.º n.º 2 do Código do Trabalho (igual ao regime estabelecido no art. 123.º da LCT). O menor com idade inferior a 16 anos que tenha concluído a escolaridade obrigatória pode prestar trabalhos leves, nos termos expressos no n.º 3 do mesmo preceito. O empregador deve comunicar à IGT, no prazo de 8 dias, a admissão de menor efectuada nos termos do n.º 3 do artigo 55.º

([286]) Conforme refere Monteiro Fernandes, ob. cit., pág. 181, a capacidade de gozo só se adquire quando esteja reunido o requisito das «habilitações literárias mínimas» (cf. artigo 56.º CT).

ficação do lugar a que se candidata ou aptidão para outras funções ou cargos existentes na empresa. A experiência profissional – com especificação das empresas onde exerceu funções e cargos desempenhados – é, igualmente, determinante para aferir a capacidade e aptidão profissional. Os aspectos relacionados com o vínculo actual (estar empregado ou não, tempo de pré-aviso necessário, data possível de entrada) podem, igualmente, ser relevantes.

A situação perante o serviço militar, sem que haja um detalhe específico sobre as razões do seu não cumprimento ou sobre aspectos não relevantes, a indicação de estar ou não disponível para utilizar veículo próprio para fins profissionais (*v.g.* vendedores, funções de assistência técnica ou distribuidores) são, igualmente, relevantes. A remuneração auferida e, especialmente, a pretendida são dados pertinentes e podem ser determinantes para a escolha dos candidatos. O horário de trabalho pretendido ou a indisponibilidade de prestar trabalho em certos horários (v.g. em serviços de turnos rotativos) será, igualmente, de considerar.

2. Se bem que a *nacionalidade* não colida com a capacidade jurídica, interessa ter presente que o contrato de trabalho de estrangeiros tem regulamentação específica. O artigo 87.º do Código do Trabalho, na sequência do artigo 15.º da CRP, garante ao trabalhador estrangeiro que seja autorizado a exercer uma actividade profissional subordinada em território português ([287]) a gozar dos mesmos direitos e está sujeito aos mesmos deveres do trabalhador com nacionalidade portuguesa. O contrato de trabalho deverá ser reduzido a escrito (artigo 88.º n.º 1 do CT) e cumprir as formalidades reguladas em legislação especial. De acordo com o artigo 3.º da Lei 20/98 o contrato deverá conter vários elementos – local de trabalho, categoria profissional, valor da retribuição, período de trabalho, bem como data da celebração e início de efeitos – e ser depositada cópia na delegação do IDICT.

A nacionalidade não pode, porém, ser factor de discriminação no acesso ao emprego (cf. artigo 22.º n.º 2 CT). Se a recolha do dado «nacionalidade» se basear, exclusivamente, na finalidade de excluir os candidatos de certa nacionalidade este procedimento apresenta-se como ilícito e violador do preceito constitucional citado.

([287]) O que legitima o tratamento de dados relacionados com a situação relativa à autorização de residência.

O Tribunal Constitucional tem apreciado várias situações em que a lei estabelece, como condição para o exercício de certa actividade ou profissão, a cidadania portuguesa ou a qualidade de cidadão de Estado-membro da União Europeia. Por princípio, e tal como resulta do artigo 15.º n.º 2 da CRP, deve ser assegurado o princípio da igualdade de direitos entre cidadãos portugueses e estrangeiros. Qualquer disposição legal que estabeleça direitos especiais a portugueses, com referência a direitos, liberdades e garantias (*v.g.* direito ao trabalho ou escolha da profissão), encontra-se sujeita a reserva parlamentar ([288]). Por isso, as limitações estabelecidas ao exercício de certas actividades profissionais em razão da nacionalidade, por Decreto-lei ([289]), padecem de inconstitucionalidade orgânica por violação do disposto no artigo 165.º n.º 1 al. b) da Constituição da República

O DL 4/2001, de 10 de Janeiro ([290]), alterado pelo DL 34/2003, de 25 de Fevereiro, tem disposições que devem, igualmente, ser consideradas. Para além de aspecto relativos a «Vistos para trabalho» ([291]) (cf. artigos 36.º, 37.º e 40.º), merece especial referência a regulamentação relativa à «oferta de emprego». De acordo com o artigo 41.º n.º 1 "o acesso de cidadãos não comunitários ao exercício de actividades de trabalho subordinado em território português pode ser autorizado, devendo, porém, ter-se em consideração que a oferta de emprego é prioritariamente satisfeita por trabalhadores não comunitários com residência legal no País".

Quem empregar cidadão estrangeiro não habilitado com autorização de residência, autorização de permanência ou visto de trabalho fica sujeito

---

([288]) Cf., neste sentido: José Carlos Vieira de Andrade – "Os Direitos Fundamentais na Constituição Portuguesa de 1976, 2.ª Ed. Coimbra, 2001, pág. 335; J. J. Gomes Canotilho e Vital Moreira, ob. cit. pág. 135; Acórdãos do Tribunal Constitucional n.º 338/95 (*in* Acórdãos, Vol. 31.º pág. 582) e n.º 646/96 (de 12 de Junho de 2002, *in* DR I.ª Série de 8 de Julho de 2002, pág. 5237).

([289]) Foi o caso do artigo 7.º n.º 1 alínea a) do DL 231/98, de 22 de Julho, que fixou como uma das condições para o exercício da actividade do pessoal de vigilância a qualidade de "cidadão português, de um Estado-membro da União Europeia ou do espaço económico europeu, ou, em condições de reciprocidade, de país de língua oficial portuguesa". O Tribunal Constitucional no acórdão de 12/6/2002 (loc. cit.) pronunciou-se pela inconstitucionalidade orgânica do preceito.

([290]) Alterou o DL 244/98, de 8 de Agosto, que regula as condições de entrada, permanência e saída e afastamento de estrangeiros no território nacional. Foi precedido de autorização legislativa, concedida ao abrigo do artigo 1.º da Lei 27/2000, de 8 de Setembro.

([291]) Veja-se, igualmente, o disposto no artigo 14.º do Decreto Regulamentar n.º 9/2001, de 31 de Maio.

à aplicação das coimas previstas no artigo 144.° n.° 2 do DL 244/98, na redacção do DL 34/2003.

Assim, afigura-se-nos pertinente e legítimo o tratamento do dado «nacionalidade» ou a qualidade de cidadão estrangeiro e demais elementos relativos a «visto» ou prazo de autorização de permanência, por forma a controlar as obrigações de comunicação a que a entidade empregadora se encontra vinculada.

3. Em termos de protecção de dados, será problemática continuar numa especificação exaustiva daqueles dados que podem ser tratados no âmbito de uma candidatura a emprego. Como se referiu, o tratamento de dados pessoais rege-se pelos princípios da pertinência e da necessidade, só sendo admissível a recolha e subsequente processamento de dados que se revelem necessários a aferir e comprovar as aptidões e capacidades profissionais do candidato.

Este entendimento está conforme com o teor da Recomendação do Conselho da Europa R (89) 2, de 18 de Janeiro, que estabelece, nomeadamente, o seguinte:

a) Os dados pessoais recolhidos para fins de emprego devem ser pertinentes e não excessivos, tendo em conta o tipo de emprego e as necessidades evolutivas da informação na empresa (ponto 4.2.);
b) No decurso dos procedimentos de recrutamento, os dados solicitados deveriam limitar-se ao necessário para avaliar a aptidão dos mesmos e as suas perspectivas de carreira (ponto 4.3.).

Por isso, devem ser considerados excessivos, desnecessários e não pertinentes os dados pessoais que, ainda que de forma indirecta, não contribuam para avaliar a "capacidade profissional do candidato". Como refere Fernando de Vicente Pachés ([292]) "do jogo dos princípios da finalidade e da pertinência, podemos concluir que deverá ser proibida toda a recepção de dados, realizada num processo de selecção de pessoal, que não seja essencial para o normal desenvolvimento do emprego para que se concretize a selecção".

Deste modo, será mais correcto considerar que o elenco de dados não pode ser enunciado de forma genérica. A pertinência em relação à recolha de dados para fins de emprego varia em função do posto de trabalho. Será mais

---

([292]) Ob. cit. pág. 298.

prudente evidenciar, em termos gerais, algumas categorias de dados que não devem ser tratados ou cujo tratamento apresenta contornos especiais.

Por isso, é perante o caso concreto que – em obediência aos princípios da finalidade, da necessidade, da pertinência e da proporcionalidade (cf. artigo 5.º n.º 1 da Lei 67/98) – deve ser aferida a legalidade em relação à recolha de certos dados pessoais para fins de contratação.

4. A CNPD teve oportunidade de se pronunciar, com certa profundidade, sobre o tratamento de dados no *momento da admissão de trabalhadores*. A sua decisão ([293]) envolveu vários dos aspectos que acabámos de abordar.

Uma vez que alguns dados tratados pela empresa se revelavam não pertinentes e excessivos, em função da finalidade (contratação de pessoas), a CNPD ordenou a eliminação de certos dados de candidatos. Considerou a Comissão que *os dados relativos ao "nome e profissão do cônjuge, número de filhos e idades, situação de contribuinte, incluindo a existência de dependentes ou de cônjuge deficientes, e referências da conta bancária, serão excessivos quando está em causa a admissão a um emprego. Serão necessários – e apenas em parte – para quem já tem uma relação laboral constituída"*. Como é patente, estes dados não têm qualquer relevância para a apreciação da capacidade e aptidão para o cargo a que se candidata o trabalhador.

No caso que foi objecto de análise da Comissão a entidade empregadora fazia, ainda, perguntas, com algum detalhe, sobre *dados de saúde* (esteve doente nos últimos 2 anos, quantas vezes, por quanto tempo, com que doença; qual o estado de saúde actual, se tem lesões permanentes e quais; se tem outros problemas de saúde e quais; se já fez alguma cura médica e qual; se tem fundamento para pensar que nos próximos 9 meses irá utilizar o direito de protecção à maternidade e quando), dados sobre *condenações* (se tem cadastro e porquê), bem como informação sobre *desempenho de funções ou filiação sindical* (se é membro de sindicato, qual, desde quando, que funções desempenha e quanto desconta). Quanto a estes dados a CNPD teve oportunidade de considerar que *"quando está em causa o registo de candidatos a emprego, que não sejam já seus empregados, deve a responsável eliminar da sua base de dados todos os dados relativos à saúde, a eventuais condenações e à filiação sindical"*.

([293]) Deliberação 32/98, de 13 de Maio, *in* Relatório da CNPDPI de 1998, pág. 96.

Verificou-se, em relação aos *dados de saúde*, que havia um tratamento sem observância de condições de segurança na medida em que a informação estava "misturada com dados administrativos e sujeitos a acesso indevido". A Comissão determinou, assim, que a entidade responsável devia "promover a segurança dos dados de saúde informatizados, por forma a que possam ser acedidos, apenas, por pessoal médico, salvo quanto à conclusão de aptidão ou não para o cargo".

Quanto aos dados relativos à *maternidade* a Comissão considerou que a sua recolha e subsequente registo no sistema consubstanciava uma situação de discriminação em razão do sexo, com infracção do artigo 13.º n.º 2 da Constituição e do artigo 8.º da Convenção Europeia dos Direitos do Homem.

Considerou, igualmente, que o tratamento de dados sobre *filiação sindical*, na fase de candidatura a um emprego, constitui factor de discriminação (veja-se o artigo 7.º n.º 2 da Lei 67/98) e apresenta-se como excessivo em relação à finalidade na medida em que "só pode ser efectuado para efeitos de desconto das quotas sindicais, o que não pode acontecer em relação a meros candidatos a um emprego".

5. A Deliberação que acabámos de referenciar dava-nos conta, igualmente, da inclusão, no impresso de recolha de dados, de um texto com os seguintes dizeres: *"as declarações prestadas neste boletim são da minha responsabilidade e no caso de se provarem falsas ou omissas, reconheço à empresa o direito de rescindir ou ver como nulo o contrato que, entretanto, comigo celebrar"*.

A questão que o texto citado coloca é a de saber se os candidatos a um emprego estão obrigados a responder a todas as perguntas formuladas, nomeadamente àquelas que se revelam não pertinentes, abusivas, discriminatórias, violadoras da sua intimidade da vida privada ou susceptíveis de discriminação (*v.g.* em função do sexo, da origem étnica, da fé religiosa ou filiação política ([294]) ou sindical).

O artigo 10.º n.º 1 alínea c) da Lei 67/98 dispõe que deve ser incluída no impresso de recolha de dados informação sobre o "carácter obrigatório ou facultativo da resposta, bem como as possíveis consequências se não responder".

([294]) Sobre o tratamento de dados sobre fé religiosa e filiação política veja-se o que foi referido no Capítulo II, ponto III, 2.1.

Como já referimos, as partes devem nortear as negociações prévias ao contrato com observância dos princípios da transparência e da boa-fé (cf. o artigo 119.º n.º 1 do CT) e, tal como sugere o preceito referido, diferenciar as questões que se reputam como imprescindíveis – *de resposta obrigatória* – daquelas que são complementares e que, indirectamente, podem contribuir para conhecer melhor o perfil do trabalhador.

Se a entidade empregadora, porque está de boa-fé, dá total liberdade ao candidato e insere questões facultativas e cuja resposta não tem qualquer influência na decisão de contratar, parece-nos que tudo ocorre com simples normalidade e o candidato está consciente de que a falta de resposta não tem qualquer influência na escolha.

Porém, a realidade pode apresentar-se bem mais complexa, especialmente quando a entidade empregadora atribui um carácter obrigatório a todas as perguntas que formula. O candidato ao emprego vê-se, assim, confrontado perante a necessidade de responder a todas as questões, porque receia que a falta de resposta possa comprometer o desenlace do seu processo de candidatura ou, mesmo, levar à sua exclusão.

A dúvida que interessa colocar é a de saber que consequências pode ter um comportamento do trabalhador que – *com o receio de ser excluído do processo de selecção* – responde de forma errónea às perguntas formuladas.

Pensamos que deve ser feita uma distinção entre as perguntas que se relacionam com a aferição das características profissionais e aptidão do candidato ao cargo daquelas que, podendo ser reputadas como sendo úteis na perspectiva da entidade empregadora, não são pertinentes para a finalidade ou são, mesmo, proibidas ou discriminatórias.

Parece-nos que a falsidade [295] em relação aos aspectos fundamentais, que são determinantes para a escolha do candidato e decisivos para a

---

[295] A *omissão de resposta* não parece, em geral, poder servir de base à rescisão ou nulidade do contrato na medida em que tal omissão pode ser suprida, nomeadamente no decurso do processo de selecção, através da interpelação do candidato para fornecer esse elemento. Se o candidato foi admitido sem ter fornecido determinado dado pessoal, tudo indiciará que esse dado não era relevante para a apreciação da sua aptidão para o cargo. Pode acontecer, porém, que a omissão afecte – por força da lei – a validade do contrato. Será o caso, por exemplo, da omissão de resposta em relação ao facto de ser titular de carteira profissional. Nos termos do artigo 113.º n.º 1 do CT a falta de carteira profissional ou de título com valor equivalente necessários para o exercício de determinada actividade implica a «nulidade do contrato».

aferição da sua capacidade profissional ([296]), é susceptível de poder ser fundamento bastante para determinar a invalidade do contrato. O artigo 114.º n.º 1 do CT prevê que «a nulidade ou anulação parcial não determina a invalidade de todo o contrato de trabalho, salvo quando se mostre que este não teria sido concluído sem a parte viciada". Por isso, o «*direito à anulação*» do contrato terá que ser sempre visto à luz deste preceito e está sempre dependente da comprovação de que os dados "viciados" tiveram influência decisiva na forma como foi manifestada a vontade contratual.

Deste modo, nos casos em que o empregador celebrou o contrato em função de determinadas aptidões, habilitações, capacidade ou conhecimentos profissionais que não correspondem à realidade e se provar que, se assim não fosse, não teria celebrado o contrato, consideramos que o contrato é inválido ([297]). A invalidade produz os efeitos previstos no artigo 115.º do Código do Trabalho.

O STJ pronunciou-se sobre uma questão que lhe foi colocada em relação à celebração de um contrato de trabalho entre um médico de clínica geral e uma empresa que alegava a nulidade do contrato com base na falta de inscrição do médico no Colégio de Especialidade de Pediatria ([298]). O tribunal, atendendo a que «à data da celebração do contrato...o autor e a ré sabiam não estar ainda reconhecida a sua especialidade de pediatra», considerou que os contraentes conheciam a situação real e, por isso, não havia razão para considerar que o trabalhador tinha tentado defraudar a relação de confiança que o contrato supõe. A entidade empregadora sabia que o trabalhador, apesar de poder exercer a medicina, não podia intitular-se especialista. O contrato não padeceria, por isso, do vício de nulidade.

E se o candidato prestou falsas declarações – *com o receio de ser excluído* – em relação a aspectos não relevantes para a apreciação da aptidão, nomeadamente e em especial, sobre factos da intimidade da sua vida

---

([296]) Será o caso da falsidade em relação às habilitações (cf. Acórdão do STA de 25/1/1977 – *in* Ac. Dout. 185, p.349 – e da Relação de Coimbra de 10/7/97 – Col. Jur. Ano XXII, t. 4, pág. 63, confirmado pelo Acórdão do STJ de 14 de Abril de 1998 – CJ/STJ, 1998, t. II, pág. 270)), aos cursos e formação profissional ou à experiência profissional.

([297]) Para além de estar em causa a boa-fé na celebração do contrato, está, também, comprometida a relação de confiança que deve servir de base à celebração do contrato de trabalho. Veja-se, para maior desenvolvimento, Paula Meira Lourenço, "Os Deveres de Informação no Contrato de Trabalho", Separata da Revista de Direito e Estudos Sociais, Janeiro/Junho de 2003, Ano XLIV, pág. 52.

([298]) Acórdão de 26 de Abril de 1995, *in* Col. Jur./STJ, T. 2, pág. 274.

privada (gravidez, doença (²⁹⁹)), da vida familiar (estado civil), ou a questões susceptíveis de gerar discriminação (sobre filiação partidária, sindical ou fé religiosa)? Será que, tal como se sugere no texto do formulário citado, as falsas declarações determinam a nulidade do contrato?

A conduta do candidato que, para não revelar dados da sua intimidade da vida privada ou que podem prejudicar o exercício de um direito constitucionalmente reconhecido (o direito ao trabalho), presta falsas declarações traduz-se na utilização de um meio de «autodefesa» contra uma conduta que não está conforme com a lei e que pode, indevidamente, ser determinante para um juízo negativo sobre a sua continuidade no processo de selecção (³⁰⁰).

De notar, aliás, que para algumas categorias de dados a lei é expressa no sentido de que existe uma proibição de, sobre elas, fazer indagações, não estando o trabalhador (ou qualquer outra pessoa) obrigada a responder. O Código do Trabalho deu corpo a estas preocupações ao consignar – no artigo 16.º n.º 2 – o «direito à reserva da intimidade da vida privada» do trabalhador deixando claro que este direito abrange «quer o *acesso*, quer a divulgação de aspectos atinentes à esfera íntima e pessoal das partes, nomeadamente relacionadas com a vida familiar, afectiva e sexual, com o estado de saúde e com as convicções políticas e religiosas» (³⁰¹).

(²⁹⁹) Porque não se justifica em função dos fundamentos do artigo 17.º n.º 2 do CT ou não foi apresentada fundamentação escrita para tal solicitação.

(³⁰⁰) Alguns autores franceses admitem que existe um «direito de recusa» em relação a perguntas que não se revelem compatíveis com a finalidade e natureza do posto de trabalho a preencher. Mas, logo apelidam esta estratégia de «suicidária» para o candidato. Reconhecendo a jurisprudência que o candidato não está obrigado a revelar dados da sua vida privada que não tenham relação com o emprego proposto (Cass. Social de 17 de Outubro de 1973 e de 7 de Julho de 1990 citados por Sylvain Lefebvre, ob. cit. pág. 137), sustenta alguma doutrina (O. de Tissot – "La protection de la vie privée du salarié", Droit Social, 1995, n.º 3 pág. 225) que devia ser reconhecido ao candidato um verdadeiro «direito à mentira» que o dispensaria de dar uma resposta conforme à realidade. Este «direito» também não é afastado pela doutrina no Canadá, especialmente quando as questões são manifestamente abusivas e discriminatórias (veja-se, para maior desenvolvimento Sylvain Lefebvre, ob. cit. pág. 137).

(³⁰¹) Também em Espanha – e na sequência dos artigos 16 e 18 da Constituição – o Estatuto dos Trabalhadores (artigos 4.2.E, 17, 18 e 20.3) protegem a intimidade, a dignidade e a vida privada do trabalhador no seio da empresa ou, de forma mais ampla, na própria relação laboral. Por isso, a doutrina entende que são "proibidas todas as acções do empresário conducentes à investigação ou indagação de qualquer questão directamente

Por isso, entendemos que é legítima e justificada a actuação do candidato que – para defender a sua privacidade e uma legítima expectativa em ocupar um posto de trabalho (porque tem todas as condições para o desempenho do cargo) – toma uma «posição defensiva» para não ser excluído de um processo de selecção e, em relação a factos irrelevantes para a perfeição da declaração negocial, declara dados pessoais que não estão correctos. A reacção do trabalhador é proporcionada e compatível com a defesa dos seus direitos e interesses, apresentando-se como forma adequada de «garantir "preventivamente" o respeito pela sua intimidade e evitar o potencial risco de discriminação» ([302]).

Em termos de protecção de dados parece-nos que esta conduta do candidato é uma forma legítima de reacção contra uma posição de supremacia da entidade empregadora que, recolhendo dados excessivos e não pertinentes (cf. artigo 5.º n.º 1 al. b) e c) da Lei 67/98), viola o seu direito de «autodeterminação informacional».

Não nos parece que, à luz do artigo 114.º n.º 1 do CT, este procedimento do candidato comprometa a validade do contrato de trabalho celebrado.

4. O prazo de conservação

Um último aspecto que interessa abordar prende-se com o *prazo de conservação* da informação recolhida no âmbito dos processos de contratação de pessoal.

---

relacionada com a vida privada do trabalhador". Veja-se, para mais desenvolvimento, Angel Martin Aguado – "Actuaciones Irregulares que Afectan a la Libertad, Dignidad o Vida Privada del Trabajador, Limites Constitucionales al Poder de Direccion Empresarial" *in* Joaquin Aparicio e Antonio Baylos – "Autoridad Y Democracia en la Empresa, pág. 53.

([302]) Cf. neste sentido Juan Domínguez e Susana Escanciano, ob. cit. pág. 187. Citando Savatier referem estes autores que o trabalhador "tem o direito de conservar uma zona de intimidade não aberta à curiosidade do empregador; precisamente aquelas que se referem a certos factos que lhe dizem respeito e não têm nada a ver com a sua aptidão para ocupar o emprego solicitado, razão pela qual seria de admitir a falsidade na sua resposta quando pode favorecer a sua contratação". Os mesmos autores citam alguns exemplos da jurisprudência alemã segundo a qual estaria vedado aos empresários perguntar às candidatas sobre a sua intenção de engravidar ou de contrair matrimónio a curto prazo. A falsa declaração sobre estes factos não pode ter influência na validade do contrato.

Os prazos podem ser variáveis em função das circunstâncias do caso, da natureza da actividade do responsável pelo tratamento (prestador de serviços ou a própria empresa que faz a contratação directamente), da finalidade e objectivos que a entidade pretende atingir na fase subsequente à conclusão do processo (utilizar os dados para subsequentes contratações ou realização de uma acção pontual de contratação).

São aqui aplicáveis as disposições gerais, já citadas, sobre tempo de conservação de dados constantes do artigo 5.º da Lei 67/98.

Se os dados pessoais são recolhidos com a finalidade de organizar e servir de suporte ao processo de selecção de pessoal tudo indica que, por força do disposto no artigo 5.º n.º 1 al. b) da Lei 67/98, o destino dos dados seria determinado em função da decisão final do processo de contratação: em relação ao pessoal contratado os dados pessoais seriam "encaminhados" e "aproveitados" para fins de «gestão de pessoal»; em relação aos candidatos não admitidos os dados pessoais poderiam, em abstracto, ser eliminados por deixarem de ser necessários às finalidades que determinaram a sua recolha ([303]).

No entanto, a finalidade determinante da recolha pode ser mais complexa e o tratamento ser mais amplo e envolver, por exemplo, todos os processos de selecção que vierem a ser desencadeados durante um determinado período. Isto é, na delimitação dos prazos de conservação é fundamental que sejam especificadas com rigor as finalidades e que as mesmas sejam do conhecimento dos titulares dos dados. A partir daí haverá todas as condições para, de algum modo, os próprios titulares poderem ter alguma intervenção no «processo de conservação» dos seus dados uma vez que a intenção de participar nos processos de selecção pode, a qualquer momento, ser retirada.

Não podemos esquecer que, muitas vezes, os trabalhadores solicitam absoluta confidencialidade sobre a apresentação da sua candidatura e manifestam algum receio em relação à possibilidade, ainda que remota, de tal facto chegar ao conhecimento da entidade patronal para quem exercem

---

([303]) Numa outra perspectiva, mas similar com a situação em análise, a CNPDPI teve oportunidade de considerar o seguinte: "Sempre que houver registo de dados e a venda dos produtos não ocorrer – *v.g.* por falta de garantias ou desinteresse do titular – os dados devem ser imediatamente eliminados, nos termos do artigo 5º al. e) da Convenção de Protecção de Dados ratificada por Dec. do Presidente da República n.º 21/93 (*in* DR I.ª Série de 20/8/93)" – Autorização n.º 7/97, de 30 de Janeiro de 1997 (não publicado).

a sua actividade. A defesa da «sua situação particular» e a intenção de preservar os seus legítimos receios poderia ser fundamento bastante para reconhecer o direito à eliminação dos seus dados, com base no «direito de oposição» previsto no artigo 12.º al. a) da Lei 67/98, findo que seja o processo de selecção que culminou com a não admissão.

Nos termos do artigo 6.º da Lei 105/97, de 13 de Setembro, as entidades empregadoras (públicas ou privadas) devem manter disponíveis, pelo prazo de 5 anos, os registos ([304]) de "todos os recrutamentos feitos, donde constem, por sexos, nomeadamente, os seguintes elementos:

    a) Convites endereçados para preenchimento de lugares;
    b) Anúncios publicados de ofertas de emprego;
    c) Número de candidaturas apresentadas para apreciação curricular;
    d) Número de candidatos presentes nas entrevistas de pré-selecção;
    e) Número de candidatos aguardando ingresso;
    f) Resultados dos testes ou provas de admissão ou selecção;
    g) Balanços sociais, quando obrigatórios nos termos da Lei n.º 141/85, de 14 de Novembro, relativos a dados que permitam analisar a existência de eventual discriminação de um dos sexos no trabalho e no emprego".

As entidades competentes podem, assim, ter acesso aos elementos necessários para fiscalizarem, no decurso do processo de contratação, a existência de eventuais desigualdades em função do sexo. Muito embora os elementos a preservar envolvam, fundamentalmente, dados numéricos importa salientar que o direito de oposição deve ser compatibilizado com esta obrigação legal.

Salienta-se que esta previsão não consta do Código do Trabalho, mas admitimos que possa vir a ser a considerada na «legislação complementar» a que se refere o artigo 32.º.

([304]) O artigo 7.º permite ao juiz, com grande amplitude, o acesso a toda a documentação necessária ao julgamento das situações de discriminação, podendo ter acesso aos elementos relativos ao recrutamento, a quaisquer dados estatísticos ou outros que julgue relevantes.

II. TRATAMENTO DE DADOS RELATIVOS À GESTÃO DE TRABALHADORES E PROCESSAMENTO DE REMUNERAÇÕES

1. As finalidades de gestão de trabalhadores e de processamento de remuneração são, por certo, aquelas a que corresponde o maior número de tratamentos em Portugal. Será comum qualquer empresa ou serviço público fazer o processamento de salários com recurso a meios automatizados, bem como fazer a gestão da evolução na carreira ou o registo informatizado do «cadastro» dos trabalhadores.

Em termos gerais, estas finalidades não envolvem perigos especiais para os trabalhadores, nomeadamente quando o tratamento se confina às condições estabelecidas, respectivamente, nas autorizações de Isenção n.° 1/99 e 4/99. Daí que a CNPD – em obediência aos princípios consignados no artigo 27.° n.° 2 da Lei 67/98 – tenha optado pela *isenção de notificação* por não se justificar um "controlo apertado", por parte da CNPD, em relação às condições de tratamento. Lembra-se, tal como consta do artigo 5.° das autorizações de isenção, que o facto de haver isenção de notificação não dispensa os responsáveis de assegurar os direitos dos titulares dos dados, em particular o direito de informação e de acesso.

Estamos perante tratamentos que se reputam como decisivos e fundamentais na actividade de qualquer entidade empregadora, onde as potencialidades da informática permitem retirar ganhos de produtividade e em que os procedimentos manuais se revelam, neste momento, desajustados e extremamente onerosos. Trata-se de finalidades que decorrem da própria natureza do contrato e que não envolvem qualquer risco de discriminação para os trabalhadores.

Tal como consta do artigo 1.° da autorização de isenção 1/99, o conceito de «processamento de remunerações» que aqui se utiliza tem um alcance abrangente e integra diversas finalidades, quer no âmbito do cálculo de abonos quer na contabilização de descontos. Está em causa, nomeadamente, o cálculo e pagamento da retribuição, de prestações acessórias, outros abonos e gratificações (a), o cálculo, retenção na fonte e operações relativas a descontos na retribuição – obrigatórias ([305]) ou facultativas ([306]) – decorrentes de disposição legal (b), prestações ou descontos

---

([305]) Retenção de IRS e Segurança Social.
([306]) Descontos realizados na sequência de pedido formulado pelo trabalhador – quota sindical.

que resultem de convenção colectiva de trabalho, pedido formulado pelo trabalhador ([307]) ou decisão judicial[308] (c), cálculo da participação nos lucros da empresa, nos termos da legislação aplicável (d) e a realização de operações estatísticas (e).

Para permitir o processamento da remuneração pode ser relevante, ainda, o registo de certas ocorrências que têm reflexos na retribuição: situações que envolvem o não cumprimento do horário de trabalho, a interrupção ou suspensão do contrato de trabalho (atrasos, faltas, assistência a terceira pessoa, doença, acidente de trabalho, maternidade ou paternidade, greve, férias, licença sem vencimento).

O processamento de salários é inerente à própria natureza do contrato de trabalho, apresentando-se a remuneração como contrapartida da prestação de trabalho. Por isso, todos os tratamentos de dados que se apresentem como necessários ao processamento de salários são legítimos por força do disposto no artigo 6.º alínea a) da Lei 67/98. O tipo ou categorias de dados pessoais susceptíveis de tratamento devem ser analisados à luz dos princípios da «qualidade dos dados», só podendo ser tratados aqueles que se revelarem necessários e pertinentes à finalidade ([309]).

Também em relação aos tratamentos relativos à «gestão de trabalhadores» – que a autorização de isenção n.º 4/99 denominou de «gestão administrativa de funcionários empregados e prestadores de serviços» – se justifica o recurso ao tratamento automatizado, não envolvendo esta operação, em geral, qualquer perigo para a privacidade dos trabalhadores. No entanto, esta gestão pode não ser limitada a aspectos «administrativos» (dados de identificação e contactos) e de «cariz profissional» (habilitações literárias e profissionais, funções exercidas, categoria, situação profissional, benefícios inerentes à categoria, datas da mudança de categoria e correspondente evolução salarial). Pode ser mais abrangente e englobar informações relativas à gestão de aspectos relacionados com a «aptidão ou

---

([307]) Desconto para os serviços sociais ou para o grupo desportivo, desconto de despesas de saúde ou de comparticipação de medicamentos.

([308]) Desconto devido a pensão de alimentos, penhora/desconto no vencimento na sequência de processo de execução.

([309]) Daí que, por exemplo, o tratamento do dado "prisão preventiva" se deva considerar excessivo na medida em que um indicador mais geral – v.g. contrato de trabalho suspenso (com indicação da data do início da suspensão) – possa satisfazer os objectivos da entidade empregadora.

inaptidão do trabalhador», na sequência de comunicação do médico do trabalho, particularidades relacionadas com gestão da actividade do trabalhador, registo de classificações profissionais, de informações hierárquicas, de procedimentos ou sanções disciplinares. Pode, ainda, englobar indicações de carácter subjectivo, tais como referências ao «potencial» sobre evolução na carreira, à sua qualidade de trabalho ou à sua identificação com as políticas e objectivos traçados pela empresa.

Estamos perante um tratamento que já foi designado de «gestão qualitativa de pessoal» e que é o repositório vivo – a partir da fase prévia à celebração do contrato – de dados pessoais de cada «etapa da vida profissional» do trabalhador e que é gradualmente enriquecido em função da sua evolução na carreira. Esta informação, sempre acessível, pode ser determinante para esclarecer o empregador sobre os mais diversos aspectos: delimitação da política salarial, para perspectivar a formação, justificar benefícios ou incentivos aos trabalhadores, fundamentar os critérios que servem de base às promoções.

2. Ainda no domínio da Lei 10/91, foi suscitada uma questão relativa à possibilidade de tratamento da filiação sindical do trabalhador, ainda que o mesmo tivesse em vista o processamento de desconto – mediante pedido expresso – da quota sindical. O artigo 35.º da Constituição da República, na redacção anterior à 4.ª Revisão Constitucional, estabelecia que a informática não podia ser utilizada "para tratamento de dados referentes ...à filiação sindical..., salvo quando se trate de processamento de dados estatísticos não individualmente identificáveis".

No contexto deste preceito, e muito antes da publicação da Lei 10/91, o Conselho Consultivo da Procuradoria-Geral da República – no Parecer n.º 167/82, de 9 de Dezembro de 1982 ([310]) – considerou que "nos termos do artigo 35.º n.º 3 da Constituição da República não é permitido o registo informático de dados referentes à filiação sindical, salvo quando se trate de processamento de dados estatísticos que não possibilitem a identificação dos cidadãos a que respeitem. Consequentemente, não será possível o desconto automático da quotização sindical utilizando o processamento informático dos vencimentos".

A CNPD, considerando os preceitos da Lei 10/91, delimitou as con-

---

([310]) *In* BMJ n.º 328, pág. 252.

dições de tratamento da filiação sindical no contexto do processamento de salários nos seguintes termos:

"a) O objectivo da protecção de dados pessoais, como o afirma o artigo 1.º da Convenção para a Protecção das Pessoas relativamente ao Tratamento Automatizado de Dados Pessoais, é o de garantir, a todas as pessoas singulares, seja qual for a sua nacionalidade ou residência, o respeito pelos seus direitos e liberdades fundamentais, e especialmente pelo seu direito à vida privada. Temos, assim, uma dupla vertente no objectivo primário: a garantia do direito à vida privada – à reserva da intimidade da vida privada e familiar, na terminologia do artigo 26.º da nossa Constituição – e a garantia do respeito pelos outros direitos fundamentais cujo gozo poderia ser negativamente afectado pelo uso da informática, designadamente permitindo a discriminação entre pessoas, com desrespeito por tais direitos.

b) A proibição constante do n.º 3 do artigo 35.º da Constituição de uso da informática para tratamento de dados referentes à filiação sindical deve ser entendida como dirigida ao tratamento que tenha como objectivo ou possa ter como consequência a ofensa de direitos, liberdades e garantias dos trabalhadores, designadamente a sua discriminação.

c) A proibição constitucional acima referida não abrange o tratamento que seja mera consequência do exercício da liberdade de filiação sindical, do qual a cobrança de quotizações, quando solicitada pelo sindicalizado, é exemplo.

d) Por força do disposto no Decreto-Lei n.º 215-B/75, de 30 de Abril, e na Lei n.º 57/77, de 5 de Agosto, o desconto de quotizações sindicais solicitado pelo trabalhador integra o conceito de processamento de remunerações, para efeitos do n.º 2 do artigo 3.º da Lei n.º 10/91, de 29 de Abril" ([311]).

A 4.ª Revisão Constitucional criou as condições jurídicas que viabilizaram o afastamento das dificuldades de interpretação, ao permitir o tratamento da filiação sindical quando haja autorização prevista em lei ou se fundamente em consentimento expresso do titular.

3. Com a Lei n.º 81/2001, de 28 de Julho – submetida a parecer prévio da CNPD ([312]) – ficaram clarificadas as condições relativas ao tratamento da filiação sindical:

– O sistema de cobrança de quota sindical e a entrega do desconto

---

([311]) Deliberação n.º 15/95, de 1 de Setembro, Relatório da CNPDPI de 1995, pág. 133.
([312]) Parecer n.º 4/2001, de 4 de Abril.

passa, necessariamente, por um pedido expresso/autorização do trabalhador dirigido à entidade empregadora (cf. artigo 2.º);
– Tal solicitação constitui, só por si, a «manifestação inequívoca da sua vontade de que lhe sejam descontadas na retribuição as quotas sindicais e obriga a entidade empregadora a proceder em conformidade» (artigo 2.º n.º 4);
– A autorização mantém-se válida até que seja revogada pelo trabalhador (artigo 3.º);
– A entidade empregadora pode proceder ao tratamento automatizado de dados pessoais dos trabalhadores, referentes a filiação sindical, desde que, nos termos da lei, sejam exclusivamente utilizados no processamento do sistema de cobrança e entrega de quotas sindicais, previsto na presente lei (artigo 4.º n.º 4) ([313]).

Como se referiu no Parecer n.º 4/2001, de 4 de Abril, «a Lei 67/98, de 26 de Outubro, possibilita o tratamento de dados sobre a filiação sindical numa "dupla vertente":

a) Às *entidades patronais* quando obtenham consentimento expresso para esse tratamento ou quando haja disposição legal para esse tratamento, em ambos os casos com garantias de não discriminação (art. 7.º n.º 2);

b) Às *associações sindicais*, com o consentimento do titular, no âmbito da sua actividade legítima e sob condição de o tratamento respeitar apenas aos membros desse organismo ou às pessoas que com ele mantenham contactos periódicos ligados às suas finalidades ([314]) – cf. artigo 7.º n.º 3 al. b)».

([313]) O legislador manteve a ideia e os princípios que já tinham sido defendidos na Deliberação n.º 15/95 quando considerava que o tratamento era "mera consequência do exercício da liberdade de filiação sindical, do qual a cobrança de quotizações, quando solicitada pelo sindicalizado, é exemplo" e que esta operação fazia parte integrante do processamento da retribuição.

([314]) Em relação ao tratamento destes dados pelas associações a CNPD teve oportunidade de os isentar de notificação desde que se verifiquem certas condições: "Estão isentos de notificação à CNPD, desde que autorizados pelo titular, os tratamentos automatizados destinados exclusivamente à cobrança de quotizações e contactos com os associados no âmbito da actividade estatutária da associação, independentemente da sua natureza, designadamente os efectuados por fundação, associação ou organismo sem fins lucrativos

A CNPD considerou, igualmente, que o projecto que esteve na base da Lei 81/2001 adoptou alguns princípios que contribuem para reforçar os direitos dos trabalhadores e prevenir a existência de riscos de discriminação, porquanto:

   a) É expresso em relação à possibilidade de «revogação» da autorização;
   b) Determina que o sistema de cobrança não pode servir de fundamento para provocar ao trabalhador "quaisquer sanções que de qualquer modo atinjam o seu direito ao trabalho" (art. 4.º n.º 2);
   c) Considera "nulos e de nenhum efeito outros sistemas de cobrança...que atentem contra os direitos, liberdades e garantias individuais e colectivos dos trabalhadores" (art. 4.º n.º 3).

O novo Código do Trabalho manteve os princípios consignados na Lei 81/2001 (que foi revogada) – cf. artigos 492.º e seguintes – sendo o tratamento de dados sobre filiação sindical feito com a finalidade *exclusiva* de utilização no «processamento do sistema de cobrança e entrega de quotas sindicais» (cf. artigo 492.º n.º 3). A legitimidade do tratamento está dependente da obtenção de uma «manifestação de vontade inequívoca do trabalhador» (cf. artigos 494.º n.º 3 al. b), n.º 5 e 495.º n.º 3), a qual pode ser revogada em qualquer altura (cf. artigo 495.º n.º 1).

4. Merece especial referência, ainda, o tratamento de dados no contexto dos *«Mapas dos Quadros de Pessoal»* e a conformidade do DL 332/93, de 25 de Setembro ([315]), com a Lei 67/98. A CNPD teve oportunidade de se pronunciar sobre *a não conformidade das disposições deste diploma com o direito à reserva da vida privada dos trabalhadores.*

Os modelos dos mapas do quadro de pessoal, aprovados pela Portaria n.º 785/2000, de 19 de Setembro, obrigam à publicitação de diversa informação de carácter pessoal relativa ao trabalhador.

---

de carácter político, filosófico, religioso ou sindical" (Isenção n.º 6/99, *in* DR II.ª Série de 27/1/2001, pág. 1815).

([315]) A matéria relativa a quadros de pessoal está hoje regulada no DL 123/2002, de 4 de Maio.

No *Parecer n.° 6/2001, de 24 de Abril de 2001*, entendeu a Comissão que:

"A) A informação nominativa constante dos Mapas de pessoal objecto do DL 332/93, de 25 de Setembro, integra o conceito de dados pessoais, na acepção do artigo 3.° al. a) da Lei 67/98, de 26 de Outubro ([316]);

B) Constituem os mesmos verdadeiros tratamentos de dados, de acordo com o disposto nas alíneas b) e c) seguintes, bem como no artigo 4.° n.° 1;

C) Estão, por isso, sujeitos à disciplina da referida Lei 67/98, *maxime* o princípio geral do "respeito pela reserva da vida privada" expressamente constante do seu artigo 2.°, bem como aos demais objecto dos artigos 5.° e 6.° seguintes;

Assim,

D) Tendo por todo legítima a comunicação da informação em causa ao IDICT, nos termos do disposto no artigo 3.° n.° 1 do citado DL 332/93,

E) A remessa da mesma ao Departamento de Estatística do MESS – n.° 2 seguinte – deverá ser levada a cabo de forma anonimizada, já que destinada apenas a fins estatísticos, do mesmo modo se devendo proceder relativamente «às entidades representativas dos empregadores...com assento no Conselho Económico e Social» – n.° 3;

F) É também legítima a comunicação da informação referida à respectiva entidade representativa dos trabalhadores para efeitos de controlo da cobrança de quotizações, limitada, no entanto, aos respectivos associados e de acordo com o ordenado pelo respectivo titular;

G) Por claramente violadora dos princípios gerais referidos em C), temos de todo ilegítima, por *desproporcionada e inadequada* a obrigação de afixação dos mapas em causa, nos termos impostos pelo artigo 4.° n.° 1 do DL 332/93, devendo tal procedimento ser substituído por comunicação individual ([317]);

H) Mostra-se, assim, de todo justificada a alteração e uma correcta conformação do diploma em causa com os princípios vigentes em matéria de protecção de dados pessoais".

([316]) Estavam em causa, à data, os modelos aprovados pela Portaria 785/2000, de 19 de Setembro.

([317]) Para além de ser desproporcionado o conhecimento de alguns dados por parte dos trabalhadores, entendeu-se que este tipo de metodologia "permite o acesso à informação por quem quer que seja, inclusive a qualquer pessoa estranha à empresa que visite as suas instalações".

3. Relacionado com o processamento de salários – faltas e atrasos – têm vindo a ser suscitadas algumas questões em relação a certas formas de tratamento de dados pessoais, nomeadamente no âmbito do controlo de entradas e saídas no local de trabalho ou registo temporário de ausências do trabalhador do seu posto de trabalho.

Estamos a referir-nos às diversas metodologias utilizadas para servir de base à contabilização das ausências do posto de trabalho e que, de qualquer forma, podem legitimar o desconto na retribuição (contabilização diária de atrasos, faltas, prémios de produtividade ou de assiduidade). Não se pode duvidar que a entidade empregadora tem legitimidade para instalar na empresa sistemas automatizados de controlo da assiduidade e pontualidade dos trabalhadores, uma vez que o registo desses dados pode implicar, nos termos da lei (cf. artigo 231.º do CT), a perda da retribuição e também – quando verificados os requisitos legais – dar origem ao desencadeamento de procedimento disciplinar por incumprimento de um dos deveres fundamentais que decorrem do contrato de trabalho: o dever de assiduidade ([318]).

No entanto, os meios utilizados devem ser criteriosamente escolhidos de modo a atingirem, apenas, as finalidades de gestão do cumprimento do horário de trabalho e registo das faltas, não podendo afectar outros direitos liberdades e garantias dos trabalhadores, em particular a sua privacidade ou intimidade ([319]), nem ser desproporcionados em relação à finalidade delineada.

Por outro lado, estes sistemas de controlo devem ser utilizados de acordo com o princípio da boa-fé, com respeito pelas finalidades originariamente estabelecidas e ser do conhecimento dos trabalhadores ([320]).

([318]) Vejam-se, nomeadamente, os artigos 121.º alínea b), 224.º e ss e 396.º al. g) do CT

([319]) Assiste-se, neste momento, à adopção de sistemas de controlo de entradas e saídas que pretendem lutar contra os sistemas tradicionais de controlo (v.g. cartão ou livro de ponto) que têm o grande inconveniente de permitir fraudes. Para assegurar que sejam os próprios trabalhadores a assinalar a sua presença – e não um terceiro – recorre-se a sistemas biométricos (v.g. reconhecimento facial, das impressões digitais, da íris e da voz). Estes aspectos serão analisados em seguida.

([320]) Em França uma empresa contabilizou a ausência de um trabalhador do seu posto de trabalho com base nos registos do sistema informático de reservas SOCRATE (sistema de reservas de viagens). O trabalhador alegava que este sistema tinha uma finalidade específica (gestão das reservas) e que uma tal utilização era contrária aos princípios de protecção de dados. O Cour d'Appel de Paris – 18.ª chambre, decisão de 31 de Maio de 1995

Em 1996 chegou ao conhecimento da CNPD que algumas empresas, que exerciam a sua actividade na indústria do calçado, utilizavam um sistema peculiar no controlo dos seus trabalhadores. De acordo com as diligências então realizadas verificou-se que nem todos os sistemas funcionavam da mesma maneira. O controlo dependia da utilização de um cartão magnético, que identificava cada trabalhador. O trabalhador, cada vez que entrava ou saía do seu posto de trabalho, tinha que "passar" o cartão que o identificava, a fim de permitir o registo do seu «movimento» no sistema. Em termos gerais, o sistema fazia o controlo do horário, independentemente do motivo da sua ausência (*v.g.* por ter sido chamado à direcção, por ter ido ao médico, por precisar de se ausentar mais cedo com autorização superior, por ter uma pausa para almoço).

Acontecia, porém, que havia algumas empresas que pretendiam utilizar este controlo para contabilizar o tempo que os trabalhadores «gastavam» nas instalações sanitárias. Este facto – verificado pela CNPD ([321]) – foi objecto de especial censura da Comissão, seguindo-se a proibição deste tipo de procedimento por integrar um atentado à sua vida privada e à dignidade da pessoa humana.

Foi nos seguintes termos que a CNPD se pronunciou:

"1. A excepção constante da alínea b) do n.º 2 do artigo 3.º da Lei 10/91, que exclui os ficheiros de dados pessoais que contenham exclusivamente informações destinadas ao processamento das remunerações de funcionários ou empregados, poderá ou não aplicar-se consoante a empresa utilize apenas informações destinadas ao processamento das remunerações, nos termos permitidos pelas disposições legais vigentes e pelo contrato colectivo de trabalho ou ultrapasse esse âmbito.

2. No caso concreto, poderia eventualmente ser legítimo o controlo do tempo de presença no posto de trabalho; mas o controlo das entradas

---

(*in* 16.º Relatório da CNIL, 1995, pág. 470) considerou que "o sistema SOCRATE não pode ser utilizado sem o conhecimento dos trabalhadores para controlar o seu tempo de trabalho", sob pena de tal procedimento integrar uma violação do princípio da boa-fé. Tendo em conta que aquele sistema informático está vocacionado para a gestão de reservas, existem sérias dúvidas sobre a possibilidade de servir para o controlo das ausências. Com base nos motivos apontados o tribunal anulou a sanção que tinha sido aplicada ao trabalhador.

([321]) Nalgumas empresas a porta da casa-de-banho só abria, tanto para entrar como para sair, se o trabalhador «passasse» o seu cartão. Deste modo, era contabilizado, sem a mínima dificuldade, o tempo despendido nas casas-de-banho.

nas casas de banho corresponde a um tratamento de dados pessoais atinentes à vida privada.

3. É ilegal o tratamento automatizado de dados (através de cartão magnético) que visa controlar a presença dos trabalhadores nas instalações sanitárias, por constituir um atentado à sua vida privada e à dignidade da pessoa humana ([322])".

Algumas empresas visadas interpuseram recurso da Deliberação da CNPD – para o Supremo Tribunal Administrativo ([323]) – tendo o Tribunal considerado que não merecia qualquer censura o entendimento da Comissão ([324]).

Importa reconhecer que os sistemas tradicionais – assinatura do livro de ponto, utilização de relógio de ponto – se encontram em vias de ser abandonados uma vez que se caminha para a utilização de um «sistema integrado», ligado em rede a uma aplicação de processamento de salários, que faça o controlo das ausências que têm implicações no processamento da retribuição. Por isso, se evoluiu para um sistema de reconhecimento do trabalhador através da utilização de um cartão magnético individual.

Algumas entidades empregadoras consideram que estes meios de identificação têm vindo a revelar-se ineficazes para cumprir as finalidades de controlo de assiduidade, uma vez que estas metodologias não garantem que seja o próprio trabalhador a fazer a respectiva «validação», havendo o risco de outros trabalhadores "picarem o ponto" ou "passarem o cartão magnético" em nome do próprio titular.

Para evitar que isto aconteça, algumas entidades empregadoras pretendem colocar outros sistemas alternativos de controlo – v. g. utilização de *cameras* de videovigilância para detecção de fraudes – para evitar que ocorram falsas validações de cartões (no momento da entrada e saída). Mais recentemente, e com vontade de generalização, começa a falar-se na utilização de sistemas biométricos para controlo de assiduidade ou para

---

([322]) Deliberação n.º 32/96, de 4 de Junho de 1996, *in* Relatório da CNPDPI, pág. 235.

([323]) No domínio da Lei 10/91, de 29 de Abril, a CNPDPI «profere decisões com força obrigatória, passíveis de reclamação e de recurso para o Supremo Tribunal Administrativo» (artigo 8.º n.º 2). Com a Lei 67/98 manteve-se a natureza das suas deliberações, passando a ser passíveis de recurso para o Tribunal Central Administrativo (artigo 23.º n.º 3).

([324]) Vejam-se os acórdãos do STA de 5 de Junho de 1997 (Rec. 41023) e de 19 de Junho de 1997 (Rec. N.º 41024), ambos publicados *in* Manuel Lopes Rocha – "Direito da Informática nos Tribunais portugueses", 1990–1998, páginas 187 e 197.

reconhecimento de trabalhadores, não só no âmbito do controlo de entradas e saídas (gestão de horário de trabalho), mas também para certificar a sua identidade e autorizar a sua entrada em determinados locais de acesso restrito.

De acordo com informação disponível no Tek/Sapo ([325]), em 20/7//2002, o Departamento de Defesa dos Estados Unidos "está a testar a integração de dados biométricos – informação acerca de características físicas únicas como impressões digitais, rosto, voz e leitura da íris – nos cartões de identificação de militares, tentando reforçar as medidas de segurança. Os dados biométricos adicionarão um maior nível de segurança requerendo, além da apresentação do cartão e da *password*, a identificação através da leitura de impressões digitais, por exemplo". Segundo a mesma fonte, o Pentágono pensa, nos próximos anos, distribuir estes novos cartões a mais de 3 milhões de funcionários seus, militares e não militares, quando actualmente já foram distribuídos a um milhão.

Por isso, pensamos que esta nova vertente de reconhecimento e controlo dos trabalhadores corre o risco de se generalizar e apresenta-se, no futuro, como um potencial perigo de devassa da sua privacidade se não forem tomadas medidas de segurança e limitada a possibilidade de armazenamento de informação biométrica de carácter nominativa.

III. SANÇÕES DISCIPLINARES

1. A legitimidade do tratamento em sede de gestão de processos e sanções disciplinares, em face da amplitude da previsão legal[326] ("decisões que apliquem penas"), integra-se no disposto no artigo 8.º n.º 2 da Lei 67/98 ([327]). E quais são as condições que devem ser observadas em relação à previsão deste preceito?

([325]) *In* http://tek.sapo.pt/4KO/345651.html

([326]) O registo pela Ordem dos Advogados do "cadastro disciplinar" cabe na previsão do artigo 8.º n.º 2 da Lei 67/98, de 26/10, na medida em que poderá incluir-se no conceito de "decisões que apliquem penas" (Autorização n.º 31/99, de 15 de Junho de 1999 – Relatório de 1999, pág. 202).

([327]) Tal como resulta da própria epígrafe do preceito, a redacção e condições de legitimidade estão essencialmente direccionadas para o tratamento de dados relativos a suspeitas de actividades ilícitas, infracções penais e condenações.

O tratamento será legítimo se for desencadeado um procedimento de inquérito (na sequência de suspeita da prática de qualquer infracção), disciplinar ou aplicada uma pena disciplinar, devendo verificar-se os demais requisitos do preceito:

   a) O tratamento deve ser necessário à execução de finalidades legítimas do seu responsável;
   b) Não devem prevalecer os direitos, liberdades e garantias dos titulares dos dados;
   c) O tratamento deve ser autorizado pela CNPD (cf., também, o artigo 28.º n.º 1 al. a) da Lei 67/98);
   d) Devem ser observadas as normas de protecção de dados e de segurança da informação.

Tratar dados pessoais no contexto do exercício do poder disciplinar (cf. artigo 365.º do Código do Trabalho) integra uma "finalidade legítima do responsável" na medida em que, como foi referido, a possibilidade de aplicação de sanções disciplinares é uma consequência do exercício dos poderes de direcção e de controlo, sendo reconhecido à entidade empregadora o exercício de um «poder de autoridade» e de valoração das condutas ou omissões do trabalhador, que pode ser concretizado mediante a aplicação de sanções. Estas devem, no entanto, ser proporcionais "à gravidade da infracção e à culpabilidade do infractor" (cf. o artigo 367.º do Código do Trabalho) ([328]).

Para além de ser reconhecido o exercício de um «poder» quanto à aplicação de sanções disciplinares, a lei exige que as mesmas sejam registadas (cf. artigo 376.º do CT) a fim de poderem ser fiscalizadas "pelas autoridades competentes", em particular em relação ao seu carácter «abusivo» (cf. artigo 374.º do CT). O registo das sanções, apresentando-se como necessário ao exercício de uma finalidade legítima, corresponde à realização de uma obrigação legal ([329]).

([328]) Na autorização n.º 28/2000, de 2 de Maio (*in* Relatório de 2000, pág. 162) a CNPD considerou que se justificava a interconexão – com o objectivo de relacionar as informações registadas para fins de procedimento disciplinar e as constantes do registo biográfico – para "verificar a classe de comportamento dos visados e factores que devam ser ponderados em sede de decisão disciplinar (recompensas e penas disciplinares anteriores)", sendo esta operação adequada à prossecução das finalidades legalmente estabelecidas para o responsável do tratamento.

([329]) É óbvio que a lei não impõe a informatização destes registos, mas a utilização de suportes automatizados para este fim apresenta-se como um meio adequado para asse-

O registo, no processo individual, da existência de um processo de inquérito, de uma suspensão preventiva ou de uma sanção disciplinar apresenta-se como um direito do responsável que deve prevalecer sobre os direitos liberdades e garantias dos titulares dos dados.

Sendo observadas as «normas de protecção de dados» e de «segurança» estão verificados os requisitos para a CNPD poder autorizar o tratamento destes dados. E quais são estas condições?

A lei pretendeu que fossem cumpridas as disposições sobre a "qualidade dos dados" (artigo 5.º da Lei 67/98) – ser tratada informação adequada ou não excessiva em relação à finalidade, haver um controlo rigoroso relativamente ao tempo de conservação e não haver uma utilização dos dados para finalidades incompatíveis – sobre o direito de informação, acesso e rectificação ([330]) (artigo 10.º e 11.º da Lei 67/98), bem como as regras sobre a notificação dos tratamentos e observância da necessária autorização prévia da CNPD como condição do início do tratamento (cf. artigo 28.º n.º 1 al. a) da Lei 67/98) ([331]).

---

gurar o cumprimento dos preceitos citados, especialmente quando apontam para a escrituração das sanções, necessária à «verificação fácil» por parte das entidades fiscalizadoras.

([330]) Para o exercício destes direitos é necessário considerar algumas limitações legais. Veja-se, sobre esta problemática, a Autorização da CNPD n.º 22/2000, de 18 de Abril de 2000 (*in* Relatório de 2000, pág. 150):

1. Ao titular dos dados assiste, nos termos do art. 11.º da Lei n.º 67/98, o direito de acesso para conhecimento e correcção dos dados que lhe respeitem, cujo exercício deve ser assegurado por parte do responsável do tratamento de forma livre e sem restrições, com periodicidade razoável e sem demoras ou custos excessivos.

2. O exercício do direito de acesso não pode ofender a natureza secreta do processo disciplinar até à fase da acusação (art. 37.º do DL n.º 24/84, de 16 de Janeiro), nem afectar ou desvirtuar os resultados do acto de instrução.

3. Quando se trate de factos passíveis de serem considerados infracção penal, cuja apreciação segue as regras do CPP, e na medida em que este determina que haja actos e documentos sujeitos ao segredo de justiça, previsto no art. 86.º do CPP, tal faz com que o direito de acesso não seja pleno e o seu exercício tenha de realizar-se de forma indirecta (n.º 2 e o n.º 4 do art. 11.º da Lei 67/98).

([331]) Veja-se, para mais desenvolvimento, a Autorização n.º 22/2000, de 18 de Abril (*in* Relatório de 2000, pág. 150):

"1. Determina o n.º 2 do art. 8.º da Lei n.º 67/98 que "o tratamento de dados pessoais relativos a (...) decisões que apliquem penas pode ser autorizado pela CNPD, observadas as normas de protecção de dados e de segurança da informação, quando tal tratamento for necessário à execução de finalidades legítimas do seu responsável, desde que não prevaleçam direitos, liberdades e garantias do titular dos dados".

Quanto às medidas de segurança salienta-se que estes registos devem ser de acesso reservado, impondo-se a adopção de medidas reforçadas – tal como decorre do artigo 15.º da Lei 67/98 – em face da natureza e sensibilidade da informação

2. O prazo de conservação deve ser adequado à finalidade, havendo lugar à eliminação dos dados em caso de absolvição ou arquivamento do processo (v.g. por prescrição do procedimento disciplinar), bem como pela extinção da pena (v.g. reabilitação ou amnistia – quando aplicável).

Em relação aos princípios de conservação, que não são substancialmente diversos na actividade privada ou na Administração Pública, teve a CNPD oportunidade de considerar o seguinte [332]:

"1. Os dados não devem ser conservados sempre que houver decisão definitiva que dê como não provados os factos que originaram o procedimento. Também nos casos de reabilitação (art. 116.º do Regulamento Disciplinar da PSP, Lei n.º 7/90, de 20 de Fevereiro), os dados pessoais relativos às incapacidades e demais efeitos da condenação, ainda subsistentes, devem ser eliminados na data em que esta ocorra.

2. Nos casos de revisão do processo disciplinar, os dados pessoais só podem ser conservados até à data da revogação ou alteração da decisão proferida no processo revisto. Nos casos de extinção do procedimento disciplinar (art. 54.º ss. do Regulamento disciplinar da PSP), i.e., quando ocorra prescrição do procedimento disciplinar, prescrição da pena, cumprimento da pena, morte do infractor ou amnistia, os dados só poderão ser conservados para finalidade estatística, consulta e actualização dos antecedentes disciplinares, até 5 anos após a morte ou 10 anos após a aposentação".

---

2. Cabe à CNPD autorizar, previamente, o tratamento sobre processos e sanções disciplinares, observadas as normas de protecção de dados e de segurança da informação.
3. Sendo estas as "finalidades legítimas", o tratamento de dados pessoais relativos a decisões que apliquem penas é necessário à execução daquelas finalidades (n.º 2 do art. 8.º da Lei 67/98)".

[332] *In* Autorização n.º 28/2000, de 2/5/2000, Relatório de 2000, pág. 162.

IV. CONTROLO DE ENTRADAS E SAÍDAS E DA ASSIDUIDADE COM RECURSO A SISTEMAS BIOMÉTRICOS

1. Introdução

1. O recurso ao tratamento de dados biométricos teve uma grande repercussão pública em Portugal quando – em 28 de Janeiro de 2003 – a CNPD determinou o bloqueio de um sistema de acesso que registava as entradas e saídas de funcionários através da leitura da íris. ([333]). Na sequência do referido bloqueio, umas dezenas de entidades (públicas e privadas) notificaram os seus tratamentos à CNPD.

Um olhar pela comunicação social dá-nos conta de que, em Portugal, vários serviços públicos e empresas já recorrem a sistemas biométricos para o controlo do horário dos trabalhadores. O jornal Público ([334]) refere que na Universidade do Minho "seis centenas de funcionários não docentes utilizam um sistema de reconhecimento da impressão digital para entrar nas instalações da academia, desde Novembro de 2002". Pela escola estão dispersos 35 terminais de leitura, espalhados pelos diversos edifícios da Universidade.

A versatilidade e carácter inovador das potencialidades destes sistemas dão, até, lugar à escolha de títulos de notícias bem sugestivas, como: "picar o ponto com o olhar" ([335]) e "EUA querem achar terroristas pelo cheiro" ([336]). Tudo isto para evidenciar que *os métodos tradicionais* de identificação ([337]),

---

([333]) Deliberação n.º 17/2003, de 28 de Janeiro.

([334]) Público de 13 de Janeiro de 2003.

([335]) O Jornal Público, de 13 de Janeiro de 2003, dá-nos conta que "os funcionários de uma empresa já se habituaram a que, para abrir certas portas, é preciso «abrir o olho» a um dispositivo de reconhecimento da íris".

([336]) O Info online – http://www2.uol.com.br/info/aberto/infonews/012003/08012003-5.shl – cita o The New York Times referindo que a *Defense Advanced Research Projects Agency* procura parceiros que encarem o desafio de conseguir «propostas inovadoras» para "descobrir se os odores determinados geneticamente podem ser usados para a detecção e identificação de pessoas específicas e, se a resposta for afirmativa, criar a tecnologia capaz de fazer isso".

([337]) Um sistema de «identificação» responde à seguinte pergunta: Quem sou eu? O sistema deve reconhecer uma pessoa que se apresenta e tem de ser distinguida de outras, cujos dados biométricos foram recolhidos. No momento da sua apresentação o sistema faz uma busca exaustiva à base de dados para encontrar, entre todos os *templates* armazenados, o registo que corresponde àquele que o sensor acaba de captar. Sistemas destes são

acreditação e autenticação (^{338}) são falíveis e susceptíveis de ludibriar os sistemas de controlo. Efectivamente, os sistemas de controlo utilizados para fins de identificação ou autenticação no contexto laboral – cartão de ponto, cartão magnético associado ou não a um PIN, códigos ou palavras de passe – permitem que um terceiro possa, em vez do próprio trabalhador, iludir o sistema fazendo crer que foi o próprio trabalhador que acabou de entrar ou sair do seu posto de trabalho. A verdade é que estes sistemas permitem substituir ou «securizar» os métodos tradicionais, sendo de extrema utilidade quando se pretende – por razões de segurança ou de segredo – restringir, nomeadamente, o acesso a locais cuja entrada é privilégio de alguns.

2. Os atentados terroristas ocorridos em 11 de Setembro de 2001 desencadearam múltiplas «reacções securitárias», nomeadamente nos EUA, não se estranhando que o recurso aos sistemas biométricos se apresente como um dos meios privilegiados de identificação, especialmente nos aeroportos e fronteiras. O Tek.Sapo (^{339}) refere que o Governo americano pretende introduzir um novo «sistema electrónico de vigilância nas suas fronteiras» denominado US VISIT (*US Visitor and Immigrant Status Identification Technology*). Segundo a notícia, "qualquer cidadão estrangeiro portador de visto que, a partir de 1 de Janeiro de 2004, passe as fronteiras dos EUA será fotografado electronicamente e as suas impressões digitais serão recolhidas numa gigantesca base de dados. As informações do visitante serão depois verificadas pelas autoridades competentes que confirmarão se o indivíduo tem ligações com redes terroristas, condena-

---

representados pela expressão 1-n (um para muitos), na medida em que o dado da pessoa em concreto é comparado ao das restantes existentes na base de dados.

(^{338}) O sistema de «autenticação» responde às seguintes questões: Eu sou aquele que alego ser? O sistema certifica a identidade daquele que se apresenta, limitando-se a conferir a veracidade da informação que apresentou. Os sistemas deste tipo são representados pela expressão 1-1 (um-para-um) na medida em que é feita uma comparação entre a informação da característica biométrica apresentada com o *template* respectivo, a que aquela informação está associada. Não necessitando o sistema de "percorrer" toda a base de dados, a resposta é muito mais rápida. É o que acontece, por exemplo, no centro de diversões da Disneyland (Flórida), onde se recorre a uma aplicação biométrica que assenta na geometria da mão e que não pretende identificar os visitantes mas, simplesmente, se têm o direito de aceder a determinados serviços de diversão do parque (*v.g.* porque adquiriram um passe que lhe dá direito a visitar o centro de diversões em determinados períodos do ano).

(^{339}) *In* http://tek.sapo.pt/4K0/398684.html

ções judiciais ou violações na utilização dos seus vistos" (340). Isso já está a acontecer, embora haja cidadãos que são dispensados dessa formalidade (v.g. cidadãos da União Europeia).

Também o aeroporto de Heathrow se preparava, a partir de Outubro de 2003, para começar a testar um novo método de controlo de passageiros que se baseava numa tecnologia biométrica de reconhecimento da íris. Segundo o Tek.Sapo (341) o sistema utilizado – *JetStream Passenger Processing* – "vai permitir que passageiros seleccionados sejam identificados em poucos segundos, ao olharem para uma *camera* de vídeo no ponto de controlo do passaporte". Os passageiros que participarem nesta experiência, embora sejam obrigados a levar consigo o passaporte, serão autorizados a entrar no Reino Unido através da verificação, em tempo real, do padrão da sua íris (342).

3. Estando em causa, sem qualquer dúvida, o tratamento de dados pessoais (343) – na medida em que a informação processada diz respeito a «pessoa singular identificada ou identificável» com referência a «*elementos específicos da sua identidade física, fisiológica, psíquica*» (cf. artigo 3.º al. a) da Lei 67/98) – tal tratamento está submetido às disposições da Lei de Protecção de Dados.

Atendendo a que é imprescindível a presença física do titular do direito ao acesso, está garantida a certeza da autenticação em face das características de universalidade, unicidade e permanência da informação biométrica.

---

(340) Veja-se, para maior desenvolvimento da política americana, o Relatório apresentado à Assembleia Nacional e ao Senado franceses em Junho de 2003 – "Les méthodes scientifiques d'identification des personnes à partir des données biométriques et les techniques de mise en oeuvre", parte 2.ª, pág. 34 e ss – *In* http://www.assemblee-nationnalle.fr/rap-oecst/i0938.asp

(341) *In* http://tek.sapo.pt/470/274555.html.

(342) Para justificar a introdução desta tecnologia – prevista para passageiros frequentes da Virgin Atlantic ou da British Airways – tem sido indicado como objectivo tornar mais rápido o processo de chegadas de passageiros e reduzir os custos de operação. Depois de identificado o passageiro (com referência ao n.º de passageiro frequente ou de passaporte) os dados são comunicados aos computadores do aeroporto ou da companhia aérea para simplificar o *check-in*, a entrega e recolha de bagagem e o embarque.

(343) No mesmo sentido Varges Gomes – "A biometria e a protecção de dados pessoais" *in* Revista «Administração Pública», Edição 16, Março de 2003, pág. 50 e Relatório apresentado à Assembleia Nacional e ao Senado franceses em Junho de 2003 – "Les méthodes scientifiques d'identification des personnes à partir des données biométriques et les techniques de mise en oeuvre", (parte 2) pág. 17 – *In* http://www.assemblee-nationnalle.fr/rap-oecst/i0938.asp.

Para além destas características, o recurso aos sistemas biométricos tem outras vantagens: "a informação necessária para o acesso, ao contrário da constante de qualquer cartão, não é «perdível», nem susceptível de apropriação ilícita; a pessoa não necessita de, mais ou menos esforçadamente, recordar números, códigos ou qualquer outra chave" ([344]).

Mas, na era do desenvolvimento das tecnologias de vigilância e de controlo ([345]), o recurso a estes meios corresponde, muitas vezes, à adesão a uma moda, a uma vontade de ser identificado com as novas tecnologias ou à cedência a campanhas agressivas de *marketing* que prometem fiabilidade, segurança e rigor. Como refere Jennifer Stoddart ([346]), "a história ensina-nos que, no momento em que uma tecnologia é comercializada, está em geral votada a grandes sucessos comerciais".

Os exemplos enunciados e a «corrida desenfreada» à aquisição destes sistemas exige que seja feita uma reflexão, desde logo, de natureza técnica ([347]) e, em seguida, sobre as implicações que o tratamento de dados biométricos têm na privacidade dos cidadãos ([348]).

([344]) Mário Manuel Varges Gomes – "A biometria e a protecção de dados pessoais", estudo inédito e de grande qualidade apresentado na CNPD, com o objectivo de contribuir para o debate desta temática na Comissão.

([345]) Estas tecnologias já não são privilégio da polícia, das grandes empresas e poderes públicos, mas, mercê da diminuição de custos, de qualquer comerciante, dos proprietários de imóveis ou mesmo de uma família. Já estão aí, a baixo custo, as tecnologias biométricas (impressão digital) de identificação do utilizador de um computador, com dispensa de memorização do *username* ou da *password*. Por isso, não admira que comecem a aparecer sistemas que pretendem controlar os mais inofensivos movimentos das pessoas, sem olhar a princípios mínimos de adequação, necessidade e proporcionalidade. Para ilustrar esta ideia basta lembrar um pedido que foi formulado em França – à CNIL – com o objectivo de introduzir, numa cantina escolar, um sistema de controlo por impressão digital e em que um dos fundamentos apontados era o de evitar a fraude, nomeadamente por parte de "alunos que tentavam comer duas vezes" (cf. Relatório da CNIL de 2000, pág. 109). Devemos estar atentos à vulgarização e massificação destas tecnologias e ao seu relacionamento com outras (vg. videovigilância), factores que são determinantes para preocupações fundadas em sede de invasão da privacidade.

([346]) "Des Technologies de Surveillance", La 23.ª Conférence Internationale des Commissaires à la Protection des Données, Paris, 24/26 de Setembro de 2001, pág. 110.

([347]) O relatório da Assembleia Nacional francesa (loc. cit. – 1.ª parte) não deixa de salientar que os aspectos relativos à performance do sistema e os riscos ligados ao desenvolvimento descontrolado destes sistemas devem ser convenientemente enquadrados.

([348]) Ann Cavoukian ("Privacy and Biometrics" *in* Conferência Internacional de Comissários de Protecção de Dados, Hong Kong) já apontava para a necessidade de exis-

Quando se perspectiva uma utilização de dados que envolve vários estados (v.g. no âmbito do controlo nas fronteiras) torna-se necessária a adopção de sistemas similares ou que permitam uma inter-operacionalidade, sendo exigíveis regras jurídicas compatíveis. Foi neste contexto que surgiu, no Conselho JAI de 27 de Fevereiro de 2003, uma «declaração comum franco-alemã relativa à utilização da biometria». Segundo essa declaração ([349]) "é necessário introduzir normas de utilização da biometria" e é "indispensável que os membros da União Europeia estabeleçam entre eles uma harmonização sobre os modos de utilização dos dados biométricos para os documentos de viagem, títulos de permanência e para vistos". Com esse objectivo a Alemanha e a França pediram que o Conselho confie à Comissão a tarefa de preparar a adaptação dos instrumentos jurídicos em vigor sobre aquelas matérias. Adiantam, por outro lado, que a nova regulamentação deveria ter em atenção, os seguintes aspectos:

a) Definição dos dados biométricos a conservar em complemento da fotografia, tendo em conta as técnicas já identificadas pela Organização da Aviação Civil Internacional (OACI): o reconhecimento facial, a íris, a impressão digital e a geometria da mão;

b) O quadro jurídico comum permitirá aos Estados-membros integrar os dados biométricos nos títulos que produzem, tendo em atenção que a escolha dos dados a armazenar e os sistemas de leitura devem permitir uma inter-operacionalidade dos sistemas em todos os Estados-membros;

c) Os fundamentos jurídicos comuns devem respeitar as regras de protecção de dados e, mais precisamente, a Carta dos Direitos do Homem, bem como a Directiva 95/46/CE.

Na linha desta declaração comum o Conselho Europeu, realizado em Salónica em 19 e 20 de Junho de 2003, reconheceu ser necessária uma aproximação coerente na União Europeia ao nível do tratamento de dados biométricos que permitam uma harmonização na produção de documentos a cidadãos nacionais de países terceiros, passaportes de cidadãos da União

---

tirem determinadas salvaguardas – legislativas, processuais e técnicas – as quais se revelam essenciais para assegurar que a biometria não se apresente como uma ameaça à privacidade.

([349]) Pode ser consultada no anexo 6 do relatório da Assembleia Nacional francesa (loc. cit. 3.ª parte, pág. 103).

Europeia e sistemas de informação (VIS e SIS II). O Conselho Europeu convidou a Comissão, deste modo, a "preparar as propostas apropriadas".

2. A biometria e o funcionamento geral dos sistemas biométricos

1. O Dicionário da Língua Portuguesa Contemporânea da Academia de Ciências de Lisboa define a biometria como sendo a "parte da biologia que estuda as variações de um dado grupo utilizando a matemática, a estatística e o cálculo de probabilidades". Também o Dicionário Morais considera ser o "ramo experimental e estatístico da biologia em que, por meio de dados numéricos e cálculos de probabilidades, se procuram fixar as leis naturais da vida".

Segundo Eugène Schreider ([350]) a biometria assenta na mensuração e na enumeração e utiliza as estatísticas e as probabilidades a fim de dar aos fenómenos biológicos uma «expressão quantitativa plausível», o que permite afirmar que se a biometria traz um pouco de precisão, ela fá-lo em detrimento da certeza.

Em termos gerais, pode dizer-se que a biometria é o ramo da ciência que se dedica ao estudo e à «mensuração» dos seres vivos, em particular das suas características únicas e que os diferenciam dos outros. Essas características biométricas possuem requisitos específicos de ([351]):

– *Universalidade*: são normalmente, salvo doença ou acidente, comuns a todas as pessoas. Sendo a biometria da retina compatível com a utilização de lentes de contacto, não será utilizável, como é óbvio, em pessoas cegas ou com cataratas graves.
– *Singularidade ou unicidade*: são únicas, com traços peculiares próprios que não se repetem, o que permite fazer a diferenciação entre duas pessoas. Os elementos biométricos que permitem uma maior diferenciação são o ADN, a retina e a impressão digital.
– *Permanência*: não mudam com o decurso do tempo. Este requisito tem de ser entendido de forma relativa na medida em que nem todos os traços se mantêm imutáveis através dos tempos. Estes tra-

---

([350]) "La Biométrie", PUF, Collection «Que sais-je», 1960.
([351]) Cf. Varges Gomes, ob. cit. pág. 6 e ss. e Meryem Marzouki – "Les enjeux des techniques de biométrie – Une première approche ", La 23.ª Conférence Internationale des Commissaires à la Protection des Données, Paris, 24/26 de Setembro de 2001, pág. 139.

ços podem modificar-se (³⁵²) por *razões naturais* – o caso típico da geometria facial, que se modifica com a idade (v.g. crescimento da barba, bigode ou aparecimento de rugas), a geometria da mão (com o crescimento) ou a alteração da voz em função da idade – e *acidentais* (um acidente pode modificar, de forma irreversível, a geometria da mão ou facial), bem como *voluntárias* (a operação plástica que pode modificar alguns aspectos da geometria facial).
 – **Mensurabilidade e acessibilidade**: é na susceptibilidade de coligir, de medir e de comparar as características biométricas que está a chave do funcionamento de todo o sistema. Conforme refere Varges Gomes, "é esta sua característica de quantificação e susceptibilidade de medição, sempre variável relativamente a todas e cada uma delas, que vai permitir, quer o processo inicial de inscrição ou registo na respectiva base de dados, na sequência do processo de algoritmização e numeralização, quer, posteriormente, quando da sua comparação, levando então à, maior ou menor, probabilidade da identificação ou da autenticação".

As referidas características, umas mais fiáveis que outras, podem basear-se na utilização de técnicas biométricas que assentam na mensuração de traços com natureza diversa:
 – Umas baseadas em traços de *natureza morfológica, física ou fisiológica*: impressões digitais, geometria da mão, geometria ou padrão do rosto, desenho dos vasos sanguíneos da retina, íris do olho, a dentição, a forma da orelha, a dimensão dos ossos, a saliva, o odor e as características do ADN;
 – *Outras baseadas na análise comportamental*: dinâmica do traço da assinatura manuscrita, batimentos no teclado do computador, reconhecimento da voz, a ressonância acústica da cabeça, o andar/marcha, características reveladoras de emoções e sentimentos.

2. Os sistemas biométricos são constituídos por um sistema informático – que integra *hardware* (computador e respectivos periféricos necessários, em função do tipo de técnica utilizada) e *software* respectivo,

---
(³⁵²) Isto apesar de a tecnologia ter vindo a fazer esforços no sentido de prever a evolução das características biométricas com o decurso do tempo.

adquiridos junto do respectivo fornecedor (353) – funcionando de forma similar. É possível diferenciar as seguintes fases distintas: a fase da captura do dado biométrico («módulo de inscrição»), a fase da apresentação do interessado perante o leitor, que irá obter as suas características biométricas, procedendo o sistema à comparação, em tempo real, com o modelo armazenado e, em seguida, à resposta adequada (fase da «identificação»).

Depois de feita a listagem das pessoas a submeter ao controlo do sistema biométrico, devem elas ser convocadas para ser feita a captura do seu dado biométrico, ou seja, as suas características são mensuradas e registadas no sistema. Esse registo é feito através de recurso a um sensor (*v.g.* impressão digital ou geometria da mão), de um microfone (*v.g.* o reconhecimento da voz) ou de uma *camera* digital (*v.g.* geometria do rosto). Conforme a tecnologia, procede-se ao armazenamento da informação recolhida através da digitalização da «imagem» obtida ou à «codificação» dos dados recolhidos através de «um processo de algoritmização» (354) que, de forma automática, gera "a respectiva chave binária – também denominada «assinatura biométrica» – identificativa da pessoa em causa. É então este *template* – a informação representativa da característica biométrica a armazenar para posterior utilização – que vai passar a constar do registo, na respectiva base de dados, ao qual depois o administrador do sistema associa a respectiva identificação da pessoa em causa e que, mais tarde, por comparação, vai poder servir para identificar ou autenticar o respectivo utilizador" (355). Por isso, quando o utilizador solicita a autenticação, a sua característica física, captada pelo sensor de forma analógica, é convertida e representada digitalmente a fim de que, internamente, possa ser comparada com o modelo biométrico («*template*») armazenado anteriormente (356).

---

(353) Não se justifica especificar com detalhe a tecnologia necessária à aquisição de um sistema biométrico. Na Internet existe informação detalhada de vários fornecedores. Referem-se, por exemplo, os seguintes endereços: http://www.ibgweb.com/reports/public/reports/components_processes.html; http://www.bioglobal.pt; http://web01.proglobo.pt.

(354) Sobre o conceito de algoritmo e suas características veja-se Claudio Gutiérrez – "El algoritmo Informático" (*in* http://www.claudigutierrez.com/el_algoritmo_informatico.html).

(355) Varges Gomes, ob. cit. pág. 11.

(356) Veja-se *in* http://www.imasters.com.br/web/conteudo/coluna_segurança.asp?codColuna=231 um artigo de Alexandre Lopes – "Biometria", 9/9/2002 e Didier Godart –

Deve dizer-se que, na generalidade dos casos, os sistemas biométricos não utilizam a tecnologia de digitalização da imagem recolhida, mas fazem a «codificação» dos dados recolhidos. Ou seja, não estaremos, por exemplo, perante um ficheiro que digitaliza as impressões digitais», mas perante um ficheiro que, não armazenando a «imagem do nosso dedo», regista os modelos ou *templates* (chave binária) representativos do valor ou padrão numeralizado das características de cada utilizador.

Em resultado dessa comparação de *templates* o sistema dá a resposta correspondente; esta resposta representa o resultado do procedimento de «identificação».

O *template*, que representa a característica biométrica do indivíduo, pode, também, ser gravado ou memorizado num suporte que o seu titular traz consigo (v.g. um cartão ou um código de barras). Esta tecnologia pode ser vantajosa, em termos de preservação da privacidade, para obviar à constituição de bases de dados centrais com armazenamento de características biométricas e permite uma maior rapidez na identificação do utilizador, em particular quando o sistema gere muitos utilizadores ou precisa de fazer a verificação remota ([357]). Tem o inconveniente de exigir que o utilizador não se esqueça de transportar o cartão ou código de barras consigo, obrigando à produção de novo cartão em caso de extravio ou má conservação.

De referir, finalmente, que o sistema biométrico que, através do processo de algoritmização, gerou o *template* que representa numericamente a característica biométrica captada, não permite fazer a reversão e, por conseguinte, descodificar e reproduzir, de forma digitalizada, a imagem da característica biométrica (v.g. representação digitalizada da impressão digital, da íris, da geometria da mão ou da geometria facial). Este aspecto é, no nosso ponto de vista, fundamental em termos de protecção da privacidade uma vez que, em bom rigor, o responsável do tratamento não dispõe, como se referiu, de uma base de dados de impressões digitais mas de uma lista estruturada e numeralizada das características biométricas ([358]).

"Sécurité Informatique", Risques, Stratégies et Solutions, Editions de la Chambre de Commerce et d'Industrie, Belgique, 2002, pág. 168.

([357]) A autoridade de controlo alemã emitiu parecer favorável à introdução de características biométricas nos documentos de identidade a fim de evitar a sua falsificação, sob condição de os dados serem memorizados no *microchip* do cartão, e não numa base de dados, para comparação com as impressões digitais do titular.

([358]) A CNIL considerou satisfatória em termos de segurança e confidencialidade uma declaração do responsável de um tratamento de impressões digitais segundo a qual era

3. Uma das vertentes fundamentais a considerar para aferir a qualidade e aceitação de um sistema biométrico prende-se com a avaliação do seu grau de *desempenho* ou de *performance* o qual depende, em certa medida, da sua capacidade de resposta em termos de velocidade de identificação ([359]) e, também, da taxa de precisão ou de erro que apresenta. Enquanto que a velocidade de identificação, como outras relacionadas com a robustez ou o custo, não suscitam preocupações especiais (mas que não podem deixar de ser consideradas pela entidade que vai adquirir o sistema), já a taxa de precisão é fundamental e dela dependem as condições em que pode assentar a autorização da CNPD. Numa acção de fiscalização por mim realizada a uma entidade que dizia ter feito testes experimentais a um sistema de controlo por impressão digital que se propunha adquirir foi referido o seguinte: «no princípio o sistema tinha uma baixa taxa de reconhecimento e de elevado erro; mas, após uma melhor experimentação e uma intervenção da empresa fornecedora, o grau de aceitação melhorou consideravelmente, tendo diminuído as taxas de rejeição». Esta afirmação ilustra bem alguns problemas que podem surgir. O desempenho do sistema pode depender de vários factores:

- Pode ser necessário, no momento do registo no sistema das características biométricas, fazer várias capturas por forma a escolher aquela que melhor representa a característica biométrica.
- Os sensores devem manter-se em bom estado de conservação e de operacionalidade, nomeadamente quando são sujeitos a uma utilização constante;
- É imprescindível que os utilizadores saibam bem como utilizar o sistema e devem estar conscientes de que o grau de fiabilidade de algumas técnicas biométricas (v.g. a impressão digital) depende da imutabilidade das características biométricas: ferimentos no dedo, excessiva acumulação de poeira, acção de detergentes, tinta ou outros produtos aderentes que podem ter influência na recolha das características biométricas ([360]).

---

garantido um «dispositivo de segurança» que não permitia a impressão dos *templates* registados e que o administrador da base de dados não dispunha das chaves de criptagem e de desencriptação, que seriam guardadas pela empresa que concebeu o produto (veja-se Relatório de Actividades de 2000, pág. 116).

([359]) Uma velocidade de 6 a 10 segundos por pessoa é, normalmente, considerada como aceitável.

([360]) A Comissão francesa – CNIL – dá-nos conta de que foi consultada em relação a um sistema de controlo de acessos por contorno da mão porque os traços biométricos das

Há que estabelecer uma correlação entre a denominada «*Taxa de Aceitações Falsas*» (TAF) e a «*Taxa de Rejeições Falsas*» (TRF). A primeira representa a frequência estatística de aceitação de uma pessoa que não deveria ter sido aceite e a segunda, pelo contrário, corresponde à frequência estatística de uma errónea rejeição, isto é, o sistema não reconheceu uma pessoa que – pelo facto de as suas características biométricas figurarem no sistema – deveria ter reconhecido. O sistema ideal, em termos de fiabilidade, será aquele em que a TAF e a TRF se equivalem numa taxa de erro que terá que ser, necessariamente, baixa ("é admitida e considerada normal uma oscilação entre 0,1% e os 0,2%" – Varges Gomes, ob. cit. pág. 14). As taxas de erro podem variar em função da forma como a pessoa que explora o sistema (ou o fornecedor) o ajustam ([361]): podem preferir diminuir o risco de rejeição falsa, correndo o risco de fazer aumentar a taxa de aceitação errónea, ou, pelo contrário, diminuir o risco de aceitação errónea para aumentar a segurança de entrada nas instalações. Neste caso, se o sistema não for fiável, haverá o risco de muitos dos utilizadores autorizados serem recusados por se exigir um elevado grau de semelhança ([362]).

---

pessoas visadas – pessoal de limpeza de um estabelecimento público – eram alteradas com a utilização de detergentes (cf. Relatório de Actividades de 2001, pág. 158).

([361]) Como refere a CNIL (Relatório de 2000, pág. 105) "um algoritmo de reconhecimento biométrico nem sempre dá o mesmo resultado quando a mesma pessoa se apresenta duas vezes seguidas, uma vez que as condições de controlo não podem nunca ser idênticas (voz ligeiramente diferente, dedo colocado de forma diferente). Os equipamentos são normalmente concebidos para fornecer uma resposta sobre a forma de uma percentagem de coincidências". Tudo depende da política «securitária» prosseguida pela empresa. A SecuriteInfo.com (http://www.securitinfo.com) especifica algumas das vulnerabilidades dos sistemas de impressões digitais, salientando, no entanto, que a falta de eficácia destes sistemas situa-se, de uma maneira geral, na forma como são medidas as características biométricas e com a *margem de erro que autorizam*. Não admira, por isso, que se assista a uma verdadeira «guerra de taxas» no momento da apresentação do produto por parte dos fornecedores. Para maior desenvolvimento sobre taxas de erro e comparação de diversos sistemas biométricos veja-se o relatório da Assembleia Nacional francesa, loc. cit. pág. 18 e ss.

([362]) Nos casos em que se pretende uma maior performance ou um alto nível de segurança pode ser adoptado um sistema biométrico «multimodal» que consiste na utilização simultânea de vários sistemas biométricos: é o que acontece, por exemplo, no controlo de acessos aos submarinos nucleares franceses em que é feito um controlo através da impressão digital e da geometria da mão; Israel instalou, em 42 pontos de passagem diária de trabalhadores palestinianos, controlos de identidade com recurso ao reconhecimento facial e à geometria da mão, memorizados num cartão magnético (cf. Relatório da CNIL de 2001, pág. 160).

Relacionado com as taxas de aceitação ou de rejeição interessa alertar para o risco de, mercê da diminuição das exigências do grau de semelhança, haver um número diminuto (ou nulo) de utilizadores autorizados susceptíveis de serem recusados e um maior número de falsos utilizadores passíveis de serem aceites ([363]). Este aspecto é fundamental na medida em que um sistema biométrico que não é fiável cumpre de forma deficiente as finalidades que se propõe atingir, correndo o risco de tratar – especialmente em sistemas de «identificação» – informação desactualizada. Efectivamente, se há uma grande probabilidade de «falsos utilizadores» poderem ser aceites, é também possível que – no contexto de uma empresa onde o sistema visa controlar o horário de trabalho – as apontadas deficiências no desempenho permitam a troca de identificação de alguns trabalhadores (eventualmente com características semelhantes) e a consequente anotação de atrasos ou faltas de forma indevida. Se houver este risco, não temos dúvidas em afirmar que o sistema não reúne as condições legais para desempenhar as finalidades de controlo uma vez que, para além de a informação se encontrar desactualizada, é um factor de grande instabilidade e de falta de confiança no sistema, colocando aos trabalhadores grandes dificuldades de prova em relação à comprovação da «falsa entrada» que lhes foi atribuída pelo sistema.

4. A aquisição de sistemas biométricos passa, igualmente, pela adopção de soluções alternativas para suprir as suas insuficiências, especialmente as que resultam das taxas de falsas rejeições. Numa *experiência* levada a cabo com a adesão de 5.000 voluntários em 2 aeroportos de Paris (Orly e Roissy) – no âmbito do controlo de acesso de pessoas a zonas de acesso limitado na perspectiva de acelerar e securizar o sistema actual de controlo de 80.000 pessoas – foi feito um controlo, durante 6 meses, através de sistemas diferenciados: impressão digital, geometria da mão e leitura da íris, com taxas de rejeição, respectivamente, de 0,1%, 0,2% e 8%. Em relação à íris foi possível constatar que as elevadas taxas têm a ver com o facto de esta técnica requerer um «período mais longo de aprendizagem».

No mesmo contexto, o *Parliamentary Office of Science and Tecnology* britânico, no seu relatório consagrado à utilização dos sistemas bio-

---

([363]) Pode ter sido, ou não, o que aconteceu no caso acima referido em que o sistema passou a ter um número diminuto de rejeições após a intervenção do fornecedor.

([364]) Relatório da Assembleia Nacional francesa, cit.

métricos, referiu que dos 63 milhões de passageiros que transitam anualmente no aeroporto de Heathrow, um sistema biométrico que utilizasse a impressão digital com uma taxa de fiabilidade de 98% geraria mais de 1 milhão de erros por ano, sendo reduzido a 63.000 com uma taxa de 99,9% o que representaria cerca de mil erros por semana, o que seria suficiente para abalar a confiança dos passageiros e das equipas de segurança ([364]).

No domínio bancário – onde a taxa de fraude de cartões de crédito tem implicações económicas relevantes – o *Deutsche Bank* fez um estudo comparativo entre a utilização dos sistemas tradicionais de autenticação e os sistemas biométricos tendo referido ([365]) que "os sistemas tradicionais, tal como os sistemas biométricos são vulneráveis e passíveis do mesmo tipo de ataques ou manipulações: um *hacker* pode interceptar um *template* na fase de comparação". Salienta, ainda, que a associação de um PIN ou de um «código» a um cartão permite uma resposta segura a 100% enquanto que os sistemas biométricos não asseguram esse grau de eficácia (em face das taxas de reconhecimento incertas), com consequências óbvias na confiança do cliente e implicações graves nas transacções comerciais. Acresce, por outro lado, que a utilização de dados biométricos implicaria a existência de sistemas de certificação e de avaliação standartizados, que estão muito longe de se conseguirem no domínio bancário...

Em jeito de conclusão refere aquele estudo que "os dispositivos biométricos não constituem uma solução viável a curto prazo, mas permitem conferir uma melhor segurança em relação aos sistemas tradicionais sem, porém, os pretenderem substituir. A garantia dum mais alto nível de segurança gera custos suplementares e oferece uma menor facilidade de utilização; o apoio complementar de sistemas biométricos não se justifica a não ser para protecção de zonas de alta segurança".

Não se pense, assim, que estes sistemas são infalíveis e que vêm resolver todos os problemas de autenticação ou identificação, razão pela qual será de esperar que existam limitações e «imponderáveis» em matéria de qualidade de desempenho. Por isso, não podemos, deixar de aderir ao conselho que nos é dado, a título de conclusão, no *site* com o endereço *SecuritInfo.com* ([366]) quando refere o seguinte: «abandonemos de uma vez

---

([365]) "Biométrie, mythe et réalité", 22 de Maio de 2002.
([366]) *In* http://www.securitinfo.com/conseils/biometrie.shtml. Varges Gomes (ob. cit. pág. 16), depois de citar alguns casos que comprovam situações em que foi possível ludibriar sistemas conclui, no mesmo sentido, que «ao contrário do que tantas vezes se lê e

por todas esta imagem de tecnologia segura falsamente propagandeada pelos média. A biometria não é uma "solução miraculosa e universal"!».

Muito embora se reconheça que as características biométricas são difíceis de falsificar, há estudos que admitem vulnerabilidades em certos sistemas biométricos (367), advogando-se a necessidade de as características biométricas serem "conservadas num ambiente seguro". Neste contexto, «é determinante que o sistema de verificação não possa só comparar os dados com os modelos registados, mas que também possa controlar se os dados provêm da mesma pessoa no momento da verificação. Se o sistema não consegue proceder a estes dois controlos, há um risco ao nível da segurança». Não podemos esquecer – tal como defendem alguns peritos (368) – que alguns sistemas biométricos apresentam alguns riscos por não estarem convenientemente testados e de serem técnicas recentes que ainda não deram provas suficiente da sua eficácia. Por isso, na introdução de novos sistemas não pode deixar de ser feita uma comparação, nas várias perspectivas relevantes (em particular em termos de protecção de dados) entre os sistemas que existem e aqueles que se pretendem instalar.

Devemos estar cientes, por outro lado, que os dados biométricos «roubados ou perdidos» apresentam perigos enormes para os titulares dos dados na medida em que, contrariamente ao que acontece com os códigos, PIN's ou password's, as características biométricas não podem ser alteradas ou substituídas.

Para além de sugerirmos uma atenção especial em relação à performance e eficácia no desempenho do sistema – que deve ser testada, na prática, durante um período experimental adequado – entendemos que, no momento da validação/identificação do trabalhador pelo sistema, deveria haver um écran junto ao sensor que fornecesse o nome da pessoa (ou n.º de funcionário) que acabou de ser identificada. Entendemos, por outro lado, que o sistema deve estar preparado para assegurar um acesso imediato e expedito que permita ao trabalhador verificar os dados sobre si registados no sistema, podendo, assim, controlar a fiabilidade do sistema

---

ouve, os sistemas biométricos não são a panaceia universal para todos os males e, como se sabe, também nesta área, com frequência vinga o, comercialmente conhecido, gato por lebre"...

(367) Veja-se http://www.edsb.ch/f/doku/jahresberichte/tb9/kap3b.htm

(368) Veja-se o debate/audição pública parlamentar realizada em França em 15 de Maio de 2003, ob. cit. 3.ª parte (anexo 2).

e, se for o caso, assegurar a respectiva rectificação dos dados para evitar que seja penalizado pela ineficácia do sistema ([369]). Neste contexto, faz sentido alertar para a aplicação, com especial pertinência, do princípio contido no artigo 13.º da Lei 67/98 que proíbe a tomada de decisões com base, exclusivamente, em tratamento automatizado.

3. Uma breve referência a algumas técnicas biométricas

Já enunciámos as técnicas biométricas mais utilizadas. Deve dizer-se que aquelas que assentam em características de natureza *comportamental* não são, normalmente, utilizadas na finalidade que agora nos ocupa. Para controlo das entradas e saídas (v.g. assiduidade ou simples gestão de acessos a locais reservados) as tecnologias mais utilizadas recorrem às características *morfológicas, físicas ou fisiológicas*. Os sistemas mais vulgarizados são a impressão digital, o controlo através da íris, a geometria da mão e a geometria ou padrão do rosto.

Os critérios a utilizar para a escolha de um sistema biométrico deverão ter em conta, nomeadamente, o "conforto na utilização, a precisão, a relação qualidade/preço e o grau de segurança" ([370]). A implantação do sistema na empresa deverá procurar obter o consenso dos trabalhadores e não ser imposto, na medida em que a sua eficácia depende, também, em grande medida, de factores psicológicos que são determinantes para a aprendizagem na utilização do sistema e na cooperação dos utilizadores, quer no processo de captura quer na comparação ([371]).

Porque não temos pretensões nem capacidade para apresentar uma visão rigorosa do funcionamento destes sistemas, limitamo-nos a fazer

---

([369]) É óbvio que, caso se comprove que o sistema faz falsos reconhecimentos e não regista com rigor as horas de entrada e saída de cada trabalhador, não haverá condições legais para este sistema de controlo se manter por violação dos princípios da finalidade (consignado no artigo 5.º n.º 1 al. b) da Lei 67/98) – porque não se apresenta como adequado à realização da finalidade proposta – e recolher dados com violação do princípio da exactidão (cf. artigo 5.º n.º 1 al. d) da Lei 67/98).

([370]) Cf. Relatório da Assembleia Nacional francesa, 1.ª parte, loc. cit., pág. 8.

([371]) Didier Godart, com base em estudo realizado em 2000 (ob. cit., pág. 168), refere que no mercado mundial da biometria a impressão digital é a tecnologia mais utilizada (34%), seguindo-se a geometria da mão (26%), a geometria facial (15%), a análise da voz (11%), a análise do olho (11%) e, finalmente, a assinatura (3%).

uma abordagem sumária e descritiva das suas características, que é fruto de algumas consultas bibliográficas efectuadas, em particular nos *sites* de diversa natureza (informativos e comerciais) disponíveis na Internet.

3.1. A impressão digital

1. É a técnica mais antiga e conhecida que, com rigor técnico, tem vindo a ser utilizada com eficácia na autenticação e identificação ao longo dos tempos. Como é sabido, é muito utilizada pela polícia e, em Portugal, é um dos dados a recolher para fins de identificação civil e criminal ([372]). É, ainda hoje, a técnica biométrica mais utilizada e a sua evolução tem muito a ganhar com os contributos que a informática lhe pode conferir.

O tratamento da impressão digital passa por um processo complexo que se inicia com a «captura da imagem» através de um leitor que pode recorrer a vários métodos: óptico, capacitivo, de pressão ou térmico. Os sistemas ópticos são, actualmente, os mais utilizados. O dedo é colocado num scanner e a imagem da impressão digital é convertida num «sinal digital».

Após a captura o computador, através do *software* concebido pela empresa fabricante, faz a codificação/algoritmização das minúcias, criando o *template* que é armazenado (em ficheiro, no equipamento do utilizador ou em cartão).

Alguns fabricantes desenvolveram algoritmos que "classificam as impressões digitais em 5 classes: remoínho (*whorl*), laçada direita (*right loop*), laçada esquerda (*left loop*), arco (*arch*) e arco tentacular. O algoritmo separa o número de estrias (ou "cristas") em 4 direcções (0 graus, 45 graus, 90 graus e 135 graus) filtrando a parte central da impressão digital com um banco de filtros Gabor. Esta informação é então quantificada para gerar um código, o qual é usado para classificar a impressão digital".

([372]) Vejam-se os artigos 5.º, 15.º n.º 1 alíneas a) e c), 22.º alínea c) e 23.º n.º 2 da Lei 33/99, de 18 de Maio (lei de identificação civil) e o artigo 4.º n.º 2 da Lei 57/98, de 18 de Agosto (lei de identificação criminal). O DL 381/98, de 27 de Novembro, ainda relativo à identificação criminal e contumazes prevê a existência de um «ficheiro dactiloscópico arquivado pela ordem da respectiva fórmula" (artigo 5.º n.º 5 e 6 e artigo 17.º). Também em França há um ficheiro nacional de impressões digitais, criado para fins criminais (Cf. Deliberação da CNIL n.º 86-102 de 14/10/1986 – Relatório de 1986, pág. 342) e um ficheiro cuja finalidade é a gestão e controlo dos pedidos de asilo (Deliberação 87-106, de 3 de Novembro – Relatório da CNIL de 1987, pág. 213).

Todas as pessoas têm impressões digitais únicas e imutáveis e essas características peculiares são medidas em função do padrão das "cristas" (ou "estrias") e "epiderme" da superfície dos dedos ([373]). As técnicas de comparação das impressões digitais podem ser definidas em duas categorias: as baseadas em «*minúcias*» e as baseadas em correlação.

As cristas formam "arcos" que se enrolam uns nos outros e curvam para a esquerda e direita. A ondulação contínua dos arcos é interrompida por linhas descontínuas – as chamadas «*minúcias*» – que constituem pontos característicos que permitem individualizar os desenhos digitais. De entre os vários tipos de «*minúcias*» podem ser individualizadas: a extremidade das "*cristas*", as "*bifurcações*" (uma "*crista*" que se separa em duas), os "*pontos*" ("*cristas*" muito pequenas), as "*ilhas*" ("*cristas*" maiores que o "*ponto*" no meio de duas "*cristas*" divergentes), "*deltas*" (conjunto de "*cristas*" em forma de Y) e as "*pontes*" (pequenas "*cristas*" que unem duas "*cristas*" adjacentes). Este tipo de «minúcias» pode ser melhor compreendido através da visualização do quadro que segue.

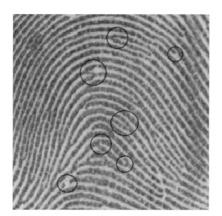

Fonte: http://www.securiteinfo.com/conseils/biometrie.shtml

([373]) Para maior desenvolvimento e detalhe podem consultar-se várias obras, das quais destacamos: Varges Gomes, ob. cit.; Relatório da CNIL de 2000, pág. 103 e ss.; "A importância da imagem em Biometria" *in* http://www.img.lx.it.pt/~fp/comimg/ano2001_2002/trabalhos2001_2002/trabalho4/; "La Biométrie" *in* http://www.securiteinfo.com/conseils/biometrie.shtml; Meryem Marzouki – "Les enjeux des techniques de biométrie – Une première approche ", La 23.ª Conférence Internationale des Commissaires à la Protection des Données, Paris, 24/26 de Setembro de 2001, pág 138; Bernard Didier – "Breves introductions sur le marché do traitement automatique de l'empreinte digitale *in* http://www-conference-

Permitindo uma impressão digital de qualidade assinalar, em média, cerca de 70 "*minúcias*", os produtos existentes no mercado não dão 100% de correspondência entre o algoritmo da imagem armazenada e aquele que é produzido na sequência da apresentação do mesmo dedo para reconhecimento. A aquisição de duas imagens do mesmo dedo apresentam um alto nível de semelhança e, nessa medida, entende-se que só devem fazer a identificação/autenticação se forem relacionados, pelo menos, 8 pontos sem discordância entre duas ID's. Este é o limite mínimo, segundo a generalidade da bibliografia consultada, que permite a identificação. Já em relação ao número de pontos infalível (e, por isso, desejável) a generalidade considera que 12 pontos característicos seria bastante para a identificação ([374]).

2. A tecnologia da impressão digital, sendo uma das que suscita menor resistência por parte dos utilizadores (v.g. porque às tecnologias de reconhecimento pela retina ou íris aparecem sempre associadas as dúvidas em relação aos efeitos produzidos na visão), não deixa de estar conotada com as técnicas de investigação policial, o que leva alguns utilizadores a considerar que estão a ser tratados como "suspeitos".

Por outro lado, e em termos de protecção da privacidade, a grande objecção que se tem levantado – especialmente em França (CNIL) – é a de que este tratamento, apesar da finalidade inicialmente declarada, pode constituir um «novo instrumento» nas mãos da polícia ([375]). Efectivamente, a particularidade deste tipo de dado biométrico em relação a outros é que a nossa impressão digital «*deixa rasto*» em tudo o que tocamos ([376])

2001.org/fr/Contribution/didier_contrib.html e La 23.ª Conférence Internationale des Commissaires à la Protection des Données, Paris, 24/26 de Setembro de 2001, pág. 125.

([374]) A CNIL considera que "com um número restrito de minúcias (15 ou 20) correctamente localizadas, é possível identificar uma impressão em muitos milhões de exemplares. O objectivo será ter um mínimo de 15 minúcias de boa qualidade. Para chegar a este valor, o algoritmo de reconhecimento de forma deve começar por seleccionar uma amostra mais vasta, uma centena de potenciais minúcias. Muitas delas revelar-se-ão falsas minúcias. Outras serão minúcias eliminadas pela sua má qualidade". No mesmo sentido, o relatório da Assembleia Nacional francesa, cit. pág. 9.

([375]) No mesmo sentido Meryem Marzouki – "Les enjeux des techniques de biométrie – Une première approche ", loc. cit. pág. 140 : "o mais preocupante no futuro reside na utilização da impressão digital fora da esfera policial e, por consequência, a possibilidade de cruzamento com os ficheiros da polícia".

([376]) Daí que haja uma menor resistência em aceitar o recurso à geometria da mão ou à leitura da íris para fins de controlo.

– um copo, um móvel, um telefone ou uma porta – o que permite à polícia fazer, desde logo, a comparação da impressão deixada no local com os elementos de referência existentes no ficheiro dessas empresas.

Para refutar estes argumentos a CNIL refere que "alguns operadores não hesitam em referenciar, desde logo, a incompatibilidade dos seus sistemas com aqueles que são utilizados pela polícia. Salientam que o seu modelo não é uma impressão digital semelhante à captura das minúcias coligidas pela polícia e que é impossível fabricar esta impressão digital a partir do «perfil do dedo» realizado pelo seu sistema" ([377]). Mas, segundo a CNIL, a grande dúvida que importa clarificar é a de saber se uma impressão digital retirada pela polícia de um objecto que foi tocado pelo trabalhador pode ser comparada, uma vez analisada e aí se integrando o estudo das minúcias, com as referências do sistema biométrico, independentemente de a impressão digital se encontrar armazenada através de imagem, código ou de um número (chave binária).

O risco para a privacidade advém da facilidade de comparação, resultante do armazenamento de todas as impressões digitais numa base de dados. O armazenamento das características da impressão digital num cartão que o trabalhador detém seria preferível e afastaria as objecções precedentes. Este entendimento é, aliás, confirmado por um responsável de uma empresa portuguesa que comercializa sistemas biométricos quando refere que "devemos olhar para os cartões inteligentes, vulgo *smart cards*, como uma base importante para a massificação da tecnologia biométrica. Estes permitem que o *template* da íris ou da impressão digital (entre outros) seja armazenado no *chip*, garantindo uma maior confiança aos potenciais utilizadores – mas principalmente resolvendo um dos maiores problemas quando pensamos em soluções de escala nacional ou mesmo mundial. Deixa de ser necessário contar com uma enorme base de dados central, com todos os problemas de comunicação que isso acarreta, para passarmos a ter uma verificação da nossa identidade em termos locais" ([378]).

Esta questão é fundamental e continuará a merecer a nossa atenção porque dela dependem, de forma decisiva, as grandes objecções à utilização da impressão digital.

([377]) Relatório de 2000, pág. 108.
([378]) Depoimento de Miguel Matos, Director-Geral da BioGlobal, Biometria e Comunicações Globais, Ld.ª *in* http://www.zdnet.pt/redes/0802/a02-00-00.shtml

3.2. A geometria da mão

Contrariamente ao que acontece com a impressão digital, em face da sua menor singularidade, a geometria da mão é normalmente utilizada para finalidades de autenticação ([379]). Poderá ser utilizada com eficácia para fins de identificação quando associada a outra técnica biométrica ou a um PIN.

O sistema permite a medição de vários pontos relevantes (marcas) da mão – cerca de 90 – tais como a espessura da palma, o comprimento e largura dos dedos em vários pontos, a sua posição relativa, a largura da mão, a forma das articulações, o comprimento das articulações.

O sistema de verificação da geometria da mão compreende uma fonte de luz, uma câmara fotográfica (normalmente digital), um espelho e uma superfície lisa onde estão implantados 5 pontos de fixação (pinos) que servem de controlo e referência para garantir uma adequada colocação da mão do indivíduo e a qualidade da captura das medidas tridimensionais dos pontos seleccionados ([380]).

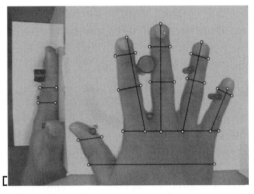

Fonte: http://www.img.lx.it.pt/~fp/comimg/ano2001_2002/trabalhos2001_2002/trabalho4/

([379]) Foi utilizada nos Jogos Olímpicos de 1996 para autenticar os atletas que participaram nas provas. Devido ao grande sucesso alcançado foi também utilizada em Sydney. Porque «não deixa rasto», foi autorizada pela CNIL em várias situações de controlo de trabalhadores: controlo de acesso e horários do pessoal de limpeza do Museu do Louvre (Avis favorable 01-006 de 25 de Janeiro de 2001) e no controlo de acessos numa ourivesaria (Declaração de 12 de Fevereiro de 2001).

([380]) Veja-se http://www.img.lx.it.pt/~fp/comimg/ano2001_2002/trabalhos2001_2002/trabalho4/, para maior desenvolvimento.

3.3. O reconhecimento facial

Através da imagem facial do ser humano – fotografia de maior precisão que permita a extracção de um conjunto de factores que se pretendem realçar num certo indivíduo – é possível registar vários pontos identificadores e delimitadores das características da face: demarcação de distâncias, tamanhos e formas de cada componente do rosto de um ser humano, nomeadamente o nariz, a boca, olhos, orelha, queixo. Uma vez recolhida a imagem, os dados obtidos são comparados com as imagens registadas na base de dados, ou melhor, com o respectivo *template* criado no momento da captura ([381]).

A eficácia do sistema é melhor assegurada se para o mesmo indivíduo forem armazenadas várias fotografias, tiradas no mesmo dia ou com intervalos de meses ou anos, por forma a melhorar e avaliar a versatilidade dos algoritmos de reconhecimento da face à alteração da aparência em função da idade, do cabelo, da postura ou da luminosidade ([382]).

([381]) O departamento de imigração dos Estados Unidos utiliza a biometria da face, associada ao reconhecimento da voz, para agilizar e tornar eficiente o trânsito regular de pessoas que trabalham na fronteira com o México.

Um exemplo prático da aplicação desta tecnologia foi testado, a partir de 14 de Outubro de 1998, num bairro de Londres (Borough de Newham) com o objectivo de diminuir o número de crimes e delitos em 10%, em 6 meses. Através de um sistema de reconhecimento facial – denominado Mandrake – onde tinham sido inseridas imagens codificadas de delinquentes, facultadas por 2 comissários de polícia local, o computador captava imagens recolhidas por 140 *cameras* colocadas nas ruas. Os operadores eram alertados sempre que havia uma coincidência de 80% entre a imagem codificada e a captada pela câmara, facto que permitia controlar os movimentos da pessoa assinalada. O município, 18 meses depois, anunciou a diminuição em 34% da criminalidade naquele bairro. Veja-se, para maior desenvolvimento, M. Robert Lack – "Utilisation de la Vidéosurveillance et Développement des Technologies de la Reconnaissance de Visage sur le Place Publique" *in* La 23.ª Conférence Internationale des Commissaires à la Protection des Données, Paris, 24/26 de Setembro de 2001, pág 119.

Na final da «Super Bowl» (final de futebol americano) que se realizou em Tampa na Flórida, em Janeiro de 2001, foi utilizada a tecnologia de reconhecimento facial associada à videovigilância para descobrir se no estádio havia pessoas procuradas pela prática de crimes. Esta utilização foi fortemente criticada pela ACLU (American Civil Liberty Union), que qualificou a iniciativa de uma outra forma: o «campeonato da espionagem».

Ao que se sabe, os acontecimentos de 11 de Setembro de 2001, marcaram uma viragem que pode desencadear a utilização desta tecnologia, em grande escala, nos aeroportos americanos.

([382]) Por exemplo, a base de dados FERET (Face Recognition Technologie), programa desencadeado pelo Ministério da Defesa Americano, possuía 14126 imagens para um universo de 1199 indivíduos (cf. Relatório da CNIL de 2001, pág. 161).

Várias situações podem provocar erros de reconhecimento: uma luminosidade excessiva sobre os óculos e que não permite detectar os olhos; os cabelos compridos que podem sombrear a parte central da face; uma luminosidade insuficiente que pode diminuir o contraste.

Esta tecnologia terá que fazer alguns progressos técnicos, em particular no aperfeiçoamento dos processadores e na melhoria do tratamento dos algoritmos em tempo real.

Não será, por certo, uma tecnologia a utilizar com frequência nas operações de controlo de horários dos trabalhadores. Os grandes riscos que apresenta, em termos de privacidade, prendem-se com a associação ou comparação com os sistemas de videovigilância.

3.4. *O padrão da íris e o reconhecimento da retina*

1. A identificação através da *íris* é, de todas as tecnologias referidas, a mais fiável e segura em matéria de identificação da pessoa, ao ponto de haver quem considere que a sua tremenda precisão "permite a esta tecnologia, sob diversos aspectos, ser posta à margem das restantes tecnologias biométricas" ([383]). As características da íris, praticamente imutável durante a vida do ser humano, são únicas graças à infinidade de pontos de referência que podem ser obtidas – 266 de características únicas – em relação às tecnologias tradicionais (13-90). As características são armazenadas, após conversão num *"template"* ou código de íris (IrisCode), na sequência de colheita de imagem através de *camera* monocromática de alta precisão que regista os contornos e padrões geométricos relevantes.

A grande resistência na utilização desta tecnologia prende-se, como se referiu, com o receio de que tenha implicações na visão. As dificuldades práticas quotidianas prendem-se com a adaptação do captor da íris à altura das pessoas, dada a sua diversidade, e com a iluminação da íris que, quando não é natural, pode produzir reflexos prejudiciais à leitura, necessária para assegurar a identificação.

2. Tal como a tecnologia anterior, a *leitura da retina* é extremamente fiável. A imagem que vai permitir o armazenamento do *template* capta os

---

([383]) http://www.img.lx.it.pt/~fp/comimg/ano2001_2002/trabalhos2001_2002/trabalho4/, pág. 20.

vasos sanguíneos do fundo do olho. Os analisadores de retina medem os padrões dos vasos sanguíneos, recorrendo a um laser de baixa intensidade através da utilização de uma *camera* para captar a "cartografia dos vasos". Para a captação ser eficaz é necessário iluminar o fundo do olho e o utilizador deve colocar o olho bem perto do sensor/leitor (a cerca de 30 cm). É considerado o meio biométrico mais fiável, com taxas de TAF e TRF extremamente baixas.

Alguns médicos afirmam que as características únicas da retina podem ser afectadas por algumas doenças que alteram o formato da retina, pela idade ou por acidentes (vg. traumatismos).

4. Os problemas jurídicos específicos do controlo de trabalhadores através de sistemas biométricos

1. As dúvidas que se levantam em relação às tecnologias biométricas prendem-se com a questão de saber se o tratamento efectuado não consubstancia uma violação dos direitos dos trabalhadores e da sua privacidade por afectação de direitos de personalidade (cf. artigo 72.º do Código Civil e artigos 15.º e 16.º n.º 1 do CT), em face da colocação à disposição da entidade empregadora de informação intrínseca inerente a características físicas do trabalhador e do seu armazenamento numa base de elementos de identificação pessoal como os biométricos. Há quem considere ([384]) que "a maioria dos equipamentos biométricos registam uma representação digital (*template*) e não uma amostra biométrica passível de ser reproduzida, ou seja, o *template* armazenado não tem utilidade nenhuma noutros sistemas e não pode ser usado para reproduzir os dados biométricos originais" ([385]). A verdade é que as características biométricas não deixam de

---

([384]) *In* http://www.img.lx.it.pt/~fp/coming/ano2001_2002/trabalho2001-2002/trabalho4/A...

([385]) James L. Wayman, Director do National Biometric Test Center (Universidade de San José) salientou que os «números que representam um dado biométrico não podem ser utilizados para reconstruir o feitio e a forma da parte do corpo a que diz respeito e que não têm qualquer valor fora do sistema que os produz». Para ilustrar esta ideia não hesitou em colocar no seu sítio Internet o *template* da sua impressão digital, acrescentando que não colocaria da mesma forma o número do seu cartão de crédito ou o código do seu cartão bancário (*in* Relatório da Assembleia Nacional francesa, cit. parte I, pág. 31).

representar uma parte da individualidade das pessoas, estando ligadas intrinsecamente à própria pessoa.

Porém, não restam dúvidas que será diferente para a invasão da privacidade o armazenamento através da digitalização e referenciação das características biométricas ([386]) ou a constituição de uma base de dados dos *templates* dessas características. Respondendo às preocupações decorrentes da forma de armazenamento destes dados, as empresas que comercializam sistemas biométricos garantem, ainda, que está totalmente assegurada a privacidade uma vez que os sistemas não permitem a «reversão» ou comparação dos *templates*, tanto mais que as chaves dos respectivos *templates* estão na posse da empresa e são inacessíveis às entidades que adquiram os equipamentos.

O tratamento de dados biométricos, porque estamos perante dados pessoais, deve respeitar todas as condições estabelecidas na Lei 67/98, nomeadamente ([387]):

- O tratamento deve ser feito com respeito pela reserva da vida privada (artigo 2.º) e para finalidades determinadas, explícitas e legítimas (art. 5.º n.º 1 al. b);
- Os dados devem ser adequados, pertinentes e não excessivos em relação à finalidade e proporcionados com objectivos que se pretendem atingir (art. 5.º n.º 1 al. c);
- O responsável só pode proceder ao tratamento se, de acordo com a natureza dos dados (artigo 6.º e 7.º), estiverem preenchidas "condições de legitimidade";
- O responsável deve fazer a notificação destes tratamentos à CNPD (art. 27.º n.º 1).

([386]) Devemos reconhecer que a documentação consultada raramente se refere, actualmente, à utilização de tecnologias de digitalização da imagem da característica biométrica.

([387]) Veja-se, no mesmo sentido, o Parecer n.º 11/2002, de 3 de Dezembro, pág. 10. Os dados biométricos são apresentados como sinais objectivos e inalteráveis, mas com características específicas que nos levam a considerar que devem ter uma protecção diferente em relação a outros dados de identificação – v.g. o nome, a data ou o local de nascimento. A comprovar esta ideia refere-se que o artigo 25.º n.º 8 do projecto de lei francesa, que visa transpor a Directiva 95/46/CE, impõe um regime de autorização da CNIL – sem estabelecer as condições em que tal autorização pode ser dada ou recusada – em relação ao tratamento de dados biométricos necessários ao controlo da identidade das pessoas.

Mais problemático será o exercício do direito de acesso na medida em que as características biométricas estão representadas no sistema por um *template* que não pode ser "descodificado" por ser interno ao próprio sistema. É claro que o titular tem o direito de saber se a sua característica biométrica se encontra armazenada e obter a respectiva comprovação, nomeadamente através do desencadeamento da operação de reconhecimento ou autenticação.

2. A *finalidade do tratamento* assenta na necessidade de agilizar o cumprimento de um objectivo que a lei reconhece integrar-se no âmbito dos poderes de controlo da entidade empregadora: a fixação do horário de trabalho (artigo 170.º CT), o controlo da assiduidade (artigo 396.º n.º 3 al. g) do CT) e o registo do tempo de trabalho (artigo 162.º do CT). Deste registo depende, ainda, a contabilização e o controlo do trabalho suplementar (cf. artigo 197 e ss. do CT).

Não se levantam dúvidas que o controlo da assiduidade corresponde a uma «actividade legítima» da entidade empregadora. Aliás, este problema nunca se colocou em relação aos "métodos tradicionais de controlo" (mecânicos ou magnéticos) ([388]).

A peculiaridade deste novo método de controlo da assiduidade resulta da necessidade de o trabalhador ter de aceitar que elementos da sua identidade física ou morfológica sejam captados e armazenados numa base de dados (ou noutro suporte) e apresentados perante um «sistema de reconhecimento» no início e termo do período de trabalho diário. A questão jurídica que se coloca é a de saber se esta exigência não será violadora dos seus direitos de personalidade ou, em geral, da sua vida privada e se o tratamento não será desproporcionado em relação às finalidades e objectivos que se pretendem atingir.

Perante o recurso às técnicas biométricas duas sensibilidades se têm evidenciado: aqueles que estão entusiasmados com as potencialidades tecnológicos dos novos sistemas e que não vêem qualquer inconveniente na sua utilização e aqueles que estão preocupados com as implicações que essas tecnologias apresentam por colocarem na disponibilidade da entidade empregadora os «traços» mais característicos da identidade do trabalhador, facto que envolve riscos para a privacidade das pessoas e que se

---

([388]) No mesmo sentido veja-se o Parecer n.º 11/2002, de 3 de Dezembro, pág. 11.

pode traduzir numa ameaça contra a própria pessoa, especialmente quando o seu grau de fiabilidade é duvidoso ([389]).

3. A eventual «invasão da privacidade» deve ser abordada nas duas fases do tratamento:

a) Na fase da *captura* das características biométricas e do subsequente *armazenamento* no sistema;
b) Na fase da *identificação* com o objectivo de assegurar o registo dos movimentos do trabalhador no interior da empresa.

A operação de *captação de dados* biométricos – que implica a cooperação/anuência do trabalhador através da «exposição» da respectiva parte do seu corpo (dedos, mão, olho ou rosto) para tratamento das características físicas ou morfológicas da sua identidade pessoal que se pretendem coligir para fins de identificação ou autenticação – não pode ser realizada com violação da sua identidade pessoal (art.26.º da CRP), com lesão da sua integridade física ([390]) (art. 25.º n.º 1 da CRP) ou com intromissão na intimidade da vida privada (artigo 16.º do CT).

Para apreciação do «grau de intromissão» pensamos que é fundamental considerar a forma como se obtêm os elementos de identificação e as finalidades que estão na base da colheita de características físicas dos trabalhadores (v.g. se representam finalidades discriminatórias).

Tal como veremos em relação à realização de exames de alcoolémia ou toxicológicos, há operações que podem envolver uma certa devassa por

---

([389]) A Comissão de Acesso aos Documentos do Québec considera que uma «medida biométrica é mais do que um identificador numérico» porque ela fornece «informações pessoais íntimas sobre a composição do nosso corpo e sobre o nosso comportamento em geral». Manifestou a sua preocupação em relação à utilização de um «identificador íntimo, único e universal» que permite, de forma fácil, o cruzamento de dados oriundos de várias fontes e que possibilita a constituição de «traços» dos indivíduos (cf. La biométrie au Québec: les enjeux», Document d'analyse, Julho de 2002).

([390]) Veja-se, no mesmo sentido, Jennifer Stoddart – *in* "Des Technologies de Surveillance sous Surveillance" – La 23.ª Conférence Internationale des Commissaires à la Protection des Données, Paris, 24/26 de Setembro de 2001, pág. 113. Este autor, reportando-se à lei que regula o quadro jurídico das tecnologias de informação no Québec, salienta que, no capítulo dos direitos fundamentais, se prevê que "ninguém pode exigir que a identidade de uma pessoa seja estabelecida por meio de um processo ou de um dispositivo que se traduza numa agressão à sua integridade física".

terem implicações com a integridade física do trabalhador ([391]) (vg. a colheita de tecidos ou de sangue, um pouco de pele, um cabelo, saliva). Neste caso, a actuação da entidade empregadora só será legítima se consentida livremente pelo trabalhador ou se, perante um conflito de direitos, a lei reconhecer que deve prevalecer o interesse do empregador ou de terceiros.

Ora, em relação à colheita de dados biométricos – normalmente a impressão digital, geometria da mão ou da face, padrão da íris ou reconhecimento da retina – a captação não tem qualquer implicação com a integridade física do trabalhador. Efectivamente, a finalidade visada ou a forma como os elementos da identidade são captados não têm implicações no recato ou no pudor. Por isso, não nos parece que a simples operação de recolha, em exclusivo, para fins de controlo da assiduidade do trabalhador possa afectar o direito à identidade pessoal e da intimidade da vida privada, garantidas constitucionalmente no artigo 26.º da CRP.

Importa, assim, assegurar que a submissão à operação de recolha não se poderá traduzir numa discriminação ou violação do dever de respeito e dignidade do trabalhador, nem afectar o recato ou pudor que a sua condição supõe. Ora, a finalidade que está subjacente à captação destes dados não envolve, por princípio, qualquer discriminação ou desconfiança em relação ao trabalhador ([392]). Pensamos que não é o dado biométrico em si mesmo que pode afectar o direito à privacidade da pessoa, mas a finalidade com que é utilizado e os riscos que apresenta para a própria pessoa (risco de discriminação ou de cruzamento com outros sistemas, consequências produzidas em razão da sua falta de fiabilidade, efeitos na sua esfera pessoal no caso de falsificação ou usurpação da característica bio-

---

([391]) O Tribunal Constitucional Espanhol (sentença 207/1996) fez a distinção entre «intervenções corporais» e «inspecções e registos corporais». As primeiras – que se podem caracterizar pela extracção do corpo de determinados elementos – têm implicações com a integridade física, na medida em que podem produzir alteração ou lesão corporal. As segundas – v.g. exames dactiloscópicos, exames ginecológicos – não afectam a integridade pessoal, mas podem afectar o recato ou o pudor da pessoa em face da finalidade e do contexto em que são realizados os exames. Para maior desenvolvimento veja-se Lucrecio Rebollo Delgado – "El Derecho Fundamental a la Intimidad", Madrid, 2000, pág. 176.

([392]) Essa discriminação poderia existir se dentro da empresa ou de uma secção apenas alguns trabalhadores fossem sujeitos a esse tipo de controlo ou se fossem colhidas as características biométricas no contexto de um furto ocorrido na empresa. Nestes casos não é a captação em si que atenta contra a dignidade pessoal, mas os fundamentos que estão na base da solicitação e que poderão colocar os visados numa posição incómoda e que é passível afectar a sua dignidade.

métrica). Por exemplo, o dado impressão digital assume sensibilidade diversa se recolhido no contexto do tratamento relativo à identificação civil, à identificação criminal, no âmbito de uma investigação policial, de um pedido de asilo ou para fins de simples autenticação para permissão de entrada em locais de acesso restrito.

4. Mesmo ao nível das autoridade de controlo de protecção de dados não tem havido coincidência de pontos de vista em relação ao enquadramento jurídico do tratamento de dados biométricos.

Para a *Agencia de Protección de Datos* ([393]) os dados biométricos têm a condição de dados de carácter pessoal. Porém, esta autoridade considera que os mesmos não contêm nenhum aspecto concreto da personalidade, limitando a sua função a identificar um sujeito quando a informação coincide com as suas características biométricas. Por isso, entende que "o seu tratamento não terá maior transcendência que o dos dados relativos a um número de identificação pessoal, a uma ficha que apenas uma pessoa pode utilizar ou à combinação de ambos".

A *Autoridade de Controlo Suíça* (PFPD – Préposé fédéral à la protection des données) vai ainda mais longe e considera os sistemas biométricos como instrumentos eficazes de protecção de dados. Num estudo sobre a utilização da impressão digital como sistema de autenticação referia que «as novas técnicas de autenticação biométricas constituem a única esperança de progresso no domínio da segurança de acesso aos inúmeros serviços electrónicos propostos pelo mercado e a sua difusão em grande escala contribuirá para baixar os preços e, especialmente, para melhorar o nível geral de segurança e de protecção de dados». Salienta ainda que, perante a insusceptibilidade de a impressão digital ser passível de reversão, o risco de relacionar os diversos *templates* em bases de dados independentes é mínimo. Sugere, porém, que se recorra a características físicas diferentes para cada serviço ou que se proceda à encriptação das bases de dados de *templates* ou de impressões digitais ([394]).

([393]) Relatório de Actividades de 1999, pág. 404.
([394]) 8.º Relatório *in* http://www.edsb.ch. O 8.º Relatório não deixa de referir, porém, que a identificação biométrica «implica igualmente riscos consideráveis», alertando para a necessidade de dotar os respectivos sistemas de exploração de medidas de segurança adequadas.

A *CNIL*, não apresentando objecções de fundo ao tratamento de todos dados biométricos, tem levantado algumas reservas em relação à utilização de algumas técnicas biométricas. Ou seja, não são as finalidades em si ou os dados enquanto tais que estão em causa, mas o tratamento de algumas características biométricas, em especial as impressões digitais. Neste particular a autoridade de controlo francesa fez uma distinção nítida entre as impressões digitais – que «deixam rasto» em tudo o que tocamos – e os restantes dados biométricos.

No seu Relatório de Actividades de 2001 ([395]) é feito o enquadramento do tratamento de dados biométricos:

I. «As tecnologias de reconhecimento biométrico não apresentam dificuldades especiais em termos de protecção de dados se o *template*, em vez de ser armazenado numa base de dados, é conservado num cartão ou sobre um aparelho de uso exclusivo pelo titular do dado biométrico (um telefone móvel, um computador)»;

II. Pelo contrário, quando a base de dados é constituída no quadro de um dispositivo biométrico há riscos para a liberdade e para a nossa vida privada se as características biométricas armazenadas «deixam traços» no nosso quotidiano (ADN e impressões digitais). Nesse caso, as suas preocupações centram-se, especialmente, «no controlo da finalidade e da proporcionalidade», princípios que só admitem a utilização destes meios quando «um imperativo particular de segurança o justifica».

III. Devem ser privilegiadas características biométricas «que não deixam traços» (geometria da mão, da retina, reconhecimento da voz).

A doutrina seguida pela CNIL foi objecto de algum debate na audição pública realizada em 15 de Maio de 2003, no âmbito do estudo levado

---

([395]) Vejam-se, igualmente, as deliberações constantes do 22.º Relatório de 2002 (pág. 161 e ss.) que continuam, invariavelmente, a emitir parecer desfavorável em relação à utilização de sistemas biométricos de impressões digitais para gestão de horário de trabalho. O fundamento decisivo assenta no facto de a base de dados de impressões digitais «poder ser utilizada para finalidades diversas daquelas que determinaram a sua criação». Em particular, o risco fundamental decorre da possibilidade de vir a ser utilizada para fins de comparação com os ficheiros policiais.

a cabo pela Assembleia Nacional (loc. cit. parte III), tendo sido sublinhados alguns aspectos:

a) A doutrina da CNIL não assenta, em bom rigor, nos princípios da finalidade ou da proporcionalidade, mas no tipo de característica utilizada. Se são utilizados sistemas que «não deixam traços», não são estabelecidos limites especiais;
b) Esta doutrina é susceptível de ser contestada no plano «técnico» e «político».
c) No plano «técnico» verifica-se que, para além do ADN e das impressões digitais, outros dados biométricos «deixam traços»: a voz, o reconhecimento facial ou, mesmo, o odor;
d) No plano «político» refere-se que se trata de "questões ligadas à soberania que resultam da competência do Parlamento, mas com reflexos económicos e administrativos" que não devem ser descurados.

Porém, em situações particulares em que está em causa o acesso a zonas sensíveis e em que se exige uma especial segurança – *v.g.* nas instalações do Banco de França ([396]) – a CNIL admitiu e deu parecer favorável a um sistema de controlo de acessos por impressões digitais na pressuposição de que «o dispositivo técnico não permite proceder à reprodução das impressões registadas» e «assegura a verificação da conformidade entre a impressão previamente recolhida», sem que seja identificado o indivíduo (porque é apenas tratado o «código de identificação pessoal»). Os dados relativos à passagem das pessoas são conservados, no máximo, pelo período de 3 meses.

O «*Grupo do Artigo 29.º*», em documento de trabalho aprovado em 1 de Agosto de 2003 ([397]), reflectiu sobre as implicações que a utilização generalizada e descontrolada da biometria pode suscitar em matéria de protecção dos direitos fundamentais das pessoas. Alertou para o «risco de o público, devido à utilização generalizada dos dados, ficar insensível aos efeitos que o seu tratamento pode comportar para a vida quotidiana». Depois de se reconhecer que os dados biométricos são «dados pes-

---

([396]) Délibération n.º 97-044, de 10 de Junho de 1997, *in* 18.º Relatório da CNIL, relativo ao ano de 1997, pág. 288.

([397]) WP 80 – "Documento de trabalho sobre a biometria" (www.europa.eu.int/comm/privacy).

soais» (³⁹⁸), defende-se que o tratamento só será lícito se "todos os procedimentos utilizados, a partir da inscrição, forem efectuados em conformidade com as disposições da Directiva 95/46/CE".

O princípio da proporcionalidade constitui o critério determinante em quase todas as decisões relativas ao tratamento de dados biométricos tomadas pelas autoridade de protecção de dados. Estas autoridades consideram, sem excepção, que "os elementos biométricos deveriam, de preferência, ser arquivados não numa base de dados, mas antes num objecto exclusivamente acessível ao utilizador, como um cartão inteligente, um telemóvel ou um cartão multibanco".

Alertam, ainda, para os perigos decorrentes de «erros dos sistemas biométricos», que "podem comportar graves consequências para a pessoa em causa e, designadamente, a interdição indevida de pessoas autorizadas e a admissão indevida de pessoas não autorizadas". O erro ou a falta de performance destes sistemas "pode criar a ilusão de que a identificação ou a autenticação/verificação do titular dos dados é sempre correcta, tornando-se difícil, ou mesmo impossível, a pessoa em causa provar o contrário".

Antes de mais, devo dizer que não sou sensível, e muito menos com a relevância que lhe é atribuída pela CNIL, à distinção de regimes entre as tecnologias que utilizam características biométricas que deixam ou não «traços» (³⁹⁹). Para além disso, não me parece que, entre as tecnologias que «deixam traços», a impressão digital seja aquela que apresenta maiores perigos para a privacidade. Para que seja coligida a característica biométrica da impressão digital (*template* que irá permitir a comparação) é necessário que a pessoa participe na operação de captação, o que pressupõe a sua adesão ou, pelo menos, o conhecimento da realização do tratamento. Em relação ao reconhecimento da voz ou da geometria facial o tratamento não pressupõe, necessariamente, a cooperação do titular dos

---

(³⁹⁸) Estamos perante «informações relativas a pessoa singular» uma vez que se "referem a dados que, pela sua própria natureza, fornecem informações sobre determinada pessoa". Estes dados são utilizados para fins de identificação ou autenticação/verificação na medida em que as características biométricas permitem "distinguir a pessoa em causa de todas as outras".

(³⁹⁹) Bernard Didier, Director de Desenvolvimento das Actividades de Segurança da SAGEM consideroua, quando participou na audição pública levada a cabo pela Assembleia Nacional francesa (loc. cit. parte III, pág. 58) que «o conceito de biometria com «traços» se vai diluir em face das evoluções tecnológicas ou das suas utilizações», admitindo que esta doutrina venha a ser posta em causa com a evolução da tecnologia.

dados, podendo os *templates* ser criados, nas mais variadas circunstâncias, com base em fotografias ([400]), imagens, gravações por sistemas de videovigilância ou, ainda, por gravação da voz. Estes «traços» podem dar origem a tratamentos ainda mais invasivos e desproporcionados, nomeadamente quando utilizados com o desconhecimento e sem o controlo dos titulares dos dados ([401]).

Em face das considerações por nós expendidas e da posição da CNIL podemos reter a ideia de que a operação de recolha com a finalidade de controlo do horário de trabalho não envolve uma violação da integridade física do trabalhador, do seu direito à privacidade ou intimidade. Não será o dado biométrico em si mesmo que apresenta perigos particulares, mas o tipo de característica ou a forma como a mesma está armazenada e a susceptibilidade de poder ser utilizada para finalidade diversa.

Assim, apresentando-se o dado biométrico como o meio adequado para assegurar uma *«finalidade legítima»* – o controlo do horário de trabalho ([402]) – propendemos a considerar que o trabalhador, *nos casos em que a CNPD considerar ajustado o recurso a um sistema biométrico*, deve cooperar em tudo o que seja necessário à captação das características biométricas. Para que o dever de cooperação se possa concretizar é necessário, como é óbvio, um efectivo dever de informação prévio, por parte da entidade empregadora, em relação às finalidades determinantes da recolha,

---

([400]) Veja-se o exemplo de Newham.

([401]) Não podemos deixar de salientar que, a partir de 15 de Janeiro de 2003, está a funcionar o *Sistema Eurodac* que, sob a autoridade da Comissão Europeia, centraliza as impressões digitais – comunicadas pelos Estados-Membros – de três categorias de estrangeiros com idades superiores a 14 anos: (a) os requerentes do pedido de asilo; (b) aqueles que forem detectados a entrar irregularmente na fronteira de um Estado-Membro; (c) os estrangeiros que se encontrarem ilegalmente no Estado-Membro. Este tratamento tem em vista proporcionar aos Estados-Membros fazer a comparação das suas impressões digitais. Salienta-se, ainda, que David Martinon (cf. audição pública cit. pág. 34) admite, na sequência de contacto com o Comissário Europeu António Vitorino, que a *base de dados de Vistos* poderá escolher a impressão digital como técnica biométrica a adoptar. Esta solução merece a sua adesão na medida em que se trata de «uma técnica comprovada, secular, fácil de utilizar, que não traz problemas psicológicos ou culturais». Daqui resulta que os perigos evidenciados pela CNIL não têm merecido as mesmas preocupações da União Europeia.

([402]) A exigência de «picar o ponto» insere-se no «poder directivo» da entidade patronal, apresentando-se como sendo uma ordem legítima (cf. Acórdão da Relação de Lisboa de 1/10/1997 – CJ, 1997, t. 4, pág. 16 e Acórdão do STJ de 25/5/1984, BMJ 337, pág. 269).

destinatários e condições de utilização daqueles dados, em cumprimento do disposto no artigo 10.º n.º 1 da Lei 67/98.

5. Como deve ser equacionado, à luz da Lei 67/98, o armazenamento das características biométricas dos trabalhadores de uma empresa, no âmbito desta finalidade?

Em face de um certo consenso no sentido de que é inviável a reversão da característica biométrica e da inacessibilidade em relação às chaves biométricas, afigura-se-nos que a utilização destas novas tecnologias deve ser centrada na abordagem dos princípios da finalidade e da proporcionalidade, bem como nas consequências e efeitos que pode produzir a sua utilização em termos de direitos, liberdades e garantias dos seus titulares.

Estando assente que o *tratamento se insere no âmbito de uma finalidade legítima*, importa averiguar se o armazenamento dos dados se apresenta como adequado – conforme com o princípio da proporcionalidade – e se o tratamento está fundamentado numa «condição de legitimidade» legalmente prevista.

Conforme resulta do já referenciado Parecer da CNPD n.º 11/2002, de 3 de Dezembro, o princípio da proporcionalidade "impõe que qualquer tratamento de dados pessoais, atenta a sua finalidade concreta, deva ser avaliado em termos de idoneidade e de intervenção mínima", o que envolve uma ponderação, casuística, entre a finalidade visada e o risco de utilização indevida dos dados para outras finalidades [403]. O grau de risco de utilização dos dados para outras finalidades varia em função da forma como estes estão «armazenados» (numa base de dados, no *chip* de um cartão, ou no computador do utilizador) ou do tipo de dado biométrico.

A utilização indevida pode ser melhor prevenida se as características biométricas não se encontrarem centralizadas numa base de dados, razão pela qual advogamos, preferencialmente, o registo das características biométricas (em particular quando estiver em causa a impressão digital) em cartão que o trabalhador deve transportar.

---

[403] A ideia de proibir o tratamento com fundamento na existência de perigo de ser utilizado para outras finalidades – v.g. policiais – parece-nos demasiado redutora. Estas preocupações não têm sido evidenciadas em relação ao tratamento de outros dados – cf. no domínio das telecomunicações, no registo de entradas e saídas com utilização de cartões magnéticos, no âmbito do sistema «VIA VERDE» ou na videovigilância. Graças à «codificação» dos *templates* e à dificuldade de aceder às chaves de desencriptação é mais difícil aceder aos dados biométricos do que aos tratamentos constantes de "bases de dados".

A centralização da informação em base de dados deve ficar limitada aos casos em que isso se revele estritamente necessário. A proliferação e massificação destas formas de tratamento e a possibilidade de relacionamento com outras tecnologias (v.g. videovigilância) são factores que, em termos de protecção da privacidade, não devem ser negligenciados. Pelo contrário, e sem tomar uma atitude de oposição ao desenvolvimento das novas tecnologias, importa ter uma posição prudente e equilibrada que obrigue os fabricantes de sistemas biométricos a tomar as medidas técnicas que, protegendo a privacidade, evitem a possibilidade de utilização destes dados para outras finalidades (v.g. para fins policiais). A vulgarização dos sistemas de videovigilância e o uso descontrolado desta nova forma de tratamento demonstra, em algumas situações, que é fundamental que se tomem medidas realistas para evitar que se instale na empresa, sem justificação visível, um clima securitário e de suspeição generalizado quer em relação a clientes quer a trabalhadores. A "liberdade de movimentos" é, cada vez mais, colocada em crise, muitas vezes sem razão aparente ou para satisfação de um capricho muitas vezes fundamentado exclusivamente na ideia de modernidade.

Já quanto à finalidade dir-se-á que dela depende a justificação do tratamento de determinado dado biométrico, não sendo defensável, por exemplo, que numa empresa familiar ou de pequena dimensão seja utilizada esta tecnologia para controlo de entradas e saídas. Deve questionar-se, por outro lado, o que leva uma empresa a introduzir esta tecnologia se não são apresentados motivos relevantes – questões de segurança, situações existência de fraude no registo de entradas e saídas – para substituir um sistema de controlo menos intrusivo por um sistema biométrico, necessariamente mais invasivo ([404]).

Noutros domínios de actividade, pela mesma ordem de razões, compreende-se que a CNIL tenha considerado excessivo o controlo de entradas, através de impressão digital, numa cantina escolar ([405]). Numa finali-

---

([404]) Foi com este tipo de fundamentos que a CNPD emitiu parecer desfavorável à implementação de sistema biométrico que tinha capacidade para controlo de 1400 funcionários numa entidade onde havia 140 e não foram apresentadas quaisquer razões para aquela alteração. Por isso, foi considerado «injustificado e excessivo» tal tratamento (cf. Parecer n.º 11/2002).

([405]) Cf. Delibération n.º 00-015 de 21 de Março de 2000, Relatório de 2000, pág. 110).

dade deste tipo é claramente desproporcionado e desajustado o recurso a este método de controlo.

6. Como «condições de legitimidade», atendendo a que os dados em si mesmo não se enquadram no conceito de «vida privada» nem as finalidades prosseguidas permitem um enquadramento dessas categorias de dados na previsão do artigo 7.º n.º 1 da Lei 67/98, só poderão ser consideradas as disposições do artigo 6.º da Lei 67/98.

A Agencia de Protección de Datos ([406]) considerou que seria dispensável o consentimento do interessado e que as condições de legitimidade assentavam no artigo 6.º n.º 2 da Ley Orgánica 15/1999, de 13 de Dezembro, quando prevê que os dados "se referem a pessoas vinculadas por uma relação negocial, uma relação laboral, uma relação administrativa ou um contrato e sejam necessários para a manutenção das relações ou para o cumprimento do contrato".

Na linha das conclusões que constam do estudo realizado pela Assembleia Nacional francesa, entendemos que as condições de tratamento – especialmente no âmbito da relação de trabalho – deveriam, preferencialmente, resultar de disposições legislativas específicas ([407]).

Muito embora seja de admitir que a eficácia e bom funcionamento do sistema depende, em grande medida, da cooperação do trabalhador, será de afastar o consentimento como «condição de legitimidade», em face da posição em que este se encontra ([408]). Afastamos, igualmente, a aplicação da alínea b) do artigo 6.º na medida em que, perante a omissão do Código do Trabalho em relação à possibilidade de controlo por meio de sistemas

---

([406]) Relatório de 1999, pág. 403. Veja-se, também, Abel Téllez Aguilera –"Nuevas Tecnologías, Intimidad y Protección de Datos", 2001, pág. 115.

([407]) A possibilidade de recolha de impressões digitais já resulta da legislação citada relativa à identificação civil (Lei 33/99, de 18 de Maio) e identificação criminal (Decreto-Lei n.º 381/98, de 27 de Novembro).

([408]) A Comissão de Acesso aos Documentos do Québec, em documento que elaborou em Julho de 2002 sobre "Princípios de aplicação para uma escolha esclarecida" em relação aos dados biométricos, considera que «a lei sobre as tecnologias de informação exige o consentimento explícito da pessoa, a fim de assegurar a verificação ou confirmação da sua identidade com recurso a meios que permitam a recolha das características ou das medidas biométricas». O consentimento explícito, adianta, «deve assentar unicamente sobre a recolha de dados biométricos, devendo ser escrito, livre, esclarecido, específico e limitado no tempo».

biométricos ([409]), não é possível concluir – perante disposições da lei do trabalho tão genéricas sobre "registo de horas de trabalho prestadas pelo trabalhador" – que se tenha pretendido neles fundamentar qualquer forma de controlo.

Contrariamente ao que acontece na lei espanhola, não defendemos que a previsão do artigo 6.º alínea a) – "execução de um contrato em que o titular dos dados seja parte" – permita fundamentar qualquer legitimidade para o tratamento de dados biométricos. Na linha do que referimos em matéria de adequação e de proporcionalidade, e a menos que tenha sido estabelecido *contratualmente* o tratamento de dados biométricos por razões inerentes à natureza do contrato, a mera celebração do contrato não determina, só por si, uma legitimação para o tratamento destes dados. O simples facto de ter sido celebrado um contrato não implica que o trabalhador esteja obrigado a fornecer «informações adicionais» relativas às suas características biométricas, tanto mais que esses elementos de identificação, contrariamente ao que acontece com o nome, não são imprescindíveis ou necessários à execução do contrato.

Por isso, entendemos que a legitimidade para o tratamento de dados com a finalidade de controlo do horário de trabalho (assiduidade) só poderá ter como fonte a previsão do artigo 6.º al. e) da Lei 67/98 uma vez que o tratamento é feito na «prossecução de interesses legítimos do responsável». Assim, em cada caso concreto colocado deve a CNPD apurar se não devem prevalecer «os interesses ou os direitos liberdades e garantias dos titulares dos dados» sobre o interesse legítimo invocado pela entidade empregadora. Esta disposição ajusta-se à aplicação do princípio da

---

([409]) Entendemos que esta seria a solução desejável e que o Código do Trabalho deveria, pelo menos, ter dado «um sinal» em relação à utilização de sistemas biométricos e estabelecer alguns princípios de protecção a observar, por forma a permitir à CNPD uma melhor delimitação das condições de tratamento. Tal como se salientou no Parecer da CNPD relativo ao Código do Trabalho (Parecer 8/2003), verifica-se que o novo Código – em relação ao trabalho suplementar (cf. o artigo 204.º) – apresenta «um desvio em relação ao regime anteriormente estabelecido pelo DL 421/83, de 2 de Dezembro», obrigando sempre o trabalhador, contrariamente ao que dispunha o artigo 10.º n.º 5 do DL 421/83, a visar, imediatamente a seguir à prestação, o registo de horas de trabalho suplementar. A dúvida que fica é a de saber se, em função da supressão de qualquer referência probatória aos sistemas automatizados de controlo, se pretende limitar a utilização de sistemas automatizados de registo da prestação de trabalho em face de uma maior intrusão inerente à utilização dos sistemas biométricos.

proporcionalidade e o tratamento deve deixar de ser feito quando se revele injustificado, por ser desajustado e excessivo em relação aos resultados desejados, ou quando – pela sua falta de fiabilidade – comprometa a finalidade determinante do tratamento.

Independentemente da autorização da CNPD, o titular dos dados pode sempre, por força do artigo 12.º al. a) da Lei 67/98, opor-se ao tratamento sempre que haja «razões ponderosas e legítimas relacionadas com a sua situação particular» e que se apresentem como sendo relevantes para fazer prevalecer o seu direito sobre os interesses da entidade empregadora.

7. É na ponderação dos interesses em presença que pode haver razões para estabelecer alguns limites ou adoptar uma postura cautelosa e realista em relação à utilização e generalização destes meios de controlo. Como já se referiu, algumas tecnologias biométricas não estão ainda convenientemente testadas e experimentadas, apresentando, por isso, alguns riscos para os titulares. Por isso, será o momento de sintetizar quais os princípios a considerar em relação ao tratamento de dados biométricos:

I. A preocupação primeira passa pela ponderação, no caso concreto, da idoneidade e da necessidade daquele meio e da conformidade dos motivos apresentados com o princípio da proporcionalidade.

II. A centralização das características biométricas em bases de dados apresenta perigos acrescidos para a privacidade, sendo de afastar o seu relacionamento com outro tipo de tecnologias (v.g. videovigilância). Deve ser evitada a centralização das características biométricas e privilegiada a inserção dessas características em cartão que o trabalhador traz consigo.

III. Não estão afastados riscos efectivos de falsificação ou «apropriação» das características biométricas, aspecto que tem consequências imprevisíveis para os titulares, nomeadamente se caminharmos para a generalização destas tecnologias ([410]).

IV. A utilização de sistemas com deficiente grau de *desempenho* ou de *performance* (v.g. uma elevada taxa de falsas aceitações ou de falsas rejeições) podem comprometer a finalidade do tratamento – o controlo de entradas e saídas – e criar dificuldades

---

([410]) Veja-se o que foi referido no estudo realizado pelo Deutsche Bank.

acrescidas ao trabalhador que se reflectem no exercício dos seus direitos, tal como estão delineados na Lei 67/98 e, em certa medida, no Código do Trabalho (v.g. no controlo da assiduidade). Neste caso, o tratamento das suas características físicas intrínsecas contribuem para violar os princípios da qualidade dos dados, subjacentes à previsão do artigo 5.º da Lei 67/98, em particular o princípio da actualização ([411]). Este aspecto, que é uma «condição de licitude do tratamento», pode condicionar o sentido da decisão da CNPD.

V. Neste quadro, apresentam-se como bastante problemáticas as consequências jurídicas da utilização destas tecnologias uma vez que a «prova biométrica» tem vindo, cada vez mais, a ser questionada em face da reconhecida impossibilidade destes sistemas não serem 100% fiáveis. Por isso, impõe-se que a entidade empregadora não encare a introdução destes novos sistemas como instrumentos «infalíveis» de reconhecimento e, sem qualquer flexibilidade, não aborde com realismo as situações em que o trabalhador questiona a sua eficácia.

VI. Os fornecedores de equipamentos biométricos devem ser envolvidos e ter um papel activo na apresentação de soluções mais seguras que impeçam a utilização de dados para outras finalidades ou que garantam de forma efectiva a privacidade dos titulares dos dados.

VII. Na linha do que dispõe o artigo 17.º n.º 4 do Código do Trabalho, deve ser reconhecido ao trabalhador o «controlo sobre o tratamento dos seus dados pessoais» colocando ao seu alcance mecanismos para verificar – no momento da sua identificação/autenticação – se o sistema fez o seu reconhecimento (ou se fez um «falso reconhecimento»). Uma metodologia possível poderia passar pela visualização num écran do nome ou n.º de empregado.

([411]) Isto para não falar numa situação que foi colocada telefonicamente junto dos serviços da CNPD por um trabalhador que dava conta de ter sido impedido de entrar na obra durante 3 dias por o sistema biométrico não reconhecer a sua impressão digital em consequência de ter sofrido um corte no dedo. Perante uma certa "apatia" da entidade empregadora – que não se preocupou com a adopção de soluções alternativas em tempo útil – o trabalhador terá forçado a sua entrada no local de trabalho (não sabemos em que termos), facto que levou o empregador a organizar-lhe um processo disciplinar.

VIII. Deve ficar estabelecido que *uma utilização para finalidade não determinante da recolha carece, necessariamente, de autorização prévia da CNPD* nos termos dos artigos 23.º n.º 1 al. c) e 28.º n.º 1 al. d) da Lei 67/98.
IX. Os dados biométricos serão obrigatoriamente eliminados no momento da transferência do trabalhador para outro lugar de trabalho ou no caso de cessação do contrato de trabalho.
X. Será avisado, pelo menos numa primeira fase, proferir autorizações a título experimental. Após um período considerado adequado (v.g. 6 meses a 1 ano), em que os trabalhadores ou os seus representantes devem estar atentos ao funcionamento do sistema e canalizar elementos úteis à decisão da CNPD, poderá ser feita uma auditoria e proferida uma decisão definitiva sobre as condições do tratamento.

V. A INFORMAÇÃO GENÉTICA E TESTES DE ADN

1. Introdução. A natureza da informação genética

1. A genética molecular tem demonstrado, nos últimos anos, que é possível conhecer o indivíduo em tudo aquilo que o caracteriza e no que tem de mais íntimo: a sua identidade genética.

Segundo os glosários correntes «genoma» é o "conjunto de todo o material genético contido nos cromossomas de cada organismo, sabendo-se que todas as células desse organismo contêm essa informação genética".

O genoma humano em sentido amplo "refere-se a todo o ADN contido nos cromossomas, expresso sob a forma de sequência de bases, independentemente do que corresponde ou não aos genes que codificam as moléculas funcionais. Em sentido estrito, o genoma é o conjunto de genes que especificam todos os caracteres potencialmente expressáveis do organismo. Pode assim dizer-se que é o conjunto de instruções que permite a construção de uma pessoa" ([412]).

ADN é a sigla de Ácido Desoxirribonucleico, uma molécula formada por um conjunto de substâncias químicas elementares, em que avultam quatro elementos que se agrupam em pares e que formam os intermináveis

---

([412]) João Nuno Zenha Martins – "O Genoma Humano e a Contratação Laboral", Celta Editora, Oeiras, 2002, pág. 7.

«degraus da escada helicoidal» a que se chama «dupla hélice». Os cromossomas são feitos de ADN e, portanto, pode dizer-se que todo o material genético de um organismo é ADN" ([413]).

Está amplamente comprovado que os testes de ADN – ao incidirem sobre características peculiares de cada indivíduo – permitem uma identificação rigorosa de um indivíduo, o que levou alguns autores a considerar que os resultados destes exames permitem estabelecer as suas *«impressões digitais genéticas»* ([414]) ou, por comparação de duas amostras, afirmar que pertencem a dois indivíduos diferentes ou a pessoas com relações biológicas de descendência.

Contrariamente ao que acontece com os dados biométricos – onde prevalece, no domínio da relação de trabalho, uma finalidade de identificação e autenticação, com utilização de tecnologias de codificação dos dados – está hoje na ordem do dia, no domínio laboral, o recurso a testes genéticos com objectivos diversos ([415]) e, prevalentemente ([416]), para

---

([413]) Guilherme de Oliveira – "Implicações Jurídicas do conhecimento do genoma" *in* Revista de Legislação e Jurisprudência, Ano 128.° (n.° 3860), pág. 325.

([414]) João Nuno Zenha Martins, ob. cit. pág. 10, salienta a vertente informativa do conhecimento do genoma: "será possível a elaboração de um cartão de identidade genético, tendo em conta os mapas de recombinação possibilitados pela sequenciação do ADN que vão permitir a determinação de todas as diferenças individuais por mais subtis que sejam. O código genético contém as instruções para a síntese da célula de determinadas substâncias que são as responsáveis pelas reacções próprias do metabolismo da célula – as proteínas. Por isso, o estudo dos genes revela a predisposição de um indivíduo para adquirir determinado tipo de doenças ou as suas aptidões para o desenvolvimento de determinado tipo de actividade laboral e terá ainda inegáveis virtualidades quanto aos processos de identificação para fins legais, designadamente no plano criminal". O património genético representa "aquilo que de mais íntimo e mais individualizador uma pessoa alberga", sendo, com segurança, um «conteúdo matricial da esfera de intimidade».

([415]) Decorreu em Lisboa e no âmbito da Presidência Portuguesa da União Europeia, em 12 de Maio de 2000, uma reunião do Grupo Europeu de Ética no qual foi discutida a questão do recurso aos testes genéticos por parte dos empregadores. Em matéria de tecnologias de informação e comunicação reconheceu-se que a Carta Europeia dos Direitos Fundamentais – que também mereceu especial reflexão – deveria "assegurar valores como a protecção da vida privada e prevenir possíveis abusos de uma sociedade com recurso a mecanismos de vigilância constante. No que diz respeito à biotecnologia e à genética, a presidente do Grupo, Noelle Noir, alertou para os perigos da mercantilização do corpo e para o risco da discriminação dos indivíduos em função das suas características genéticas" (cf. Jornal Público de 15/5/2000).

([416]) Isto não significa que, em casos extremos e de interesse público relevante, não

determinar, com antecedência, a predisposição de um trabalhador para ser afectado por determinados factores laborais ou para vir a contrair certo tipo de doenças. Através da análise do genoma podem obter-se dados acerca da "capacidade física, mental ou estado de saúde dos candidatos a um emprego ou sobre o colectivo dos trabalhadores de uma empresa. Pode ter-se conhecimento de quais são as enfermidades futuras que pode sofrer um candidato a um emprego" ([417]).

Efectivamente, o recurso aos exames de ADN tem-se multiplicado e Sonia Le Bris ([418]) caracteriza, com particular rigor, a perspectiva em que os vários intervenientes podem encarar a disponibilização do material biológico:

- "Para o biologista molecular, a informação genética tem uma dimensão essencialmente estrutural. Consiste num gene, num marcador, numa sequência...
- Para o investigador geneticista, a informação genética é a compreensão da lista dos genes, do seu papel e do seu funcionamento.
- Para o médico geneticista, a informação genética representa uma relação de causalidade entre uma anomalia e uma doença que afecta um indivíduo, o seu paciente.
- Para o paciente, a informação genética é a presença ou a ausência de uma doença, a curto ou a médio prazo.
- Para o juiz, a informação genética é um elemento de prova para estabelecer uma verdade biológica (v.g. paternidade biológica) ou factual (v.g. prática de um crime).
- Para a seguradora ou para o empregador, a informação genética é um elemento de classificação e da quantificação de um risco.

Para o indivíduo representa aquilo que ele tem de mais íntimo".

Para além de ser pacífico que as colheitas devem respeitar os princípios da «inviolabilidade» e da «indisponibilidade» do corpo humano,

---

possam ser utilizados testes de ADN para determinar a identidade dos trabalhadores (vg. num caso de acidente múltiplo em que os corpos não possam ser reconhecidos através de outros meios, por terem ficado irreconhecíveis).

([417]) Fernando Pachés, ob. cit. pág. 323.
([418]) "Les données génétiques: de la collection à l'utilisation", intervenção na 22.ª Conferência Internacional sobre a Vida Privada e Protecção de Dados, Veneza, 2000, pág. 7 (*in* http://www.garanteprivacy.it).

importa não perder de vista que o artigo 26.° n.° 3 da Constituição da República consigna que a lei deve garantir a "dignidade pessoal e a identidade genética do ser humano, nomeadamente na criação, desenvolvimento e utilização das tecnologias e na experimentação científica". Nesta linha de pensamento, as partes signatárias da Convenção dos Direitos do Homem e da Biomedicina ([419]) comprometeram-se a proteger o ser humano "na sua dignidade e na sua identidade" e a garantir "a toda a pessoa, sem discriminação, o respeito pela sua integridade e pelos seus outros direitos e liberdades fundamentais face às aplicações da biologia e da medicina" (artigo 1.°). Como refere João Zenha Martins ([420]), a consagração constitucional da reserva da intimidade da vida privada, no sentido de preservação do património genético e de impossibilidade da sua devassa, vale sem lei e contra lei. Trata-se, por isso, de um direito, ao contrário de outros direitos (que carecem de intervenção legislativa densificadora que torne a sua aplicação efectiva) que goza de uma normatividade qualificada, de uma operatividade imediata".

A colheita do produto biológico representa uma intromissão na esfera pessoal do indivíduo, razão pela qual, de uma forma genérica, essa operação deve ser precedida do consentimento informado do interessado e de salvaguarda efectiva de garantias de respeito pela sua vida privada e confidencialidade dos dados obtidos (veja-se o artigo 5.° da Convenção sobre os Direitos do Homem e da Biomedicina). Uma vez que no centro da ordem jurídica se situa a pessoa humana, titular de direitos fundamentais, pode afirmar-se, por isso, que o direito à intimidade genética tem como característica fundamental o reconhecimento de a pessoa poder manter um *controlo absoluto* e efectivo – autodeterminação – sobre a informação genética que lhe respeita ([421]).

([419]) Aberta à assinatura dos Estados membros do Conselho da Europa em Oviedo, em 4 de Abril de 1997, e ratificada por Portugal pelo Decreto do Presidente da República n.° 1/2001 (*in* DR I.ª Série A de 3 de Janeiro de 2001).

([420]) Ob. cit. pág. 53.

([421]) "Projectado na ordem jurídica, o personalismo implica uma atitude de cuidada atenção dirigida à realidade física e ontológica da pessoa e a garantia ciosa da sua autonomia e daquilo que por justiça lhe é devido, a partir, primordialmente, das raízes da sua natureza e dignidade " – Mário Bigotte Chorão – "Direito e Inovações Biotecnológicas" *in* «O Direito», ano 126, 1994, III-IV, Julho/Dezembro, pág. 429. O controlo do trabalhador deve ser estendido às amostras de produtos biológicos na medida em que nunca se sabe que utilização subsequente pode ser dado, nos anos seguintes à sua colheita, ao sangue ou ao tecido corporal.

Porém, é patente que os métodos de recolha podem ser mais ou menos ofensivos da esfera pessoal do visado (v.g. sangue, saliva, raiz dos cabelos, pele ou fragmento da unha) e que, em função das finalidades para que são utilizados e do reconhecido rigor e credibilidade dos seus resultados, pode generalizar-se um sentimento público que aponta, em casos específicos, para a sedimentação de um dever jurídico de submissão a este tipo de exames. O recurso à realização destes testes nas acções de investigação ou impugnação de paternidade, bem como para a identificação de cadáveres ou despojos que não possam ser identificados, são um bom exemplo em que se aceita, sem grande dificuldade, a utilização desta prova pericial ([422]).

Muito embora se assista, neste momento, a uma grande reflexão e discussão sobre a utilização de material genético no contexto criminal ([423]), não podem deixar de ser reconhecidas algumas debilidades e riscos decorrentes da recolha de provas no local do crime.

2. Não está no âmbito da presente reflexão fazer uma abordagem dos aspectos e formalidades relacionados com a legitimidade legal, no contexto laboral, para recolha/obtenção do material que irá servir de base à realização das análises genéticas.

Esta operação de recolha representa, segundo a melhor doutrina ([424]), um atentado à integridade física do trabalhador e constitui, por isso mesmo, uma intromissão na sua via privada.

([422]) Vários autores têm dado conta, na Argentina, da utilização de testes de ADN com o objectivo de relacionar crianças abandonadas ou perdidas com progenitores «desaparecidos». Entre nós veja-se o contributo que os testes de ADN deram para identificação dos corpos na sequência do «massacre do Ambriz». Como consta da notícia do Jornal «Público» de 11/1/2003 (pág. 24) as análises ao cadáver exumado no cemitério de Algeruz, em Setúbal, provaram que o corpo, que se presumia ser de Vanda Viola, era de Eduardo Silva. A exumação foi decidida, como consta da notícia, depois de as autoridades angolanas terem verificado que o corpo de Vanda Viola permanecia em Angola. Havia, assim, que verificar a verdadeira identidade do corpo sepultado em Setúbal.

([423]) Sonia Le Bris refere que, em 31 de Agosto de 2000, o 1.º Ministro britânico anunciou a sua intenção de criar bases de dados policiais de DNA que congregassem a informação relativa à população criminal britânica. A Comissão de genética humana britânica interrogou-se, de imediato, não só sobre a forma como eram constituídos e utilizados esses bancos de dados mas, especialmente, sobre as questões relativas à especificação do tipo de infracções que determinavam a inclusão da pessoa nesse banco de dados.

([424]) Sylvain Lefebvre, loc. cit. pág. 162.

Porém, e tal como referimos, é pacífico que tal operação passa pela obtenção de um consentimento livre e informado da pessoa que irá facultar os produtos biológicos ([425]). As grandes dificuldades colocam-se, exactamente, ao nível da aferição da forma como é dado o consentimento uma vez que – na generalidade dos casos – esse consentimento não se apresenta como sendo «livre». A posição em que o candidato a um emprego ou o trabalhador se encontram são um bom exemplo da falta de liberdade de decisão, razão pela qual se justifica que a lei afaste qualquer dúvida que se possa colocar neste domínio ([426]).

Uma particularidade extremamente relevante – e da qual se têm de tirar consequências em relação aos aspectos do tratamento da informação – tem a ver com o facto de os dados registados assumirem uma natureza "colectiva" ou, mesmo, "universal" ([427]): «se a informação genética tem, *a priori*, um carácter individual na medida em que define a originalidade e a identidade de cada ser humano, ele tem também, paralelamente, um carácter "colectivo" ou "universal", na medida em que faz parte de um património genético comum à humanidade, porque constitui sempre um elemento de pesquisa epidemiológica e "familiar", considerando de um lado as similitudes do genoma na mesma família (ascendentes e parentes) e por outro a sua transmissão hereditária (descendência)».

O "*dossier*" genético individual está inter-relacionado com os *dossiers* da mesma família ou, até, de indivíduos das mesmas zonas geográfi-

---

([425]) O artigo 16-3 do Código Civil francês estabelece que «não pode ser realizada uma agressão à integridade física no corpo humano, a não ser em caso de necessidade terapêutica para a pessoa. O consentimento do interessado deve ser recolhido previamente, a não ser nos casos em que o seu estado torna necessária uma terapêutica em que não é possível obter o consentimento». A nota mais relevante do preceito prende-se, para o que agora nos interessa, com a consagração do princípio de que só se justifica tal agressão para *finalidades terapêuticas*. No domínio específico da informação genética foi aprovada legislação sobre bioética – no decurso de 1994 – que visa, nomeadamente, delimitar em que domínios é admissível o recurso a testes ou análise de características genéticas. A lei proíbe o estudo das características genéticas salvo em casos muito precisos: para fins médicos, de investigação científica ou fins judiciais. A utilização para fins industriais ou comerciais será interdita.

([426]) Veja-se, no mesmo sentido, Catarina Sarmento e Castro – "A protecção de dados pessoais dos trabalhadores", loc. cit. pág. 58.

([427]) Paula Lobato Faria, "Données Génétiques Informatisées – Un nouveau défi à la protection du droit à la confidentialité des données personnelles de santé", Bordeaux, 1996, pág. 181.

cas ou com características genéticas similares. Estas especificidades têm reflexos jurídicos decisivos em sede de protecção da confidencialidade e da protecção da privacidade e, como veremos, merecem protecção especial no nosso ordenamento jurídico. Estes aspectos não podem, igualmente, ser negligenciados em sede de tratamento de dados laborais, razão pela qual se deve questionar em que medida é relevante o conhecimento, por uma entidade empregadora, de dados pessoais sobre as características do genoma de uma família.

A Assembleia da República, ciente de que a temática do genoma humano e da defesa e salvaguarda da informação genética pessoal era fundamental, defendeu, em Junho de 2001, que deveria ser feito um amplo debate no seio da comunidade científica, o qual deveria ser alargado ao maior número de cidadãos possível. Em duas Resoluções, publicadas no Diário da República (I.ª Série de 12 de Julho de 2001, pág. 4239 e 4240), alinhou os princípios fundamentais que deveriam ser consagrados para defesa e salvaguarda da dignidade pessoal e da identidade genética do ser humano.

Da Resolução n.º 47/2001, aprovada no Parlamento em 12 de Junho de 2001, salientaremos os seguintes princípios colocados à reflexão da comunidade:

a) Proibição de todas as formas de discriminação contra uma pessoa em virtude do seu património genético (ponto 2 al. b);

b) Garantia de que as intervenções admissíveis no domínio genético dependem sempre do consentimento livre e esclarecido da pessoa, assegurando-se protecção e adequada representação a quem careça de capacidade para o prestar (ponto 2 al. e);

c) Proibição de testes preditivos de doenças genéticas ou que permitam quer a identificação do indivíduo como portador de um gene responsável por uma doença quer a detecção de uma predisposição ou de uma susceptibilidade genética a uma doença, salvo para fins médicos ou de investigação médica e sem prejuízo de um aconselhamento genético apropriado (ponto 2 al. f);

d) Proibição de utilização de qualquer informação genética por parte de quaisquer entidades públicas, privadas ou do sector social para efeitos de selecção adversa no que respeita ao exercício do direito ao trabalho, do direito de acesso a prestações sociais e do direito de celebração de contrato de seguro (ponto 2 al. g);

e) Respeito rigoroso pelo sigilo dos dados no domínio genético, revelados pelo próprio ou apurados através de testes, garantindo-se aos mesmos protecção reforçada em termos de acesso, segurança e confidencialidade, bem como separação lógica em relação à restante informação pessoal (ponto 2 alínea h).

A Resolução 48/2001 *recomendou ao Governo* a adopção de princípios em relação à defesa e salvaguarda da informação genética e pessoal. De entre as diversas recomendações evidenciamos as seguintes:

I. Garantia de confidencialidade, de direito à informação total e do respeito pela vida privada no que toca a informações obtidas pelos testes genéticos individuais (II);

II. A proibição expressa do requerimento ou feitura de quaisquer testes genéticos como condição ou quesito para admissão, contratação ou concessão de benefícios por parte de todas as entidades empregadoras públicas ou privadas, das instituições de ensino, das Forças Armadas e outras a considerar (V);

III. A proibição de todas as entidades empregadoras públicas ou privadas de uso de informação genética pessoal com qualquer fim não expressamente consentido pelo próprio detentor e, designadamente, para discriminar, limitar, segregar ou classificar os seus trabalhadores (VI).

A Convenção sobre os Direitos do Homem e da Biomedicina, já referida, começa por consagrar a proibição de discriminação contra uma pessoa em função do seu património genético (artigo 11.º). O artigo 12.º proíbe a realização de "testes predictivos de doenças genéticas ou que permitam quer a identificação do indivíduo como portador de um gene responsável por uma doença quer a detecção de uma predisposição ou de uma susceptibilidade genética a uma doença, *salvo para fins médicos ou de investigação científica e sem prejuízo de um aconselhamento genético apropriado*".

2. Informação genética e relação de trabalho

1. Na relação de trabalho o recurso à informação genética pode colocar-se em dois tipos de situações: ***no momento da contratação de pessoal***

e no *decurso da relação de trabalho*. Por princípio, estão em causa *dois objectivos distintos*:

(a) A realização de despistagem genética para, numa lógica de rentabilidade económica e ponderação do risco, delimitar as características genéticas do candidato e detectar a existência de marcadores hereditários ou predisposições patológicas para contrair certas doenças ou vir a padecer de certa incapacidade ([428]);

(b) A realização de exames de controlo – numa perspectiva de protecção da saúde do trabalhador ou de terceiros – direccionados para a avaliação do impacto do ambiente profissional no património genético do trabalhador ou da sua saúde ([429]).

A problemática da despistagem genética para fins de emprego conheceu, nos E.U.A., uma publicidade particular em Fevereiro de 2000, com a «*Executive Order*» 13145 do Presidente Clinton que proibia qualquer discriminação fundada na informação genética dos empregados federais ([430]); o interesse do Congresso americano por esta questão já remonta aos anos 80, interesse que se traduziu em 1983 e, depois, em 1990, em 2 relatórios sobre a despistagem genética do *Office of Technologie Assessment*. Para

---

([428]) Como refere Guilherme de Oliveira – RLJ cit., n.º 3863, pág. 41 – "os empregadores começaram a mostrar interesse em excluir dos seus quadros os empregados ou os candidatos que apresentassem propensão para certas doenças, como o cancro, as cardiopatias e as perturbações mentais, independentemente de qualquer relação entre a doença e as condições específicas do local de trabalho. Podem estar em causa outras doenças como a diabetes e a hipertensão.

([429]) Como referem Marie-Héléne Boulanger e Jan Dhont – "Protection de la vie privée et données génétiques: quelques considérations" – *in* Cahiers du Centre de Recherches Informatique et Droit n.º 16, Droit des technologies de l'information, pág. 180 – esta realização será concretizada, especialmente, nas empresas que usam produtos químicos ou em centrais nucleares. No mesmo sentido, o relatório explicativo da Convenção dos Direitos do Homem e da Biomedicina admite que, em certas circunstâncias particulares, possam ser realizados testes genéticos preditivos desde que as condições de trabalho possam ter consequências prejudiciais para a saúde do trabalhador em função da sua predisposição genética. Estes testes devem ser sempre feitos no interesse de velar pela saúde do trabalhador e, sempre, sem prejuízo de melhorar as condições de trabalho.

([430]) Em 1996, o *Health Insurance Portability and Accountability Act* ("HIPPA") tornou-se a primeira lei federal que, directamente, se dirigia à regulamentação da informação genética. Esta lei proíbe a discriminação com base em «factores relativos ao estado de saúde», incluindo a informação genética.

identificar as questões éticas e jurídicas evidenciadas pelo recurso à despistagem genética para fins de emprego, estes relatórios serviram-se de um inquérito a fim de determinar a percentagem de empresas que recorriam a estes testes. Na altura as empresas que os realizavam rondava os 3% ([431]).

Apesar de haver grandes objecções à utilização destes métodos, vários fundamentos têm sido alinhados para fundamentar a realização de testes genéticos no *momento prévio à admissão do trabalhador* ([432]):

– "O despiste de trabalhadores hipersensíveis a certos factores laborais defende, em primeiro lugar, a saúde do trabalhador;
– Há casos em que um empregado tem uma propensão especial para uma doença cuja manifestação põe em perigo a integridade física ou a vida de terceiros;
– É razoável que os encargos de treino e formação profissional sejam dirigidos a trabalhadores que, provavelmente, terão uma vida activa e uma produtividade normais, e não a operários relativamente a quem se pode prever uma incapacidade precoce;
– As empresas, num quadro económico competitivo, têm um interesse compreensível em evitar os encargos motivados por doenças dos trabalhadores, que lhes sejam impostos por lei ou pela contratação colectiva;
– O rastreio clínico integra-se no esforço tradicional de prevenção e controlo de doenças profissionais e contribui para o progresso científico nesse campo".

O mesmo autor, com especial rigor, logo assinala o carácter relativo e pouco valioso das razões apresentadas:

– "Está longe de ser clara a relação que existe entre a manifestação de certas doenças genéticas e as condições de trabalho específicas ([433]). A ideia a reter é a de que não é frequente que uma predis-

---

([431]) Para mais desenvolvimento veja-se Sonia Le Bris, ob. e loc. cit. pág. 44. Veja-se, igualmente, a audição de Harold P. Coxson, em 24 de Julho de 2001, no Sub-Comité Relações Empregadores-Empregados (*in* http://www.house.gov/search97cgi).

([432]) Guilherme de Oliveira, loc. cit. n.º 3863, pág. 41 e 42.

([433]) São conhecidas lamentáveis precipitações em relação à exclusão de operários ou candidatos sem um fundamento pacífico ou que, mais tarde, se revelou injustificado. Assim aconteceu com a exclusão de voluntários de cor negra pela força aérea norte-americana ou com a deslocação de trabalhadores para outros postos de trabalho, com base na

posição genética se manifeste ou acelere a sua expressão por causa do contacto com certo agente, no local de trabalho. A expressão da doença pode não ocorrer, ou pode ficar a dever-se a outros factores ambientais, estranhos ao local de trabalho.
– A protecção da saúde do trabalhador é um intuito respeitável e já antigo, mas que se concretiza dificilmente no que diz respeito às doenças genéticas, ao menos por enquanto ([434]).
– A exclusão de um trabalhador, numa época em que ele é saudável e capaz de desempenhar as tarefas que dele se esperam, despreza a contribuição produtiva de um indivíduo, com base na convicção realmente frágil de que ele virá, mais tarde, a pesar na economia do país.
– O rastreio de doenças genéticas não pode tornar-se num processo de baixar os custos das empresas, sem antes ter sido usado para que as condições de trabalho sejam melhorados para todos".

Os ambientes adversos nos locais de trabalho – embora possam ser mais nefastos para alguns trabalhadores portadores de certas «debilidades» – afectam, necessariamente, a generalidade dos trabalhadores. Por isso, nunca se pode prever, com rigor absoluto, que efeitos produzem esses ambientes na saúde e produtividade dos trabalhadores. A eventual exclusão com base na susceptibilidade ou «debilidade» para contrair certa doença não passa de uma mera suposição.

Em função dos critérios que alinhámos em relação ao tratamento de dados necessários à admissão de pessoal, propendemos no sentido de que *deve ser afastada a possibilidade de serem realizados exames genéticos como condição prévia à celebração de um contrato*, na medida em que se alcança com grande dificuldade a possibilidade de estabelecer qualquer relação entre o objectivo dos testes e a avaliação da aptidão profissional do candidato ao posto de trabalho. As decisões tomadas no contexto da contratação de pessoal devem basear-se, necessariamente, nas qualificações

---

hipersusceptibilidade dos portadores de um só gene da Anemia falciforme. Sobre algumas fragilidades dos testes da ADN veja-se João Nuno Zenha Martins, ob. cit. pág. 11.

([434]) Se é verdade, por exemplo, que se pode diagnosticar a possibilidade de se contrair certa doença, não se poderá concretizar em que momento da existência do indivíduo a doença se desenvolverá, qual será a sua evolução e gravidade (cf. Sonia Le Bris, ob. e loc. cit. pág. 53).

individuais e na capacidade para o desempenho do cargo e não noutras características ou atributos que nada têm a ver com as performances necessárias ao exercício da função objecto de concurso ([435]).

Por princípio, e salvo nos casos em que estão em causa objectivos de investigação científica, a genética deve ser colocada ao serviço do candidato. Está afastada, nesta fase, qualquer possibilidade de a informação genética ser utilizada em benefício do trabalhador e da sua saúde. Daí que qualquer teste para análise da propensão de o trabalhador contrair certa doença viole a previsão constante do artigo 12.º da Convenção sobre os Direitos do Homem e da Biomedicina, que Portugal ratificou.

Pelo contrário, os testes e as razões que estão subjacentes à sua realização – na medida em que podem levar à exclusão do candidato e à sua colocação numa situação de desemprego com base em circunstâncias ambientais que podem (apenas) *potenciar*, não se sabe quando, determinadas patologias – são susceptíveis de gerar discriminação, colocando estas pessoas numa situação de exclusão do mercado de trabalho, facto que reputamos violador do artigo 58.º n.º 1 da CRP, quando confrontado com o artigo 26.º n.º 3 ([436]). Embora não possa dizer-se que o preceito constitucional garante um «direito subjectivo» à obtenção efectiva de um posto de trabalho específico, devemos reconhecer que é contrária à Constituição a adopção de mecanismos que contribuam para evidenciar situações de discriminação e subverter o princípio da igualdade de oportunidades, nomeadamente quando não estão minimamente fundamentadas na defesa de interesses dos candidatos.

A admissão deste mecanismo, no momento da contratação, mais não representa do que a colocação nas mãos do empregador de um verdadeiro «instrumento idóneo para discriminar» os trabalhadores no acesso ao emprego ([437]), não havendo qualquer disposição legal que, em termos do

---

([435]) Como refere Lyon-Caen (Revue Internationalle de Droit Économique, 1993-1, pág. 68) "o balanço em laboratório de potencialidades ou perfis, não conseguirá encontrar o seu lugar no processo de recrutamento".

([436]) No mesmo sentido a Declaração Universal do Genoma Humano e dos Direitos Humanos, adoptada na 29.ª sessão da Conferência Geral da Unesco (de 21 de Outubro a 12 de Novembro). O artigo 2.º estabelece que "todos têm o direito ao respeito da sua dignidade e dos seus direitos humanos, independentemente das suas características genéticas. Essa dignidade faz com que seja imperativo não reduzir os indivíduos às suas características genéticas e respeitar a sua singularidade e diversidade".

([437]) Fernando Pachés, ob. cit. pág. 323.

princípio da proporcionalidade, legitime uma intrusão na esfera pessoal do candidato. Lembra-se que tem sido reconhecido, de forma pacífica, que o recurso a programas de despistagem genética deve ter como preocupação fundamental a salvaguarda contra qualquer discriminação ([438]).

Acresce, por outro lado, que a possibilidade da realização destes testes, fundamentada, exclusivamente, num interesse de cariz económico que favorece o empregador (v.g. não contratação de pessoas que possam vir a contrair certas doenças ou apostar na diminuição do absentismo motivado por doença) é suficiente para comprometer a protecção da dignidade pessoal e a identidade genética do ser humano, valores com tutela constitucional. Efectivamente, numa sociedade como a nossa, "a possibilidade de ter acesso a um emprego constitui uma «condição necessária que permite a qualquer pessoa aceder a um nível de vida decente». Autorizar este tipo de testes equivaleria à rejeição de uma diversidade dos indivíduos e, em certa medida, poderia acabar por afastar aqueles que se suspeita serem inaptos, o que se revelaria próprio de uma sociedade intolerante" ([439]). Esta diversidade agudiza, ainda mais, a situação de "inferioridade" em que se encontra o candidato a um emprego e dá ao empregador conhecimentos sobre a identidade do trabalhador que são recolhidos à custa da violação da sua identidade genética ([440]), criando uma incerteza na posição do trabalhador à custa de um procedimento violador da sua vida privada. Em termos de balanceamento de direitos fundamentais – autonomia e iniciativa económica privada *versus* protecção da intimidade da vida privada – pensamos que o princípio da proporcionalidade determina, nesta fase, uma prevalência da intimidade da vida privada do candidato. Justifica-se esta

---

[438] Veja-se, para maior desenvolvimento, o estudo realizado pelo Grupo de Trabalho de Genética Humana (CDBI-CO-GT4) a pedido do Comité Director de Bioética do Conselho da Europa – datado de 27 de Outubro de 1997 – que aborda aspectos relativos à Genética e Biomedicina e à realização de testes genéticos (http://www.legal.coe.int).

[439] Marie-Héléne Boulanger e Jan Dhont, loc. cit. pág. 178.

[440] O estudo do Conselho da Europa referido (pág. 26) considera, no mesmo sentido, que a utilização de testes genéticos antes da contratação é ainda mais inquietante que a inserção dos indivíduos no mundo do trabalho e deve constituir, na hora actual, a garantia da sua inserção na sociedade. A realização de discriminação de pessoas «geneticamente frágeis» determina a exclusão de certas categorias de indivíduos da sociedade, o que não é aceitável. Conclui, por isso, que "a utilização dos diagnósticos deveria ser interdita", na medida em que "nenhuma doença foi declarada" e que "não há qualquer inaptidão para o trabalho".

solução na medida em que esta opção não compromete nem se apresenta como lesiva da iniciativa privada e a solução contrária contribuiria para «aniquilar» o direito à intimidade dos candidatos ao emprego, sem que haja razões jurídicas e interesses relevantes da entidade empregadora que justifiquem tamanho sacrifício.

Para além disso, pensamos que a complexidade do processo envolve outros aspectos que devem ser equacionados:

a) Estando em causa o diagnóstico de doenças genéticas ou metabólicas que, por natureza, não afectam o candidato e que podem eclodir se forem criadas circunstâncias propícias futuras, não deixaremos de estar perante um factor de incerteza que não deve ser desprezado, ao ponto de poder transformar-se numa fonte de exclusão de um posto de trabalho [441];

b) Por mais cuidadoso e rigoroso que seja o exame, não podemos esquecer que estamos, ***sempre***, perante «previsões» que não se sabe ao certo quando ocorrem e que podem depender de vários factores: de uma transmissão hereditária (no caso de factores recessivos), de circunstâncias externas ao candidato no caso de doenças multifactoriais (ambiente de trabalho ou a alimentação) ou o simples decurso do tempo (no caso dos genes patogénicos dominantes).

Se no juízo de probabilidade para contrair certa doença tiverem sido considerados alguns destes factores para exclusão do candidato (v.g. a transmissão hereditária ou alguns aspectos das condições de vida) podemos estar perante uma violação do princípio da igualdade – cf. artigo 13.º da Constituição da República – na medida em que existe uma discriminação, geradora de prejuízo e privação de um direito fundamental (o direito ao trabalho), em razão da ascendência, território de origem ou, indirectamente, da sua situação económica ou condição social. Em face do disposto

---

[441] No mesmo sentido J. Nuno Zenha Martins. Este autor vai, ainda, mais longe quando refere que "a doença ou é actual ou é previsional. A previsionalidade não oferece garantias seguras do apuramento efectivo da doença. É tão somente um juízo de prognose, ainda que cientificamente fundado. Negar o emprego a um cidadão, por ter um heterozigoto para o gene de uma doença seria arbitrário, sendo que a *communis oppinio* científica vai no sentido de que os portadores de um gene anormal não correm nem fazem correr perigo e de que a expressão da doença pode até não ocorrer".

nos artigos 26.° e 13.° da Constituição da República não se vislumbra que possa haver uma diferenciação de regimes e de protecção em relação aos trabalhadores que aleguem discriminação em função do seu património genético e aqueles que invocam discriminação em função do sexo, raça, filiação política ou religiosa ([442]).

2. E que alterações trouxe o Código do Trabalho em relação ao tratamento de dados genéticos *no período da admissão de trabalhadores*?

O Código do Trabalho fez um esforço no sentido de estabelecer alguns parâmetros que possam levar o intérprete a delimitar as condições em que podem ser realizados estes exames, abrindo caminho a algumas inflexões em relação ao entendimento sobre tratamento de dados genéticos.

Em relação à realização de testes, e tratamento subsequente no período de admissão, pensamos que o Código poderia ter sido mais expressivo e proibir, de forma clara, o recurso a análises genéticas ([443]). Das diversas referências do Código é possível concluir que o legislador pretendeu afastar qualquer possibilidade de utilização, neste domínio, de informação genética. Vejamos algumas disposições:

2.1. O artigo 17.° n.° 1 impede que o empregador exija a um candidato a emprego "*informações* relativas à sua vida privada, salvo quando estas sejam estritamente necessárias e relevantes para avaliar a aptidão do trabalhador no que respeita à execução do contrato de trabalho". Na mesma linha de pensamento, o n.° 2 estabelece que o empregador "não pode exigir ao candidato a emprego que preste *informações* relativas à sua saúde..., salvo quando particulares exigências inerentes à natureza da actividade profissional o justifiquem e seja fornecida por escrito a respectiva fundamentação".

Em primeiro lugar, importa ressaltar que não está em causa neste preceito a realização, pela entidade empregadora, de testes genéticos mas, simplesmente, a **obtenção de informação** *junto do candidato* sobre a sua vida privada ou sobre a sua saúde. Muito embora a informação genética se

---

([442]) Como se verá, o Código do Trabalho começa por colocar ao mesmo nível, no artigo 22.° n.° 2, todos estes «factores de discriminação».

([443]) Assim acontece, por exemplo, na Finlândia onde a Lei 477/2001 – no seu § 7 – considera que o empregador não tem o direito de exigir que o empregado seja submetido a testes genéticos durante o recrutamento ou no decurso da relação de trabalho. Parece-nos que esta é solução que está conforme com o artigo 12.° da Convenção da Biomedicina.

integre no conceito de vida privada e, ainda que de forma indirecta, possa relevar e contribuir para aferir alguns aspectos relativos ao estado de saúde, nomeadamente a propensão para vir a contrair certas doenças, pensamos que estes preceitos não estão direccionados para o acesso à informação genética na medida em que o Código tem outras normas expressas sobre informação dessa natureza. Não obstante, e ainda que o candidato tenha conhecimento de informação genética que lhe diga respeito, pensamos que a mesma não é pertinente para a avaliação da aptidão profissional do trabalhador.

Já quanto ao fornecimento de informações em razão da «natureza da actividade profissional», a nossa leitura é a de que o legislador optou por uma solução de informar o trabalhador sobre as condições e perigos do ambiente de trabalho (o que deve, de forma fundamentada, fazer por escrito). Pensamos que o legislador optou pela solução de obrigar a entidade empregadora a informar o trabalhador sobre a natureza da actividade e a dar-lhe conhecimento dos riscos que corre, deixando ao trabalhador a possibilidade de ponderar o risco a que fica sujeito. As empresas que apresentam riscos de potenciar a eclosão ou desenvolvimento de doenças genéticas devem ficar vinculadas ao «dever de informação» e de «fundamentação» a fim de os candidatos, depois da ponderação dos riscos, tomarem as necessárias medidas de precaução, nomeadamente a realização dos exames regulares adequados.

Não resulta do preceito que o trabalhador seja obrigado a fornecer a informação, caso a conheça, sobre predisposição para contrair certas doenças e, muito menos, que a entidade empregadora possa realizar testes para obter essa informação. Será legítimo omitir alguma informação quando o trabalhador suspeita que pode vir a ser objecto de discriminação em função do seu património genético (cf. o artigo 22.º). ([444])

2.2. Também o artigo 19.º n.º 1 estabelece que o empregador não pode, para efeitos de admissão, exigir do candidato "a realização ou apre-

---

([444]) Podem aqui ser aplicáveis as considerações por nós efectuadas – no Capítulo III. I. 3. – sobre a omissão de resposta em relação a certas informações que não são fundamentais em relação à aferição da aptidão do trabalhador. Cf. em sentido similar João Nuno Z. Martins, ob. cit. pág. 30, o qual adianta ser diferente a questão da revelação de doença ou informação relevante sobre o estado de saúde, centrando o aspecto da sua revelação no quadro dos princípios da boa-fé.

sentação de testes ou exames médicos, de qualquer natureza, para comprovação das condições físicas ou psíquicas, salvo quando estes tenham por finalidade a protecção e segurança do trabalhador ou de terceiros, ou quando particulares exigências inerentes à actividade o justifiquem, devendo em qualquer caso ser fornecida por escrito ao trabalhador a respectiva fundamentação". A interpretação que fazemos do preceito – para o compatibilizar com o artigo 22.º – é a de que está em causa, tão só, a realização de exames necessários à aferição e simples *constatação* das condições físicas e psíquicas à data da admissão, sendo de afastar, em face da expressão «*comprovação*» ([445]), qualquer rastreio de doenças genéticas.

Tal como defende J. Nuno Zenha Martins ([446]) "as pessoas portadoras de doenças genéticas não podem ser afastadas da contratação laboral, caso apresentem índices normais de robustez que permitam um exercício eficiente das funções colimadamente exercíveis. No quadro da Constituição só poderão ser objecto de não contratação, em virtude da realização de testes de ADN, os cidadãos que já apresentarem a enfermidade e que demonstrem incapacitação para a função a que se candidatam. E a incapacidade terá que ser real".

2.3. O artigo 22.º n.º 1 consagra a «igualdade de oportunidades e de tratamento no que se refere ao acesso ao emprego», adiantando o n.º 2 que nenhum candidato pode ser prejudicado ou privado de qualquer direito em razão do seu «património genético». Daqui decorre que será avisado e lógico proibir qualquer possibilidade de realização de testes genéticos a fim de preservar e defender o trabalhador do perigo de discriminação, que é efectivo, e da ânsia empresarial em contratar trabalhadores não «propensos a contraírem certas doenças», com prevalência dos interesses estritamente económicos e em detrimento da sua real aptidão para o desempenho do cargo.

([445]) A expressão «comprovação das condições físicas ou psíquicas» nunca pode ser entendida no sentido "dinâmico" de perscrutar – com recurso eventuais testes de predisposição – a propensão para vir a contrair certas doenças. Comprovar tem um sentido "estático" que se identifica com a ideia de confirmar, reconhecer, verificar aquilo que existe, o que está em contradição com o objectivo de diagnosticar doenças genéticas ou metabólicas que, por definição, não existem no momento da pesquisa – não podem ser «comprovadas» – mas podem eclodir num momento posterior (que não pode ser determinado) em função de certas circunstâncias incertas (e com um grau de probabilidade que, dificilmente, pode ser determinável).

([446]) Ob. cit. pág. 29.

Estando nós cientes que a realização de testes genéticos contribuirá, necessariamente, para a violação do princípio da igualdade de oportunidades, facto que se apresenta, objectivamente, como factor de discriminação, defendemos que não deve ser permitida a realização destes testes. Adiantaremos, ainda, que a previsão do artigo 23.° se dirige, exclusivamente, às situações em que já existe um vínculo laboral (veja-se a redacção do n.° 3). Por isso, ao não ser aberta no artigo 22.° qualquer excepção – à semelhança do que acontece com a previsão do artigo 23.° n.° 2 – há razões acrescidas para defender a impossibilidade de realização de testes genéticos e, em consequência e por maioria de razão, o tratamento dos resultados.

Não admitindo o Código do Trabalho a realização de testes genéticos no momento da admissão, teremos de concluir que o tratamento destes dados é excessivo e não se revela pertinente (cf. artigo 5.° n.° 1 al. c) da Lei 67/98).

3. Já em relação ao *controlo e vigilância* no decurso da relação de trabalho, necessariamente realizado sob a responsabilidade dos serviços de medicina do trabalho (cf. artigo 272.° do Código do Trabalho), o que interessa é avaliar se será necessário ou imprescindível o recurso a este tipo de exames. Admite-se que só em casos muito específicos e pontuais – v.g. em casos de alergias a certos produtos químicos ou material radioactivo – as condições de trabalho possam ser favoráveis ao desencadeamento e, especialmente, à evolução mais rápida de certas patologias. Entendemos que as medidas preventivas devem ser prioritariamente privilegiadas e as entidades empregadoras devem, desde logo e independentemente dos seus custos, concentrar os seus esforços nas modificações necessárias para minimizar ou erradicar os riscos profissionais para os trabalhadores. Por outro lado, estes, porque são os principais interessados, devem ser cabalmente informados sobre os riscos que correm, as medidas de protecção que devem observar e em que circunstâncias podem ser afectados. Se isso acontecer não temos grandes dúvidas em reconhecer que os trabalhadores serão os primeiros a procurar os serviços de medicina do trabalho para realizar exames periódicos ([447]).

([447]) O recurso aos testes é equacionado noutro plano: no interesse da saúde do trabalhador. Trata-se de prevenir o contacto do trabalhador com determinados produtos, matérias-primas ou com ambientes adversos, bem como aproveitar as potencialidades da medicina predictiva em benefício da sua saúde.

Em relação à possibilidade de realização de exames genéticos várias opções são possíveis: estabelecer uma proibição absoluta (como em França ou na Finlândia [448]; proibir, por regra, a sua realização [449], embora possam ser admitidos – a título muito excepcional – em situações de doença de evolução rápida ou de «doenças agudas e imprevisíveis» (Alemanha e EUA); admitir a sua realização com legislação de enquadramento (Dinamarca).

A nível jurídico afigura-se-nos que o recurso a testes genéticos a trabalhadores não deve ser liminarmente afastado e que a sua realização deverá ser equacionada à luz das disposições vigentes em matéria de segurança, higiene e saúde no trabalho. Porém, a possibilidade de recurso a exames genéticos só muito remotamente pode ser admitida à luz da legislação relativa à segurança, higiene e saúde no trabalho na medida em que dificilmente estes exames se podem considerar abrangidos no conceito de «exames de saúde» e nas atribuições e competências dos serviços de medicina do trabalho [450]. Para que tal aconteça, torna-se necessário comprovar, de forma inequívoca, e sem margem para dúvida, que o recurso aos

---

[448] De acordo com o § 7.º do *Act on Protection of Privacy in Working Life* (477/2001) "o empregador não tem o direito de exigir ao empregado a realização de testes genéticos durante o processo de recrutamento ou durante a relação de trabalho"; não tem, sequer, o direito de saber se o empregado alguma vez foi submetido a tais testes.

[449] Na Suíça, onde existe um projecto de lei relativo à utilização de análises genéticas para finalidades médicas, de emprego e seguros, a Autoridade de Controlo considera que "no sector do emprego e dos seguros é conveniente interditar qualquer tratamento de dados genéticos na medida em que representa um domínio onde não é possível excluir discriminações. As excepções só podem ser autorizadas em casos de necessidade absoluta" (ver, para mais desenvolvimento http://www.edsb.ch).

[450] João Nuno Martins, ob. cit. pág. 55 e 56, afasta a possibilidade de realização destes exames quer na fase de contratação quer na fase de prestação de trabalho. Adianta este autor que "os testes genéticos e os dados que deles dimanam, apartam-se substancialmente dos exames a que o artigo 16.º alude e dos dados clínicos que deles resultam. Os testes genéticos tocam no âmago da intimidade privada e podem nem adquirir expressão prática". Conclui, assim, que "será ilegítima a obrigatoriedade da realização de testes genéticos", na medida em que «existe uma impostergável dimensão de ferimento da privacidade das pessoas, um pronunciamento potenciador de marginalizações desumanas e um comprometimento da liberdade individual que não podem ficar entregues à autonomia privada e que criariam, ademais, entropias a uma educação responsável para a saúde social de que todos são fautores».

testes genéticos será a única via para assegurar o «direito à saúde» consignado no artigo 64.º da Constituição ([451]).

Não deve ser afastada, igualmente, a possibilidade de realização de estudos epidemiológicos para análise da predisposição de certos riscos profissionais. O objectivo destes estudos poderá ser o de assegurar uma melhor prestação de cuidados de saúde aos trabalhadores que estejam expostos a certos riscos e, ao mesmo tempo, conhecer os riscos que os postos de trabalho podem trazer aos trabalhadores. Porém, para afastar os riscos para a privacidade dos trabalhadores e evitar a constituição de «ficheiros genéticos nominativos», susceptíveis de originar discriminação, tem-se entendido que estes estudos epidemiológicos devem ser anónimos ([452]).

Em Portugal a legislação anterior ao Código do Trabalho, em particular a relativa à segurança, higiene e saúde no trabalho, não faz qualquer referência à realização deste tipo de exames. A lei faz uma abordagem genérica sobre o papel dos respectivos serviços, a quem incumbe "tomar as providências necessárias para prevenir os riscos profissionais e promover a saúde dos trabalhadores" (artigo 13.º n.º 1 do DL 26/94, de 1 de Fevereiro). Para a consecução destes objectivos devem, nomeadamente, realizar as seguintes actividades:

a) Identificação e avaliação dos riscos para a segurança e saúde nos locais de trabalho e controlo periódico dos riscos resultantes da exposição a agentes químicos, físicos e biológicos (artigo 16.º n.º 2 al. b) do DL 26/94, na redacção do DL 109/2000, de 30 de Junho);

b) Promoção e vigilância da saúde, bem como a organização e manutenção dos registos clínicos e outros elementos informativos relativamente a cada trabalhador (artigo 16.º n.º 2 al. e);

c) Manter actualizados os resultados das avaliações de riscos relativos aos grupos de trabalhadores a eles expostos (artigo 16.º n.º 3 al. a);

([451]) Assane Diop, ob. cit., pág. 4 defende, numa perspectiva mais permissiva, que a despistagem e o acompanhamento genético podem "desempenhar um papel, não negligenciável, na prevenção de riscos provenientes do património genético dos trabalhadores e da detecção de exposições potencialmente perigosas".

([452])Veja-se, no mesmos sentido, o estudo realizado pelo Grupo de Trabalho de Genética Humana (CDBI-CO-GT4) a pedido do Comité Director de Bioética do Conselho da Europa, cit. pág. 26.

d) Promover a realização de exames de saúde, tendo em vista verificar a aptidão física e psíquica do trabalhador para o exercício da sua profissão, bem como a repercussão do trabalho e das suas condições na saúde do trabalhador (artigo 19.º n.º 1), podendo solicitar a realização de «exames complementares» ou pedir pareceres médicos especializados (artigo 19.º n. 3).

Em contrapartida, o trabalhador está vinculado ao «dever de cooperação», submetendo-se, nomeadamente, aos "exames médicos" e "testes" que visem garantir a segurança e saúde no trabalho (artigo 22.º n.º 1 al. b) do DL 26/94, na redacção do DL 109/2000, de 30 de Junho).

Das disposições acabadas de citar, embora seja nossa convicção de que não se pensou na hipótese de recurso a testes genéticos e, como já se afirmou, estes exames não se enquadrem no conceito de «exames de saúde», não é possível concluir no sentido de que há uma proibição de recurso a tais testes. Por outro lado, também não será de afastar, em absoluto, a possibilidade da sua realização, em casos excepcionais devidamente justificados e em que não seja viável o recurso a outros exames menos intrusivos e menos violadores da intimidade dos trabalhadores.

Uma das perturbações que algumas das disposições citadas suscitam prende-se com a insuficiente delimitação normativa dos poderes do médico do trabalho e a falta de rigor na limitação dos seus poderes em matéria de escolha dos exames a realizar. Este facto levou a Procuradoria-Geral da República a pedir ao Tribunal Constitucional a declaração de inconstitucionalidade de alguns preceitos do DL 26/94, invocando que foi criado um «mecanismo coercivo que permite submeter tais trabalhadores à realização de quaisquer exames ou testes (cf. art. 16.º n.º 3) que o médico do trabalho discricionariamente julgue necessários (artigo 19.º n.º 1 al. b) e c)», à custa da restrição «ao núcleo essencial do direito à reserva da intimidade da vida privada».

Carlos Lopes do Rego, comentando o Acórdão do Tribunal Constitucional de 25 de Setembro de 2002 que apreciou o pedido ([453]), salienta que perante uma relação de evidente "dependência funcional e hierárquica dos serviços relativamente à entidade empregadora, pode legitimamente duvidar-se da suficiência garantística de um mero estabelecimento do (aliás evidente) dever de sigilo do médico do trabalho; é que o problema não

---

([453]) Disponível *in* http://www.tribunalconstitucional.pt

reside, naturalmente, na existência legal e deontológica de tal dever, mas no asseguramento de condições reais e práticas para garantir a efectiva autonomia e independência do médico do trabalho relativamente à entidade patronal".

O Tribunal Constitucional, depois de reconhecer que é inquestionável a realização de alguns exames no contexto laboral, salienta que se impõe que a obrigatoriedade desta sujeição se não deve revelar, "pela natureza e finalidade do exame de saúde, como abusiva, discricionária ou arbitrária" ([454]), lembrando que o médico deve "ater-se ao estritamente necessário, adequado e proporcionado à verificação de alterações na saúde do trabalhador causadas pelo exercício da sua actividade profissional e à determinação da aptidão ou inaptidão física ou psíquica do trabalhador para o exercício das funções correspondentes à respectiva categoria profissional".

Perante a constatação de que o ambiente de trabalho é propício à manifestação ou ao agravamento de certas doenças para indivíduos com certas características genéticas ([455]) (v.g. contacto com determinados produtos químicos), e comprovada que seja a inviabilidade económica para afastar ou minimizar os efeitos desses agentes, os serviços de segurança, higiene e saúde devem informar os trabalhadores sobre os riscos para a segurança e

---

([454]) Acórdão de 25 de Setembro de 2002, in DR II.ª Série de 25/10/2002, pág. 17789. No mesmo sentido Paulo Mota Pinto – "A Protecção da Vida Privada e a Constituição" in Boletim da Faculdade de Direito, Universidade de Coimbra, Vol. LXXVI, pág. 183 – quando refere que o recurso a testes de saúde dos trabalhadores deve ser limitado "aos casos em que sejam necessários para protecção de interesses de segurança de terceiros (assim, por exemplo, testes de estabilidade emocional de um piloto de avião) ou do próprio trabalhador, ou de outro interesse público relevante, e apenas se se mostrarem realmente adequados aos objectivos prosseguidos".

([455]) Guilherme de Oliveira reconhece que não é frequente que uma predisposição genética se manifeste ou acelere a sua expressão por causa do contacto com certo agente, no local de trabalho. Louvando-se em «opiniões generalizadas», considera que "as previsões baseadas na observação de um gene defeituoso são frágeis: pode acontecer que um gene anormal nunca chegue a manifestar-se, a produzir sintomas; ainda que esse gene se exteriorize, não se pode garantir quanto tempo se vai esperar pelos sintomas". Também o Comissário de Protecção de Dados do Canadá – "Le Dépistage Génétique et la Vie Privée" (in http://www.privcom.gc.ca/information/02_05_11_f.pdf), pág. 36 – confessa que, ao longo de várias pesquisas realizadas, não foi descoberto nenhum emprego que justificasse a recolha obrigatória ou voluntária de elementos genéticos pessoais com o objectivo de uma despistagem junto dos empregados ou candidatos a emprego. Por isso, importa ser realista e circunscrever esta questão às suas verdadeiras proporções.

saúde (cf. artigo 9.° do DL 441/91, de 14 de Novembro). Os representantes dos trabalhadores (cf. artigo 10.°) têm, igualmente, um papel relevante na avaliação dos riscos para a segurança e saúde no trabalho ([456]), incluindo aqueles que respeitam a grupos de trabalhadores sujeitos a riscos especiais (artigo 9.° n.° 3), razão pela qual devem ser ouvidos sobre a imprescindibilidade de submeter os trabalhadores a testes genéticos ([457]).

4. O Código do Trabalho é expresso, em várias disposições, em relação à «obrigação de fundamentação» ([458]) fornecida por escrito (artigo 17.° n.° 2 e 19.° n.° 1 *in fine*). Porém, o artigo 23.° n.° 2 – norma excepcional em relação ao princípio geral de não discriminação em função do *património genético* contido no n.° 1 – admite a possibilidade de pesquisa de elementos do património genético quando, "em virtude da natureza das actividades profissionais em causa ou do contexto da sua execução, esse factor constitua um requisito justificável e determinante para o exercício da actividade profissional, devendo o objectivo ser legítimo e o requisito proporcional".

Este preceito, para além de dever ser interpretado de acordo com os princípios alinhados pelo Tribunal Constitucional e com o entendimento que acabámos de salientar, é demasiado vago e permissivo, podendo dar origem a abusos por parte das entidades empregadoras e colocar em causa a autonomia e os direitos de personalidade do trabalhador. Ao não ser estabelecida qualquer possibilidade de controlo sobre a decisão da entidade empregadora e ao ser invertido, de forma simplista, o ónus da prova para o trabalhador que se considera discriminado (cf. o n.° 3) fica o trabalha-

---

([456]) Este aspecto deverá ser assumido com rigor, na medida em que me parece deverem ser afastadas quaisquer finalidades que não tenham como objectivo detectar os efeitos do ambiente de trabalho na saúde do trabalhador, sendo de afastar qualquer exame que tenha em vista detectar predisposições «não profissionais».

([457]) Veja-se, no mesmo sentido Assane Diop, ob. cit. pág. 6.

([458]) Podemos dizer que, nestas circunstâncias, impende sobre a entidade empregadora um «*dever especial de fundamentação*» para a realização destes testes. A informação a fornecer deve ser "clara, suficiente, compreensível e acessível ao interlocutor. A clareza implica o cabal esclarecimento da natureza e consequências dos testes e a sua transmissão de forma simples e facilmente percebível" (cf. J. Nuno Zenha Martins, ob. cit. pág. 82). Deve seguir-se da parte do trabalhador uma «aderência» à realização destes testes, a qual deve ser inequívoca e concludente. Para que não restem dúvidas entendemos que a lei deveria exigir a obtenção de consentimento escrito.

dor, no caso em apreço, impossibilitado de comprovar a discriminação, *tanto mais que dificilmente consegue saber se outros trabalhadores realizaram exames e de que tipo, sendo-lhe impossível aceder aos respectivos resultados.*

Espera-se que, na sequência do artigo 32.º, seja regulamentada esta questão e seja feita uma melhor concretização dos princípios contidos no artigo 30.º

A verdade é que nem a legislação vigente até ao Código do Trabalho nem as disposições do novo Código garantem, de forma efectiva, a protecção da autodeterminação que deveria ser assegurada ao trabalhador, nem apresentam limites claros e considerados adequados contra uma tentação ou ânsia autoritária de as entidades empregadoras, perante uma simples e ténue fundamentação de cariz económico, pretenderem "submeter" o trabalhador à realização destes testes [459]. Sendo pacífico que tanto os testes genéticos disponíveis como as técnicas de terapia têm consequências visíveis na dignidade, integridade e saúde das pessoas, é imprescindível que a sua realização fique subordinada a um controlo apertado em termos de obrigatoriedade de submissão a estes exames e o consequente armazenamento, acesso, utilização e divulgação da informação.

Somos, por isso, contrários à realização de testes obrigatórios, razão pela qual consideramos que o médico do trabalho deve apresentar ao trabalhador argumentos ("fundamentos") no sentido de que tais testes são os adequados à situação concreta. Deve dar-lhe a possibilidade de os aceitar (consentir) ou recusar, informá-lo das consequências que os testes podem ter no desenvolvimento das relações de trabalho e oferecer-lhe sempre garantias efectivas contra eventuais discriminações que o convençam, sem reservas, a submeter-se aos respectivos exames de forma voluntária.

---

[459] Não tendo nós uma posição de «proibição absoluta» em relação à possibilidade de realização destes testes, temos muitas reservas em relação à sua utilização na medida em que, como veremos, as disposições sobre segurança e higiene no trabalho não apresentam garantias suficientes que impeçam uma certa arbitrariedade no pedido de exames e, até, na apreciação dos seus resultados e respectivas implicações na prestação de trabalho. Por outro lado, o artigo 12.º da Convenção da Biomedicina, já citado, é extremamente restritivo em relação à realização de testes genéticos predictivos.

3. O tratamento de dados genéticos

1. Uma vez realizados e apurados os resultados do exame, interessa saber em que medida – e com que amplitude – podem ser tratados os dados pessoais.

A Comissão Nacional de Protecção de Dados – ainda no domínio da Lei 10/91 – estabeleceu alguns princípios relativos ao tratamento de dados genéticos ([460]).

Considerou, nomeadamente, que os dados genéticos "constituem, isolada ou cruzadamente, indicadores que permitem revelar o estado de saúde ou, pelo menos, possibilitar ou facilitar diagnósticos que identificam eventuais estados patológicos, designadamente quanto a factores de risco para o desenvolvimento de determinadas doenças, incluindo as que têm carácter hereditário ou com possibilidade de transmissão" ([461]). Integrando-se os dados genéticos na categoria de "dados sensíveis" (porque integrados no conceito de «vida privada»), entendeu que havia que «atribuir reforçada protecção aos dados genéticos, que ultrapassam em muito uma mera identificação da pessoa, e que são o património da própria existência, em muitas dimensões, e a matriz pessoal de cada um».

Os dados genéticos recolhidos podem ter uma finalidade *exclusivamente médica* – quando a informação recolhida se destina à prevenção, diagnóstico ou à prestação de cuidados de saúde ao titular ou à sua família – ou finalidades similares: fins epidemiológicos ou investigação científica/médica.

Dado o carácter pluridisciplinar dos "*dossiers* genéticos", e porque não havia disposições legais específicas na Lei 10/91 sobre os dados desta natureza, reconheceu-se que se deveria delimitar o tratamento desses dados em função de cada uma das situações em presença: da finalidade dos ficheiros, do tipo de pessoas que recolhem os dados e que acedem à informação ou do grau de detalhe da informação tratada.

Um olhar pelo *direito comparado* pode ajudar-nos a delimitar os contornos que deve assumir o tratamento destes dados.

([460]) Vejam-se as seguintes decisões: Parecer n.º 19/95, de 12/12/95 (Relatório de 1995, pág. 325); Autorização n.º 67/97 (Relatório de 1997, pág. 211) e Deliberação n.º 86/98, de 15/10/98 (Relatório de 1998, pág. 150). Nunca foi apreciada qualquer situação de tratamento de dados genéticos no domínio da relação de trabalho.

([461]) Segue-se de perto a Deliberação n.º 86/98, de 15/10/98, por nós relatada.

– A *Recomendação do Conselho da Europa n.° R (92) 3*, relativa aos testes genéticos para fins médicos, consagra os seguintes princípios:

1. A realização dos testes genéticos deve ser fundamentada na obediência ao princípio da auto-determinação e autorização das pessoas, as quais devem dar o seu **consentimento expresso**, livre e esclarecido (ponto n.° 5 – a) e b);
2. Os dados genéticos coligidos e tratados devem ser conservados separadamente de outros "*dossiers* pessoais" (ponto n.° 10).

– A *Recomendação R (97) 5*, relativa à protecção dos dados médicos, considera que o tratamento de dados genéticos deverá ser permitido **exclusivamente por razões de saúde** e, também, para evitar um prejuízo sério à saúde da pessoa ou de terceiros (ponto 4.9), devendo a pessoa ser informada, nomeadamente:

1. Sobre a finalidade do tratamento de dados (ponto 5.1. al. b);
2. Sobre as pessoas ou organismos a quem podem ser comunicados os dados (ponto 5.1. al. d);
3. Sobre a possibilidade de dar ou retirar o consentimento para o tratamento (ponto 5.1. al. e).

– Em Itália ([462]) faz-se a distinção entre a chamada «informação médica», «informação genética geral» e «informação genética privada». Esta última não será susceptível de divulgação a terceiros sem autorização informada do titular.

A *doutrina* tem salientado a necessidade de se terem em atenção as particularidades específicas dos dados genéticos:

– Trudel ([463]) entende que «o direito à informação genética é profundamente marcado por um conflito entre a transparência e a opacidade, entre a livre circulação e a protecção, o que reflecte o conflito entre os interesses individuais na preservação da sua intimidade e os imperativos colectivos de prevenção, tratamento e identificação de doenças e outras malformações».

([462]) Elleanor Sparenta – "Il genetic Privacy Act" *in* Revista Critica del Diritto Privato, Ano 15, n.° 2/97, pág. 246.

([463]) Citado por Helena Moniz – "Notas sobre a Protecção de Dados Pessoais perante a informática" *in* Revista Portuguesa de Ciência Criminal, ano 7, Abril/Junho de 1997, pág. 286.

– Para B. M. Knoppers ([464]) os dados genéticos nominativos relevam no âmbito da "vida privada". Deve reconhecer-se ao sujeito o direito de «manter terceiras pessoas alheias às informações a seu respeito, particularmente porque as revelações colocariam a descoberto a sua intimidade. Os dados genéticos pessoais fazem parte do "domínio reservado", da "esfera íntima" que está na disponibilidade de cada um de subtrair ao olhar de terceiros».

– Para Jorge Malem Seña ([465]) a protecção da privacidade visa garantir a autonomia e a dignidade da pessoa. A informação genética faz parte da decisão acerca de ter filhos, acerca da saúde, dos comportamento pessoais e, por isso, «tem que ser protegida contra intrusões».

Na *doutrina nacional* merecem particular referência as considerações expendidas por Guilherme de Oliveira ([466]) a propósito das peculiaridades dos dados genéticos:

1. "São dados clínicos mais «íntimos» que podem não ter manifestações ostensivas durante muitos anos ou podem não chegar a ter expressão fenotípica";
2. São dados «familiares» porque as características genéticas adquirem-se e transmitem-se hereditariamente; assim, quando se gera, ou se conhece, um dado clínico genético expõe-se mais que o indivíduo investigado ao risco da sua divulgação – na verdade toda a família fica «sob suspeita», pois sabe-se qual é o modo de transmissão do gene anómalo entre os familiares, consoante a doença de que se trata.

Estas características parecem recomendar uma «*garantia especialmente firme de confidencialidade*».

Paula Lobato Faria ([467]) defende, em função da natureza e alcance do tratamento de dados, que devem ser estabelecidos «graus de confidencialidade» e que para os ficheiros de informação genética deve ser observado um nível de confidencialidade reforçado em termos "quantitativos" – por se tratar de um «*registo colectivo*» relativo a um elevado número de pessoas – e em termos "qualitativos" por «estarmos perante divulgação de

---

([464]) La Génétique Humaine: de l'information à l'informatisation, 1992, págs. 252 e 253.
([465]) Privacidad y Mapa Genético, págs. 73 e 76.
([466]) Ob. cit. pág. 104.
([467]) Ob. cit. pág. 277 e 278.

dados relativos a predisposições, diagnósticos pré-sintomáticos ou de portadores saudáveis, de genes de doenças genéticas recessivas».

2. A Lei 67/98, de 26 de Outubro, não apresenta alterações substanciais em relação ao enquadramento e caracterização dos dados genéticos. Os dados genéticos continuam a fazer parte do elenco dos «dados sensíveis», embora autonomizados em relação aos dados relativos à «vida privada» e de saúde.

Para uma abordagem rigorosa das condições de tratamento destes dados interessa, para além das disposições de protecção de dados, considerar as normas relativas à preservação da intimidade da pessoa, os princípios relativos ao consentimento, sempre tendo presente os princípios de direito do trabalho.

A legislação vigente antes do Código do Trabalho era omissa em relação ao tratamento da «informação genética». O artigo 17.º n.º 5 do Código do Trabalho – ao remeter para a legislação relativa à protecção de dados o regime dos «ficheiros e acessos informáticos» do empregador – deixou à Lei 67/98 e às disposições constitucionais pertinentes a tarefa de regular esta matéria.

A primeira questão que se coloca é a de saber se, em função das finalidades para que se pretende utilizar a informação (controlo para fins de protecção da saúde do trabalhador), os dados recolhidos são pertinentes, necessários e não excessivos em relação a essas finalidades (cf. artigo 5.º da Lei 67/98, de 26 de Outubro, relativo à "qualidade dos dados").

Efectivamente, o responsável pelo tratamento de dados pessoais deve cumprir os princípios do artigo 5.º n.º 1, dando especial atenção:

a) À licitude do tratamento e à observância do princípio da boa-fé (al. a);
b) À recolha dos dados para finalidades determinadas, explícitas e legítimas (al. b);
c) Ao cumprimento dos princípios da adequação, pertinência, abstendo-se de tratar dados excessivos relativamente à finalidade para que são recolhidos e posteriormente tratados (al. c).

A transparência no tratamento (art. 2.º da Lei 67/98), licitude e boa-fé passa, necessariamente, e desde logo, pelo rigoroso cumprimento do direito de informação aos titulares dos dados (cf. art. 10.º n.º 1 da Lei 67/98).

Por outro lado, uma das exigências estabelecidas pelo artigo 7.º n.º 2 da Lei 67/98 para legitimar o tratamento – e que deve ser considerada pela CNPD no momento de se pronunciar quanto à autorização do tratamento de dados genéticos (cf. artigo 28.º n.º 1 al. a) da Lei 67/98) – é a salvaguarda de «*garantias de não discriminação*». Ora, um dos traços fundamentais que é fonte de preocupação é, como vimos, o facto de a aferição da capacidade do trabalhador para ocupar certo posto de trabalho ficar condicionada a testes de hipersusceptibilidade de origem genética, o que representa um factor de discriminação injustificado.

Defendemos, por isso, que qualquer autorização para tratamento de dados genéticos no contexto laboral deve passar, necessariamente, por uma disposição legal – Lei da Assembleia da República ou Decreto-Lei autorizado (cf. artigo 165.º n.º 1 al. b) da CRP) – que, como refere Guilherme de Oliveira ([468]), faça uma grande opção que exprime duas maneiras radicalmente diversas de encarar o problema: "ou se adopta um princípio de respeito pela autonomia de decisão do indivíduo em causa, aceitando que ele corra o risco de suportar as manifestações patológicas com o intuito de conquistar o posto de trabalho; ou se adopta uma atitude paternalista, que protege o trabalhador contra si próprio rejeitando um sacrifício da saúde que ele pudesse estar disposto a sofrer, embora essa protecção se faça à custa da exclusão do candidato e, porventura, à custa do prolongamento de uma situação de desemprego".

Verificamos, no momento actual, que nem o Código do Trabalho nem a legislação sobre higiene e segurança no trabalho estabeleceram garantias efectivas em relação à preservação de discriminação dos trabalhadores – para além do reconhecimento do dever de confidencialidade (que também consta do artigo 17.º da Lei 67/98) – restando recorrer à legislação de protecção de dados, a qual confere à CNPD instrumentos que permitem algum controlo e fixação de condições para tratamento destes dados.

Conforme decorre do artigo 7.º n.º 2 da Lei 67/98, é necessário que sejam asseguradas «garantias de não discriminação» e sejam adoptadas as «medidas de segurança previstas no artigo 15.º». O responsável do tratamento, para além de comprovar que a natureza da actividade justifica a realização dos testes e que a sua acção é legítima e proporcional (cf. artigo 23.º n.º 2 do CT), deverá apresentar à CNPD as medidas que pretende adoptar, demonstrando a inexistência de riscos de discriminação e garan-

---

([468]) Ob. cit. n.º 3863, pág. 43.

tindo que não haverá acesso indevido a informação de tamanha sensibilidade por parte de pessoas não autorizadas.

Em relação à realização destes testes tem-se entendido que é desejável o estabelecimento de «protocolos» de despistagem, de diagnóstico e de terapia supervisionados por um *comité de peritos* que ficará encarregado de emitir um parecer sobre a realização dos testes e a definição dos seus objectivos ([469]). Esse «protocolo» deveria conter todos os elementos necessários à compreensão do enquadramento em que se realizam os testes genéticos, os fundamentos em que assenta a sua realização, a sua necessidade e imprescindibilidade, objectivos a atingir, categorias de trabalhadores abrangidos, metodologia a adoptar para assegurar o direito de informação e obtenção do consentimento informado dos trabalhadores, recursos envolvidos, responsáveis directos pelo processamento da informação, tipo de dados a tratar e formas de controlo. Entende-se que aquele *comité de peritos* deveria integrar pessoas que não intervêm na elaboração dos «protocolos», por forma a poderem intervir, com toda a imparcialidade, sempre que entendam que a recolha de informação se traduza numa intromissão desproporcionada na esfera privada do trabalhador ou da sua família, na sua saúde, integridade física ou psíquica.

Isto é, as garantias de não discriminação devem passar, necessariamente, pela intervenção de entidades idóneas, externas à empresa ou aos serviços de higiene e segurança no trabalho, que possam tranquilizar os trabalhadores e afastar fundadas suspeitas quanto à referida «insuficiência garantística» em relação à realização destes exames.

Pensamos que a legislação sobre segurança, higiene e saúde no trabalho (cf. DL 441/91 e 26/94) apresenta mecanismos de participação de outros intervenientes e entidades externas de controlo ou de fiscalização, razão pela qual se sugere que, em sede de regulamentação do Código do Trabalho, a sua intervenção seja legalmente alargada e adaptada à necessidade de controlo destas situações e o «protocolo» a que nos referimos seja previamente submetido à consulta dessas entidades. Vejamos, por isso, algumas intervenções legalmente previstas:

    a) O artigo 5.º n.º 3 do DL 441/91 considera que o sistema de prevenção de riscos profissionais ao nível da empresa deve desen-

---

([469]) Veja-se o documento do Comité Director de Bioética do Conselho da Europa, loc. cit. pág. 33.

volver-se em cooperação entre o empregador e os representantes dos trabalhadores e estes;
b) Na empresa haverá representantes dos trabalhadores (artigo 10.° do DL 441/91) e comissões de segurança e higiene do trabalho (artigo 11.°) ao nível da empresa;
c) O modo de «funcionamento dos serviços» – serviços internos, interempresas e externos (artigo 4.° n.° 1 do DL 26/94, na redacção introduzida pelo DL 109/2000, de 30 de Junho) – está sujeito a controlo, que deve ter em conta o tipo de riscos e o número de trabalhadores abrangidos (artigo 14.°). Esse controlo é feito pelo Instituto de Desenvolvimento e Inspecção das Condições de Trabalho (cf. artigo 14.° e 12.° n.° 3 do DL 26/94).

Um outro aspecto a considerar para evitar a discriminação prende-se com a limitação do tratamento destes dados, no contexto do disposto no artigo 5.° n.° 1 alínea c) da Lei 67/98, ao que for estritamente necessário, relevante e pertinente para as finalidades que se propõem os serviços de higiene e saúde no trabalho. Para além disso, admite-se que os dados susceptíveis de maior discriminação – nomeadamente quando evidenciem características patológicas ou propensão para contrair certas doenças e que não tenham qualquer influência no tipo de actividade prestada – possam ser parcialmente registados, separados logicamente dos dados administrativos e dos restantes dados pessoais (vg. hábitos de vida e dados de saúde) ou codificados.

O acesso à informação – que poderá ser encriptada – deverá ser sujeita a rigorosas medidas de segurança, tendo em atenção o disposto nos artigos 14.° e 15.° da Lei 67/98.

Considerando que a informação genética pode afectar de forma significativa a intimidade do trabalhador e da sua família, não podemos deixar de reconhecer e reafirmar que o direito de oposição – previsto no artigo 12.° alínea a) da Lei 67/98 – assume aqui uma relevância especial, razão pela qual a entidade responsável pelo tratamento não deve deixar de reconhecer os seus direitos quando forem apresentadas «razões ponderosas e legítimas» fundamentadoras do direito de oposição.

VI. TRATAMENTO DE DADOS NO ÂMBITO DOS SERVIÇOS DE MEDICINA DO TRABALHO

1. Enquadramento legal dos serviços de medicina do trabalho

1. O Código do Trabalho estabelece, no artigo 272.º e seguintes, o enquadramento geral dos serviços de higiene e saúde no trabalho. Até que haja uma nova regulamentação destes serviços mantém-se em vigor a legislação anterior (cf. artigo 280.º do CT). Assim, as empresas estão obrigadas, nos termos do artigo 276.º do CT, do DL n.º 441/91, de 14 de Novembro, e do DL 26/94, de 1 de Fevereiro ([470]), a dispor de serviços de higiene, segurança e medicina de trabalho. Independentemente das modalidades que possam revestir tais serviços – serviços internos, serviços inter-empresas e serviços externos (art. 4.º do DL 26/94) – uma gestão eficaz e sistematizada passa pela recolha de informação detalhada sobre o acompanhamento do estado de saúde dos empregados (resultado dos «exames de saúde»), baixas por doença, gestão, planeamento e avaliação dos riscos para a sua saúde, análise das condições de trabalho, bem como a recolha e organização de elementos estatísticos relativos à segurança e saúde na empresa.

Para esse efeito é tratada, normalmente, uma multiplicidade de dados pessoais dos trabalhadores, cujo detalhe varia de empresa para empresa, em conformidade com o grau de exigência das actividades desenvolvidas (v.g. aviação civil, transportes públicos, indústria metalúrgica, centrais nucleares e minas) ou com as políticas de promoção da saúde, de integração profissional ou de acompanhamento psicológico estabelecidas pela entidade empregadora.

Assim, o tratamento pode limitar-se a registar os dados de identificação, funções desempenhadas e periodicidade dos exames de saúde, ou englobar um especial grau de detalhe: doenças naturais, doenças profissionais, acidentes de trabalho, antecedentes pessoais e familiares, tratamentos e pequenas cirurgias, exames, resultados de análises clínicas e baixas, dados biométricos, hábitos de vida, condições familiares e de habitação, hábitos de consumo (tipo de alimentação, consumo de álcool, café, drogas), hábitos de higiene, etc.

Por isso, o regime legal aplicável e o papel da CNPD será diferente e dependerá do tipo, «extensão» ou categorias de dados tratados. Se os serviços de medicina de trabalho se limitam a tratar os dados de identificação e a fazer a gestão das datas dos exames – sem tratar qualquer informação de saúde – bastará uma simples notificação do tratamento (cf. art. 27.º n.º 1 da Lei 67/98). Pelo contrário, se o tratamento envolve a gestão de dados de saúde, hábitos de vida, de consumo ou informação caracterizada como sendo da «vida privada» do trabalhador ou da sua família, a CNPD deverá fazer um controlo prévio (cf. artigos 7.º n.º 2 e 28.º n.º 1 al. a) da Lei 67/98) e delimitar as condições em que será processada essa informação.

Os diplomas citados estabelecem alguns princípios que têm em vista a promoção dos serviços de higiene, segurança e medicina do trabalho. De entre os vários princípios sobre esta matéria destacaríamos os seguintes ([471]):

– Todos os trabalhadores têm direito à prestação de trabalho em condições de segurança, higiene e protecção da saúde (artigo 59.º al. c) da CRP, artigo 272.º n.º 1 do CT e artigo 4.º n.º 1 do DL 441/91 de 14/11);
– A prevenção dos riscos profissionais será desenvolvida segundo princípios que visam, nomeadamente, a promoção e vigilância da saúde dos trabalhadores (artigo n.º 272.º n.º 2 e 3 al. e) do CT e artigo 4.º n.º 2 al. c) do DL 441/91) e o incremento da investigação no domínio da segurança, higiene e saúde no trabalho (art. 4.º n.º 2 al. d);
– O sistema de prevenção de riscos profissionais visa a efectivação do direito à segurança e à protecção no local de trabalho (artigo 272.º n.º 3 al. a) do CT e artigo 5.º n.º 1 do DL 441/91);
– O empregador está obrigado a assegurar aqueles direitos dos trabalhadores, cabendo-lhe identificar "os riscos previsíveis", adoptar as "convenientes medidas de prevenção", "assegurar a vigilância adequada em função dos riscos" de exposição dos trabalhadores (artigo 273.º n.º 2 al. a) e h) e artigo 8.º n.º 2 al. h) do DL 441/91) e promover a "realização de exames de saúde"

([470]) Alterado pelas Leis n.º 7/95, de 29 de Março, e 118/99, de 11 de Agosto, e pelo DL 109/2000, de 30 de Junho. Veja-se, no âmbito da Administração Central, Regional e Local o DL n.º 191/95, de 28 de Maio.

([471]) Segue-se de perto a Autorização da Comissão n.º 59/97, de 3 de Julho (*in* Relatório de 1997, pág. 176). Vejam-se, ainda, sobre tratamento informático no domínio da medicina do trabalho, as autorizações n.º 9/96, de 30 de Janeiro (Relatório de 1996, pág. 68) e 112/96, de 12 de Dezembro (não publicada). Ao nível do Código do Trabalho os artigos 272.º a 275.º estabelecem princípios gerais, deveres de prevenção e obrigações da entidade empregadora.

(artigo 16.° do DL 26/94 de 1 de Fevereiro, na redacção da Lei 7/95 de 29 de Março);
- Os serviços de segurança, higiene e saúde no trabalho devem garantir a «promoção e vigilância na saúde, bem como a organização e manutenção dos registos clínicos e outros elementos informativos relativos a cada trabalhador» (artigo 16.° n.° 2 al. e) do DL 26/94);
- «As observações clínicas relativas a exames médicos são anotadas em ficha própria ([472])», podendo a informação servir de base ao preenchimento da «ficha de aptidão», a qual é remetida ao responsável pela área dos recursos humanos (artigos 20.° e 21.° n.° 1 do DL 26/94). A ficha de aptidão não pode conter elementos que envolvam segredo profissional (art. 21.° n.° 3 do DL 26/94), isto é, não será possível inscrever diagnósticos ou qualquer informação de saúde;
- Os trabalhadores devem «comparecer aos exames médicos e realizar os testes que visem garantir a segurança e saúde no trabalho» (art. 22.° n.° 1 al. b) do DL 26/94).

O artigo 16.° n.° 3 do DL 26/94 obriga os serviços a *manter actualizados*, para efeitos de consulta, alguns elementos:

a) Resultados das avaliações de riscos relativos aos grupos de trabalhadores a eles expostos;
b) Lista de acidentes de trabalho que tenham ocasionado ausência por incapacidade para o trabalho, bem como relatórios sobre os mesmos, que tenham ocasionado ausência superior a três dias por incapacidade para o trabalho;
c) Listagem das situações de baixa por doença e do número de dias de ausência ao trabalho, a ser remetida pelo serviço de pessoal e, no caso de doenças profissionais, a respectiva identificação;

([472]) A ficha clínica encontra-se sujeita ao regime de segredo profissional, só podendo ser facultada às autoridades de saúde e aos médicos do IDICT (art. 20.° n.° 2 do DL 26/94). Quando o trabalhador deixar de prestar serviço na empresa, ser-lhe-á entregue, a seu pedido, cópia da ficha clínica (artigo 20.° n.° 3 do DL 26/94). O médico do trabalho exerce as suas funções com independência técnica e em estreita obediência aos princípios de deontologia profissional (art. 25.° n.° 5 do DL 26/94), devendo agir de acordo com princípios que assegurem e preservem a relação de confiança que deve caracterizar a relação médico/doente.

d) Listagem das medidas propostas ou recomendações formuladas pelos serviços de segurança e saúde no trabalho.

Por seu turno, o artigo 19.º n.º 1 do DL 26/94 impõe aos empregadores a realização de «exames de saúde», para verificar "a aptidão física e psíquica do trabalhador para o exercício da sua profissão, bem como a repercussão do trabalho e das suas condições na saúde do trabalhador".

Para além de outras disposições específicas, o artigo 19.º n.º 2 determina a obrigatoriedade de realização dos seguintes exames de saúde:

a) Exame de admissão, antes do início da prestação de trabalho ou, quando a urgência da admissão o justificar, nos 10 dias seguintes;
b) Exames periódicos, anuais para os menores de 18 anos e para os maiores de 50 anos e de dois em dois anos para os restantes trabalhadores;
c) Exames ocasionais, sempre que haja alterações substanciais nos meios utilizados, no ambiente e na organização do trabalho susceptíveis de repercussão nociva na saúde do trabalhador, bem como no caso de regresso ao trabalho depois de uma ausência superior a 30 dias por motivo de acidente ou de doença.

O médico do trabalho, face ao estado de saúde do trabalhador e tendo presente objectivos de prevenção dos riscos profissionais na empresa, pode, quando se justifique, alterar, reduzindo ou alargando, a periodicidade dos exames, sem deixar, contudo, de os realizar dentro do período em que está estabelecida a obrigatoriedade de novo exame (n.º 4).

Das disposições citadas verifica-se que a entidade empregadora e, em particular, os serviços encarregados da segurança, higiene e saúde no trabalho têm uma obrigação especial em termos de «vigilância do estado de saúde» dos trabalhadores ([473]).

([473]) A «vigilância da saúde» pode ser definida como a «função de prevenção de riscos laborais relativos à análise das condições de trabalho e do estado de saúde dos trabalhadores com o objectivo de detectar os problemas de saúde relacionados com o trabalho e controlar os riscos derivados da execução do mesmo, factores que podem causar um dano para a saúde do trabalhador com o fim de assegurar, posteriormente, uma planificação e adequada intervenção para fazer frente a esses problemas e riscos» *in* García Serrano e I. Pedrosa Alquézar – "Vigilancia de la salud de los trabajadores", aspectos clínicos y jurídicos de los reconocimientos médicos en el trabajo, 1999, pág. 3 e 4.

Têm legitimidade para tratar os dados necessários ao desempenho da sua actividade e ao cumprimento das exigências subjacentes às disposições relativas aos serviços de medicina de trabalho. O tratamento levado a efeito com estes objectivos e para estas finalidades específicas pode revelar-se legítimo na medida em que resulte de disposições legais (cf. artigo 7.º n.º 1 e 2 da Lei 67/98).

A informação sobre o acompanhamento e consequências do *acidente de trabalho* é, igualmente, tratada na sequência de disposição legal: a legislação relativa a acidentes de trabalho e doenças profissionais (artigo 281 e ss. do CT, Lei n.º 100/97, de 13 de Setembro, e DL 143/99, de 30 de Abril).

Caso haja lugar a tratamento automatizado para efeitos de diagnóstico ou prestação de cuidados de saúde (clínica geral, especialidades, exames complementares de diagnóstico e primeiros socorros) o tratamento, também objecto de notificação à CNPD, deverá observar as condições estabelecidas no artigo 7.º n.º 4 da Lei 67/98. Deve salientar-se, porém, que os serviços de medicina de trabalho não estão, normalmente, vocacionados para realizar tarefas no âmbito do diagnóstico e, especialmente, de prestação de cuidados de saúde.

2. A Procuradoria-Geral da República suscitou, perante o Tribunal Constitucional, a inconstitucionalidade de algumas disposições do DL 26/94 – artigos 13.º n.º 2 al. e), 16.º, 17.º, 18.º e 19.º – com base em fundamentos que merecem especial reflexão [474]. Considera o pedido que a referida legislação:

    a) Instituiu «relevantes restrições ao núcleo essencial do direito à reserva da intimidade da vida privada que, como é inquestionável, abrange as informações e elementos atinentes ao estado de saúde de quem pretende ser ou é trabalhador de certas empresas;

    b) Criou «um mecanismo coercivo que permite submeter tais trabalhadores à realização de quaisquer exames ou testes (cf. art. 16.º n.º 3) que o médico do trabalho discricionariamente julgue necessários (artigo 19.º n.º 1 al. b) e c);

---

[474] Acórdão de 25 de Setembro de 2002 (*in* DR II.ª Série de 25 de Outubro de 2002, n.º 247, pág. 17780). As disposições agora referidas reportam-se à redacção anterior às alterações introduzidas pelo DL 109/2000. Correspondem, actualmente aos artigos 16.º n.º 2 al. e), 19.º, 20.º, 21.º e 22.º

c) Permitiu ao referido médico do trabalho (que se insere em serviços pertencentes ou contratados pela própria empresa empregadora) a criação de uma verdadeira «base de dados» que inclui informações virtualmente exaustivas sobre o "estado de saúde" de cada trabalhador sem outro controlo ou fiscalização que não seja a genérica proclamação de que tais dados estão sujeitos ao sigilo profissional (artigo 17.º n.º 1 e 2), prevendo-se ainda a instituição de um regime de colaboração "necessária" com o médico assistente do trabalhador, ao abrigo do qual parece ser possível obter deste, inquisitoriamente, os resultados de anteriores exames ou consultas»;

d) Permitiu-se «ao médico do trabalho, com base no juízo de aptidão sanitária que formule e possa influenciar decisivamente a situação profissional do trabalhador, sem que se preveja e configure qualquer garantia adequada a questionar tal juízo do aludido 'médico do trabalho' (artigo 18.º n.º 1)».

O Acórdão do Tribunal Constitucional decidiu, em síntese, o seguinte:

a) Não conhecer da constitucionalidade das normas ínsitas nos artigos 16.º n.º 2, alíneas a) e 6 e 17.º n.º 2 do DL 26/94, de 1 de Fevereiro, na redacção dada pela Lei 7/95, de 29 de Março;

b) Não julgar inconstitucionais as restantes normas impugnadas.

Não obstante o sentido da decisão, o Tribunal Constitucional fez uma reflexão sobre alguns aspectos que interessa evidenciar:

1. "No âmbito das relações laborais, tem-se por certo que o direito à protecção da saúde, a todos reconhecido no artigo no artigo 64.º n.º 1 da Constituição, bem como o dever de defender e promover a saúde, consignado no mesmo preceito constitucional, não podem deixar de credenciar suficientemente a obrigação para o trabalhador de se sujeitar, desde logo, aos exames médicos necessários e adequados para a assegurar. Impõe-se é que a obrigatoriedade dessa sujeição se não revele, pela natureza e finalidade do exame de saúde, como abusiva, discriminatória e arbitrária".

2. "Os exames de saúde previstos no artigo 19.º n.º 1 do DL 26/94 (*actual artigo 22.º n.º 1*) estão exclusivamente direccionados ao fim da prevenção de riscos profissionais e à prevenção da saúde dos trabalhadores (artigo 3.º n.º 1)", não se podendo concluir que se esteja perante uma «sistemática e global devassa da reserva da

vida privada», na medida em que se exige que o exame de saúde obrigatório se adeqúe, com precisão, ao fim prosseguido (o estritamente necessário, adequado e proporcionado à verificação da saúde do trabalhador)".
3. Em relação ao tratamento de dados de saúde merece especial saliência o facto de o Tribunal Constitucional ter reconhecido que os mecanismos de controlo estabelecidos pela Lei 67/98, de 26 de Outubro, são suficientes, no domínio da medicina de trabalho, para assegurar as «garantias constitucionalmente exigidas pelo artigo 35.º da Constituição». As funções de controlo da CNPD e os estritos limites em que deve ser feito o tratamento destes dados (cf. artigos 7.º n.º 1 e 2, 14.º n.º 1, 15.º e 17.º da Lei 67/98) levaram o Tribunal Constitucional a afirmar que "não oferece dúvidas que existe a obrigação de garantir a segurança e confidencialidade do tratamento dos dados atinentes ao estado de saúde dos trabalhadores, pelo que se não verifica a alegada violação do artigo 35.º n.º 1 a 7 da Constituição".

A posição do Tribunal Constitucional – que confiou nos poderes de controlo atribuídos pela Lei 67/98 à CNPD – é fonte de responsabilidades acrescidas para a Comissão, na medida em que lhe competirá controlar as condições de tratamento de dados em sede de medicina do trabalho, prevenindo os perigos efectivos que estavam na base do pedido de declaração de inconstitucionalidade.

Em relação ao tratamento importa dar especial atenção aos princípios da finalidade, adequação, pertinência e proporcionalidade, conferindo particular realce aos dados pessoais a incluir na *ficha clínica* e na *ficha de aptidão* (cujo modelo foi aprovado pela Portaria n.º 1031/2002, de 10 de Agosto), assegurando que subsistirá a *relação de confiança* entre o médico do trabalho e o trabalhador – que decorre do sigilo médico a que aquele profissional se encontra vinculado (cf. artigo 20.º n.º 2 do DL 26/94, tal como publicado em anexo ao DL 109/2000, e artigos 67.º a 80.º do Código Deontológico) –, sendo certo que os dados de saúde não são revelados à entidade empregadora, nem utilizados para finalidades incompatíveis com as atribuições legais dos serviços de medicina do trabalho ([475]).

([475]) Em face da redacção inicial do artigo 19.º do Código do Trabalho entendemos que esta garantia se mantém e que não é afectada pela previsão do artigo 19.º n.º 3.

2. Abordagem do tratamento de algumas categorias de dados

2.1. Tratamento não detalhado de dados

Conforme já deixámos expresso, o tratamento deve respeitar os princípios relativos à "qualidade dos dados". O princípio fundamental a reter, em termos da inventariação dos registos informáticos, é o de que só devem ser tratados os dados estritamente necessários à gestão dos serviços de higiene e segurança no trabalho.

Por isso, não levanta particulares objecções o tratamento de dados relativos à identificação do trabalhador, à gestão e acompanhamento dos prazos de realização dos exames médicos e toda a informação que, não abrangendo dados de saúde, sirva de suporte à avaliação dos riscos, à caracterização da saúde do trabalhador e à definição da sua aptidão física ([476]), psíquica, bem como à elaboração da ficha de aptidão ([477]). Esta informação revela-se necessária, pertinente, adequada e não excessiva em relação à finalidade (cf. artigo 5.º da Lei 67/98). Caso não haja tratamento de dados de saúde não se colocam problemas em matéria de tratamento de dados sensíveis.

Na maioria dos casos, verifica-se que os serviços de higiene e segurança no trabalho pretendem realizar um tratamento mais detalhado de dados.

([476]) Não integram «dados de saúde» os dados tratados por companhia de seguros relativos à percentagem de incapacidade, código da lesão, parte do corpo atingida, causas do acidente, data da baixa e da alta médicas (Autorização da Comissão n.º 64/95, de 24 de Outubro – não publicada).

([477]) Pode não ser fácil, em algumas circunstâncias, diferenciar o que são «dados administrativos» e «dados médicos». Na Bélgica adoptou-se uma "posição pragmática" e entendeu-se que só são de «carácter médico» os "estritamente vinculados ao estado de saúde, revelados pelo exame médico, sujeitos ao segredo profissional e depositados no processo clínico do paciente" (*in* Comité de Vigilância, Relatório de 1992, pág. 35, citado por Juan Domínguez e Susana Escanciano, ob. cit. pág. 198). Assim, integram-se no conceito de *dados médicos* aqueles que se referem "à doença, descrição dos sintomas, diagnóstico, tratamento, prognóstico e informação médica justificativa do grau de incapacidade do trabalhador". Será informação administrativa a relativa à "residência, sexo e menção da existência de um expediente médico perante um organismo de Segurança Social ou a indicação de um grau de incapacidade atribuído ao trabalhador".

2.2. A realização de testes de alcoolémia, consumo de droga e HIV

1. Antes de apreciar a possibilidade de se fazer, ou não, o tratamento automatizado destes dados interessa referir que se têm colocado algumas dúvidas em relação à possibilidade de submeter os trabalhadores a «exames médicos ou exames auxiliares de diagnóstico» que permitam a «revelação de certos hábitos ou doenças». Ou seja, tem-se colocado a questão de saber se os serviços de segurança, higiene e saúde podem submeter os trabalhadores a exames (v.g. sanguíneos) para verificação do consumo de droga, álcool ou diagnóstico de HIV.

Não estamos, desde logo, perante uma questão de protecção de dados, mas perante um problema típico de direito do trabalho e será nesta óptica que deverá ser, em primeira linha, abordada a questão colocada.

Conforme refere Silvestre Sousa ([478]) a "embriaguez e a toxicodependência constituem estados ou mesmo doenças que, afectando as qualidades e inteligência e da vontade do homem, alteram, inevitavelmente, a sua personalidade e até o seu carácter".

Importa, igualmente, diferenciar as situações de embriaguez ou consumo ocasional das situações de alcoolismo ou toxicodependência – estados de habituação – uma vez que merecem um cuidado específico em termos de prevenção.

Conforme se referiu, os médicos de trabalho são competentes para realizar exames de saúde, para verificar a aptidão física e psíquica do trabalhador (cf. art. 19.º n.º 1 do DL 26/94), competindo-lhes solicitar a realização de exames complementares ou pedir pareceres médicos especializados (n.º 3). Podendo o estado de embriaguez, alcoolismo ou toxicodependência determinar a "privação permanente ou acidental do uso da razão do sinistrado", será de admitir que, em algumas circunstâncias, tal estado se apresente com relevância possível à descaracterização de um acidente de trabalho (cf. art. 7.º da Lei 100/97, de 13 de Setembro) ([479]).

([478]) "Problemática da embriaguez e da toxicomania em sede de relação de trabalho" *in* Revista de Direito e Estudos Sociais, Ano XXIX (II da 2.ª Série), Julho-Setembro de 1987, n.º 3 pág. 399. No mesmo sentido veja-se o Relatório de Actividades da Comissão Suíça de 2000/2001 *in* http://www.edsb.ch/f/doku/jahresberichte/tb8/kap6.htm ("Dépistage de drogues chez les apprentis").

([479]) Vejam-se, em duas perspectivas diversas, os acórdãos do STJ de 5/6/1991 (*in* BMJ n.º 408, pág. 353) e de 15/2/1995 (*in* BMJ n.º 444, pág. 314).

Nos últimos anos o Governo tem vindo a sensibilizar as entidades empregadoras para os problemas do consumo de álcool e drogas no ambiente laboral e alertou para a necessidade de serem adoptadas medidas preventivas e de acompanhamento dos trabalhadores [480]. A Resolução do Conselho de Ministros n.º 46/99, de 22 de Abril, que aprovou a estratégia nacional de luta contra a droga, refere-se expressamente às medidas a adoptar no domínio da prevenção das toxicodependências em meio laboral, "onde predomina uma grande heterogeneidade de situações". Reconhece, nomeadamente, a necessidade de "criar condições para a formação dos gestores e dos quadros médios e superiores das empresas no sentido de os preparar para incidências da droga e da toxicodependência no meio laboral e de os sensibilizar para o apoio de que carecem os trabalhadores... não apenas no que se refere à promoção da prevenção primária e da formação, mas também no encaminhamento dos trabalhadores toxicodependentes para tratamento e seu posterior reenquadramento profissional".

O «Plano de Acção Nacional de Luta contra a Droga e a Toxicodependência – Horizonte 2004», aprovado pela Resolução do Conselho de Ministros n.º 39/2001, de 30 de Março, evidencia as mesmas preocupações e expressa a necessidade de prevenção em meio laboral através de acções de prevenção "dirigidas a todos os trabalhadores de todos os sectores das actividades económicas, com especial prioridade para os trabalhadores em situação de risco e também aqueles cuja actividade laboral pode por em risco terceiros, directa ou indirectamente". Os respectivos programas, refere-se, "devem ter em conta acções de informação, sensibilização e despistagem de trabalhadores em situação de risco, facilitando-lhes a possibilidade de tratamento e diminuição do absentismo".

De entre as várias «*linhas de intervenção e acções a desenvolver*» no âmbito daquele Plano de Acção salientaremos:

"*a)* Intervenções de prevenção em meio laboral em articulação com associações sindicais, sindicatos, associações profissionais e entidades patronais;

b) Sensibilizar gestores e quadros para o problema do consumo e controlo de drogas legais e ilegais, em que seja salvaguardado o integral

---

[480] Segue-se a Autorização da CNPD n.º 479/2003, de 3 de Junho, que estabeleceu as condições de tratamento de dados no âmbito de um programa – «Programa Solidariedade» – dirigido ao controlo de abuso de álcool e consumo de drogas no meio laboral.

respeito pelos direitos fundamentais do trabalhador, tais como a confidencialidade e direito ao emprego, de acordo com *legislação em vigor*".

Por isso, em face dos perigos que o estado de embriaguez e toxicodependência pode causar para o próprio e para terceiros, justifica-se que a entidade empregadora tenha cuidados especiais, em matéria de prevenção de acidentes de trabalho, cabendo aos serviços de higiene e medicina de trabalho fazer um acompanhamento integrado do trabalhador ([481]). Está em causa a protecção do trabalhador e, também, a protecção de terceiros (beneficiários da prestação do trabalhador ou colegas de trabalho) ([482]), que podem ver atingida a sua integridade física ou, até, a sua própria vida, em resultado de uma falta de cuidado ou falta de discernimento ocasional do trabalhador ([483]).

Nestas circunstâncias parece-nos ser legítimo submeter o trabalhador aos exames necessários no âmbito da alcoolémia ou consumo de droga, especialmente quando se perspectivem riscos para o trabalhador ou para terceiros ([484]).

([481]) Cf., no mesmo sentido, Silvestre Sousa, ob. cit., pág. 417.

([482]) O artigo 274.º n.º 1 alínea b) do CT estabelece, como dever do trabalhador, a obrigação de zelar pela segurança e saúde das outras pessoas que possam ser afectadas pelas suas acções ou omissões no trabalho.

([483]) No mesmo sentido, e numa perspectiva mais abrangente, Assane Diop – "Vie au travail et protection de la vie privée: pour un travail décent dans une societé de l'information" *in* La 23.ª Conférence Internationale des Commissaires à la Protection des Données, Paris, 24/26 Setembro 2001 – quando refere que «a despistagem de álcool e de drogas pode inscrever-se num quadro de promoção da segurança no trabalho, na prevenção de acidentes, e constituir uma ajuda à identificação, à orientação e à readaptação das pessoas confrontadas com estes problemas».

([484]) Em França, onde os regulamentos internos têm uma consagração específica e vinculam os trabalhadores, foi estabelecida, em determinados regulamentos, uma cláusula que proibia os trabalhadores de «entrarem no estabelecimento em estado de embriaguez, reservando-se a direcção a faculdade de submeter os trabalhadores, em caso de dúvida, a testes de alcoolémia. O Conselho do Estado, em decisão de 1 de Fevereiro de 1980, considerou que o regulamento interior "só podia restringir os direitos da pessoa estritamente necessários para atingir o fim em vista". Por isso, se entendeu que só deveriam ser submetidos a tal exame os trabalhadores afectos a certos trabalhos ou encarregados da condução de certas máquinas (cf. Pierre Kayser, ob. cit. pág. 269). Segundo a doutrina esta decisão inspirou o legislador na disposição do artigo L 122-35 do Código do Trabalho quando estabeleceu que o regulamento interno "não pode trazer restrições aos direitos das pessoas e às liberdades individuais e colectivas que não sejam justificadas pela natureza da tarefa a cumprir, nem proporcionais em relação ao objectivo a atingir". Para além de o direito fran-

O exercício de funções nestas circunstâncias, em face das consequências que possa produzir na forma de prestação de trabalho, não pode deixar de ter relevância, igualmente, em termos de exercício do poder disciplinar (veja-se o artigo 396 n.º 1 e n.º 3 al. h) do Código do Trabalho) ([485]).

2. O Supremo Tribunal de Justiça, que foi chamado a pronunciar-se sobre a questão de saber se uma ordem da entidade empregadora de sujeição de trabalhador a testes de alcoolémia estava de acordo com os princípios constitucionais, considerou que essa ordem era legítima e que não violava a Constituição. Foi, ainda, mais longe e considerou que a imposição da obrigatoriedade de submissão dos trabalhadores a testes de alcoolémia, através do regulamento interno, está abrangida pelo seu poder directivo e regulamentar. A recusa do trabalhador em submeter-se ao exame viola o dever de obediência e constitui justa causa de despedimento ([486]).

---

cês reconhecer à Inspecção do Trabalho o poder de verificar a sua licitude, também os tribunais têm declarado a nulidade de algumas cláusulas por atentarem contra as liberdades dos trabalhadores: cláusulas que interditavam a conversação sobre matérias estranhas ao serviço, que autorizavam a direcção abrir, em qualquer momento, os vestiários e armários individuais ou que permitiam, sem reservas, o controlo das taxas de alcoolémia dos trabalhadores (vejam-se as decisões citadas por Fabrice Fevrier, ob. cit. pág. 56).

Também no que diz respeito à sujeição do trabalhador a exames periódicos obrigatórios no âmbito da medicina do trabalho (cf. Jean-Marie Auby, *Le Droit de la Santé*, Thémis, pág. 237-240) tem sido entendido que «a recusa do assalariado em submeter-se a uma consulta médica regulamentar constitui causa real e séria de despedimento, em função do carácter imperativo das disposições legais e regulamentares que regem a medicina do trabalho» (decisão da Cassation Sociale, de 29 de Maio de 1986). Também o Tribunal Europeu dos Direitos do Homem considerou, na Decisão de 13/12/1977, que "os direitos de terceiros podem justificar os exames para determinação do nível de alcoolémia dos condutores de veículos automóveis".

([485]) Nos termos do artigo 24.º n.º 1 al. b) do Estatuto Disciplinar do Funcionários a Agentes da Administração Central, Regional e Local, aprovado pelo DL 24/84, de 16 de Janeiro, é passível de aplicação da pena de suspensão o facto de os funcionários "comparecerem ao serviço em estado de embriaguez ou sob o efeito de estupefacientes ou drogas equiparadas".

([486]) Acórdão do STJ de 24/6/98 (Proc. 243/97). Veja-se, no mesmo sentido, o Acórdão do Tribunal Constitucional de 25/9/2002, loc. cit. pág. 17787 e 17788. M. Jean-Phillippe Walter ("Tests de dépistage de la consommation de drogues sur le lieu de travail, en particulier auprès des apprentis ", La 23.ª Conférence Internationale des Commissaires à la Protection des Données, Paris, 24/26 de Setembro de 2001) refere, em sentido contrário, que "certas decisões judiciais, nomeadamente na Alemanha e no Canadá concluíram que um despedimento fundamentado na recusa de submissão a um teste deste tipo era ilegal na

No domínio rodoviário o Tribunal Constitucional ([487]) teve oportunidade de considerar que "a submissão do condutor ao teste de detecção de álcool não viola o dever de respeito pela dignidade da pessoa do condutor, nem o seu direito ao bom nome e à reputação, nem o direito que ele tem à reserva da intimidade da vida privada".

O tribunal adianta duas ideias que assumem importância decisiva e que podem ser transpostas para o domínio das relações laborais:

a) Não será a submissão a exame para a detecção do álcool que pode violar o *dever de respeito pela dignidade da pessoa.* "O que atentaria contra essa dignidade seria o facto de se sujeitar o condutor a exame de pesquisa de álcool, fazendo-se, no local, alarde público do resultado, no caso de ele ser positivo".

b) Muito embora a realização do exame possa atingir o direito à reserva da intimidade da vida privada – que "é o direito de cada um a ver protegido o espaço interior da pessoa" – a disposição que determina a realização do exame não viola o artigo 26.º da CRP. Isto porque não está em causa a devassa dos "hábitos da pessoa do condutor no tocante à ingestão de bebidas alcoólicas", mas recolher prova perecível para "prevenir eventual violação de bens jurídicos valiosos (entre outros, a vida e a integridade física), que a condução sob influência do álcool pode causar". Conclui o acórdão que, por estas razões, "se justifica, constitucionalmente, a constrição do direito à intimidade do condutor".

Em relação aos exames no âmbito da medicina do trabalho o Acórdão do Tribunal Constitucional de 23/9/2002 (loc. cit. pág. 17788) é claro ao consignar que o trabalhador não pode deixar de se sujeitar a tais exames, nomeadamente quando o seu comportamento pode representar um risco para terceiros: por exemplo, "para minimizar os riscos de acidentes de tra-

---

medida em que representava um atentado à integridade corporal e podia revelar-se discriminatório".

([487]) Acórdão de 20 de Junho de 1995, *in* DR II.ª Série de 2/11/95, pág. 13095. Em relação à submissão do réu a testes, em acção de investigação de paternidade, o Tribunal Constitucional (Acórdão n.º 616/98 – *in* Acórdãos do Tribunal Constitucional, vol. 41.º pág. 263 e ss.) considerou que nessas acções existia um constrangimento do réu a submeter-se aos exames de sangue. "Tendo em conta os efeitos processuais de uma eventual recusa, mesmo assim tal constrangimento deveria ser tido como constitucionalmente admissível quando confrontado e balanceado com os outros direitos fundamentais em presença".

balho de que outros trabalhadores ou o público possam vir a ser vítimas, em função de deficiente prestação por motivo de doença no exercício de uma actividade perigosa, ou para evitar situações de contágio para os restantes trabalhadores ou para terceiros, propiciados pelo exercício da actividade profissional do trabalhador". O TC concluiu, assim, que se impõe "a obrigatoriedade dessa sujeição se não revele, pela natureza e finalidade do exame de saúde, como abusiva, discriminatória ou arbitrária".

Em face do teor das decisões citadas podemos concluir que os nossos tribunais têm entendido, de forma pacífica, que o facto de existirem interesses e valores dignos de protecção social (v.g. a segurança rodoviária ou a prevenção de acidentes de trabalho) justifica uma certa compressão de direitos do trabalhador. Daí que admitam como legítima a realização de testes de alcoolémia. Pela mesma ordem de fundamentos, não vemos que a solução possa ser diferente em relação a exames para detecção de drogas.

Em face dos poderes conferidos à entidade empregadora, em sede de medicina do trabalho, tenderemos a admitir que a entidade empregadora, ***exclusivamente através destes serviços***, poderá realizar os exames necessários ao trabalhador ([488]). O direito à privacidade não é absoluto e a liberdade individual pode ser limitada se estiver em causa a protecção da saúde pública ou a segurança do próprio e, especialmente, de terceiros ([489]).

([488]) Cf. Jorge Leite, "Direito do Trabalho e de Segurança Social", Lições ao 3° ano da Faculdade de Direito, Coimbra, 1982, pág. 289. Para Bernardo G. L. Xavier (*in* Direito e Estudos Sociais, XXIX, 1987, n.° 2 pág. 235) «há limites à realização de exames, nomeadamente quando estes são relativos à reserva da intimidade da vida privada do trabalhador».

([489]) Veja-se o artigo 274.° n.° 1 al. b) do CT. Walter, M. Jean-Phillippe ("Tests de dépistage de la consommation de drogues sur le lieu de travail, en particulier auprès des apprentis", La 23.ª Conférence Internationale des Commissaires à la Protection des Données, Paris, 24/26 de Setembro de 2001) admite uma certa legitimidade do empregador para exigirem dos seus empregados uma abstenção em relação ao consumo de álcool e droga no local de trabalho ou que aí compareçam sobre o efeito de tais substâncias. No entanto, salienta que as medidas de despistagem sob a forma de testes de urina ou de análises sanguíneas são atentórias da vida privada. Embora apresentando uma visão extremamente restritiva em relação à realização destes exames defende que, não se justificando por razões de protecção da saúde ou do cumprimento de um «dever de diligência» do empregador, podem justificar-se, em certas circunstâncias, por razões especiais de segurança (do próprio ou de terceiros). Os testes deverão realizar-se com o consentimento livre, informado, específico e explícito da pessoa visada.

A Comissão Europeia dos Direitos do Homem considerou admissíveis os exames obrigatórios de despistagem da tuberculose, como a prova da tuberculina e as radiografias

Fazendo apelo aos princípios e orientações constantes da jurisprudência do Tribunal Constitucional é fundamental que os serviços de medicina de trabalho exerçam as suas funções com discrição, respeito pela dignidade do trabalhador e sem discriminação, cumprindo a obrigação de sigilo a que estão vinculados ([490]). A referência ao dever de sigilo não se apresenta como uma simples mensagem de circunstância ou de uma conclusão que resulta de disposição legal, mas de uma afirmação que deve ser levada a sério, não só pelas consequências que resultam da violação do dever de sigilo, como pelos efeitos que tais condutas podem produzir na relação médico-doente e que se pode traduzir, em última instância, na perda de confiança nos serviços de medicina do trabalho ([491]).

No decurso de uma realização da CNPD, que teve lugar na Assembleia da República em 18 de Dezembro de 2002, subordinada à discussão de temas relativos à «privacidade no local de trabalho» alguns representantes de trabalhadores afirmaram, com grande convicção e de forma peremptória, que a confidencialidade em relação aos dados de saúde dos trabalhadores era usualmente desrespeitada e que, não raras vezes, chegavam ao conhecimento dos serviços de pessoal ou da entidade empregadora informações sobre o estado de saúde dos trabalhadores. Para além de entender, pessoalmente, que a CNPD deve dar particular atenção a este

---

ao tórax, por razões de saúde pública (Requête n.º 10435/83, Roger Acmane e outros contra a Bélgica), bem como a sujeição obrigatória de um notário a exame psiquiátrico, tendo em conta o interesse geral, face ao relevos dos actos notariais (Requête n.º 8909/80 P. G. contra República Federal Alemã) e, ainda, a entrega obrigatória de urina para análise de despistagem de consumo de drogas, por parte de reclusos, considerando o interesse na prevenção criminal (Requête n.º 21132/93, Theodorus Albert Ivo Peters C/ Países Baixos).

([490]) Cf. preocupações similares manifestadas por Pierre Kayser, ob. cit. pág. 271. Veja-se, igualmente, García Serrano e I. Pedrosa Alquézar – "Vigilancia de la salud de los trabajadores", aspectos clínicos y jurídicos de los reconocimientos médicos en el trabajo, 1999, páginas 30 e 31. Walter, M. Jean-Phillippe (ob. cit.) salienta que estes testes de despistagem devem ser encarados como «actos médicos submetidos ao segredo médico».

([491]) Assane Diop, ob. cit. pág. 4, defende que as políticas de despistagem "deverão ter em conta um certo número de princípios fundamentais: (a) preservar a esfera de confidencialidade; (b) verificar se a despistagem é apropriada; (c) Reconhecer que os métodos de despistagem têm implicações morais, éticas e jurídicas; (d) O HIV, as questões de alcoolismo e de toxicodependência devem ser abordadas como qualquer outra doença e em nenhum caso constituir fundamento de discriminação; (e) Em todos os casos, há que completar estes princípios com medidas de assistência e de readaptação dos trabalhadores como da sua família.

importante aspecto (^{492}), não posso deixar de apelar à reflexão de todos (directores de pessoal, empregadores, médicos do trabalho) sobre aquilo que pode acontecer se os trabalhadores perderem a confiança nos serviços de medicina do trabalho: podem ficar comprometidas todas as acções que incumbem aos serviços de segurança, higiene e saúde no trabalho, nomeadamente a promoção da saúde do trabalhador, a realização de estudos de avaliação de riscos, de planificação da prevenção e vigilância dos riscos e diagnóstico das doenças dos trabalhadores.

3. Já quanto à realização de testes de HIV entendemos que, *com excepção de um número reduzido da actividades profissionais* (^{493}), não há legitimidade ou justificação para impor a realização de exames. Deve ser assegurado o direito ao anonimato, na medida em que, por natureza, esta doença – susceptível de gerar grande discriminação e marginalização – não apresenta riscos de contágio a outros trabalhadores.

Várias entidades se têm pronunciado sobre as políticas de prevenção e exames de despiste de HIV em diversos sectores de actividade. Muito embora se entenda que não é o momento adequado para abordar esta problemática, *nomeadamente quanto ao carácter obrigatório dos testes*, interessa passar em revista alguns argumentos utilizados:

– A *Recomendação do Conselho da Europa* R (89) (^{494}) sugere que sejam respeitados aqueles princípios e se proteja a vida privada dos trabalhadores. Para o efeito, a recolha e utilização dos seus dados pessoais deveria ser limitada aos dados pertinentes para fins de emprego.

(^{492}) Facto que integra uma violação do sigilo profissional.

(^{493}) O Conselho Nacional de Ética para as Ciências da Vida (Parecer n.º 16/96, de 17 de Janeiro) considera necessária a realização de testes de HIV para os manipuladores de líquidos biológicos, dadores de sangue, dadores de esperma e dadores de tecidos ou órgãos. Veja-se também Maria do Rosário Ramalho *in* "Estudos de Direito do Trabalho", cit. pág. 173 e 176.

O Tribunal Constitucional italiano – na sua sentença de 23 de Maio de 1994 – declarou inconstitucional uma norma do programa de prevenção e luta contra a SIDA, na parte em que não previa exames de despistagem de seropositividade HIV para o exercício de actividades que comportavam riscos para a saúde de terceiros (Racolta Ufficiale delle Sentenze e Ordenanza della Corte Costituzionale, Vol. CXI, 1994, pág. 639, sentença comentada *in* Giurisprudenza Costituzionale, Ano XL, 1995, fasc. 1, pág. 559).

(^{494}) *In* http//www.legal.coe.int

– *O Conselho da Europa*, nesta recomendação, reconhece que o "recurso a testes, análises ou processos análogos destinados a avaliar o carácter ou personalidade de uma pessoa, bem como o seu registo informático, não deverá ser feito sem o seu consentimento (ponto 4.4.).

– A *Recomendação do Conselho da Europa R (87) 25*, adoptada em 26/11/87, salienta a necessidade de os estudos epidemiológicos serem feitos numa base de voluntariado, com respeito pelas regras de *confidencialidade* e *anonimato* (ponto 2.2.4.). Considerou, ainda, em comunicação da mesma data, que "as medidas de controlo sanitário, restrição de movimentos e isolamento de portadores não deviam, em regra, ser obrigatórias e que deveriam ser evitadas «medidas discriminatórias», em particular no âmbito escolar, laboral ou de habitação". Estas medidas não têm qualquer justificação do ponto de vista científico ou ético [495].

– O *Conselho Nacional de Ética para as Ciências da Vida* [496] pronunciou-se sobre as questões de obrigatoriedade de realização de testes da SIDA, tendo consignado princípios que reputamos fundamentais:

- Não é lícito promover rastreios obrigatórios para detecção da doença, registos obrigatórios de casos suspeitos ou divulgação obrigatória dos resultados individualizados dos testes";
- Não é legítimo "estipular ou realizar análises compulsivas e tratamentos, hospitalizações ou isolamentos forçados";
- Não podem ser impostos "limites legais ou factuais à relação de trabalho, por força da afecção detectada";
- Os portadores de HIV têm "direito ao anonimato".

– O *Conselho de Ministros da Saúde dos Estados-Membros da União Europeia* considerou, em 15/12/88 [497], que "as pessoas contaminadas com HIV ou atingidas pela SIDA não constituem um risco para os seus colegas de trabalho", não se justificando "os testes de despistagem de anticorpos de HIV no momento da contratação nem por ocasião do exame médico periódico no local de trabalho" (ponto III.7).

---

[495] Cf. Anexo à Recomendação R (87) 25 – "Directivas para a elaboração de uma política de saúde pública de luta conta a SIDA".

[496] Parecer n° 16/96 de 17 de Janeiro.

[497] "SIDA – Legislação Comunitária e Documentos de Organizações Internacionais" *in* Cadernos Temáticos da Assembleia da República, Série XIII, Maio de 1994, pág. 13.

— A *Resolução de 22/12/89 dos Ministros da Saúde dos Estados-Membros* ([498]) reconhece que as análises de diagnóstico de SIDA devem ser acessíveis "numa base voluntária e confidencial, *no âmbito dos sistemas de saúde pública*, com respeito pelo anonimato" (ponto II.1). Recomenda, ainda, que deve ser exercida especial vigilância "para lutar contra todas as formas de discriminação, especialmente na contratação e no local de trabalho" (ponto III.3).

— O *Conselho Consultivo da Procuradoria-Geral da República* ([499]) salienta que a "despistagem e os testes obrigatórios, bem como o registo de seropositivos, constituem atentado à vida privada, na medida em que, não raro, comportam restrições ao direito ao trabalho, à liberdade de deslocação e de residência e à obtenção de cuidados de saúde". Adianta, ainda, que a "Constituição da República Portuguesa e os textos de direito internacional a que o Estado português está vinculado não admitem discriminações baseadas em estados sanitários dos cidadãos que não sejam necessárias e razoavelmente fundadas em interesses e valores nele consignados, como é o caso da defesa da saúde pública. A nossa lei ordinária não exclui o acesso à função pública de cidadãos portadores de HIV, perante a qual a situação destes não pode ser diversa de outras pessoas afectadas de outras doenças com repercussões fisico-psíquicas idênticas".

O artigo 6.º § 1.º da Lei 135/1990 estabeleceu, em Itália, a proibição de o empregador fazer qualquer indagação sobre o «estado de seropositividade». Porém, a *Corte Costituzionali* pronunciou-se pela "realização de exames médicos obrigatórios para o despiste do vírus da SIDA na fase da formação do contrato de trabalho, e durante a execução do mesmo, nas actividades cujo exercício implicasse o risco de contágio, para os próprios trabalhadores, para o empregador ou para terceiros" ([500]).

Lembra-se, ainda, que o Tribunal de Justiça da União Europeia tem entendido que o respeito pela vida privada (art. 8.º da Convenção Europeia dos Direitos do Homem) "é um dos direitos fundamentais protegidos pela ordem jurídica comunitária, que comporta o direito das pessoas manterem secreto o estado de saúde e, por outro lado, que podem ser impostas restrições aos direitos fundamentais por ela protegidos desde que correspondam a objectivos de interesse geral e não constituam, relativamente ao

---

([498]) Cadernos Temáticos, cit. pág. 9.
([499]) Parecer de 25/5/95 *in* DR IIª Série de 24/4/97, pág. 4862
([500]) Referido por Paula Lourenço, ob. cit. pág. 81.

fim prosseguido, uma intervenção desproporcionada e intolerável que atente contra a própria essência do direito protegido" ([501]).

Do que ficou exposto reafirmamos que não consideramos legítima a *realização de exames* de HIV aos trabalhadores, apresentando-se tal exigência desproporcionada, injustificada e, portanto, violadora do direito ao anonimato e à reserva da intimidade da vida privada, direito fundamental objecto de consagração constitucional (art. 26.º n.º 1). Acresce, por outro lado, que os trabalhadores só estão vinculados ao «dever cooperação» e, consequentemente, de «informação» em relação aos exames e testes que «visem garantir a segurança e saúde no trabalho» (art. 22.º n.º 1 al. b) do DL 26/94 e artigo 274.º n.º 1 al. b) do CT).

Deve considerar-se assente a ideia de que, na generalidade das actividades profissionais, não há qualquer problema ou risco para terceiros, na medida em que, como é pacífico e está reconhecido cientificamente, o *risco de contaminação de HIV decorre de factores sanguíneos e sexuais*. Por isso, concordamos com Paula Lourenço (loc. cit. pág. 85) quando, fazendo apelo ao grau de conhecimento que a medicina vai tendo sobre a forma de transmissão do vírus da SIDA, admite a realização de exames ao trabalhador em «actividades de risco», em particular nas "profissões médico-sanitárias (médico, paramédico e enfermeiro), nas actividades que impliquem qualquer tipo de contactos ou relações sexuais, e todas aquelas que impliquem a utilização de instrumentos cortantes ou corto-perfurantes, que possam causar ferimentos ou hemorragias".

Afigura-se-nos, por outro lado, que a previsão do artigo 19.º n.º 1 do Código do Trabalho deve ser interpretado de acordo com os princípios acabados de enunciar na medida em que – como se referiu – só em situações pontuais, e muito raramente, se verificarão os pressupostos que justifiquem a realização destes exames. Quando assim acontecer, a entidade empregadora deve apresentar os fundamentos da sua exigência, por escrito, relacionando a necessidade de realizar os exames com o perigo de contágio decorrente da actividade a desenvolver.

([501]) Ac. de 5/10/94 citado *in* Pareceres da PRG, Vol. VII, pág. 40.

2.3. O tratamento de dados sensíveis

2.3.1. Princípios gerais

1. É compreensível que o trabalhador, com o objectivo de evitar discriminações ou para salvar o seu posto de trabalho, adopte uma posição defensiva e se resguarde contra a intromissão na sua esfera privada, tomando medidas para proteger a devassa da sua intimidade. Esta ideia de reserva tem, no novo Código do Trabalho, consagração expressa no artigo 16.° n.° 2 quando refere que "o direito à reserva da intimidade da vida privada abrange o acesso, quer a divulgação de aspectos atinentes à esfera íntima e pessoal das partes, nomeadamente relacionadas com a vida familiar, afectiva e sexual, com o estado de saúde"...

Porém, não se pode olvidar que alguns factos, passíveis de tratamento, podem chegar ao conhecimento do médico de trabalho através da observação do trabalhador, de meios auxiliares de diagnóstico ou, ainda, pela simples revelação do trabalhador no contexto da relação de confiança estabelecida.

Interessa, por isso, saber em que medida os resultados dos testes de alcoolémia e de toxicologia ([502]), o conhecimento de um diagnóstico de HIV, ou a informação sobre a vida ou hábitos sexuais do trabalhador, uma vez chegados ao conhecimento do médico do trabalho, podem ser registados no sistema informático com o objectivo, *exclusivo*, de permitir uma apreciação da aptidão ou inaptidão para o exercício da profissão.

Não bastará, simplesmente, fundamentar a possibilidade de tratamento com a simples invocação de que os mesmos se revelam pertinentes, justificados e necessários. Como vimos, para o tratamento ser legítimo não basta considerar os princípios relativos à "qualidade dos dados" (cf. art. 5.° da Lei 67/98); é também necessário, especialmente, que se verifiquem

---

([502]) Em algumas actividades profissionais este tratamento pode revelar-se necessário e pertinente: no âmbito da aviação (pilotos, controlo de tráfego aéreo, condutores de autocarro nas pistas, pessoal de manutenção), do transporte rodoviário (condutores), transporte fluvial, comboios (maquinistas e controladores de tráfego).

Nos EUA apenas estão sujeitos a testes, no domínio da aviação civil, os empregados que desempenham «funções sensíveis de segurança», a saber: tripulação de voo, assistentes de voo, instrutores de voo, expedidor aéreo, pessoal de manutenção, coordenador de segurança em terra, controlador aéreo, pessoal de segurança que verifique a bagagem por radioscopia.

as condições estabelecidas no artigo 7.º n.º 2 da Lei 67/98 e que o tratamento seja objecto de controlo prévio da CNPD (artigo 28.º n.º 1 al. a) da Lei 67/98).

Na vigência da Lei 10/91, a Autorização n.º 59/97, de 3 de Julho ([503]), considerou que "o registo automatizado dos resultados dos testes de HIV/SIDA, para efeitos laborais – *numa altura em que se reconhece que não se justifica a realização generalizada de exames, se recomenda o anonimato e se potenciam riscos de discriminação no local de trabalho – deve ser proibido em absoluto por esses dados integrarem o conceito de «vida privada» na acepção do artigo 35.º n.º 3 da Constituição da República*".

Na mesma deliberação foi proibida, também, a possibilidade de tratamento automatizado da *«vida sexual»* dos trabalhadores, nomeadamente em relação ao detalhe sobre a existência de *«múltiplos parceiros sexuais e se tem doenças sexualmente transmissíveis»*, bem como a anotação do *«descritivo da afecção, o seu estado evolutivo e a data»*.

Reconhecia-se que, de entre os dados de saúde, os relativos à «vida sexual» e aos «hábitos sexuais» são aqueles em que se justifica o reconhecimento da «reserva da vida privada», sendo legítimo que o titular os guarde só para si ou, se o quiser, para um círculo limitado de pessoas.

Fundamentava-se esse entendimento na redacção, *então em vigor*, do artigo 35.º n.º 3 da CRP e que proibia, *de forma absoluta*, a utilização da informática "para o tratamento de dados referentes à vida privada".

A nova redacção do artigo 35.º n.º 3 da Constituição da República, saída da 4.ª Revisão Constitucional operada pela Lei Constitucional n.º 1/97, de 20 de Setembro, trouxe alterações profundas em relação à possibilidade de tratamento destes dados e passou a determinar que «a informática não pode ser utilizada para tratamento de dados referentes a convicções filosóficas ou políticas, filiação partidária...*vida privada* e origem étnica, salvo mediante consentimento expresso do titular, autorização prevista por lei com garantias de não discriminação».

O artigo 7.º n.º 1 da Lei 67/98 manteve o princípio da proibição do tratamento dos dados constantes do preceito constitucional, tendo aditado ao elenco constitucional os dados «relativos à saúde e à vida sexual, incluindo os dados genéticos». Pensamos que tal especificação correspon-

---

([503]) Autorização que se segue de perto e que pode ser consultada no Relatório da Comissão de 1997, pág. 176.

deu à necessidade de, no contexto da Directiva 95/46/CE ([504]), ser diferenciado o regime de tratamento de dados relativos à saúde e à vida sexual em função das finalidades dos respectivos tratamentos. Não podemos esquecer que os dados de saúde, da vida sexual e os dados genéticos ([505]) são, por natureza, dados da «vida privada». Os dados de saúde são, obviamente, aqueles que estão em condições de integrarem a previsão do preceito constitucional ([506]).

Aliás, ainda no domínio da Lei 10/91, o Tribunal Constitucional ([507]), fiel a estes princípios, teve oportunidade de considerar que «o tratamento automatizado de dados relativos a doenças oncológicas se integra na esfera da privacidade dos doentes, interferindo, nessa medida, na definição do conteúdo de vida privada, matéria respeitante a direitos, liberdades e garantias». E acrescenta: «os dados de saúde integram a categoria de dados relativos à vida privada, tais como as informações referentes à origem étnica, à vida familiar, à vida sexual, condenações em processo criminal, situação patrimonial e financeira" (Gomes Canotilho, ob. cit. pág. 218 e Paulo Mota Pinto, ob. cit. pág. 527).

Nos casos que agora nos ocupam é fundamental não perder de vista que o tratamento é efectuado num contexto específico: *para apoio à organização da segurança, higiene e saúde no trabalho.*

O registo e acesso a esta informação, no domínio das relações de trabalho, tem particularidades específicas que já foram evidenciadas no âmbito da prevenção de riscos profissionais e promoção da saúde dos trabalhadores, numa perspectiva de verificar a sua «aptidão física e psíquica para o exercício da profissão». Daqui decorre que os fundamentos legais para o tratamento de dados de saúde não podem ser encontrados na previsão do artigo 7.° n.° 4 da Lei 67/98.

---

[504] Pode ser consultada na nossa obra – "Informática e Privacidade", Vislis Editores, 1998, pág. 219.

[505] Cf. neste sentido Guilherme de Oliveira – "Implicações jurídicas do conhecimento do genoma" *in* Revista de Legislação e Jurisprudência, Ano 129, Agosto de 1996, n.° 3865, pág. 104 e Helena Moniz – "Notas sobre a Protecção de Dados Pessoais perante a Informática (O caso especial dos dados pessoais relativos à saúde)", *in* Revista Portuguesa de Ciência Criminal, Ano 7, Abril/Junho de 1997, pág. 286.

[506] Cf. neste sentido Rita Amaral Cabral, ob. cit. pág. 31. "A privacidade compreenderá o passado da pessoa, os seus sentimentos, factos atinentes à sua saúde"...

[507] Acórdão de 7 de Maio de 1997, *in* DR I.ª Série de 7/6/1997, pág. 2803.

Podemos afirmar que os diplomas já referenciados, relativos aos serviços de medicina de trabalho, integram a «disposição legal» que, no contexto do artigo 6.º al. b) e 7.º n.º 2 da Lei 67/98, pode legitimar o tratamento de dados.

No entanto, quando está em causa o tratamento de dados de saúde, da vida sexual ou da «vida privada», em que são confrontados os interesses e obrigações do empregador com os direitos, liberdade e garantias do trabalhador, importa delimitar os contornos do tratamento daqueles dados. Sob pena de inviabilizar a eficácia e exercício das atribuições a cargo dos serviços de higiene e segurança no trabalho, não são defensáveis posições extremadas que apontem para a preservação absoluta da intimidade dos dados de saúde do trabalhador (e que advogam a recusa de comunicação de dados ou o seu tratamento automatizado) ou para a obrigação de revelação como única forma de viabilizar e garantir a organização da actividade das empresas em condições de segurança, higiene e saúde e adopção de medidas necessárias a fazer cessar os factores de risco a que se encontram expostos os trabalhadores afectados.

Porém, deve ter-se sempre em atenção que os dados coligidos não poderão ser usados com fins discriminatórios ou em prejuízo do trabalhador ([508]).

2. Continua a ser problemática a abordagem do conceito de «vida privada» subjacente ao art. 35.º, n.º 3 da Constituição e ao artigo 7.º n.º 1 da Lei 67/98.

Como refere Garcia Marques ([509]) «na falta de definição do conceito de vida privada, noção eriçada de dificuldades e, por isso mesmo, não operativa, torna-se bastante penoso alcançar com precisão a delimitação de fronteiras entre a "vida privada" e outros conceitos ... como é o caso do "estado de saúde"».

([508]) "Esta garantia de não discriminação implica que, em função da informação obtida, o trabalhador não possa ver-se submetido a decisões arbitrárias do empresário que impliquem uma discriminação em relação a outros trabalhadores como seja a exclusão de determinadas vantagens sem nenhuma justificação ou distinções de carácter vexatório, lesivas dos seus direitos ou desprovidas de uma justificação objectiva e razoável" *in* García Serrano e I. Pedrosa Alquézar – "Vigilancia de la salud de los trabajadores", aspectos clínicos y jurídicos de los reconocimientos médicos en el trabajo, 1999, pág. 29.

([509]) Ob. cit. pág. 416. Para mais desenvolvimento veja-se, também, Garcia Marques e Lourenço Martins – "Direito da Informática", Almedina, 2000, pág. 102 e ss.

A doutrina tem considerado de difícil definição o conceito de «privacidade», nomeadamente quando se pretende construir um regime jurídico coerente e «coeso» ([510]).

Numa tentativa de delimitar o conceito, nomeadamente para enquadrar os problemas suscitados, vejamos alguns contributos que a doutrina e a jurisprudência têm dado para ajudar a definir a extensão da «vida privada».

Para *De Cupis* a esfera íntima da vida privada é aquele sector «que se desenvolve entre as paredes domésticas e no âmbito da família» e integra o «direito da pessoa conservar a discrição mesmo em torno dos acontecimentos e do desenvolvimento da sua vida como uma manifestação do *direito ao resguardo* (diritto alla riservatezza), a par do *direito à imagem*» ([511]).

Segundo *De Mattia* a «vida privada» compreende «aquele conjunto de actividades, situações, e atitudes ou comportamentos individuais que, não tendo relação com a vida pública, respeitam estritamente à vida individual e familiar da pessoa. Neste âmbito se determina mais particularmente aquilo em que consiste a vida íntima como atinente ao modo de ser do homem, aos seus pensamentos, sentimentos e afectos, contanto que não sejam voluntariamente tornados públicos pelo interessado ([512])».

A doutrina alemã desenvolveu a chamada *«teoria das três esferas»*, a qual é aplicável à análise da ordem jurídica portuguesa ([513]). De acordo com esta teoria «podem diferenciar-se: *a vida íntima*, que compreende os gestos e factos que em absoluto devem ser subtraídos ao conhecimento de outrem (concernentes não apenas ao estado do sujeito enquanto separado do grupo, mas também a certas relações sociais); a *vida privada*, que engloba os acontecimentos que cada indivíduo partilha com um número restrito de pessoas; a *vida pública* que, correspondendo a eventos susceptíveis de serem conhecidos por todos, respeita à participação de cada um na vida da colectividade».

([510]) Cf. Paulo Mota Pinto – "Direito à reserva sobre a intimidade da vida privada" *in* Revista da Faculdade de Direito, 1993, Vol. LXIX, pág. 504 e Rita Amaral Cabral – "Direito à intimidade da vida privada" *in* Separata dos Estudos em memória do Prof. Doutor Paulo Cunha, 1988, pág. 25.

([511]) Cf. "Os direitos de personalidade", citado pelo Parecer da Procuradoria-Geral da República nº 121/80 de 23 de Julho de 1981, in BMJ nº 309, pág. 142.

([512]) Il diritto alla riservatezza citado pelo Parecer da PGR 121/80, loc. cit. pág. 145.

([513]) Segue-se de perto Rita Amaral Cabral, ob. cit. pág. 30.

Para Paulo Mota Pinto ([514]) a defesa da privacidade visa "evitar ou controlar a tomada de conhecimento ou a revelação de informação pessoal, isto é, daqueles factos, comunicações ou opiniões que se relacionam com o indivíduo e que é razoável esperar que ele encare como íntimos ou pelo menos como confidenciais e que, por isso, queira excluir ou, pelo menos, restringir a sua circulação". No conceito ainda poderiam ser integrados "o interesse na subtracção à atenção dos outros (anonimato em sentido lato) e o interesse em excluir o acesso físico dos outros a si próprio". Inclui no núcleo de dados da vida privada o "estado de saúde, da vida conjugal, amorosa e afectiva ou os factos que decorrem dentro do lar" ([515]).

J. J. Canotilho e Vital Moreira ([516]) salientam que o direito à intimidade da vida privada se analisa em dois direitos menores: « (a) o direito a impedir o acesso de estranhos a informação sobre a vida privada e familiar e (b) o direito a que ninguém divulgue as informações que tenha sobre a vida privada e familiar de outrem (art. 80.º do Código Civil)».

A jurisprudência do Tribunal Constitucional caracterizou o conceito de *"vida privada"* como «o direito de cada um ver protegido o espaço interior da pessoa ou do seu lar contra intromissões alheias» ([517]), ou seja, «o direito a uma esfera própria inviolável, onde ninguém deve poder penetrar *sem autorização do respectivo titular*» ([518]).

O Conselho Consultivo da Procuradoria-Geral da República pronunciou-se várias vezes sobre as questões relativas à privacidade, considerando pacífico que a intimidade da vida privada de outrem é um valor protegido pelo nosso ordenamento jurídico, merecendo, aliás, consagração constitucional. A privacidade compreende «aqueles actos que, não sendo secretos em si mesmos, devem subtrair-se à curiosidade pública por naturais razões de resguardo e melindre, como os sentimentos e afectos fami-

---

([514]) Que cita Raymond Wacks – "The Protection of Privacy", London, 1980, pág. 22.
([515]) Ob. cit. pág. 526.
([516]) Constituição da República Portuguesa Anotada, 3ª Ed., Coimbra, 1993, pág. 181.
([517]) Acórdão de 20/6/95 *in* IIª Série do DR de 2/11/95.
([518]) Sublinhado nosso. Vejam-se os Acórdãos nº 128/92 publicado no Diário da República, IIª Série, de 24 de Julho de 1992. No mesmo sentido veja-se o parecer da PGR de 5/4/84, *in* BMJ 342, pág. 55.
Em sentido semelhante, *e a propósito do tratamento automatizado de dados de saúde*, veja-se o Acórdão do Tribunal Constitucional de 7 de Maio de 1997 (Proc. Nº 182/97).

liares, os costumes da vida e as vulgares práticas quotidianas, a vergonha da pobreza e as renúncias que ela impõe» ([519]).

Para delimitação do conceito em matéria de tratamento automatizado de dados pessoais é necessário considerar, em particular, dois preceitos: os artigos 26.º n.º 1 da Constituição da República, bem como o art. 80.º do Código Civil.

O art. 26.º n.º 1 permite evidenciar que se pretende impedir «o acesso de estranhos à informação sobre a intimidade da vida privada e familiar» ([520]). Ou seja, o alcance da privacidade – já delimitado supra – pode ser visto numa dupla perspectiva:

- O direito à reserva, onde ninguém deve poder penetrar e que é legítimo o titular guardar só para si ou, se o quiser, para um círculo limitado de pessoas (corresponde à vertente de *«não intrusão» ou «não intromissão abusiva»*);
- O direito ao *sigilo profissional* em relação às «confidências» feitas, uma vez que a revelação ocorreu na convicção de que os factos não seriam divulgadas (corresponde à vertente de *«não divulgação» ou «dever de silêncio»*) ([521]).

Anota-se, finalmente, que o Código Penal confere especial tutela aos «crimes contra a reserva da vida privada» consagrando-lhe um capítulo (artigos 190.º a 198.º). De entre os preceitos deste Código merecem especial realce a punição de quem, «sem consentimento e com intenção de devassar a vida privada das pessoas, designadamente a intimidade da vida familiar ou sexual, divulgar factos relativo à vida privada ou a doença

---

([519]) Parecer n.º 121/80, de 23/7/81, *in* BMJ 309, pág. 142.

([520]) Para mais desenvolvimento veja-se Gomes Canotilho e Vital Moreira, ob. cit e Garcia Marques – "Informática e Vida Privada" *in* BMJ n° 373, pág. 10. Helena Moniz ("Notas sobre a protecção de dados pessoais referente à Informática – O caso especial dos dados pessoais relativos à saúde" Separata da Revista Portuguesa de Ciência Criminal, 1997, Coimbra Editora, pág. 231) restringe o conteúdo do conceito do artigo 26.º na medida em que o considera reportado, não à vida privada, mas à reserva da intimidade da vida privada.

([521]) Para mais desenvolvimento veja-se Paula Lobato Faria – "Données Génétiques Informatisées – Un Nouveau Défit à la Protection du Droit à la Confidencialité des Données Personnelles de Santé", tese apresentada para obtenção de doutoramento em direito da Saúde na Universidade de Montesquieu – Bordeaux, 1996, pág. 312 e ss.

grave de outra pessoa» (art. 192.º n.º 1 al. d) (⁵²²). O art. 193.º considera punível com pena de prisão até 2 anos ou multa até 240 dias quem «criar, mantiver ou utilizar ficheiro automatizado de dados individualmente identificáveis e referentes a convicções políticas, religiosas e filosóficas, a filiação partidária ou sindical, à vida privada ou origem étnica».

A «vida privada» tem especial protecção em sede penal, sendo punível o acesso indevido a dados «da vida familiar ou sexual» ou relativos a «doença grave».

A delimitação do conceito só é rigorosa quando, na determinação da sua extensão, se tiver em atenção a *natureza do caso e da condição das pessoas* (art. 80.º n.º 2 do Código Civil). Como já foi afirmado, estas condicionantes fazem "sobressair a fluidez do conceito e a particular "mobilidade" do seu conteúdo, que fica condicionada, nos termos da previsão legal, à verificação de elementos objectivos (definidores ou qualificativos da «natureza do caso») – resultantes, v.g., do lugar ou das circunstâncias em que o facto atentório da privacidade tiver ocorrido, ou de *elementos subjectivos* (a que será preciso apelar para ponderar a respeito da «condição das pessoas)" (⁵²³).

Por isso, não pode deixar de ser considerada a posição de subordinação e de particular "fragilidade" em que se encontra o trabalhador.

Não determinando o DL 441/91, de 14 de Novembro, nem o DL 26/94, de 1 de Fevereiro, quais os dados pessoais que podem ser objecto de tratamento temos que concluir que, em relação aos dados integráveis no conceito da vida privada, terá que haver uma compatibilização dos interesses da empresa com os direitos, liberdades e garantias do trabalhador. Desta forma se evita que o direito à reserva garantido ao trabalhador seja aniquilado por um suposto interesse, não totalmente definido na lei, do responsável do tratamento.

3. É pacífico, na doutrina e na jurisprudência, que a reserva da intimidade da vida privada não é absoluta, sendo admissível o estabelecimento de graus diferenciados de protecção e de inviolabilidade decorrentes da compatibilização com outros direitos constitucionalmente consagrados (o direito à saúde/medicina do trabalho e direito à vida privada). A solução deste conflito de interesses passa pela aplicação dos prin-

---

(⁵²²) Este facto não é punível se «for praticado como meio adequado para realizar um interesse público legítimo e relevante» (n.º 2).

(⁵²³) Garcia Marques e Lourenço Martins, ob. cit., pág. 109.

cípios usualmente utilizados noutras situações similares. O empregador só pode tratar os dados que se mostrem «necessários, razoáveis e proporcionados» ([524]), e quando "possam comprometer a capacidade de rendimento do trabalhador no desempenho específico da função que lhe foi atribuída ou quando o desconhecimento desses dados possa colocar em perigo a saúde do trabalhador ou a saúde dos seus companheiros".

Conforme salienta M. Januário Gomes ([525]) a determinação dos limites ao direito à intimidade da vida privada pode resultar de *factores objectivos e subjectivos*.

De entre os *factores objectivos* merecem especial saliência:

– A existência de um direito do Estado à informação, nomeadamente por força de outros direitos que merecem tutela no caso concreto (v.g. investigação criminal ou o direito à saúde);
– A tutela jurídica do interesse dos cidadãos, em serem informados de certos factos, pode fazer sobressair a liberdade de expressão e de imprensa em detrimento da tutela da privacidade;

No caso em apreço serão os objectivos de assegurar a vigilância da saúde dos trabalhadores, a sua aptidão física e psíquica para o exercício da sua profissão e a protecção de terceiros que podem determinar e justificar a compressão dos direitos dos trabalhadores.

Os *factores subjectivos* mais relevantes prendem-se com o grau de cultura do cidadão individualmente considerado – que tem «a sua própria dimensão de privacidade» e que não se importa de divulgar certos factos – ou com a sua «condição social ou profissional»: a notoriedade ou o exercício de certo cargo público pode legitimar o «direito à curiosidade».

Também para o Dr. Paulo Mota Pinto ([526]) o direito à reserva «é disponível em certa medida» ([527]).

([524]) "Serão proibidas as vigilâncias médicas indiscriminadas, injustificadas ou generalizadas para qualquer actividade" (Sanchez Cubel – "Todo sobre la nueva Ley de Prevención de Riesgos Laborales", Barcelona, 1996, pág. 89.

([525]) "O problema da salvaguarda da privacidade antes e depois do computador" *in* BMJ n.º 319, pág. 31.

([526]) Ob. cit. pág. 562 e 563.

([527]) Por exemplo aquele que, sendo figura conhecida, publicita nos meios de comunicação social a sua doença. A realização de entrevistas pagas sobre a vida íntima e privada não será contrária aos bons costumes ou à ordem pública (cf. art. 280.º n.º 2 e art. 81.º n.º 2 do Cód. Civil) – Paulo Mota Pinto, ob. cit. pág. 562.

Na delimitação do alcance do conceito de vida privada deverão ser considerados, portanto, todos estes factores.

2.3.2. Tratamento de dados relativos à alcoolémia, consumo de droga, HIV e vida sexual

1. No que respeita ao *consumo de drogas* e *alcoolémia* tem entendido a CNPD, como regra geral, que não deve ser autorizado o tratamento automatizado, de forma generalizada (para todo o universo de trabalhadores da empresa) e com um detalhe que permita estabelecer as quantidades consumidas, o tipo de produto consumido e as circunstâncias em que se realiza o consumo.

O registo detalhado do consumo de álcool, ao ponto de permitir a elaboração de «perfis de consumo» ([528]) constitui uma devassa injustificada nos hábitos do trabalhador ([529]).

Para a generalidade dos trabalhadores, o médico do trabalho pode tomar outras medidas preventivas de observação e acompanhamento, nomeadamente reduzindo a periodicidade dos seus exames (cf. art. 19.º n.º 4 do DL 26/94).

Porém, justifica-se que *o direito à privacidade seja limitado* quando estes factos tenham repercussões negativas na relação de trabalho, haja razões de interesse público relevante ou a necessidade de controlo estiver em conflito com outros direitos constitucionalmente consagrados. Ora, para algumas categorias profissionais – v.g. pilotos ([530]), pessoal de bordo ou controladores de tráfego aéreo, motoristas, cirurgião, maquinistas de comboios, gruistas – admite-se que sejam tomadas medidas de vigilância e de

---

([528]) Na autorização que seguimos de perto procedia-se, por exemplo, a um tratamento minucioso: "nunca bebeu/ não bebe há 5 anos / bebe 5 ou 10 vezes por ano/ bebe a quase todas as refeições/ bebe a todas as refeições/ bebe às refeições e fora delas/ bebe em jejum, às refeições, fora delas e à noite ao deitar/ bebedor de fim de semana".

([529]) O acórdão do Tribunal Constitucional de 20/6/95, loc. cit. pág. 13097 admite, implicitamente, que a devassa dos hábitos do condutor no tocante à ingestão de bebidas alcoólicas pode constituir devassa da vida privada.

([530]) O "Manual of Civil Aviation Medicine" (2.ª Ed. – 1985) não impõe a realização obrigatória de testes, mas recomenda que o exercício de funções não seja efectuado quando o pessoal de voo esteja em estado de "fadiga" ou sob efeito "de álcool ou drogas (cf. Parte I, Cap. 1 – 5 ponto 4.12 e Parte III – Cap. 13).

registo automatizado de meios auxiliares de diagnóstico ou de testes para prevenir perigos para a sua integridade física ou para a de terceiros ([531]).

Admite-se, igualmente, que o referido tratamento possa ser feito no contexto de programas de prevenção e encaminhamento no meio laboral.

Por isso, as condições de tratamento deverão ser fixadas, em concreto, e tendo em atenção a actividade da empresa e as funções desempenhadas pelos trabalhadores a quem foram realizados tais exames ([532]).

2. Podem ser tratados dados relativos ao HIV?

No parecer emitido em relação ao ficheiro de Dadores de Sangue ([533]) a Comissão considerou que, tanto para o HIV como para o consumo de drogas, poderiam ser utilizados indicadores de carácter geral que pudessem atingir o objectivo pretendido, sem por em causa o direito ao anonimato (v.g. dador "não compatível com a dádiva").

Foram determinantes para esta solução os objectivos de conciliar a necessidade e pertinência do tratamento destes dados, sem esquecer razões de interesse público, com o direito à prestação de cuidados de saúde adequados, sem negligenciar os objectivos de não discriminação dos titulares dos dados.

No Parecer n.º 17/95, de 21 de Novembro ([534]), entendeu a Comissão que «relativamente a doentes portadores do HIV e toxicodependentes, porque sujeitos a tratamento médico especial, justificar-se-á que tais doenças sejam objecto de um *registo informático especial*, com acesso restrito à informação, limitada ao médico respectivo, por este passando também qualquer outro acesso à mesma, ou então, se se julgar conveniente, registando-se tão só ser um "doente de risco", ou outra expressão equivalente».

([531]) No mesmo sentido Juan Domínguez e Susana Escanciano, ob. cit. pág. 206. Paula Lourenço, ob. cit. pág. 76, limita a submissão aos exames "nos casos em que exista uma conexão objectiva entre esse estado de saúde e a prestação da actividade, como se compreende nas profissões de motorista, de piloto ou de desportista de competição".

([532]) Na autorização n.º 479/2003, de 3 de Junho de 2003, já referida, a CNPD chamou especial atenção para a necessidade de o responsável respeitar a finalidade do tratamento, não podendo os dados ser utilizados para finalidades diversas do «Programa Solidariedade» e alertou para a imprescindibilidade de observância de "cuidados especiais no que respeita à confidencialidade da informação registada": Quanto ao prazo de conservação estabeleceu-se que os dados deveriam ser eliminados logo que cessasse o vínculo laboral.

([533]) Parecer n.º 13/95 de 10/10/95 in Relatório de 1995, pág. 289.

([534]) Relatório da Comissão de 1995, pág. 314.

Em sede de medicina do trabalho a CNPD proibiu o registo automatizado dos resultados dos testes de HIV/SIDA, por tal informação estar integrada no conceito de «vida privada» e, por isso, ser insusceptível de tratamento à luz do art. 35.º n.º 3 da Constituição da República ([535]). Na sequência da alteração do artigo 35.º n.º 3 da CRP, através da Lei Constitucional n.º 1/97, a CNPD proferiu um parecer complementar no qual considerou possível "o tratamento do HIV/SIDA desde que a empresa obtenha do trabalhador o consentimento livre e esclarecido para o tratamento automatizado. A informação deve ser restrita ao médico do trabalho" ([536]).

Pensamos que a apreciação sobre a possibilidade de tratamento destes dados – que integram informação relativa à intimidade da vida privada – deve merecer uma abordagem jurídica rigorosa, só sendo admissível o seu tratamento se a lei o autorizar. Verifica-se, no entanto, que as disposições legais atinentes aos serviços de medicina de trabalho e os princípios que regem tal actividade não se apresentam suficientemente explícitos para poderem fazer ceder o direito à privacidade e legitimar, por isso, o tratamento destes dados. Não estando os serviços de medicina do trabalho vocacionados para a prestação de cuidados de saúde, só em casos pontuais e excepcionais, devidamente justificados, estes dados se revelam adequados e pertinentes.

A necessidade de tratamento terá que ser fundamentada pelos serviços de medicina do trabalho, cabendo à CNPD ponderar as circunstâncias em que se realiza o tratamento, a condição da pessoa e o tipo de função exercida pelo trabalhador. Só no caso de se revelar pertinente e necessária é que justifica uma ponderação da possibilidade de tratamento.

As disposições do DL 441/91 e DL 26/94 referem-se à *«obrigação de cooperação»* do trabalhador. De uma forma genérica, o artigo 15.º n.º 1 al. d) DL 441/91, estabelece que constitui obrigação do trabalhador «cooperar...para a melhoria do sistema de segurança, higiene e saúde no trabalho».

O artigo 22.º do DL 26/94 concretizou o alcance do «dever de cooperação», com especial incidência em relação aos seguintes aspectos:

a) Comparecer aos exames médicos e realizar os testes que visem garantir a segurança e saúde no trabalho (n.º 1 al. b);

([535]) Autorização n.º 59/97, cit.
([536]) Autorização n.º 4/98, de 15 de Janeiro (não publicada).

b) Prestar informações que permitam avaliar, no momento da admissão, a sua aptidão física e psíquica para o exercício das funções correspondentes à respectiva categoria profissional, bem como sobre factos ou circunstâncias que visem garantir a segurança e saúde dos trabalhadores (n.º 1 al. c).

Este dever de cooperação deve centrar-se, exclusivamente, nos exames e informações directamente relacionadas com os dados de saúde que digam directamente respeito à prestação da actividade laboral, não sendo exigível quando estejam em causa aspectos do estado de saúde que nada têm a ver com a relação de trabalho (cf. artigos 17.º n.º 2 e 19.º n.º 1 do CT). Em relação a essas ocorrências não prevê a lei qualquer dever de colaboração ou possibilidade de intervenção daqueles serviços ([537]).

Em face da total omissão da lei em relação, pelo menos, às categorias de dados que poderiam ser tratados, não parece legítimo podermos concluir que existe uma «disposição legal» que permite o tratamento de dados sobre HIV.

Não havendo lei que autorize tal tratamento, interessa saber se o *consentimento do trabalhador* pode, agora, integrar uma manifestação de vontade suficientemente relevante para autorizar os serviços de medicina do trabalho a processar essa informação.

Em sede de direito do trabalho tem-se entendido que a relação de subordinação e a posição frágil do trabalhador limitam e condicionam a liberdade do consentimento ([538]). Essa fragilização da posição do trabalhador e os perigos de discriminação podem aconselhar a que, por princípio, se adopte uma posição de prudência em relação à relevância do consentimento para tratar dados com esta sensibilidade. No entanto, interessa sublinhar que os dados são facultados a um serviço, com autonomia e poderes específicos, a quem a lei garantiu – em particular pela via da consagração do «segredo profissional» – uma independência e meios de defesa contra a curiosidade indiscreta da entidade empregadora. Este facto tem sido decisivo, no nosso ponto de vista, para reforçar o grau de con-

---

([537]) Essa intervenção só poderá ocorrer mediante solicitação ou consentimento do trabalhador.

([538]) Cf., neste sentido, o Ac. do STJ de 27/5/92 (Proc. 3349) – «é irrenunciável o direito à retribuição» – e o Ac. da Relação do Porto de 21/5/79 (Col. Jur. Ano IV, t. 3 p. 1032): «é irrenunciável o direito a férias e horas extraordinárias».

fiança dos trabalhadores nos serviços de higiene e segurança, contribuindo para manter intacta, em geral, a autonomia da vontade do trabalhador em relação ao tratamento de dados por parte destes serviços ([539]).

Deve anotar-se, porém, que esta pode ser uma falsa questão uma vez que não será facilmente admissível levar a cabo as tarefas de prevenção e protecção individual e colectiva sem o consentimento, adesão ou um espírito de colaboração da parte dos trabalhadores ([540]).

A CNPD, tal como sugere o artigo 7.º n.º 2 da Lei 67/98, só poderá «autorizar» ([541]) o tratamento (cf. art. 28.º n.º 1 al. a) quando verificar que o titular dos dados, depois de informado sobre as finalidades, manifestou o seu «consentimento expresso» a tal tratamento. Para além disso, a CNPD deve condicionar a sua apreciação à verificação de duas condições cumulativas: existência de "garantias de não discriminação" e "medidas de segurança previstas no artigo 15.º"

([539]) Segundo Juan Domínguez e Susana Escanciano, ob. cit. pág. 204, em relação aos dados de saúde, "é necessário, apesar de tudo, o consentimento do interessado mesmo que o tratamento seja realizado no contexto de uma relação laboral".

([540]) Veja-se neste sentido García Serrano e I. Pedrosa Alquézar – "Vigilancia de la salud de los trabajadores", aspectos clínicos y jurídicos de los reconocimientos médicos en el trabajo, 1999, pág. 22 e seguintes. Para este autor o consentimento deve ser prévio e informado (com conteúdo e alcance conexo com os poderes de vigilância, com utilização de linguagem clara e compreensível), obtido sem dolo e sem intimidação, não podendo assumir uma forma genérica de vigilância da saúde e podendo ser revogável em qualquer altura.

([541]) Alguns autores já têm questionado a constitucionalidade desta disposição (cf. Garcia Marques e Lourenço Martins – "Direito da Informática", Almedina, 2000, pág. 280) por se alargar a uma autoridade administrativa a possibilidade de autorizar o tratamento de dados sensíveis. Entendemos que o preceito deve ser interpretado em conformidade com o artigo 35.º n.º 3 da CRP. Assim, tal «autorização», quando estão em causa os dados elencados no artigo 35.º n.º 3, corresponde, no âmbito dos poderes de protecção subjacentes à previsão do artigo 35.º n.º 2 da CRP, ao exercício de controlo prévio que resulta do artigo 28.º n.º 1 al. a). Efectivamente, se compararmos o artigo 7.º n.º 2 com o n.º 4 verificamos que no primeiro a lei fala em «autorização» e no segundo fala, tão só, em «notificação». Essa precisão legal tem como objectivo, no nosso ponto de vista, consignar o princípio segundo o qual, através dessa «autorização», a Comissão deverá analisar todos os requisitos e condições legais para permitir o tratamento previsto no preceito: a existência de "disposição legal" que permita o tratamento, a existência de «consentimento expresso» (nele se incluindo a apreciação da liberdade de consentimento e a forma de o manifestar), a imposição de condições que assegurem as "garantias de não discriminação" e as "medidas de segurança" adequadas ao tipo e à natureza de dados. Entendemos, por isso, que o preceito em causa, quando assim interpretado, não padece de inconstitucionalidade

Nos termos do Código Civil – artigo 217.º – "a declaração negocial pode ser expressa ou tácita: é expressa, quando feita por palavras, escrito ou qualquer outro meio directo de manifestação da vontade"...

Para o artigo 3.º alínea h) da Lei 67/98 o consentimento passa por uma «*manifestação de vontade*, livre, específica e informada, nos termos da qual o titular aceita que os dados pessoais sejam objecto de tratamento» ([542]).

Este será um dos casos em que a CNPD poderá ter que fazer diligências suplementares (v.g. ouvindo, se necessário, os representantes dos trabalhadores ou delegados sindicais sobre as condições como é assegurado o direito de informação e obtido o consentimento) no sentido de apurar se existe uma liberdade efectiva. Em contrapartida, será legítimo concluir que o consentimento pode ser retirado em qualquer altura e que tal declaração implica, necessariamente, a eliminação destes dados sensíveis.

Em face das circunstâncias do caso e de todas as condicionantes que antecedem, pensamos que o consentimento deve assumir, no presente caso, a forma escrita ([543]). Só este procedimento poderá assegurar a comprovação do sentido da manifestação de vontade, a delimitação das condições em que foi dado o consentimento ou se estamos perante um «consentimento informado» ([544]). Cabendo o ónus da prova ao empregador, deverá prevenir o risco de ficar impossibilitado de comprovar que assegurou a obtenção do consentimento informado.

Que exigências devem ser estabelecidas em relação às «garantias de não discriminação» ([545]) e às «medidas de segurança»?

([542]) Cf., no mesmo sentido María José García Beato – "Principios Y Derechos en la Ley Organica 5/1992, de 29 de Octubre, e en la Directiva 95/46/CE" *in* Jornadas Sobre El Derecho Español de la Protección de Datos", pág. 38. Veja-se, também, Garcia Marques e Lourenço Martins, ob. cit., pág. 270.

([543]) Cf., no mesmo sentido, as autorizações n.º 119/96, de 12 de Dezembro (Relatório de 1996, pág. 169), n.º 16/2000, de 29 de Fevereiro (Relatório de 2000, pág. 143) e n.º 55/2000, de 17 de Outubro (Relatório de 2000, pág. 196).

([544]) Garcia Marques e Lourenço Martins (ob. cit., pág. 270) adiantam que "a informação não pode deixar de ser *suficiente* para que o consentimento se possa considerar esclarecido".

([545]) «As "garantias de não discriminação" deverão traduzir-se no resultado de toda uma avaliação, global e concreta, da forma como o conjunto de todo o tratamento informático é implementado e desenvolvido, desde a identificação e qualificação profissional da entidade que o pretende implementar, da finalidade do mesmo, da forma como os dados sobre o estado de saúde das pessoas são obtidos, do tipo de informação concretamente tratada, bem como de todas as demais circunstâncias, em particular no que respeita à sua pos-

Em relação ao 1.º requisito – tal como a própria expressão sugere – pretende-se que sejam tomadas medidas objectivas que impeçam a discriminação do trabalhador. Este propósito pode ser assegurado, também, com a adopção de medidas de segurança. Por isso, sendo dispensável a autonomização de cada uma das medidas, poderão ser exigidas algumas condições para preencher aqueles dois requisitos legais:

 a) Separação lógica entre os dados administrativos e os dados sensíveis, como resulta do disposto no artigo 15.º n.º 3 da Lei 67/98, por forma a que os dados sensíveis possam – através de *user name* e *password* – ser de acesso reservado ao médico de trabalho (*controlo de acesso*);

 b) Criação de um *registo informático especial*, com medidas de segurança reforçadas, onde serão inseridos os dados que o trabalhador revelou e que pretende ver preservados, em exclusivo, nas relações médico – doente [546]. Poderá ser adoptada uma codificação ou encriptação deste campo ou escolhido um indicador de carácter geral que não identifique o diagnóstico, mas que estabeleça as limitações para o exercício de certas actividades;

 c) Quando o sistema informático é acessível a vários profissionais, deverá o médico do trabalho, em concreto, definir as regras de introdução de dados, os perfis dos utilizadores e outros procedimentos internos que evitem o acesso a dados sensíveis por pessoas não autorizadas [547];

 d) Respeito absoluto pela disposição do artigo 20.º do DL 26/94 que aponta para a necessidade de preservar o segredo profissional em relação à informação contida na ficha clínica e assegurar, em absoluto, que da ficha de aptidão não possa ressaltar, directa ou

---

sibilidade de divulgação a outrem, ao tempo de conservação da informação e das condições de segurança que rodeiam o tratamento informático» (Autorização n.º 45/96, de 26 de Março *in* Relatório de 1996, pág. 119).

[546] Estas garantias podem ser asseguradas em função da forma como está estruturado o registo e consulta dos dados pessoais. Se o médico do trabalho, detentor de *user name* e *password*, for o único utilizador do sistema sai reforçada a confidencialidade e são atenuados os riscos de discriminação – cf. autorização n.º 114/96, de 21 de Novembro (*in* Relatório de 1996, pág. 114).

[547] Cf., neste sentido, a Autorização n.º 114/97, de 30 de Outubro (*in* Relatório de 1997, pág. 226).

indirectamente, qualquer indício, por ténue que seja, em relação aos dados susceptíveis de originar discriminação ([548]);
e) Em matéria de segurança da informação, entende-se necessária, no mínimo, a adopção do denominado "*controlo dos suportes dos dados*" (art. 15.º n.º 1 al. b) da Lei 67/98) e "*controlo da utilização*" (artigo 15.º al. d), com previsão de que todas as medidas serão objecto de exame periódico;
f) As garantias de não discriminação sairão reforçadas se o prazo de conservação de dados for o mais curto possível.

3. Em relação ao tratamento de *dados sobre a vida sexual* o art. 6.º da Convenção do Conselho da Europa de Protecção de Dados, ratificada por Decreto do Presidente da República n.º 21/93, publicado na I.ª Série do DR de 20/8/93, estabelece que só poderão ser objecto de tratamento automatizado «*desde que o direito interno preveja garantias adequadas*».

O art. 5.º n.º 1 al. b) da Lei 67/98 estabelece que a recolha de dados deve ser feita para finalidades determinadas, explícitas e legítimas, adiantando a alínea b) que os dados devem ser adequados, pertinentes e não excessivos em relação à finalidade que a determinou. Em sede de tratamento de dados sobre os trabalhadores, nomeadamente em relação aos dados sensíveis, o princípio da «*necessidade*» é determinante para aferir a sua pertinência ([549]).

A *Organização Internacional de Trabalho* tem-se preocupado com as questões relativas à vida privada dos trabalhadores. Na sequência da reunião de peritos, realizada em Genebra em Outubro de 1996, foram feitas recomendações práticas sobre a protecção de dados dos trabalhadores. De entre os princípios aí consignados destacaremos os seguintes:

- Os empregadores não devem recolher dados pessoais sobre a vida sexual (ponto 6.5.1.);

([548]) Como referem García Serrano e I. Pedrosa Alquézar, ob. cit. pág. 33 o médico não deve "emitir opiniões sobre a aptidão que possam deixar a descoberto a concreta enfermidade de que padece o trabalhador ou que possam afectar alguns dos seus direitos".

([549]) Cf., neste sentido, M. Jean Foisy – "La cueillette de certains renseignements personnels par les employeurs" na sua intervenção na conferência realizada, em Abril de 1996, em Manchester, sobre «Privacidade no Trabalho». Para este autor nunca foi demonstrado de modo satisfatório, pelo empregador, que acontecimentos relativos à vida psiquiátrica do trabalhador fossem «necessários» para a gestão do regime de seguro de invalidez.

- Só em circunstâncias excepcionais – quando estejam numa relação directa com a decisão em matéria de emprego e se cumpram as disposições da lei nacional – se podem recolher esses dados (ponto 6.5.2);
- A recolha de *dados de saúde* só deverão ser recolhidos quando necessários «para determinar se o trabalhador pode ocupar um posto de trabalho específico, para cumprir os requisitos em matéria de saúde e segurança no trabalho ou para determinar o direito a prestações sociais» (ponto 6.7).

Verifica-se que nem a *natureza do caso*, nem *a condição das pessoas* permitem concluir que, de algum modo, estes dados possam ser excluídos da vida íntima e que os interesses reconhecidos legalmente à entidade empregadora não se apresentam suficientemente relevantes para comprimir os direitos dos trabalhadores.

Neste contexto, será legítimo subtraí-los, em absoluto, ao conhecimento de quem está encarregado pela *gestão dos serviços de saúde no trabalho* (cf. art. 35.º n.º 3 da CRP e art. 7.º n.º 2 da Lei 67/98) ([550]). Acresce, por outro lado, que estes dados não são pertinentes nem necessários à determinação da aptidão física, psíquica e capacidade do trabalhador para o exercício da sua profissão. A mesma filosofia está expressa no artigo 16.º n.º 2 do CT, sendo de salientar que, contrariamente ao que acontece com os dados de saúde, não admite o artigo 17.º excepção em relação à revelação dos dados relativos à vida afectiva ou sexual.

Se, de algum modo, chegaram ao conhecimento do médico de trabalho, este deverá guardar sigilo em relação a essa informação, não podendo tratá-los automaticamente ([551]). Muito embora haja revelação destes fac-

---

([550]) Rabindranath Capelo de Sousa – "O Direito geral de personalidade", Coimbra, 1995 – considera que a «reserva juscivilística abrange não só o respeito da intimidade da vida privada pessoal, familiar, doméstica, sentimental e sexual"... bem como "os comportamentos sexuais íntimos das pessoas" (pág. 318). Vejam-se, igualmente, as disposições do artigo 17.º n.º 2 e 19.º n.º 2 do CT.

Em termos de ética médica, Peter Kemp – *in* "Sida et ethique de responsabilité" – considera que a sexualidade «toca a zona mais íntima das relações entre as pessoas» (pág. 33).

([551]) A CNPD pronunciou-se, no domínio da Lei 10/91, contra o tratamento de dados sobre vida sexual. Decidiu, no mesmo sentido, no Pareceres n.º 13/95 de 10/10/95 (Relatório da CNPDPI de 1995, pág. 276), n.º 16/95 de 31/10/95 (Relatório cit. pág. 303) e n.º 19/95 de 21/11/95 (Relatório cit. pág. 325). No domínio da nova redacção do artigo 35.º

tos por parte do trabalhador não há fundamento, à luz do art. 80.º do Código Civil, para considerar que deixaram de fazer parte da sua «vida privada». A obrigação de confidencialidade que impende sobre o médico do trabalho é uma garantia de salvaguarda da posição do trabalhador, apresentam-se o médico como garante de que o direito de reserva será mantido.

O direito interno não estabelece «garantias adequadas» (cf. art. 6.º da Convenção) e a existência de riscos de «discriminação» dos trabalhadores (cf. artigo 7.º n.º 2 *in fine* da Lei 67/98) aconselham, igualmente, a apresentação de objecções fundadas a tais tratamentos.

2.4. Tratamento de dados de saúde e relativos a acidentes de trabalho

1. Os serviços de higiene e segurança no trabalho pretendem fazer, em regra, tratamento de *dados de saúde* dos trabalhadores. Pensamos que estes serviços devem ter alguma sensibilidade em relação ao tipo de dados de saúde que se propõem tratar. Não pode ser estabelecida ou definida neste trabalho, de uma forma geral, a estrutura e funções que devem desempenhar estes serviços. Se bem que não estejam vocacionados para prestar cuidados de saúde, admite-se que estas tarefas sejam desempenhadas, em maior ou menor grau, por algumas entidades. Aliás, já existem situações em que a mesma entidade – especialmente na qualidade de prestador de «serviços externos» – executa os serviços de higiene e segurança do trabalho e, também, presta cuidados de saúde no âmbito de um seguro de saúde contratualizado, e do qual são beneficiários os trabalhadores e o seu agregado familiar ([552]).

Por esse motivo, existe uma grande dificuldade prática em delimitar as condições de tratamento dos dados de saúde. Essa dificuldade tem que ser dissipada pela entidade responsável perante a CNPD na medida em que, como se viu, o artigo 7.º n.º 2 e o artigo 7.º n.º 4 da Lei 67/98 estabelecem um regime de tratamento diferenciado em função das finalidades determinantes do tratamento.

---

n.º 3 e da Lei 67/98 a CNPD admitiu, no contexto do diagnóstico e prestação de cuidados de saúde, o tratamento de dados da vida sexual *quando haja consentimento expresso dos titulares* – Deliberação n.º 23-A/99, de 2 de Junho de 1999, Relatório de 1999, pág. 99.

([552]) Veja-se a autorização da CNPD n.º 540/2003, de 2 de Dezembro.

Os sistemas de informação podem coligir dados de saúde obtidos na sequência da observação clínica, de informação do trabalhador (v.g. antecedentes familiares e pessoais) dos exames de admissão, periódicos e ocasionais, especialmente quando os resultados têm, ou podem vir a ter, influência na aptidão ou no desempenho da actividade profissional (v.g. insuficiência em relação à visão ou audição, impossibilidade de fazer esforços ou de carregar pesos, dificuldade de concentração, alergias a determinados produtos, falta ou deficiência ao nível da mobilidade, deficiências físicas ou medicamentos consumidos que tenham relevância para o desempenho de funções, doenças crónicas, etc.). O grau de detalhe admissível varia, necessariamente, de acordo com as exigências de cada profissão ou actividade, sendo admissível que a preservação da intimidade do trabalhador possa, como se viu, condicionar o tratamento de alguns dados.

2. Também no domínio dos *acidentes de trabalho e doenças profissionais* os serviços de higiene e segurança no trabalho assumem um papel fundamental nos aspectos da prevenção, na prestação dos primeiros socorros (cf. art. 24.º do DL 143/99, de 30 de Abril), do encaminhamento dos trabalhadores (para os hospitais e para as companhias de seguros), no registo das condições e circunstâncias que rodearam cada ocorrência – por forma a viabilizar o tratamento estatístico tendente à realização de estudos epidemiológicos, controlo periódico de resultados e adopção de programas ou medidas de âmbito nacional ou sectorial (cf. art. 20.º do DL 441/91) – na escolha das actividades compatíveis no período de incapacidade temporária parcial, na integração/reconversão do trabalhador quando os acidentes de trabalho produziram lesões graves.

A estes serviços deve-lhes ser facultado o acesso a informação técnica sobre equipamentos e produtos utilizados, cabendo-lhes, ainda, analisar as condições em que é prestado o trabalho, em particular aquelas que apresentam riscos especiais em termos de acidentes e, especialmente, verificar os ambientes que possam apresentar perigo de adquirir doença profissional. Uma vez diagnosticada a doença profissional têm um papel fundamental na «reabilitação» dos trabalhadores, cabendo-lhes propor a "ocupação e funções compatíveis com o respectivo estado e a respectiva capacidade residual" (cf. artigo 9.º do DL 248/99, de 2 de Julho).

O desempenho destas tarefas envolve o tratamento de dados dos trabalhadores: inserção de diagnósticos, lesões, identificação das partes do corpo atingidas, acompanhamento da evolução da incapacidade, anotação do grau de incapacidade definitiva e implicações produzidas no desempenho da sua actividade, sugestões apresentadas – planos de formação profissional, adaptação a outro posto de trabalho, trabalho a tempo parcial, licença para formação – revisões de incapacidade, montante das pensões.

Verificados que sejam estes pressupostos, revelam-se os tratamentos necessários e adequados à finalidade (cf. artigo 5.º) e apresentam-se como «legítimos» por decorrerem de disposição legal (cf. artigo 7.º n.º 2).

2.5. Outros dados sobre hábitos do trabalhador e condições de vida

1. Os serviços de medicina do trabalho pretendem tratar, muitas vezes, dados sobre hábitos de consumo e de vida dos seus trabalhadores: *consumo de tabaco e café, tipo de alimentação e aspectos relativos ao sono*.

Tal como se admitiu na Autorização n.º 59/97 da CNPD (loc. cit.) justifica-se o seu "registo automatizado uma vez que estes dados podem relacionar-se com certas sintomatologias" que podem ter influência em certos comportamentos e queixas dos trabalhadores.

Além de não nos parecer que estes dados possam ser integrados no conceito de «vida privada», podem revelar-se necessários ao desempenho das tarefas do médico do trabalho. Em termos gerais, entende-se que o registo destes dados não envolve qualquer risco de discriminação do trabalhador, razão pela qual não parece legítimo admitir que os direitos do trabalhador devam prevalecer sobre os interesses da entidade empregadora e da realização das finalidades subjacentes aos diplomas sobre higiene e segurança do trabalho.

2. A mesma autorização abordava aspectos de *«higiene geral»*, que envolviam diversas referências relacionadas: o registo da *dentição* (completa/incompleta), de *próteses* e *cáries*. Embora este tipo de registos assuma especial importância em algumas actividades profissionais, podendo ser dispensável para a generalidade das situações, também não nos parece que envolva especiais riscos de discriminação. Por isso, admite-se que possa ser considerado pertinente o seu tratamento. Admite-se que, havendo razões ponderosas e legítimas, possa haver alguma flexibilidade em relação à possibilidade de exercício do direito de oposição (cf. art. 12.º al. a) da Lei 67/98).

3. Um registo detalhado sobre *"higiene corporal"* (que trate os hábitos de higiene: se toma banho esporadicamente, uma vez por semana, duas vezes por semana ou diariamente), além de não se revelar pertinente e se mostrar excessivo em relação à finalidade do tratamento, pode ser caracterizado como susceptível de envolver uma intromissão injustificada na esfera privada do trabalhador (cf. nesse sentido a Autorização n.º 57/97).

4. Na autorização n.º 57/97 colocou-se, também, a questão de saber se seria de autorizar o tratamento de «*dados familiares*», neles se integrando a «*história da vida familiar*» (descritivo das relações familiares – indicadores utilizados: Boas/Normais/Deficientes –, preocupações frequentes a nível familiar – S/N -, propostas de resolução/alternativas).

Nessa autorização, considerou a Comissão que "não estão especificadas nem são perceptíveis as razões da necessidade do detalhe desta informação. Por outro lado, a informação sobre o *"ambiente familiar"* integra o conceito de vida íntima, merecedora de protecção absoluta em termos de tratamento automatizado".

Por outro lado, foi questionada, com especial pertinência, a legitimidade de a entidade empregadora "registar dados que se reportam a outros elementos que integram o agregado familiar".

Efectivamente, não pode deixar de se constatar que estamos perante um tratamento de dados pessoais em que alguns titulares – para além de não terem com a empresa qualquer relação contratual – não foram informados sobre a existência, condições e finalidade do tratamento (art. 10.º n.º 1 da Lei 67/98), nem autorizaram o responsável a realizar aquele tratamento (cf. artigo 7.º n.º 2). Por isso, um tratamento realizado nestas circunstâncias é violador da intimidade da vida privada dos elementos que integram o agregado familiar [553]. O artigo 16.º n.º 2 do Código do Trabalho veio reforçar esta ideia ao impedir o acesso do empregador aos aspectos atinentes à vida familiar.

A doutrina que antecede é extensiva ao tratamento de dados pessoais que envolvam terceiros, estranhos à relação laboral.

---

[553] A este propósito merece especial referência Paulo Mota Pinto – *ob. cit.*, pág. 558 – quando salienta que «a divulgação a terceiros de factos íntimos do outro cônjuge pode implicar uma violação dos deveres conjugais» – relativos ao dever de reserva –, constituir violação grave do dever de respeito e ser fundamento para o divórcio.

5. Os dados relativos às "*condições da habitação*" ou à "*titularidade de bens*" (v.g. viatura), quando atinjam algum detalhe, podem permitir o apuramento da situação patrimonial e financeira do trabalhador (v.g. casa própria, com empréstimo ou casa arrendada).

Pensamos que o registo destes dados será dispensável, porque não pertinente. O trabalhador tem o direito de reserva em relação às suas condições de vida, sendo legítimo que pretenda preservar este aspecto ao olhar indiscreto dos serviços de medicina do trabalho.

Caso se pretenda o tratamento destes dados, deverão os serviços de medicina do trabalho fundamentar as razões que os levam a processar esta informação, por forma a que a CNPD possa apreciar a sua pertinência e necessidade.

Capítulo IV

O CONTROLO DE CHAMADAS TELEFÓNICAS,
A VIDEOVIGILÂNCIA, O E-MAIL E A INTERNET

O desenvolvimento das novas tecnologias e a aplicação das suas potencialidade no controlo dos trabalhadores têm suscitado um grande debate quer ao nível das Organizações Internacionais quer ao nível dos vários Estados da União Europeia. Não havendo, em regra, disposições legais expressas que estabeleçam as condições de utilização e controlo dos meios que a empresa coloca à disposição do trabalhador – tanto mais que se trata de instrumentos que são propriedade do empregador – tem havido uma preocupação em compatibilizar os legítimos interesses e poderes da entidade empregadora com uma certa autonomia, iniciativa e prudente utilização dos meios da empresa por parte dos trabalhadores.

As várias instituições que reflectiram sobre esta problemática salientaram que a actividade do trabalhador no interior da empresa não implica a perda do direito à intimidade e ao exercício dos seus direitos de personalidade. Tendo sempre presente o princípio da proporcionalidade e da «mútua compressão» dos direitos fundamentais conflituantes, as várias entidades que aprofundaram o tema procuraram sugerir soluções práticas, umas mais concretas que outras, com o objectivo de alcançar procedimentos equilibrados e que pudessem assegurar um certo consenso da parte dos intervenientes envolvidos.

À medida que o debate nos vários países se vai aprofundando começam a surgir orientações legislativas que, procurando o referido equilíbrio, têm vindo a consagrar algumas das orientações doutrinárias adoptadas.

I. POSIÇÕES ADOPTADAS AO NÍVEL DE ORGANIZAÇÕES INTERNACIONAIS E DE AUTORIDADES DE PROTECÇÃO DE DADOS

1. Conselho da Europa

O Comité de Ministros do Conselho da Europa adoptou, em 18 de Janeiro de 1989 a Recomendação n.º R (89) 2 relativa à protecção de dados de carácter pessoal utilizados para fins de emprego ([554]). De entre as diversas disposições interessa evidenciar as seguintes:

- O respeito pela vida privada e pela dignidade humana do empregado deverá ser preservado no domínio da recolha e utilização de dados de carácter pessoal para fins de emprego (ponto 2);
- Em conformidade com a legislação e a prática nacional e, se for o caso, com as convenções colectivas, os empregadores deveriam informar ou consultar os seus empregados ou os seus representantes previamente à introdução ou à modificação de sistemas automatizados destinados à recolha e utilização de dados de carácter pessoal relativos aos empregados. Este princípio aplica-se igualmente à introdução ou à modificação de processos técnicos destinados a *controlar os movimentos ou a produtividade dos empregados* (ponto 3.1.);
- O acordo dos empregados ou dos seus representantes deverá ser conseguido antes da introdução ou modificação de tais sistemas... (ponto 3.2.);
- Os dados pessoais deverão, em princípio, ser recolhidos junto do respectivo empregado (ponto 4.1.), devendo revelar-se pertinentes e não excessivos, tendo em atenção o tipo de emprego bem como a carência de informação por parte do empregador (ponto 4.2.);
- Quando os dados relativos à *apreciação da produtividade* ou à *potencialidade dos empregados* são registados, devem ser fundados sobre avaliações equitativas e leais (ponto 5.3.);
- As informações sobre dados tratados devem ser colocadas à disposição dos trabalhadores, com especificação das principais finalidades, do tipo de dados registados, das categorias de pessoas ou órgãos a quem os dados são regularmente comunicados, das finalidades e base jurídica da comunicação (ponto 11.1.);
- Deve ser assegurado o direito de acesso, rectificação e, quando aplicável, a eliminação, sendo garantido ao trabalhador o direito de contestar os «dados apreciativos» (ponto 12.1.).

([554]) *In* http://www.legal.coe.int

2. Organização Internacional do Trabalho

De 1 a 7 de Outubro de 1996 realizou-se, em Genebra, uma reunião de peritos da Organização Internacional do Trabalho subordinada ao tema da protecção da vida privada dos trabalhadores. Em 7 de Outubro de 1996 foi feita uma recolha de directivas práticas, as quais tinham como objectivo fundamental «fornecer orientações sobre a protecção de dados pessoais dos trabalhadores». Este documento, reconhecendo que a evolução das tecnologias não era incompatível com os direitos dos trabalhadores, salientou a necessidade de ser assegurado um equilíbrio entre o direito à privacidade dos trabalhadores e a imprescindibilidade de os empregadores coligirem informação sobre os trabalhadores e a actividade por eles desenvolvida. Constatou, por outro lado, que a recolha substancial de informação sem o conhecimento dos trabalhadores produz efeitos nefastos sobre o direito à protecção da vida privada.

De entre as directivas práticas adoptadas, salientaremos os seguintes *princípios gerais*:

- Os dados pessoais deverão ser tratados de forma lícita e leal e, exclusivamente, por razões directamente ligadas ao emprego do trabalhador (ponto 5.1.);
- Os dados pessoais coligidos, através de meios técnicos que visam garantir a segurança e o bom funcionamento dos sistemas de informação automatizados, não devem ser utilizados para controlar o comportamento dos trabalhadores (ponto 5.4.). Os dados colhidos com recurso a sistemas de vigilância electrónica não devem ser o elemento exclusivo de avaliação dos resultados e do rendimento do trabalhador (ponto 5.6.);
- Os empregadores ou os seus representantes devem assegurar toda a informação em relação aos mecanismos de recolha de dados, regras por que se regem e direitos dos trabalhadores (ponto 5.8.);
- Os empregadores, os trabalhadores e os seus representantes devem cooperar na protecção de dados pessoais e na elaboração de medidas relativas à protecção da vida privada dos trabalhadores, em conformidade com os princípios constantes das presentes directivas (ponto 5.11.);
- Os trabalhadores não podem renunciar aos seus direitos relativos à protecção da sua vida privada (ponto 5.13.);

Merece particular realce o ponto 6.14., que aponta no sentido de que devem ser do conhecimento prévio dos trabalhadores a existência de sistemas de vigilância, as razões que determinaram a sua adopção, os respectivos períodos, os métodos e técnicas utilizadas, bem como os dados coligidos ([555]). O empregador deverá reduzir a ingerência na vida privada dos trabalhadores. Toda a «vigilância secreta» não deverá ser autorizada, salvo se:

a) Estiver prevista e conforme com a legislação nacional;
b) Existirem suspeitas, razoavelmente justificadas, de actividades criminais ou outras infracções graves ([556]).

Toda a «vigilância permanente» não deverá ser autorizada a não ser por razões de saúde e de segurança ou com o objectivo de proteger os bens da empresa.

3. Grupo do artigo 29.º da Directiva 95/46/CE

O Grupo do Artigo 29.º ([557]) tem-se pronunciado sobre aspectos do tratamento de dados pessoais para fins de emprego. Merecem especial destaque ([558]):

– O Parecer 8/2001, de 13 de Setembro de 2001, sobre o tratamento de dados pessoais no âmbito do emprego, o qual tinha em vista contribuir

---

([555]) O relatório dos debates permite verificar que a vigilância dos trabalhadores foi objecto de profunda troca de opiniões e de divergências substanciais. Para os peritos, representantes dos empresários, as disposições sobre a vigilância constituíam uma "ingerência inaceitável na actividade da empresa, nomeadamente em relação aos meios de melhorar a produtividade e o rendimento...(pág. 10). A vigilância tem a ver com a "eficácia da exploração da empresa e resulta de procedimentos de gestão, que nada têm a ver com dados pessoais". Para os empregadores as informações recolhidas "não são dados pessoais relativos a cada trabalhador e esta vigilância está direccionada para a prestação do trabalho e não para os trabalhadores". Perante tais divergência foi possível condensar no ponto 6.14. alguns princípios consensuais.

([556]) O significado e alcance da expressão «infracções graves» pode levantar algumas dificuldades práticas. No entanto entendeu-se, em sede de discussão, que o «assédio sexual» poderia justificar esta medida.

([557]) O Grupo de Trabalho do artigo 29.º é um grupo consultivo independente composto por representantes das autoridades responsáveis pela protecção de dados dos Estados-Membros, cuja tarefa, *inter alia*, é examinar todas as questões relacionadas com a aplicação das medidas nacionais adoptadas em conformidade com a Directiva sobre protecção de dados, de forma a contribuir para a uniformidade dessa mesma aplicação.

([558]) Cf. http://europa.eu.int/comm/internal_market/en/dataprot/wpdocs/index.htm

para a aplicação uniforme das medidas nacionais adoptadas ao abrigo da Directiva 95/46/CE relativas à protecção dos dados.

— Um documento de trabalho, aprovado em 29 de Maio de 2002, que abrange qualquer actividade relacionada com a vigilância das comunicações electrónicas no local de trabalho, quer se trate de vigilância em tempo real, quer de acesso a dados armazenados ([559]).

O Grupo, depois de analisar a jurisprudência respeitante ao artigo 8.º da Convenção para a Protecção dos Direitos do Homem e das Liberdades Fundamentais, evidenciou três princípios fundamentais:

   a) Os trabalhadores têm uma expectativa legítima de privacidade no local de trabalho, a qual não é sobreposta pelo facto de os trabalhadores usarem material de comunicações ou quaisquer outras infra-estruturas comerciais do empregador.
   b) O princípio geral da confidencialidade da correspondência abrange as comunicações no local de trabalho, sendo provável que essas comunicações incluam o correio electrónico, os ficheiros com ele relacionados e anexos às comunicações.
   c) O respeito pela vida privada inclui igualmente, até um certo nível, o direito de estabelecer e desenvolver relações com outros seres humanos.

Em relação à Carta dos Direitos Fundamentais da União Europeia entendeu o Grupo que foi alargado o conceito de confidencialidade da correspondência para se tornar um conceito da nova geração – "confidencialidade das comunicações" – que se destina a facultar às comunicações electrónicas o mesmo grau de protecção que o correio tem recebido tradicionalmente.

3.1. *Princípios gerais aplicáveis à monitorização do correio electrónico e Internet*

Necessidade

Este princípio significa que o empregador tem de verificar se qualquer forma de monitorização é absolutamente necessária para um deter-

---

([559]) O Subgrupo sobre o Emprego manterá este documento em processo de revisão, à luz da experiência e da evolução posterior neste área, ao longo dos anos de 2002-2003.

minado fim. Os métodos tradicionais de supervisão, menos intrusivos para a privacidade dos indivíduos, devem ser cuidadosamente considerados antes de se encetar qualquer monitorização das comunicações electrónicas.

Só em circunstâncias excepcionais é que a monitorização do correio de um trabalhador ou do seu uso da Internet deverá ser considerada necessária. Por exemplo, a monitorização do correio electrónico de um trabalhador poderá tornar-se necessária para obter uma confirmação ou provas de certas acções da sua parte.

A abertura do correio electrónico de um empregado também poderá ser necessária por outras razões além da monitorização e da vigilância, por exemplo, para manter o acesso à correspondência, caso o empregado esteja ausente do escritório (baixa ou férias) e a correspondência não possa ser garantida de outra forma (por resposta automática ou reenvio automático).

O princípio da necessidade também significa que um empregador só deve manter os dados durante o tempo que for necessário para o fim especificado da actividade de monitorização.

Finalidade

Os dados devem ser recolhidos para um fim especificado, explícito e legítimo e não devem ser submetidos a tratamento posterior de forma incompatível com esses fins. Neste contexto, o princípio da "compatibilidade" significa que, por exemplo, se o tratamento dos dados se justificar com base na segurança do sistema, esses dados não poderão ser tratados para qualquer outra finalidade, como é o caso da monitorização do comportamento do trabalhador.

Transparência

O empregador deve ser claro, abstendo-se de fazer qualquer tipo de monitorização dissimulada do correio electrónico por parte dos empregadores, excepto nos casos em que haja uma lei do Estado-membro que, ao abrigo do artigo 13.º da Directiva, o permita. Para além disso, interessa considerar três aspectos:

1. O empregador tem de facultar aos seus trabalhadores uma explicação clara e rigorosa da sua política de monitorização do cor-

reio electrónico e Internet, a qual deverá conter os seguintes elementos:
a) Descrever em que medida os meios de comunicações da empresa poderão ser usados para comunicações pessoais/privadas;
b) Razões e fins da vigilância (v.g. para garantir a segurança do sistema de informação).
c) Informação sobre as medidas de vigilância adoptadas;
d) Informação sobre quaisquer processos de aplicação, indicando como e quando os trabalhadores serão notificados de violações das políticas internas e se lhes será dada oportunidade de reagirem a essas queixas contra eles.
2. A obrigação de as entidades empregadoras notificarem, previamente, os respectivos tratamentos.
3. Um trabalhador, tal como qualquer outro indivíduo, tem direito de acesso aos dados pessoais que lhe dizem respeito, tratados pelo seu empregador e, se for adequado, pode solicitar a rectificação, eliminação ou bloqueio do que não estiver em conformidade com as disposições da directiva, em especial se os dados estiverem incompletos ou não forem exactos.

Legitimidade

Qualquer operação de tratamento de dados só pode realizar-se se tiver uma finalidade legítima, conforme previsto no artigo 7.º da directiva e na legislação nacional que faz a sua transposição. No contexto da alínea f) do artigo 7.º da directiva, o tratamento dos dados de um trabalhador deve ser feito para fins de interesses legítimos prosseguidos pelo empregador e não pode violar os direitos fundamentais dos trabalhadores.

Proporcionalidade

Os dados pessoais, inclusive os que são abrangidos pela monitorização, devem ser adequados, pertinentes e não excessivos no que se refere ao fim especificado. A política da empresa neste domínio deve ser adaptada ao tipo e ao grau de risco que a empresa em questão enfrenta. Consequentemente, o princípio da proporcionalidade exclui a monitorização geral de cada mensagem de correio electrónico e do uso da Internet de todo o pessoal, para além do que for necessário para garantir a segurança do sistema. Se o objectivo identificado puder ser atingido de forma menos intrusiva, o empregador deve considerar essa opção (por exemplo, deve evitar os sistemas que monitorizem de forma automática e contínua).

A monitorização do correio electrónico deve, se possível, cingir-se aos dados de tráfego sobre os participantes e à hora de uma comunicação, em vez de incidir no teor das comunicações, se isso for suficiente para satisfazer as preocupações do empregador.

A tecnologia dá ao empregador muitas oportunidades de avaliar o uso do correio electrónico pelos seus trabalhadores, verificando, por exemplo, o número de mensagens enviadas ou recebidas ou o formato dos anexos. Por isso, a abertura das mensagens é desproporcionada.

A tecnologia pode ser usada para garantir que as medidas tomadas por um empregador, para proteger de abusos o acesso à Internet, sejam proporcionadas, utilizando mecanismos de bloqueio, em vez de mecanismos de monitorização.

O recurso à negociação colectiva pode ser muito útil na decisão de quais as acções que são proporcionais.

Rigor e retenção de dados

Quaisquer dados legitimamente guardados por um empregador não devem ser mantidos para além do tempo que for necessário. Os empregadores devem especificar um período de retenção para as mensagens de correio electrónico nos seus servidores centrais, com base nas necessidades da empresa. É difícil considerar que um período de retenção superior a três meses seja, normalmente, justificado.

Segurança

Este princípio obriga o empregador a implementar as medidas técnicas e organizativas adequadas para garantir que quaisquer dados pessoais por ele controlados são seguros e estão salvaguardados contra qualquer intromissão externa. Também abrange o direito do empregador a proteger o seu sistema contra vírus e pode implicar a digitalização automatizada do correio electrónico e dos dados de tráfego na rede.

O Grupo de Trabalho considera que, tendo em conta a importância da manutenção de um sistema seguro, esta abertura automatizada do correio electrónico não deve ser considerada uma violação do direito do trabalhador à privacidade, desde que sejam postas em prática salvaguardas apropriadas.

O Grupo de Trabalho do Artigo 29.° chama a atenção para o papel do administrador do sistema, um trabalhador que detém importantes responsabilidades do ponto de vista da protecção dos dados. É de grande importância que o administrador do sistema e qualquer outra pessoa que tenha acesso aos dados pessoais dos trabalhadores durante a monitorização estejam vinculados pelo segredo profissional em relação às informações confidenciais a que têm acesso.

3.2. Monitorização do correio electrónico

Confidencialidade da correspondência

O Grupo de Trabalho do Artigo 29.° é da opinião que as comunicações electrónicas efectuadas a partir de instalações comerciais podem ser abrangidas pelas noções de "vida privada" e "correspondência", na acepção do n.° 1 do artigo 8.° da Convenção Europeia.

A localização e a propriedade dos meios electrónicos usados não excluem a confidencialidade das comunicações e da correspondência, conforme resulta dos princípios jurídicos fundamentais e das constituições.

Legitimação no âmbito da directiva 95/46/CE

As mensagens de correio electrónico contêm dados pessoais cobertos pelas disposições da Directiva 95/46/CE e, por isso, os empregadores devem ter um fundamento legítimo para tratarem esses dados. Tal como constava do Parecer 8/2001, o consentimento dos trabalhadores deve ser dado livremente e de modo informado, sendo desejável que os empregadores não usem o consentimento como um meio geral para legitimar esse tratamento.

A legitimação para a monitorização do correio electrónico pode encontrar-se na alínea f) do artigo 7.° da directiva, ou seja, "se o tratamento for necessário para prosseguir interesses legítimos do responsável pelo tratamento ou do terceiro ou terceiros a quem os dados sejam comunicados". Essa legitimação não pode sobrepor-se aos direitos e liberdades fundamentais do trabalhador, que incluem, sempre que aplicável, o direito fundamental à confidencialidade da correspondência.

Informação que a empresa deve facultar aos seus trabalhadores

Em relação ao correio electrónico, devem ser abordados os seguintes aspectos:

    a) Se um trabalhador tem direito a uma caixa de correio electrónico para uso meramente pessoal.
    b) Que disposições são aplicáveis, em termos de acesso ao teor da mensagem, quando os trabalhadores estão inesperadamente ausentes, e quais devem ser os contornos específicos desse acesso.
    c) Caso seja feita uma cópia de segurança das mensagens, qual deve ser o período de armazenamento.
    d) Que tipo de informação deve ser dada sobre o momento em que as mensagens são definitivamente apagadas do servidor.
    e) Aspectos de segurança a considerar.
    f) Que tipo de participação dos representantes dos trabalhadores deve ser adoptada na formulação da política de utilização e controlo de acessos.

Webmails

O Grupo de Trabalho considera que uma política que permite aos trabalhadores usar uma caixa de correio privada pode contribuir para uma solução pragmática deste problema. Um documento de trabalho deste tipo, por parte do empregador, esclareceria a distinção entre as mensagens de uso profissional e as de uso privado e reduziria a possibilidade de os empregadores invadirem a privacidade dos seus trabalhadores.

Por outro lado, essa política poderia beneficiar os trabalhadores, dado que lhes daria certezas quanto ao nível de privacidade que podem esperar, que poderão não existir em códigos de conduta mais complexos e confusos. Por isso, foram evidenciados outros aspectos relevantes:

    a) O facto de o uso de webmail ou de caixas de correio privadas ser permitido não prejudica a plena aplicação dos pontos anteriores a outras caixas de correio electrónico no local de trabalho;

b) Ao permitir o uso de webmail, as empresas devem estar cientes de que a sua utilização pode desafiar a segurança das redes das empresas, especialmente no que diz respeito à difusão de vírus;
c) Os trabalhadores devem ter consciência de que, por vezes, os servidores de webmail estão localizados em países terceiros, onde poderá não haver protecção adequada dos dados pessoais dos indivíduos.

3.3. *Monitorização do acesso à Internet*

Uso privado da Internet no local de trabalho

Cabe à empresa decidir se os trabalhadores estão autorizados a usar a Internet para fins pessoais e em que medida isso é permitido. Porém, uma proibição geral do uso pessoal da Internet pelos empregados poderá considerar-se pouco prática e ligeiramente irrealista, dado que não reflecte os benefícios que a Internet pode trazer aos empregados no seu quotidiano.

Princípios relativos à monitorização da Internet

Sempre que possível, a prevenção deve ser mais importante que a detecção.

Mesmo tratando-se de uma medida necessária, qualquer monitorização deve ser *uma reacção proporcionada* ao risco corrido pelo empregador. Na maior parte dos casos, a utilização incorrecta da Internet pode ser detectada sem necessidade de se analisar o conteúdo dos *sites* visitados.

Por exemplo, uma verificação do tempo gasto ou uma verificação dos *sites* mais visitados por um departamento pode ser suficiente para o empregador se certificar de que os seus meios não estão a ser mal utilizados. Se estas verificações gerais revelarem uma possibilidade de utilização incorrecta da Internet, o empregador deverá, então, considerar a possibilidade de uma monitorização suplementar da área em risco.

Quando avaliam a utilização da Internet pelos trabalhadores, os empregadores devem tentar ser cautelosos em retirar conclusões, tendo em conta a facilidade com que os *sites* podem ser visitados inadvertidamente, por reacções involuntárias dos motores de busca, ligações de hipertexto pouco claras, anúncios enganadores em *banners* e erros de introdução de texto. Em qualquer dos casos, os factos devem ser apresentados aos trabalhadores, que deverão ter todas as oportunidades para contestar a utilização incorrecta alegada pelo empregador.

Teor mínimo recomendado da política de Internet da empresa

O empregador deve indicar claramente aos trabalhadores as condições em que o uso privado da Internet é permitido, bem como especificar o material que não pode ser visualizado ou copiado. Essas condições e limitações têm de ser explicadas aos trabalhadores.

Os trabalhadores devem ser informados acerca dos sistemas implementados tanto para impedir o acesso a certos *sites* como para detectar uma utilização incorrecta. A extensão dessa monitorização deve ser especificada, por exemplo, se a monitorização pode incidir sobre indivíduos ou determinados departamentos da empresa ou se o conteúdo dos *sites* visitados é visualizado ou registado pelo empregador, em circunstâncias específicas. Além disso, a empresa deve procurar especificar o uso, se for caso disso, que será dado a quaisquer informações recolhidas relativamente a quem visitou certos *sites*.

4. Comissão de Protecção da Vida Privada – BÉLGICA

A Comissão belga, através do Parecer n.º 10/2000, de 3 de Abril, pronunciou-se sobre a vigilância do empregador através da utilização de sistemas informáticos no local de trabalho ([560]), na sequência de um aumento constante de questões colocadas em relação ao controlo pelo empregador da utilização do correio electrónico e da *Internet* pelos trabalhadores.

A Comissão reconhece que a relação de trabalho é caracterizada por um certo desequilíbrio de posições, assumindo os instrumentos de negociação e de concertação entre empregadores e empregados um papel decisivo para "temperar as consequências desta relação de desequilíbrio". Para apurar aquilo que é admissível ou não no local de trabalho, a Comissão faz ressaltar a necessidade de assegurar a consecução de um equilíbrio entre a legitimidade de um certo controlo por parte do empregador na utilização para fins de trabalho e a protecção da vida privada do trabalhador ([561]).

([560]) In http://www.privacy.fgov.be

([561]) Para maior desenvolvimento – em particular numa abordagem legislativa, da jurisprudência e dos princípios de protecção de dados – veja-se Bertrand Geradin – "La

Os procedimentos de controlo da entidade patronal devem respeitar vários princípios fundamentais: da transparência, da proporcionalidade e da necessidade.

A *transparência* passa pela definição detalhada da «política de controlo» no seio da empresa e, nomeadamente, pela concretização:

- Das modalidades de utilização do correio electrónico e da *Internet* que são permitidas, toleradas ou interditas;
- Das finalidades e modalidades de controlo desta utilização (tipo de dados recolhidos, extensão e circunstâncias de controlo, pessoas ou categorias de pessoas sujeitas aos procedimentos de controlo);
- Da existência de um armazenamento de dados de telecomunicações e a duração deste armazenamento, por exemplo num servidor central, no quadro da gestão técnica da rede e eventuais sistemas de criptagem existentes;
- Das decisões que podem ser tomadas pelo empregador em relação ao empregado, com base no tratamento destes dados no contexto do controlo;
- Do exercício do direito de acesso do empregado em relação aos dados que lhe dizem respeito.

Em função dos objectivos prosseguidos será contrário aos princípios da proporcionalidade e da necessidade um «controlo geral e *a priori* de todos os dados de telecomunicações», assumindo-se a vigilância constante dos trabalhadores violadora da dignidade humana. Os dados de telecomunicações devem ser exclusivamente utilizados para fins específicos e não podem ser utilizados para finalidades diversas das determinantes da recolha. Na maior parte dos casos o conhecimento do conteúdo das informações não é necessário para o exercício dos poderes de controlo.

Em relação ao controlo do *correio electrónico* a Comissão considera que o acesso ao conteúdo se revela excessivo e contrário às disposições legais, do mesmo modo que o seria a escuta e/ou registo das comunicações telefónicas do empregado. Admitindo a identificação dos correios electrónicos "suspeitos" (que tenham influência no funcionamento da rede, que ocupem muito espaço – *v.g.* imagens ou executáveis – ou que retirem rapi-

---

Convention Collective de travail relative à la protection de la vie privée des travailleurs a l'égard du contrôle des données des communications électroniques en réseau du 26 avril 2002" *in* http://www.droit-technologie.org.

dez ao funcionamento do sistema), reconhece que é sobre a listagem do correio electrónico e não sobre o seu conteúdo – tal como sobre a factura telefónica que permite verificar os montantes anormalmente elevados – que a ausência de respeito das regras colocadas pelo empregador poderá ser encontrada.

Em relação aos *sítios* consultados considera que, sendo dados de tráfego (endereço e sítios consultados), estão em causa dados pessoais na medida em que permitem fazer uma relação entre os endereços consultados e cada trabalhador.

Nesse contexto, considera a Comissão que o controlo deve assentar em dados objectivos específicos e não sobre o conhecimento prévio e sistemático do conteúdo de todos os dados de tráfego relativo a cada trabalhador.

O empregador poderá, para o efeito, obter, por exemplo, uma listagem de endereços de *sítios* consultados em geral num certo período, sem que sejam identificados, num primeiro momento, os autores das consultas. Através desta metodologia poderá verificar a existência de durações anormalmente elevadas de acessos à *Internet* ou a consulta de sítios «suspeitos» e tomar as medidas de controlo apropriadas.

5. Comissão Holandesa

A autoridade de controlo holandesa (College Bescherming Persoonsgegerens – CBP) publicou, no seu sítio *Internet* ([562]), algumas regras a seguir em relação ao controlo do *e-mail* e à utilização da *Internet* pelos empregados.

Defende, desde logo, uma aproximação equilibrada e de bom senso em relação às verificações do *e-mail* e *Internet* no local de trabalho.

Reconhece que o controlo electrónico do uso do computador levanta questões relativas à protecção da privacidade dos empregados. Constata que os empregados abdicam de parte da sua privacidade no seu local de trabalho. Contudo, o efeito deste controlo, se exercido sistematicamente, pode ser enorme. Daí que seja aconselhada a tomada de medidas em função da situação do trabalhador, precedida de consulta das comissões de

---

([562]) http://www.registratiekamer.nl. Seguem-se, em tradução livre, as regras de controlo incluídas neste documento.

trabalhadores. Por isso, entende que devem ser estabelecidas regras e orientações precisas nas relações entre o empregador e o empregado.

Em relação ao E-mail:

Verificar os *e-mails* não é proibido. Um empregador tem o direito de estabelecer condições sobre as facilidades na utilização do *e-mail* ou proibir o seu uso em certos casos. O empregador tem de fixar os motivos porque considera que o controlo é necessário. Estas medidas devem ser na proporção razoável dos interesses dos empregados. Afinal, os empregados não usam o *e-mail* apenas para fins profissionais, mas, ocasionalmente, também, para assuntos privados. O empregado deve poder fazer o seu trabalho de acordo com o seu próprio juízo sem estar constantemente a ter o patrão a vigiá-lo "por cima do ombro". O controlo continuado do *e-mail*, e o seu conteúdo em particular, prejudica a sua autonomia. Com base numa apreciação dos interesses em conflito, o empregador deve, assim, escolher o meio menos drástico.

Em relação à Internet:

O uso da *Internet* apresenta riscos para o empregador e para o empregado. Em relação ao empregador, podem estar em causa questões de protecção da rede, desencorajando o "uso proibido", ou a protecção de outros interesses do negócio, tais como os segredos da companhia ou a boa reputação da organização. Estes riscos criam a necessidade do controlo. A privacidade do empregado é, portanto, frequentemente sujeita a controlo. Aqui, a liberdade de expressão e de informação podem estar em causa.

Tal como há controlo do uso do *e-mail*, há controlo do uso que os empregados fazem da *Internet*. Em particular, o empregador tem o direito de estabelecer condições sobre a sua utilização (por exemplo, tempo e lugar) ou proibir o acesso a certo tipo de sítios. Neste caso, as medidas tomadas devem ser equilibradas em relação aos interesses do empregado e os meios usados não devem violar esses interesses mais do que é estritamente necessário.

A autoridade de controlo começa por considerar que a vigilância sistemática é desproporcionada e reconhece que as formas de controlo devem ser o menos intrusivas, propondo algumas regras de carácter geral:

1. Tratar os negócios *online* do mesmo modo que *offline*;

2. Estabelecer regras claras com o acordo das comissões de trabalhadores;
3. Divulgar as regras de modo que sejam acessíveis ao empregado;
4. Determinar em que medida é permitido o uso privado dos equipamentos, avisando que *software* pode ser usado para tal;
5. Tanto quanto possível, deve fazer com que o uso proibido seja impossível através do *software*;
6. Fazer relatórios e estatísticas anónimas sobre os utilizadores;
7. Ter em atenção o sistema de *backups*;
8. Garantir a integridade do administrador de sistema;
9. Discutir o comportamento duvidoso com a pessoa em causa, o mais rapidamente possível;
10. Garantir a inspecção dos dados;
11. Avaliar as regras periodicamente.

Regras específicas em relação ao *e-mail* e *Internet*:

1. Assegurar-se que o correio privado e profissional sejam separados. Se não for possível, evitar o correio privado tanto quanto possível.
2. Limitar os controlos aos objectivos definidos, com mecanismos de controlo que podem incluir:
   – avaliação individual/comissão
   – prova/ficheiros
   – sistema de protecção da rede
   – controlo dos segredos da empresa
   – prevenção de publicidade negativa
   – neutralização da intimidação sexual
   – cumprimento dos acordos sobre o uso proibido
   – custos e capacidade de gestão
3. O controlo de observação mínimo possível.
4. Limitar o registo da utilização da rede aos dados de tráfego (*e-mail*) ou aos dados que são necessários para o objectivo (*Internet*);
5. Não guardar os dados registados mais do que o necessário (p. ex. 1 mês);
6. Evitar informação privilegiada nas mensagens electrónicas dos membros da comissão de trabalhadores e dos médicos da empresa.

6. A legislação inglesa e o código de conduta da autoridade de controlo

A lei britânica de 24 de Outubro de 2000 autorizou o controlo dos trabalhadores (controlo dos *e-mails* no local de trabalho) por parte da entidade patronal, desde que houvesse uma informação prévia ([563]). Esta lei foi suspensa na sequência da apresentação pela Comissária de Protecção de dados de um código de conduta ([564])

Efectivamente, em Outubro de 2000 a Comissária britânica disponibilizou no seu sítio ([565]), para consulta e discussão pública, um projecto de regras de conduta que abrange e engloba todas as formas de tratamento de dados pessoais no âmbito das relações de trabalho.

O Controlo em geral

A maioria dos empregadores fazem verificações sobre a quantidade e a qualidade do trabalho produzido pelos empregados. A maioria dos empregados sabe que isso pode acontecer. O controlo dirigido à quantidade e qualidade do rendimento do trabalho do empregado é conhecido como "Controlo de Desempenho".

A outra forma de controlo é dirigido à verificação da conformidade dos padrões de conduta do empregado com as regras do empregador ("controlo comportamental"). O controlo deve ser concebido, de maneira que não se intrometa desnecessariamente na privacidade ou na autonomia dos empregados. Na utilização destes procedimentos tem de ser, igualmente, respeitado o direito do empregado de esperar do seu empregador um certo nível de confiança, e de lhe ser dada razoável liberdade para determinar as suas acções sem estar constantemente a ser vigiado ou a ter de se explicar. Neste contexto são alinhadas algumas normas gerais de controlo:

– Estabelecer a finalidade comercial específica para a qual o controlo é introduzido;

([563]) A Comissária de protecção de dados, pronunciando-se sobre o projecto de lei, sugeriu ao Parlamento a necessidade imperiosa de "informar as pessoas previamente à adopção do sistema de vigilância e sugeriu que o consentimento das pessoas fosse obtido". Este último ponto não foi considerado.

([564]) http://tek.sapo.pt/470/255712.html

([565]) http://www.dataprotection.gov.uk. Segue-se de perto, em tradução livre, o teor deste documento.

– Avaliar o impacto do controlo na privacidade, autonomia e outros direitos legítimos do pessoal. Não introduzir qualquer controlo que tenha impacto adverso e desproporcional aos benefícios;
– Ao fazer esta avaliação, consultar os sindicatos ou outros representantes dos empregados;
– Registar a finalidade comercial determinante do controlo, bem como a avaliação inerente.
– Adoptar outro método com menos impacto adverso, se puderem ser atingidos os mesmos resultados;
– Direccionar o controlo para aquelas áreas onde é, de facto, necessário e proporcional para atingir a finalidade comercial. O controlo de todo o pessoal não será justificável se a finalidade do controlo é dirigida a um risco que é colocado apenas por alguns.
– Informar todo o pessoal sujeito a controlo que ele é realizado, e a finalidade para a qual é recolhida informação pessoal, excepto em circunstâncias excepcionais:
    ◦ O controlo é comportamental; e
    ◦ é efectuado com o propósito de prevenção ou detecção de crime ou para a apreensão ou acusação dos autores; e
    ◦ informar o pessoal poderia prejudicar esta finalidade
– Se a informação é para ser usada de modo que possa vir a ter um impacto adverso nos empregados, devem ser confrontados com a informação e ter oportunidade de a contestar ou de se explicar.

Em relação ao «controlo comportamental dissimulado» só pode ser justificado em circunstâncias muito limitadas, tais como a prevenção ou detecção de crime ou a apreensão ou acusação dos seus autores. A realização de vigilância dissimulada por autoridades públicas está regulada na Parte II da Lei da Regulação dos Poderes Investigatórios, de 2000 (Lei RIP) e tal vigilância parece ser ilegítima, a menos que tenha sido devida e previamente autorizada.

Controlo das Comunicações

A Parte I da Lei RIP torna ilegítimo para os empregadores interceptar as comunicações durante a sua transmissão num sistema de telecomunicações privado, a menos que estejam reunidas certas condições. O controlo pelo empregador do conteúdo de chamadas telefónicas, mensagens

de *e-mail* e acesso à *Internet*, envolvendo empregados, é potencialmente contra a lei. A intercepção é permitida quando:
- as partes da chamada, *e-mail* ou outra comunicação tenham ambas consentido na intercepção ou,
- a intercepção diz respeito a comunicações que têm lugar no decurso do negócio desenvolvido pelo empregador e é autorizada, nos termos das Regulações de Telecomunicações de 2000 (*v.g.* prática legítima do negócio);

De notar, porém, que a Lei RIP apenas restringe, em geral, o acesso ao conteúdo da comunicação. Não se destina à recolha e uso dos dados de tráfego numa rede privada. Por exemplo, a informação sobre o registo de chamadas telefónicas por «central telefónica» deve estar sujeita aos requisitos da Lei de Protecção de Dados de 1998.

Não há qualquer disposição de protecção de dados que exija ao empregador que permita aos empregados usar o sistema telefónico, o sistema de *e-mail* ou o acesso à *Internet* para comunicações pessoais. Foram estabelecidas algumas regras de controlo:
- Estabelecer uma política sobre o uso de comunicações electrónicas, na qual estejam fixadas claramente, para os empregados, as circunstâncias em que podem ou não usar, para comunicações privadas, os sistemas telefónicos (incluindo telefones móveis), os sistemas de *e-mail* e o acesso à *Internet*;.
- Na avaliação do impacto adverso do controlo telefónico ou *e-mail*, deve ter-se em conta:
    a) O impacto do controlo na privacidade daqueles que fazem chamadas ou enviam *e-mails* para a organização e daqueles que recebem chamadas ou *e-mails* da organização, bem como nos empregados;
    b) O impacto do controlo na privacidade daqueles que possam ser referidos numa comunicação sem que sejam o emissor ou o destinatário;
    c) O impacto do controlo na autonomia do pessoal, bem como na sua privacidade;
    d) O facto de as preocupações com a privacidade não se limitarem às chamadas pessoais.

- Quando se concretiza o controlo com fundamento em segredos comerciais, deve limitar-se aos *e-mails* dos empregados que, efectivamente, têm acesso a esses segredos;
- A menos que tal controlo venha a ser ineficaz e que as circunstâncias justifiquem uma intromissão adicional importa:
  a) Limitar o controlo aos dados de tráfego, mais do que aos de conteúdo;
  b) Fazer verificações pontuais ou auditorias e evitar um controlo continuado;
  c) Direccionar o controlo para as áreas de maior risco.

Controlo telefónico

O controlo das chamadas telefónicas dos empregados só é abrangido pela Lei de Protecção de Dados se as chamadas forem gravadas ou se for utilizado equipamento automático. Princípios a adoptar:

- Não controlar ou gravar o conteúdo de chamadas, a menos que seja claro que não pode ser atingido o objectivo comercial para o qual o controlo é efectuado através de um registo especificado;
- Garantir que aqueles que fazem ou recebem chamadas da organização, bem como os empregados, estão cientes da existência de controlo e da sua finalidade, a menos que este seja óbvio;
- Fornecer algumas linhas que possam ser usadas pelos empregados para chamadas privadas, assegurando que as chamadas feitas a partir desses telefones não serão gravadas ou controladas;
- Se forem fornecidos telemóveis aos empregados, assegurar que eles estão conscientes da forma como pode ser usado e em que medida o empregador irá receber informação sobre o seu uso privado.

Controlo áudio e vídeo

A Autoridade de Protecção de Dados emitiu um Código Prático para os utilizadores de CCTV. Este está direccionado sobretudo para o uso de equipamento de vigilância em locais de acesso público, mais do que para os empregadores controlarem o comportamento dos seus empregados. O controlo continuado por equipamento áudio ou vídeo é particularmente intrusivo para os empregados. O seu uso rotineiro só poderá ser justificado quando houver riscos de segurança específicos que não possam ser ade-

quadamente atendidos de outro modo menos intrusivo. O controlo dissimulado apenas será justificável em casos particulares, em que a transparência prejudicaria a prevenção ou detecção de crime ou a apreensão dos seus autores. Normas a adoptar:
- Avaliar se há um impacto adverso no controlo áudio ou vídeo e se é desproporcional aos seus benefícios;
- Garantir que todas as pessoas, alvo de controlo, têm conhecimento da sua existência e das finalidades para as quais a informação será usada;
- Não instalar controlo áudio ou vídeo dissimulado, salvo em casos excepcionais.

Controlo do E-mail

A natureza da tecnologia significa que é relativamente fácil para um empregador controlar os *e-mails*. Os indivíduos não têm controlo sobre os *e-mails* que lhes são enviados, razão pela qual deve ser feita uma distinção entre *e-mails* recebidos e enviados. Em relação ao controlo de *e-mails* foram definidos alguns princípios a observar:
- Não controlar o conteúdo das mensagens de *e-mail*, a menos que seja claro que o objectivo comercial para o qual o controlo é efectuado não possa ser atingido através do uso de um registo do tráfego de *e-mails*;
- Considerar apenas o controlo do conteúdo quando nem o registo do tráfego e do assunto dos *e-mails* alcançam a finalidade pretendida. Não devem ser abertos *e-mails* que são claramente pessoais.
- Se o controlo do conteúdo de *e-mails* entrados é justificado com base na necessidade de detecção de vírus informáticos, usar um controlo e processo de detecção automáticos. A necessidade de detecção de vírus não justifica a leitura do conteúdo dos *e-mails* entrados.
- Se for necessário verificar as caixas postais dos empregados, na sua ausência, assegurar que eles têm consciência que tal poderá acontecer.
- Fornecer um meio pelo qual os empregados possam eliminar do sistema os *e-mails* que recebem ou enviam.

Controlo do Acesso à Internet

As razões principais dadas pelos empregadores para controlar o acesso à *Internet* pelos empregados é a prevenção do desperdício de tempo e a prevenção do *download* de pornografia. Tal como acontece em relação a outras formas de comunicação electrónica, não compete à Autoridade de Protecção de Dados dizer se os empregadores devem permitir que os seus equipamentos sejam usados para fins privados ou para visionar pornografia. Contudo, quaisquer regras para os empregados devem ser claras.

Qualquer controlo deve ser proporcionado ao risco que o empregador enfrenta. Sempre que possível, o controlo deve ser concebido como meio preventivo, mais do que para detectar o seu mau uso. Se os empregados estão autorizados a aceder à *Internet* no seu tempo livre para fins privados, há uma menor justificação no controlo dos conteúdos sendo suficiente controlar o tempo de conexão. Princípios a observar:

– Especificar, claramente, quaisquer restrições sobre o material da *Internet* que pode ser visto ou copiado.
– Não controlar os *sítios* visitados ou os conteúdos vistos, a menos que seja claro que a finalidade comercial para a qual é levado a cabo o controlo não possa ser alcançada pelo mero registo do tempo gasto no acesso à *Internet*.
– Tanto quanto possível, definir a política de acesso à *Internet*, através de meios técnicos e não através do controlo do comportamento.
– Ao utilizar os resultados de um controlo, ter em conta a facilidade com que os sítios podem ser involuntariamente visitados através de respostas não intencionais a mecanismos de busca, as obscuras ligações de hipertexto, publicidade enganadora ou falha na chave de acesso;
– Se os empregados estão autorizados a usar o sistema de acesso à *Internet* do empregador para fins pessoais será de garantir, tanto quanto possível, que não fiquem registados no sistema os sítios que visitaram ou o conteúdo que eles viram.

7. Comissão Nacional de Informática e Liberdades – França

A autoridade de controlo francesa – a Comission National d'Informatique et Libertés (CNIL) – tem vindo a tomar posição sobre as questões da privacidade dos trabalhadores no local de trabalho. Em Março de 2001 a CNIL elaborou um relatório, destinado a consulta pública, e que aborda, com profundidade, as questões que são objecto desta reflexão ([566]).

O Code du Travail ([567]) tem disposições que, de algum modo, pretendem regular os procedimentos relativos ao controlo dos trabalhadores:

O *artigo L. 120-2* considera que nada pode restringir os direitos das pessoas, as liberdades individuais e colectivas, a menos que tal restrição seja justificada pela natureza da tarefa a concluir ou do fim a atingir.

O *artigo L 121-8* acrescenta que "nenhuma informação pessoal que diga respeito a um trabalhador, a um candidato ou a um emprego pode ser coligida por um dispositivo, se não foi levada ao conhecimento prévio do trabalhador ou do candidato a um emprego".

Estes procedimentos de controlo devem ser submetidos a parecer dos representantes dos trabalhadores, estabelecendo o *artigo L 432-2* que o "comité de empresa é informado e consultado, previamente a todo o projecto que tenha em vista a introdução de novas tecnologias, desde que tais alterações sejam susceptíveis de ter consequências sobre o emprego, a qualificação, a remuneração, a formação ou as condições de trabalho do pessoal".

Em face destas disposições e dos princípios decorrentes da Lei de Informática e Liberdades (Lei de 6 de Janeiro de 1978), a CNIL salienta que podem existir 3 limites fundamentais ao poder de direcção em matéria de controlo e supervisão dos trabalhadores: a transparência, a proporcionalidade e a discussão colectiva ([568]).

A propósito da *utilização das centrais telefónicas* e do tratamento dos números telefónicos chamados no local de trabalho a CNIL, já em 1984, emitiu algumas recomendações ([569]):

a) A utilização das centrais deve ser precedida das consultas previstas no Código do Trabalho;

([566]) "La Cybersurveillance des salariés dans l'entreprise" *in* http://www.cnil.fr. Segue-se de perto este documento, cuja consulta se aconselha vivamente. Merecem particular atenção as referências à jurisprudência e ao direito comparado.

([567]) Tradução livre.

([568]) Veja, para maior desenvolvimento, ob. e loc. cit. pág. 16 a 18.

([569]) Veja-se a Délibération n.º 84-31, de 18 de Setembro (*in* "Informatique et Libertés", Paris, 1991, pág. 275) e estudo citado, pág. 20.

b) A publicidade do sistema e a informação dos trabalhadores sobre a natureza, período de controlo, as condições em que é feita a facturação, bem como sobre o exercício do direito de acesso devem ser assegurados, nomeadamente, através da afixação dessas condições ou difusão de notas informativas;
c) O tempo de conservação deve ser limitado, por forma a assegurar a realização da facturação, não podendo os dados ser recolhidos para outras finalidades;
d) O tratamento não pode comprometer o exercício de direitos reconhecidos pela lei aos trabalhadores com direitos especiais (v.g. os delegados sindicais ou representantes dos trabalhadores).

Esta decisão foi actualizada e aperfeiçoada pela Deliberação n.º 94--113, de 20 de Dezembro de 1994 ([570]), tendo sido feitas precisões em relação às finalidades do tratamento, em particular com vista ao reembolso dos custos das comunicações realizadas para fins privados (art. 2.º), à categoria de informações tratadas (art. 3.º), ao tempo de conservação (art. 4.º – máximo de 6 meses), destinatários das informações (art. 5.º), salvaguarda da privacidade dos trabalhadores (art. 6.º – devem ter à disposição uma linha telefónica não conectada à central), medidas de segurança (art. 7.º) e condições relativas ao direito de informação e acesso (art. 8.º).

A CNIL admite o controlo quando assegurados os procedimentos prévios decorrentes da legislação do trabalho e de protecção de dados (*v.g.* o direito de informação e audição prévia), aconselhando a tomada de medidas para assegurar a confidencialidade dos dados em relação aos outros trabalhadores e sugerindo a disponibilização de linha não conectada à central.

Já em relação às escutas telefónicas no local de trabalho – com referência ao artigo 226-15 do Código Penal, aprovado pela Lei de 10 de Julho de 1991, que incrimina a intercepção, com «má fé», de correspondência emitida, transmitida ou recebida por telecomunicações – considera a CNIL que "é o facto material da intercepção que é punido e não, estritamente, a violação da vida privada". Questionado o Ministério da Justiça sobre se a informação prévia do trabalhador sobre a possibilidade de realização de escuta escaparia à incriminação, terá este referido, em 1994, que a simples

---

([570]) *In* Relatório da CNIL n.º 15, relativo ao ano de 1994, pág. 79.

informação não garantia, com segurança, que estivéssemos perante um «sistema regular».

Perante tal prudência a CNIL recomenda (^{571}), na linha da previsão do artigo 5.º n.º 2 da Directiva 97/66/CE:

a) Que a intercepção/gravação só poderá ocorrer em casos justificados. Para além disso, deverão ser especificadas, previamente, as razões e condições em que é feita a escuta (v.g. razões contratuais e profissionais), as consequências individuais que daí podem resultar e os limites em relação ao período de conservação;
b) O «controlo da qualidade» das respostas não pode justificar a escuta contínua;
c) Os trabalhadores devem dispor de linhas autónomas de gravação para poderem fazer as chamadas que não estejam directamente relacionadas com as "finalidades determinantes da escuta";
d) Para as chamadas que sejam objecto de «controlo da qualidade da resposta», os trabalhadores devem poder formular as suas observações em relação ao conteúdo da respectiva gravação;

Em relação à utilização pelos trabalhadores do *correio electrónico* e *consulta da Internet* para fins pessoais, reconhece a CNIL que "a abertura da empresa ao mundo torna-a mais vulnerável a ataques informáticos vindos do exterior. A adopção de medidas de segurança apresenta-se, neste contexto, como uma necessidade que visa evitar as intrusões e proteger os documentos confidenciais, os segredos industriais e os ficheiros da empresa". As medidas de segurança podem estar na base das políticas de controlo e do registo de dados pessoais dos trabalhadores (*tracing*), apresentando-se como uma forma de prevenir riscos e de solucionar alguns problemas. Estas medidas de segurança – raramente negociadas com os trabalhadores ou com os seus representantes – espelham bem o «desequilíbrio patente entre as prerrogativas do empregador e os direitos dos trabalhadores». A CNIL estabelece, por isso, limites ao tratamento de dados dos trabalhadores adoptados a coberto da instituição de regras de segurança na empresa (^{572}).

Os computadores estão preparados para fazer a gestão das aplicações e da rede, a realização de cópias de segurança, bem como a gestão de todas

---

(^{571}) 18.º Relatório de Actividades da CNIL, ano de 1997, pág. 286
(^{572}) Para maior desenvolvimento veja-se ob. e loc. cit. pág. 42 e 43.

as operações realizadas na empresa. Desde os sistemas de tele-manutenção dos postos de trabalho, à utilização de servidores *proxy* e até aos perigos apresentados pelos *cookies*, pode haver razões para o armazenamento de informação pessoal no seio da empresa.

Fazendo apelo à observância dos princípios da transparência e da lealdade, tendo como pano de fundo o artigo 8.º da Convenção Europeia dos Direitos do Homem, a CNIL considera desejável admitir a utilização do correio electrónico e da *Internet* para fins privados, dentro dos «limites razoáveis».

Considera que a interdição absoluta de utilização do *correio electrónico* para fins não pessoais é irrealista e desproporcionada. A segurança de certas empresas particulares pode justificar que seja feito um controlo *a posteriori* da utilização de mensagens. Mas o controlo deve poder ser efectuado a partir de indicações gerais de frequência, de volume, do tipo de mensagens, formato das peças juntas, sem que haja um controlo sobre o conteúdo das mensagens trocadas.

Em todo o caso, tratando-se de mensagens «recebidas» – com indicação que o objecto da mensagem é de *«carácter privado»* – será interdita qualquer tomada de conhecimento da mesma por parte do empregador, de acordo com os princípios colocados pela jurisprudência em relação à correspondência postal.

Quanto à *navegação na Internet*, considera a CNIL que a «filtragem» de certos *sítios* – ainda que não seja perfeitamente eficaz – parece ser preferível por contraposição a uma proibição absoluta dos trabalhadores. Acrescenta que deveria ser admissível, na maior parte das empresas, que os trabalhadores se pudessem ligar à *web*, pelo menos fora do tempo de trabalho, podendo ser estabelecidos limites de acesso em relação a determinados sítios particulares (pornográficos, negacionistas ou de jogos).

Neste caso poderia afigurar-se legítimo o controlo a *posteriori*. Esse controlo deveria ser gradual e não deveria reconduzir-se – salvo circunstâncias excepcionais – a uma análise individual dos sítios e conteúdos objecto de consulta. Poderia ser feito um controlo sobre o tempo de conexão por posto de trabalho, sem identificação dos sítios consultados ou, ainda, um controlo dos sítios mais vezes consultados sem identificação do posto. Tais controlos, não nominativos, revelam-se largamente suficientes na maioria das situações. Os trabalhadores devem, em qualquer caso, estar devidamente informados.

8. Comissão Nacional de Protecção de Dados – Portugal

A Comissão portuguesa aprovou, em 29 de Outubro de 2002, a sua posição sobre alguns princípios a observar em relação ao tratamento de dados em centrais telefónicas, no controlo do *e-mail* e no acesso à Internet no local de trabalho.

Depois de feitas algumas considerações sobre a utilização das novas tecnologias no local de trabalho ([573]) foram enunciadas algumas recomendações às entidades empregadoras em relação à utilização, no contexto laboral, dos telefones, do e-mail e da Internet e que passamos a transcrever.

1. Princípios Genéricos

    1. Qualquer tratamento de dados pessoais que recorra a meios total ou parcialmente automatizados, ou utilize ficheiros manuais estruturados, e que tenha como finalidade o controlo de trabalhadores – por mínimo que seja – está submetido às disposições da Lei 67/98, de 26 de Outubro.
    2. A CNPD apreciará, em concreto, todas as vertentes do tratamento, desde as questões relativas à qualidade dos dados (art. 5.º) até às condições de legitimidade (artigo 6.º e 7.º), fazendo o balanceamento entre os interesses em presença, avaliando os meios utilizados, as condições como é assegurado o direito de informação (art. 10.º) e fixará as medidas de salvaguarda da liberdade individual dos trabalhadores.
    3. Tal como resulta dos artigos 2.º, 5.º n.º 1 al. a) e b), 10.º n.º 1 da Lei 67/98 e do artigo 39.º n.º 1 da LCT, a entidade empregadora deve – *antes de iniciar qualquer tipo de tratamento* – informar o trabalhador sobre as condições de utilização dos meios da empresa para efeitos particulares ou do grau de tolerância admitido, sobre a existência de tratamento, suas finalidades, existência de controlo (formas e metodologias adoptadas), sobre os dados tratados e o tempo de conservação, bem como sobre as consequências da má utilização ou utilização indevida dos meios de comunicação colocados à sua disposição.

([573]) Todo o documento pode ser consultado *in* http://www.cnpd.pt

4. Os dados a tratar e os meios utilizados devem ser ajustados à organização da empresa, ao desenvolvimento da actividade produtiva e ser compatíveis com os direitos e obrigações dos trabalhadores consignados na LCT, correspondendo a um «interesse empresarial sério» que, utilizando os poderes de direcção e esperando a subordinação do trabalhador, não se revele abusivo e desproporcionado em relação ao grau de protecção da esfera privada do trabalhador.
5. A entidade empregadora deve privilegiar metodologias genéricas de controlo, evitando a consulta individualizada de dados pessoais. Uma amostragem genérica (v.g. quantidade de chamadas feitas por uma extensão, número de *e-mails* enviados, tempo gasto em consultas na *internet*) pode ser suficiente para satisfazer os objectivos do controlo.
6. O registo e acesso sistemático a todos os movimentos do trabalhador – para além de se poder revelar desproporcionado ao objectivo de controlo e atentar contra a dignidade do trabalhador – pode não se revelar eficaz e necessariamente produtivo, pelo "clima de angústia e tensão" que todos estes métodos podem criar no seio da empresa.
7. O trabalhador tem o direito de oposição em relação ao tratamento de dados a seu respeito, se verificados os requisitos do artigo 12.º al. a) da Lei 67/98.

2. Princípios relativos ao tratamento de dados nas centrais telefónicas

1. A entidade empregadora deve definir, *com rigor*, o grau de tolerância quanto à utilização dos telefones e as formas de controlo realizadas;
2. Não se pode pensar, de forma simplista, que os trabalhadores podem ser impedidos – no tempo e local de trabalho – de responder a necessidades estritamente privadas e que correspondem, em certa medida, à forma como se encontra estruturada a nossa sociedade. Há necessidades do dia a dia que não podem deixar de ser encaminhadas sem que se recorra ao telefone durante o tempo e no local de trabalho.
3. Caso tenha sido estabelecido o controlo de chamadas realizadas, não devem ser tratados dados não necessários à realização da fina-

lidade de controlo; o tratamento deve limitar-se à identificação do utilizador, à sua categoria/função, número de telefone chamado, tipo de chamada – local, regional e internacional – duração da chamada e custo da comunicação.
4. Tal como o assinante tem o direito de exigir uma facturação detalhada com supressão dos últimos quatro dígitos (cf. art. 7.° n.° 2 da Lei 69/98), deve ser reconhecida ao trabalhador essa garantia, nomeadamente quando a listagem é acessível a outros trabalhadores.
5. Deve ser estabelecido um prazo limitado de conservação, necessariamente inferior ao prazo legal de pagamento da factura;
6. Pode ser equacionada, em função do tipo de empresa e de acordo com os princípios da proporcionalidade, a possibilidade de a empresa assegurar a existência de uma linha não conectada à central telefónica ou o acesso a serviço público de telecomunicações;
7. É proibido o acesso indevido a comunicações, a utilização de qualquer dispositivo de escuta, armazenamento, intercepção e vigilância de comunicações pela entidade empregadora;
8. A gravação de chamadas telefónicas prevista no artigo 5.° n.° 3 da Lei 69/98 tem em vista assegurar a obtenção da prova e documentar a declaração negocial (cf. art. 341.° e 368.° do Código Civil), a qual pode ser imprescindível para comprovar a validade e eficácia da declaração, quer em relação às diligências prévias à celebração do contrato, quer em relação à perfeição da declaração negocial.
9. O artigo 5.° n.° 2 da Lei 69/98 pressupõe que os meios de «intercepção», «vigilância» e gravação só podem ser utilizados se houver "consentimento expresso dos utilizadores" ou previsão legal.

3. PRINCÍPIOS GERAIS RELATIVOS À UTILIZAÇÃO E CONTROLO DO E-MAIL E INTERNET

1. Perante a massificação dos meios de comunicação é ilógico, irrealista e contraproducente que, no contexto da relação de trabalho, se proíba – de forma absoluta – a utilização do correio electrónico e o acesso à *internet* para fins que não sejam estritamente profissionais.
2. A entidade empregadora deverá analisar todos os factores – a salvaguarda da liberdade de expressão e de informação, a formação,

o livre desenvolvimento e iniciativa do trabalhador, a sua sensibilização para acesso às redes públicas, os custos para a empresa, as políticas de segurança, de privacidade e o grau de utilização destes meios, o tipo de actividade e grau de autonomia dos seus funcionários, bem como as suas necessidades concretas e pessoais – para definir regras claras e precisas em relação à utilização do correio electrónico e da *internet* para fins privados.

3. Estas regras – que não podem ser desenquadradas da prática institucionalizada e das necessidades particulares dos trabalhadores – devem assentar nos princípios da necessidade, da proporcionalidade, da mútua colaboração e da confiança recíproca.

4. Estas regras devem ser submetidas à consideração dos trabalhadores e dos seus órgãos representativos, sendo claramente publicitadas por forma a que seja assegurada uma informação clara sobre o grau de tolerância, o tipo de controlo efectuado e, mesmo, sobre as consequências do incumprimento daquelas determinações (cf. art. 10.º n.º 1 da Lei 67/98).

5. É *desejável* que a entidade empregadora permita que os trabalhadores utilizem, com moderação e razoabilidade, os meios que esta colocou à sua disposição.

6. A entidade empregadora que permite a utilização do *e-mail* para fins privados e que não põe limitações à utilização da Internet, que não pretende estabelecer limites à sua utilização e, em consequência, *se recusa a efectuar qualquer tipo de controlo* está dispensada de notificar aqueles "registos de comunicações" (tratamentos) à CNPD.

3.1. *Princípios específicos em relação ao e-mail*

1. O facto de a entidade empregadora proibir a utilização do *e-mail* para fins privados não lhe dá o direito de abrir, automaticamente, o *e-mail* dirigido ao trabalhador.

2. A entidade empregadora – enquanto responsável pelo tratamento (cf. art. 3.º al. d) da Lei 67/98) – tem legitimidade para tratar os dados, na sua vertente de «registo, organização e armazenamento», com fundamento no disposto no artigo 6.º al. a) da Lei 67/98.

3. As condições de legitimidade do tratamento – *na vertente de «acesso»* – devem obedecer à previsão do artigo 6.º al. e) da Lei 67/98, a qual aponta para a necessidade de ser feita uma ponderação entre os "interesses legítimos do responsável" e os "interesses ou os direitos liberdades e garantias do titular dos dados".
4. Os poderes de controlo da entidade empregadora – que não podem ser postos em causa – devem ser compatibilizados com os direitos dos trabalhadores, assegurando-se que devem ser evitadas intrusões desnecessárias. A entidade empregadora deve, por isso, escolher as metodologias de controlo menos intrusivas, que estejam de acordo com os princípios previamente definidos e que sejam do conhecimento dos trabalhadores.
5. A entidade empregadora não deve fazer um controlo permanente e sistemático do *e-mail* dos trabalhadores. O controlo deve ser pontual e direccionado para as áreas e actividades que apresentem um maior "risco" para a empresa.
6. O grau de autonomia do trabalhador e a natureza da actividade desenvolvida, bem como as razões que levaram à atribuição de um *e-mail* ao trabalhador devem ser tomadas em conta, decisivamente, em relação à forma como vão ser exercidos os poderes de controlo. O segredo profissional específico que impende sobre o empregado (*v.g.* sigilo médico ou segredo das fontes) deve ser preservado.
7. As razões determinantes da entrada na caixa postal dos empregados, com fundamento em ausência prolongada (férias, doença), devem ser claramente explicitadas e do seu conhecimento prévio.
8. Deve ser claramente diferenciado o grau de exigência e de rigor em relação ao controlo dos *e-mails* expedidos e recebidos, sendo facultados ao trabalhador meios expeditos e eficazes para assegurar a eliminação imediata dos *e-mails* recebidos e cuja entrada na sua caixa de correio ele não pode controlar.
9. O controlo dos *e-mails* – a realizar de forma aleatória e não persecutória – deve ter em vista, essencialmente, garantir a segurança do sistema, a sua performance e, eventualmente, o espaço em disco.
10. Para assegurar estes objectivos a entidade empregadora pode adoptar os procedimentos necessários para – sempre com o conhecimento dos trabalhadores – fazer uma «filtragem» de certos

ficheiros que, pela natureza da actividade desenvolvida pelo trabalhador podem indiciar, claramente, não se tratar de *e-mails* de serviço (*v.g.* ficheiros «*.exe*», .mp3 ou de imagens).
11. A necessidade de detecção de vírus não justifica, só por si, a leitura dos *e-mails* recebidos.
12. Eventuais controlos fundamentados na prevenção ou detecção da divulgação de segredos comerciais deve ser direccionado, exclusivamente, para as pessoas que têm acesso a esses segredos e apenas quando existam fundadas suspeitas.
13. À constatação da utilização desproporcionada deste meio de comunicação – que será comparada com a natureza e tipo de actividade desenvolvida – deve seguir-se um aviso do trabalhador e, se possível, o controlo através de outros meios alternativos e menos intrusivos.
14. Os prazos de conservação dos dados de tráfego devem ser limitados em função de razões relacionadas com a organização da actividade e gestão da correspondência e nunca em razão de quaisquer objectivos de controlo ou organização de perfis comportamentais dos trabalhadores.
15. O acesso ao *e-mail* deverá ser o último recurso a utilizar pela entidade empregadora, sendo desejável que esse acesso seja feito na presença e com adesão do trabalhador visado e, de preferência, na presença de um representante da comissão de trabalhadores ([574]). O acesso deve *limitar-se à visualização dos endereços dos destinatários, o assunto, a data e hora do envio* e *"conta"*, podendo o trabalhador – se for o caso – especificar a existência de alguns *e-mails* de natureza privada e que não pretende que sejam lidos pela entidade empregadora.
16. Perante tal situação a entidade empregadora deve abster-se de consultar o conteúdo do *e-mail*, em face da oposição do trabalhador.

([574]) No mesmo sentido, Catarina Sarmento e Castro, ob. cit. pág. 59, considera que as comissões de trabalhadores têm «uma palavra a dizer no que respeita ao tratamento de dados em que os trabalhadores sejam solicitados a prestar o seu consentimento».

3.2. Princípios relativos à Internet

1. A entidade empregadora deve assegurar-se que os trabalhadores estão claramente informados e que estão conscientes dos limites estabelecidos em relação à utilização de *internet* para fins privados e que conhecem as formas de controlo que podem ser adoptadas.
2. Deve ser admitido um certo grau de tolerância em relação ao acesso para fins privados, nomeadamente se este decorrer fora do horário de trabalho.
3. Qualquer decisão sobre a realização de controlo deve ser criteriosa, evitando-se que os benefícios que a entidade empregadora pretende obter sejam desproporcionados em relação ao grau de lesão que vai ser causada à privacidade e à autonomia dos empregados.
4. Devem ser consideradas as vantagens – quer para a empresa quer para os trabalhadores – que o acesso à *internet* traz para o desenvolvimento da capacidade de investigação, autonomia e iniciativa do trabalhador, aspectos que podem ser capitalizados em benefício da empresa em matéria de utilização das novas tecnologias.
5. A entidade empregadora não deve fazer um controlo permanente e sistemático do acesso à *internet*. O controlo dos acessos à *internet* – a ser decidido – deve ser feito de forma não individualizada, e global, em relação a todos os acessos na empresa, com referência ao tempo de conexão na empresa.
6. A realização de estudos estatísticos pode ser suficiente para a entidade empregadora se poder aperceber do grau de utilização da *internet* no local de trabalho e em que medida o acesso compromete a dedicação às tarefas profissionais ou a produtividade. Admite-se que seja feito um tratamento dos sítios mais consultados na empresa, sem identificação dos postos de trabalho.
7. Se estiverem em causa razões de custos ou de produtividade, o controlo do trabalhador deve ser feito, num primeiro momento, através da contabilização do tempo médio de conexão, independentemente dos sítios consultados. Perante a verificação de acessos excessivos e desproporcionados deste meio de comunicação deve seguir-se um aviso do trabalhador em relação ao grau de utilização.
8. O controlo em relação ao tempo de acesso diário e aos sítios consultados por cada trabalhador só deverá ser realizado em circuns-

tâncias excepcionais, nomeadamente quando, no contexto da sua advertência, este duvidar das indicações da empresa e quiser conferir a realização de tais acessos.
9. Em particular, poderá ser necessário verificar as horas de conexão (início e fim) para comprovar que o acesso para fins privados ocorreu fora do horário de trabalho.

4. Procedimentos a adoptar pelas entidades empregadoras

1. O grau de utilização dos meios da empresa para fins privados, a delimitação das condições de tratamento e a especificação das formas de controlo adoptadas devem constar de *Regulamento Interno* o qual, nos termos legais, será submetido a parecer da Comissão de Trabalhadores e aprovado pelo IDICT ([575]).
2. A entidade empregadora deve publicitar o conteúdo dos regulamentos internos, designadamente afixando-os na sua sede e nos locais de trabalho, de modo que os trabalhadores possam deles tomar conhecimento.
3. Os responsáveis pelo tratamento de dados pessoais devem fazer a respectiva notificação junto da CNPD, a qual será formulada em impresso próprio (disponível *in* http://www.cnpd.pt).
4. Com a notificação à CNPD as entidades responsáveis devem juntar o Regulamento Interno e especificar as formas como publicitaram as condições de tratamento de dados junto dos trabalhadores.

II. O CONTROLO DE CHAMADAS, A VIDEOVIGILÂNCIA, O CONTROLO DO E-MAIL E ACESSO À INTERNET NO NOSSO ORDENAMENTO JURÍDICO

O ordenamento jurídico anterior ao Código do Trabalho não regulava de forma específica a utilização destes meios por parte dos trabalhadores, admitindo-se que fossem as disposições relativas ao direito do trabalho, à protecção de dados e sobre direitos fundamentais a delimitar os parâme-

---

([575]) O novo Código do Trabalho trouxe alterações a este procedimento. Por força do artigo 153.º n.º 4 o regulamento interno "só produz efeitos depois de recebido na Inspecção-Geral do Trabalho para registo e depósito".

tros em que seria definido o grau de utilização destas novas tecnologias, bem como as formas e limites de controlo possíveis. O novo Código do Trabalho, limitando-se a estabelecer princípios gerais, apresenta algum avanço em relação à legislação laboral anterior. No entanto, pensamos que a timidez com que se legislou sobre estas matérias se deveu ao facto de esta temática não se encontrar suficientemente debatida entre nós, o que terá contribuído para uma certa «opção defensiva» em relação à consagração de alguns direitos que vêm sendo reconhecidos aos trabalhadores.

Não podemos ignorar que estas novas tecnologias permitem um elevado grau de controlo e de intrusão na privacidade dos trabalhadores, possibilitando que sejam vigiados os seus gestos e movimentos, a forma como é prestado o trabalho, a criação de perfis e hábitos de trabalho.

Admitimos, no entanto, que a falta de debate e a diversidade de perspectivas em que pode ser centrada a utilização destas novas tecnologias não é propício à definição de regras «universais» passíveis de criar limitações à liberdade contratual. Num domínio em que o princípio da proporcionalidade é determinante para ponderar os poderes da entidade empregadora e a limitação dos direitos dos trabalhadores, seria desejável que – para compensar a situação de inferioridade em que se encontra o trabalhador – a lei tivesse estabelecido os princípios mínimos de protecção para prevenir intrusões indevidas e indesejáveis que afectem os direitos de personalidade dos trabalhadores.

O facto de o empregador ser o proprietário dos equipamentos e pagar as conexões não justifica que possa fazer um controlo absoluto ([576]). No entanto, os aspectos económicos não podem ser negligenciados no momento em que a facturação das telecomunicações tem um peso considerável nas organizações e a largura de banda é fundamental ao funcionamento dos sistemas informáticos. Tendo a capacidade e operacionalidade dos sistemas implicações importantes na eficácia e na produtividade das empresas, entendemos que o controlo se deve direccionar para a forma como os bens da empresa são utilizados e não para a pessoa do trabalhador.

([576]) "O poder do proprietário não se exerce senão sobre as coisas; a propriedade não fundamenta qualquer direito sobre as pessoas" – Jean Savatier, citado por Fabrice Fevrier – "Pouvoir de Contrôle de l'employeur et droits des salariés à l'heure d'Internet", Les enjeux de la cybersurveillance dans l'entreprise. Droit et Nouvelles Technologies (*in* http://www.droit-technologie.org), pág. 18.

Deve dizer-se que damos como assentes as considerações relativas ao cumprimento das obrigações legais que impendem sobre o responsável pelo tratamento em sede de protecção de dados: a obrigação de tratamento de dados de forma transparente e de acordo com os princípios da boa-fé, que será assegurado o direito de informação e que a entidade se propõe notificar o tratamento à CNPD.

É neste pressuposto que passamos a analisar as questões usualmente colocadas, salientando, porém, que serão feitas apreciações genéricas e que é sempre possível, em cada caso concreto e em sede de notificação à CNPD, realizar um aprofundamento das especificidades relativas às formas de tratamento adoptadas, às finalidades prosseguidas, à situação concreta dos trabalhadores e à ponderação pontual – em termos dos princípios da necessidade e de proporcionalidade – dos interesses prevalentes.

O desenvolvimento desta temática procurará centrar-se, exclusivamente, nas matérias atinentes à protecção de dados, muito embora possam ser feitas algumas referências pontuais de decisões dos tribunais em matéria criminal e social, as quais não podem ser ignoradas.

1. As chamadas telefónicas

1. A primeira questão que se coloca é a de saber se a entidade patronal pode, no âmbito do poder organizativo e de direcção, condicionar a utilização do telefone da empresa, em exclusivo, a tarefas relacionadas com o serviço e proibir os trabalhadores de fazer telefonemas de carácter privado.

Tratando-se de uma questão laboral entendemos que a mesma deve ser resolvida previamente, na sede própria (em termos de contrato, no contexto do regulamento interno da empresa ou de uma ordem de serviço). Sem querer ter pretensões sobre a adopção de uma solução, entendemos oportuno deixar aqui algumas constatações que podem influenciar a adopção de regras e que não podem ser ignoradas:

a) É a entidade patronal que suporta os custos das comunicações realizadas e que vê reflectirem-se na produtividade da empresa as condutas – pontuais – de alguns trabalhadores que abusam da utilização do telefone para fins particulares;

b) Tem-se entendido, em termos gerais, que a entidade patronal tem a faculdade de definir a forma como devem ser utilizados os instrumentos de trabalho, os quais estão vocacionados para responder às necessidades da empresa;

c) A entidade patronal assume a posição de «assinante», enquanto que o trabalhador é um simples «utilizador».

d) A entidade patronal deve definir, *com rigor*, o grau de tolerância quanto à utilização destes meios e as formas de controlo realizadas, nomeadamente se as finalidades de controlo têm como finalidade a cobrança e o reembolso das comunicações realizadas com fins privados ou se têm um âmbito mais vasto, ao ponto de poderem fornecer informação sobre a «personalidade» do trabalhador;

e) Não podemos, de forma simplista, pensar que os trabalhadores podem ser impedidos – no tempo e local de trabalho – de responder a necessidades estritamente privadas e que são resultantes da forma como se encontra estruturada a nossa sociedade (*v.g.* em que ambos os cônjuges trabalham). Há necessidades do dia a dia que não podem deixar de ser encaminhadas sem que se recorra ao telefone durante o tempo e no local de trabalho (*v.g.* uma consulta médica que tem de ser marcada, um contacto que tem de ser feito no contexto da vida doméstica, uma chamada para um familiar próximo que precisa da ajuda do trabalhador, a comunicação de um atraso a um compromisso particular, muitas vezes resultante da prestação de trabalho)[577].

f) É muito problemática a distinção entre chamadas particulares ou de serviço, não havendo critérios objectivos para distinguir a sua natureza. Pede-se ao trabalhador para, em face da listagem de chamadas, indicar aquelas que são privadas? Estabelece-se, em função dos números chamados, quais os que são privados e quais são de serviço? Mesmo aqui, há sempre dificuldade em caracterizar a

---

([577]) A CNIL, admitindo o controlo das chamadas, sugere que a empresa tenha uma linha telefónica não conectada à central telefónica (art. 6.º da Deliberação n.º 94-113 de 20712/1994 – 15.º Relatório, pág. 79). Dado o nível de penetração de telemóveis em Portugal este aspecto pode ser relativizado, muito embora se admita como desejável uma solução similar. Lembra-se que o nosso legislador admitiu, no domínio da LCT, que o trabalhador se pudesse ausentar do seu posto de trabalho para receber o seu salário quando o mesmo é pago através de cheque, podendo o tempo de trabalho necessário ao seu levantamento ser considerado como tempo de serviço (cf. art. 91.º n.º 4 al. b) e 92.º n.º 2 da LCT e Ac. Rel. Coimbra de 24/11/94 – BMJ 441, p. 412). Veja-se, no mesmo sentido, o artigo 268.º n.º 2 do Código do Trabalho.

natureza da chamada: como qualificar uma chamada para o domicílio para alertar o cônjuge de que haverá uma atraso por razões de natureza profissional? Como avaliar a natureza da chamada sempre que é registado o número da residência, do telemóvel ou do emprego do cônjuge? Será que o registo do número de telefone de um cliente deve ser imputado como sendo uma chamada de natureza profissional. A questão é difícil de delimitar, razão pela qual só a gravação da chamada pode contribuir para a caracterização da sua natureza.

Perante a realização de tratamentos relativos à utilização do telefone – em que o direito do trabalho terá de responder de acordo com os seus princípios legais – cabe à CNPD fixar as condições de tratamento dos dados tendo em atenção, particularmente, os princípios da finalidade, necessidade e princípios da proporcionalidade com referência, de um lado, aos interesses da empresa, e de outro, aos direitos liberdades e garantias dos trabalhadores (cf. art. 6.º al. e) da Lei 67/98) sem perder de vista a sua "situação particular" (cf. art. 12.º al. a) da Lei 67/98).

2. Conforme foi sublinhado pela CNPD no Parecer n.º 8/2003, de 20 de Maio ([578]), o Código do Trabalho não apresenta qualquer contributo em relação à definição desta questão. Em face da manutenção de alguns princípios que já constavam da LCT, parece que podemos concluir que não se pretendeu introduzir qualquer alteração sobre esta temática.. O Código do Trabalho «limita-se, no artigo 21.º n.º 2, a conferir ao empregador o poder de "estabelecer regras de utilização dos meios de comunicação da empresa", sem estabelecer qualquer critério a observar, salvo em relação ao correio electrónico (no n.º 1). A verdade é que, sendo problemático o controlo da utilização do telefone para fins privados ([579]), o Código do Trabalho mantém, no artigo 270.º n.º 2 al. e), uma disposição – já inserida na LCT (artigo 95.º alínea e) – que reconhece ao empregador o direito de *descontar no salário* do trabalhador a «utilização de telefones», agora com a agravante de lhe conferir o direito de «estabelecer as regras da utilização dos meios de comunicação» (cf. artigo 21.º n.º 2). Porém, se o legislador

---

([578]) *In* http://www.cnpd.pt

([579]) Veja-se o documento produzido pela CNPD: «princípios sobre a privacidade no local de trabalho» (*in* http://www.cnpd.pt).

admite o desconto no salário das quantias gastas com telefonemas privados, pode entender-se desajustada e desproporcionada a proibição absoluta de realização de chamadas para fins privados.

Perante estas disposições parece legítimo que a entidade empregadora estabeleça uma metodologia de «registo» e «controlo» com o objectivo de descontar, no salário, a utilização do telefone da empresa para fins privados.

Esta formulação veio atribuir responsabilidades acrescidas à CNPD na delimitação do tratamento/controlo dos dados relativos ao tráfego telefónico. Este tratamento – a ser realizado – deve ser sujeito a notificação à CNPD, a qual deverá estabelecer condições de tratamento compatíveis com o exercício da liberdade de expressão e de opinião (artigo 15.º do CT), com a reserva da intimidade da vida privada (artigo 16.º do CT) e da confidencialidade das mensagens de carácter não profissional (artigo 21.º n.º 1 do CT). Deste modo, procurará a CNPD assegurar que o tratamento se processe "de forma transparente e no estrito respeito pela reserva da vida privada, bem como pelos direitos, liberdades e garantias", tal como decorre do artigo 2.º da Lei 67/98, de 26 de Outubro.

1.1. *O registo e controlo do tráfego telefónico*

O tratamento do tráfego telefónico na empresa (registo das conexões), nomeadamente com recurso a centrais digitais, parece apresentar-se como legítimo, na medida em que decorre de uma ordem que, por princípio, não ofende os direitos e garantias dos trabalhadores ([580]), realiza-se no âmbito do exercício do poder organizativo (cf. art. 6.º n.º 1 al. a) da Lei 67/98) e destina-se, nomeadamente, a apurar o custo das conexões realizadas pelos trabalhadores para fins particulares (cf. artigo 270.º n.º 2 al. e) do CT). Como questão prévia à utilização deste meio, deve ser equacionada em que medida esta forma de controlo afecta a liberdade individual

---

([580]) Nenhuma norma lhe garante a utilização, para fins particulares, do telefone na empresa. Aliás, as centrais telefónicas permitem hoje que as extensões estejam impedidas de fazer chamadas – as quais devem ser feitas por pedido directo à central telefónica –, só possam fazer chamadas locais, estejam impedidas, apenas, de fazer chamadas internacionais ou chamadas de «valor acrescentado». Estas vastas potencialidades podem ser suficientes e dispensarem quaisquer outras formas de controlo. No sentido de que o registo dos números chamados não se integra no sigilo das telecomunicações veja-se o Acórdão da Relação de Lisboa de 13/1/1999, Col. Jur. 1999, t. 1, pág. 135.

de cada trabalhador ou a sua autonomia técnica e se este tipo de procedimento não poderá contender com algumas cláusulas do contrato de trabalho (cf. artigo 120.º al. e) do CT).

A entidade patronal funcionará, aqui, *mutatis mutandis*, como um «operador de rede», apresentando-se a sua actuação legitimada pelo facto de coligir a informação para efeitos de facturação (cf., por analogia, o disposto no artigo 6.º da Lei 69/98, de 28 de Outubro). Estamos, assim, perante um "interesse legítimo do responsável" que só pode ser assegurado através deste meio.

Previamente à implementação desta forma de controlo, o trabalhador deve ser claramente informado sobre o âmbito do controlo: existência de controlo, as suas capacidades, a natureza e periodicidade do controlo realizado, as condições de facturação e as modalidades do exercício do direito de acesso. O utilizador – conveniente informado – conformou-se com o tratamento e realizou as chamadas sabendo que as mesmas iriam ser sujeitas a controlo (cf. art. 6.º al. e) da Lei 67/98).

Porém, tal como o assinante, tem o direito de exigir uma facturação detalhada com supressão dos últimos quatro dígitos (cf. art. 7.º n.º 2 da Lei 69/98). Deve ser reconhecida ao trabalhador essa garantia ([581]), nomeadamente quando a listagem é acessível a outros trabalhadores. Só em caso de eventual discordância em relação aos custos deverá ter lugar, com intervenção e controlo do trabalhador, a «descodificação» total do número.

A experiência francesa da CNIL é muito rica e pode ser adaptada ao nosso ordenamento jurídico ([582]). Para além de o tratamento dever ser notificado à CNPD (cf. art. 27.º da Lei 67/98) ([583]), será adequado delimitar algumas das condições a observar:

   a) As formas, condições e finalidades do tratamento devem ser objecto, conforme os casos, de consulta aos organismos represen-

---

([581]) Cf., no mesmo sentido, M. Hubert Bouchet, "La Cybersurveillance...cit. pág. 20.

([582]) Veja-se sobre esta matéria: M. Hubert Bouchet, "La Cybersurveillance... , cit. pág. 20 e ss. e "Les Écoutes Téléphoniques des Salariés sur les Lieux de Travail" *in* XIX Conférence Internationale des Commissaires à la Protection des Données, Bélgica, 1997, pág. 273; Délibération n.º 84-31 de 18/8/1984 *in* "Informatique et Libertés" Paris, 1991, pág. 275; 15.º e 16.º Relatórios da CNIL, respectivamente, pág. 72 e ss. e pág. 113 e ss.

([583]) Em França o Tribunal de Cassation Criminal – na sua sentença de 23 de Maio de 1991 (Bull. Crim. 1991, n.º 218, pág. 555) – considerou culpado pela prática de delito previsto no artigo 41.º da Lei de 6 de Janeiro de 1978 o empregador que instalou, no seio da empresa, um sistema electrónico de captura integral dos números de telefones chama-

tativos dos trabalhadores (cf. art. 153 n.º 2 do CT) e de depósito na Inspecção-Geral do Trabalho no caso de ser feito por Regulamento Interno (art. 153.º n.º 4 do CT), bem como de informação escrita *prévia* dos trabalhadores (cf. artigos 97.º e 99.º n.º 3 do CT). Deve ser garantido ao trabalhador o direito de oposição, nos termos do artigo 12.º al. a) da Lei 67/98.

b) Para além de serem interditas quaisquer finalidades que correspondam a uma intromissão abusiva e desproporcionada nos direitos dos trabalhadores (cf. supra), os dados não podem ser conservados para finalidade diversa da determinante da recolha (art. 5.º n.º 1 al. b) da Lei 67/98);

c) Não podem ser tratados dados não necessários à realização da finalidade de controlo (devem limitar-se à identificação do utilizador, à sua categoria/função, número de telefone chamado, tipo de chamada – local, regional e internacional – duração da chamada e custo da comunicação).

d) Deve ser estabelecido um prazo limitado de conservação, correspondendo a um período inferior ao prazo de pagamento da factura (6 meses);

e) Devem ser limitados os destinatários da informação, sendo assegurado o direito de o trabalhador optar pela supressão dos últimos 4 dígitos;

f) Pode ser equacionada, em função do tipo de empresa e de acordo com os princípios da proporcionalidade, a possibilidade de a empresa assegurar a existência de uma linha não conectada à central telefónica ou o acesso a serviço público de telecomunicações (há empresas em que tais meios estão disponíveis) ([584]).

---

dos por cada posto de trabalho, bem como a duração e custo das comunicações, sem que esta instalação tenha sido comunicada aos trabalhadores e tenha sido objecto de declaração prévia à CNIL.

([584]) Princípios concordantes com aqueles que foram definidos pelo Grupo de Berlim, no seu estudo sobre "As Telecomunicações e a vida privada no quadro das relações de trabalho" e que apontavam para a «consulta dos representantes do pessoal, a informação dos trabalhadores, o respeito pelos princípios da finalidade, da pertinência e do carácter não excessivo dos registos, bem como a salvaguarda de espaços anónimos».

1.2. *A intercepção e gravação das chamadas*

A oferta de sistemas de controlo evoluíram e, depois da simples possibilidade de registar os números chamados, estamos numa fase em que as redes integradas, disponíveis em alguns postos de trabalho, permitem controlar toda a actividade dos trabalhadores nos mais diversos níveis: produtividade, relacionamento e atitude com os clientes ou formas como se processa o atendimento, eficácia no domínio do *marketing* e, até, na delimitação da personalidade do trabalhador.

A problemática da gravação/intercepção das chamadas pode ser vista numa dupla perspectiva: (a)intercepção ou gravação sem informação prévia e (b)gravação sistemática de chamadas, com objectivos definidos previamente, com o conhecimento e adesão dos trabalhadores.

a) A gravação/ intercepção de chamadas sem informação prévia

1. As disposições legais anteriormente citadas proíbem o acesso indevido a comunicações, a utilização de qualquer dispositivo de escuta, armazenamento, intercepção, vigilância de comunicações por terceiros. A nova formulação do Código Penal de 1995, contrariamente ao que acontecia com o Código de 1982 ([585]), uniformizou para a generalidade dos preceitos (cf. art. 192.º, 194.º n.º 2 e 199.º) o princípio de que só a existência de *consentimento* ou de *disposição legal* tornaria legítima a intromissão.

Para o caso que agora nos interessa há que distinguir três situações diferenciadas:

a) Aquelas em que o agente se intromete, deliberadamente, no conteúdo da telecomunicação ou dele toma conhecimento (cf. art. 194.º n.º 2 do CP);

b) Aquelas em que o agente, *com intenção de devassar a vida privada*, intercepta, grava, regista, utiliza conversa ou comunicação telefónica (art. 192.º n.º 1 al. a) do CP)

c) Aquelas operações em que procede à «gravação de palavras proferidas» (art. 199.º do CP).

([585]) O artigo 179.º, correspondente ao actual artigo 199.º, exigia, para além da inexistência de «consentimento de quem de direito» a inexistência de «justa causa». Veja-se, sobre a problemática da «justa causa» o Ac. do STJ de 14/1/99, Col. Jur./STJ, 1999, t. 1, pág. 185.

Nas primeiras duas situações a norma incriminatória pretende proteger a privacidade, "violada pela manipulação ilegítima ou ilegal do próprio meio de comunicação que se quer como comunicação fechada. Isto é: quando se utiliza o telefone pressupõe-se o exercício do direito à autodeterminação informacional que, *in casu*, se concretiza na exigência de que aquela comunicação é fechada e se espera que o Estado tudo faça para que se mantenha fechada. De sorte que, uma ilegítima escuta telefónica é uma violação inequívoca da privacidade, mas violação por manipulação do próprio meio técnico que suporta o fluxo comunicacional" ([586]). É a própria liberdade de comunicação dentro dos limites privados que é posta em causa e que se pretende preservar.

Na terceira situação verifica-se que os preceitos incriminadores protegem, especificamente, o direito à palavra, "enquanto direito autónomo de grandeza constitucional e não tanto o direito à reserva da vida privada. O direito à palavra desdobra-se em dois direitos: o direito à «voz», como atributo da personalidade, sendo ilícito sem consentimento da pessoa, registar e divulgar a sua voz (com ressalva do lugar em que ela foi utilizada), e o direito às «palavras ditas», que garante a autenticidade e o rigor da reprodução dos termos, expressões, metáforas escritas e ditas por uma pessoa" ([587]).

Pode dizer-se, em termos gerais, que poucas serão as situações concretas em que os factos possam apontar para a "intenção de devassar a vida privada" dos trabalhadores (cf. art. 192.º do CP).

Se for o caso, é indubitável que esta finalidade, por ilegítima, desproporcionada e atentória da dignidade de qualquer cidadão não pode ser legitimada em qualquer disposição da lei de protecção de dados. Para além do artigo 2.º da Lei 67/98, que impõe um tratamento que respeite a reserva da vida privada, o Código do Trabalho conferiu especial atenção ao respeito pela intimidade da vida privada – cf. artigos 15.º e 16.º – e à confidencialidade do conteúdo das mensagens de natureza pessoal (cf. artigo 21.º). Por isso, entendemos que será proibida qualquer intercepção de comunicação sem informação prévia do trabalhador.

([586]) Faria Costa – "As telecomunicações e a privacidade: o olhar (in)discreto de um penalista" *in* «As Telecomunicações e o Direito na Sociedade de Informação», Coimbra, 1999, pág. 73 e 74.

([587]) Ac. da Relação de Coimbra de 15/1/1997 *in* Col. Jur. 1997, t. 1 pág. 58.

2. Será que a intenção de *controlo de ordens dadas* pode legitimar qualquer forma de intromissão (cf. artigos 194.º n.º 2 e 199.º do Código Penal)?

Em primeiro lugar, interessa deixar claro que estão fora de causa as gravações realizadas com fundamento no disposto no artigo 5.º n.º 3 da Lei 69/98 na medida em que, claramente, não estamos aqui perante qualquer «intromissão» uma vez que, por princípio, os interlocutores têm que dar o seu consentimento à gravação.

Não se vislumbra, por isso, que o empregador se possa fundamentar em qualquer disposição legal que lhe permita, qualquer que seja o meio utilizado, uma intromissão na comunicação do trabalhador na medida em que qualquer intrusão se consubstancia numa lesão de um direito constitucionalmente reconhecido e em que o princípio da autodeterminação informacional é subalternizado em detrimento de um pressuposto direito de informação que, por não ser precedido do «consentimento», não tem suporte legal ([588]). Esta actuação tem, igualmente, reflexos visíveis na relação de confiança estabelecida.

Sobre esta questão uma referência a um acórdão da Relação de Lisboa ([589]) em que foi analisada a questão de saber se um superior hierárquico poderia escutar uma conversação telefónica entre 2 trabalhadores da mesma empresa. O superior hierárquico invocou que a sua conduta estava legitimada em princípios de natureza laboral, na medida em que não podia "negar-se a um superior hierárquico, responsável por determinado serviço, o conhecimento de qualquer assunto com ele relacionado".

O tribunal, com base nas pertinentes normas laborais (à data o artigo 20.º n.º 1 al. a) e c) da LCT), considerou ilícitas todas as violações do sigilo de correspondência ou de telecomunicações quando não autorizadas por lei para fins de investigação criminal ou consentidas pelos próprios agentes. E os fundamentos invocados, com os quais concordamos em absoluto, foram os seguintes:

"Os deveres de lealdade e de obediência relativamente à execução e disciplina de trabalho, impostos naquele preceito, não são compatíveis, para a sua fiscalização, com comportamentos que colidam com o respeito que o trabalhador merece como colaborador da entidade patronal e as boas

---

([588]) Veja-se Prof. Costa Andrade – "Sobre as proibições de Prova em Processo Penal", Coimbra Editora, pág. 283.

([589]) Acórdão de 10/12/91 *in* Col. Jur. 1991, t. 5, pág. 153 e http://www.itij.pt

condições de trabalho do ponto de vista moral que aquela lhe deve proporcionar.

Por outro lado, o interesse jurídico protegido...é a inviolabilidade da correspondência e telecomunicações, direito que tem a sua consagração no art. 34.º n.º 1 da CRP. Tal princípio geral tem carácter absoluto, no sentido de que não admite excepções ou derrogações, a não ser por exigências de investigação criminal prevista na lei, como é salvaguardada no n.º 4 do mencionado preceito constitucional.

A lei não admite, portanto, qualquer excepção àquele princípio, mesmo para fiscalização de assuntos de serviço".

No *direito francês* a jurisprudência tem tido o mesmo entendimento ao considerar que o empregador que regista, sem o conhecimento dos seus trabalhadores, as conversações dos trabalhadores será culpado por violação da intimidade da sua vida privada, quer seja no local que serve de cantina aos trabalhadores quer seja no escritório ([590]).

Isto não significa que, segundo alguma jurisprudência e em face de actuações específicas no contexto laboral, o trabalhador não esteja vinculado a prestar contas à entidade patronal e a realizar a prestação com observância dos princípios da lealdade e honestidade, única forma de preservar a confiança que deve caracterizar o desenvolvimento da relação de trabalho. Para ilustrar esta ideia aqui fica uma referência ao Acórdão do Tribunal da Relação do Porto de 11 de Outubro de 1999 ([591]), cujo sumário é o seguinte:

"I – No contrato de trabalho assumem particular relevo as relações pessoais inter-partes, sendo a honestidade e a lealdade um dos valores mais salientes que as devem nortear. Esse dever de mútua honestidade não é susceptível de gradações, mas antes um dever absoluto, pelo que qualquer infidelidade envolve falta grave, eliminando a confiança depositada até ao momento da sua comissão pelo infractor.

II – Viola esses deveres de honestidade e de lealdade, o trabalhador que se recusou a explicar ao gerente da Ré os assuntos tratados nas comunicações telefónicas que efectuou durante o exercício das suas funções para a sociedade construtora que procedia às obras de restauro de um hotel e para fabricantes de fardamentos e utensílios para hotelaria e de equipamentos informáticos, além de negar quaisquer contactos.

([590]) TGI de Paris de 7/11/1995 e TGI da Saint-Etienne, de 19/4/1977 citados por Sylvain Lefebvre, ob. cit. pág. 52.

([591]) http://www.itij.pt

III – Tal comportamento, atenta a plena autonomia e confiança e latos poderes que lhe tinham sido conferidos, aliados ao cargo de elevada responsabilidade que desempenhava, revestiu gravidade tal e teve consequências de abalo irremediável da confiança recíproca que enforma o contrato de trabalho, tomando imediata e praticamente impossível a subsistência da relação de trabalho".

No caso em apreço não está em causa a «intercepção de comunicação», mas uma questão relacionada com o «dever de informação» relacionado com aspectos atinentes à actividade empresarial (veja-se o que hoje dispõe o artigo 97.º n.º 2 do CT). É óbvio que o dever de honestidade e de lealdade, pilares do princípio da confiança, só vinculam as partes em assuntos que se relacionam com o exercício da actividade da empresa e com o exercício de funções dos trabalhadores. Estaria excluída, neste contexto, a revelação de conversas estritamente privadas e sem qualquer influência nas relações comerciais.

b) A gravação sistemática de chamadas com conhecimento dos trabalhadores

1. Questão diversa da anterior é a relativa à gravação de chamadas realizada no âmbito da previsão do artigo 5.º n.º 3 da Lei 69/98, de 28 de Outubro. Este dispositivo legal permite a "gravação de comunicações, no âmbito de práticas comerciais lícitas, para o efeito de prova de uma transacção comercial ou de qualquer outra comunicação de negócio, desde que o titular dos dados tenha sido disso informado e dado o seu consentimento expresso".

Trata-se de um procedimento utilizado em múltiplos domínios de actividade: na actividade bancária e financeira («banca telefónica», perda/extravio de cartões de crédito), celebração de contratos de seguro por telefone, bolsa (ordens de compra e venda de acções), serviços médicos ao domicílio ou aconselhamento médico, assistência em viagem, serviços de atendimento, *marketing* telefónico ou serviços de reservas, bem como nas entrevistas realizadas no âmbito de inquéritos, sondagens ou estudos de mercado.

A gravação aparece, por um lado, estreitamente ligada à forma como a entidade patronal, no contexto dos seus poderes, entende dever fixar os termos em que deve ser prestado o trabalho (cf. artigos 111.º, 150.º e 151.º do CT). Numa outra vertente, que justificou a previsão legal, pretendeu-se o estabelecimento de formalidades relacionadas com a obtenção da prova e documentação da declaração negocial (cf. art. 341.º e 368.º do Código Civil) e que são imprescindíveis para comprovar a validade e eficácia da declaração, quer em relação às diligências prévias à celebração do contrato, quer em relação à perfeição da declaração negocial ([592]).

As gravações podem vir a ser utilizadas para comprovar eventuais "vícios da vontade" que podem resultar, nomeadamente, de facto que seja imputável ao trabalhador. A questão que se coloca é a de saber se a gravação pode ser utilizada para esta finalidade e, também, para outros efeitos relacionados com as relações de trabalho, desde a alteração de procedimentos dos trabalhadores, ponderação da sua eficácia e qualidade de atendimento até à sua utilização para fins disciplinares.

2. O artigo 5.º n.º 2 pressupõe que os meios de «intercepção», «vigilância» e gravação só podem ser utilizados se houver "consentimento expresso dos utilizadores" ou previsão legal. O n.º 3 – funcionando como excepção legal – vem autorizar a gravação de comunicações quando haja informação e consentimento expresso do titular dos dados.

Haverá situações em que a actividade do trabalhador se limita, em exclusivo, à realização de comunicações que, em função da sua natureza e por determinação da entidade responsável a quem as mesmas aproveitam, estão obrigatoriamente sujeitas a gravação. Assim, a gravação pode decorrer do próprio contrato de trabalho, da categoria estabelecida e da definição de funções. Pensamos que a entidade patronal, *depois de informar o trabalhador sobre todas as finalidades e possíveis utilizações das gravações*, não está dispensada de obter – em especial em tarefas ocasionais – um «consentimento expresso» para a gravação, nomeadamente através da inclusão de cláusula contratual ou da assinatura de documento escrito que permita evidenciar o direito de informação e documentar a aceitação do trabalhador em relação à gravação ([593]).

([592]) Veja-se, no mesmo sentido, o entendimento da Comissão Suíça (*in* Relatório de 2001-2002 – http//:www.edsb.ch/f/doku/jahresberichte/tb9/kap8.htm#73): "o conteúdo das conversações telefónicas não deve ser registada a não ser por motivos de *controlo de prestações* (p. ex. controlo da qualidade em caso de venda por telefone ou para fins de formação) ou por *razões de segurança* (p. ex. conservação de provas).

([593]) De acordo com os princípios da lealdade, da transparência e do direito de informação a entidade patronal deve informar os trabalhadores, com rigor, sobre as diversas utilizações que podem ser dadas às gravações. A Comissão Suíça, no seu Relatório de 2001-

Assegurado o direito de informação e realizada a gravação com a observância destas formalidades admite-se, igualmente, que a entidade patronal as utilize para exercer poderes de controlo compatíveis e proporcionados com a actividade desenvolvida. Estes poderes de controlo – em particular em matéria de cumprimento das ordens, avaliação da qualidade do serviço prestado, da cortesia para com os clientes ou realização da prestação nos termos estabelecidos – e de apreciação, em termos comerciais, do grau de satisfação ou adesão da clientela, pode contribuir para a valoração da reacção dos clientes às campanhas publicitárias ([594]). Pode, igualmente, contribuir para alterar procedimentos de atendimento (para prestar um melhor serviço ao cliente ou para assegurar uma maior eficácia na actividade), constatar situações de incumprimento das instruções no desempenho da actividade ([595]), em particular na sequência de queixas apresentadas pelos clientes.

Esta metodologia de controlo pode ser benéfica para os próprios empregados (que podem ter um "*feed back*" em relação à sua presta-

---

-2002 (disponível *in* http//:www.edsb.ch/f/doku/jahresberichte/tb9/kap8.htm#73), tem idêntico entendimento e salienta que "a escuta ou o registo será autorizado se todos os interlocutores registados ou escutados derem, previamente, o seu consentimento e forem informados sem ambiguidade". Adianta, por outro lado, que não será absolutamente necessário informar sobre a existência do tratamento em cada uma das conversações na medida em que tais registos são feitos sistematicamente e que todos os interlocutores já foram informados de forma clara; bastará, para o trabalhador, uma referência expressa no próprio contrato de trabalho.

([594]) A CNIL foi ouvida por uma empresa que se dedicava a venda directa pelo telefone e que pretendia fazer este registo, não com objectivos de controlo ou de recolha de provas contra os trabalhadores, mas para melhorar a qualidade do serviço. Perante a sensibilidade do sistema de registo, a CNIL formulou uma série de recomendação: informação prévia dos trabalhadores, com a indicação das consequências individuais para os próprios trabalhadores; colocação à sua disposição de linhas que não sejam de serviço (não sujeitas a gravação e que pudessem ser utilizadas para fins diversos da acção comercial); direito de acesso às gravações com possibilidade de formularem observações; eliminação das gravações após a realização da escuta para os fins estabelecidos; informação aos clientes da realização desta escuta (Relatório da CNIL de 1997, pág. 286).

([595]) Em França, o Cour de Cassation considerou que uma sociedade que exercia actividade na área da bolsa e que procedia à gravação da conversas telefónicas, com conhecimento dos trabalhadores, tinha o direito de utilizar as gravações para sancionar um trabalhador que, no tempo de trabalho, utilizava os telefones para «jogos de azar» (Chambre Social, 14 de Março de 2000, Reg. N.º 98 – 420 – 90 *in* www.droitquotidien.com).

ção[596]), para os clientes e, especialmente, para a entidade empregadora que pode alterar procedimentos e melhorar a performance do sistema de atendimento. Para que isto aconteça é necessário que esta finalidade seja do conhecimento dos trabalhadores e que esteja prevista – e seja autorizada – no pedido de legalização formulado junto da CNPD (cf. art. 27.º n.º 1 e 30.º n.º 1 al. c) da Lei 67/98).

Contrariamente ao que defende Sylvain Lefebvre ([597]) colocamos sérias objecções em relação ao recurso às gravações, sem conhecimento, para controlo dos trabalhadores desleais em empresas que tratam informações sensíveis ou confidenciais, com o objectivo de evitar a divulgação de segredos à concorrência.

Apresenta-se, igualmente, como desproporcionado e excessivo o recurso a gravações, ainda que com o conhecimento dos trabalhadores, para fins disciplinares, prevenção de chamadas abusivas ou perda excessiva de tempo de trabalho, bem como para controlo de chamadas privadas. Consideramos, por um lado, que estes meios podem ser ineficazes em relação aos objectivos pretendidos (vg. preservação dos segredos de empresas) e que, por outro lado, existem outras formas de controlo menos intrusivas que podem atingir os mesmos objectivos.

Deve ficar claro, igualmente, que estes métodos não podem ser utilizados com a finalidade exclusiva de «controlar o desempenho profissional do trabalhador» uma vez que tal objectivo não se encontra previsto na lei (cf. artigo 5.º n.º 3 da Lei 69/98). As gravações apresentam-se como excepcionais e exclusivamente realizadas no âmbito de «práticas comerciais lícitas». Lembra-se, aliás, que o artigo 20.º do Código do Trabalho afasta, numa perspectiva similar, a possibilidade de utilização dos meios de vigilância para fins de controlo do desempenho profissional.

Os *prazos de conservação* da informação deverão ser limitados, estando dependentes da natureza da actividade e da finalidade que determinou a realização da gravação. Logo que deixem de ser necessários para

---

([596]) A CNIL admitiu um procedimento de registo de escuta – precedido de prévia informação dos trabalhadores em relação aos objectivos prosseguidos e com direito a conhecerem os elementos introduzidos na «ficha de apreciação» – numa perspectiva de controlo de actividades de formação realizada no âmbito da empresa (Cf. 5.º Relatório da CNIL, La Documentation française, 1984, página 112).

([597]) "Nouvelles Technologies et Protection de la Vie Privée en Milieu de Travail en France et au Québec", Centre de Droit Social, 1998, pág. 37.

comprovar a transacção ou a validade da declaração negocial devem as gravações ser eliminadas (cf. art. 5.º n.º 1 al. d) da Lei 67/98). Em termos disciplinares não podem deixar de ser considerados, igualmente, os prazos de prescrição do procedimento disciplinar estabelecidos no artigo 372.º do Código do Trabalho.

Tal como foi referido em relação à realização de chamadas particulares, justifica-se aqui, por maioria de razão, a disponibilização de uma linha não conectada à central de gravação que permita aos trabalhadores realizar as chamadas de natureza privada.

2. Os sistemas de videovigilância

2.1. Enquadramento geral da videovigilância

1. Para uma abordagem da utilização dos sistemas de videovigilância parece-nos adequado verificar a evolução de regimes desde que foi publicado o DL 231/98, de 22 de Julho. Este diploma permitia a adopção de *sistemas de videovigilância* no âmbito do exercício da actividade de segurança privada, os quais podiam estar a cargo de empresas privadas (art. 1.º n.º 3 al. a) ou de serviços de «autoprotecção com vista à protecção de pessoas e bens, bem como à prevenção da prática de crimes» (art. 1.º n.º 3 al. b).

Este diploma determinou a obrigatoriedade de adopção destes sistemas para o Banco de Portugal, instituições de crédito e sociedades financeiras (art. 5.º n.º 1), bem como, nomeadamente, para os estabelecimentos de restauração e bebidas que disponham de salas destinadas a dança (cf. n.º 1 da Portaria n.º 26/99, de 16 de Janeiro).

As disposições específicas de segurança para as instituições de crédito constavam do Decreto-Lei n.º 298/79, de 17 de Agosto.

Com o acórdão do Tribunal Constitucional de 12 de Junho de 2002 ([598]), deixou de haver fundamento para a utilização de sistemas de videovigilância por parte das entidades que prestavam serviços de segurança privada, por força da declaração de inconstitucionalidade orgânica do artigo 12.º n.ºs 1 e 2 do DL 231/98

([598]) Publicado na I.ª Série – A do Diário da República de 8 de Julho de 2002, pág. 5237.

O Tribunal Constitucional – no referido acórdão – caracterizou, com rigor, as implicações deste tratamento na esfera das pessoas. Citando Paulo Mota Pinto, considerou que "a permissão da utilização dos referidos equipamentos constitui uma limitação ou uma restrição do direito à reserva da intimidade da vida privada, consignada no artigo 26.º n.º 1 da CRP". Acrescentou que as tarefas de definição das regras e a apreciação dos aspectos relativos à videovigilância constituem «matéria atinente a direitos liberdades e garantias».

É patente que os meios utilizados e o respectivo tratamento implicam, necessariamente, algumas restrições em relação ao direito à imagem ([599]), à liberdade de movimentos, integrando esses dados, por isso, informação relativa à vida privada ([600]).

O princípio fundamental a reter em relação à jurisprudência do Tribunal Constitucional é o de que envolvendo os sistemas de videovigilância restrições de direitos, liberdades e garantias – caberá à lei (cf. artigo 18.º n.º 2 da CRP) decidir em que medida estes sistemas poderão ser utilizados e, especialmente, assegurar, numa situação de conflito de direitos fundamentais, que as restrições se limitem «ao necessário para salvaguardar outros direitos ou interesses fundamentais» ([601]).

O Tribunal Constitucional tem entendido, de forma pacífica, que "nas relações entre os particulares e o Estado se introduza a noção de respeito da vida privada, de modo a que o Estado não afecte o direito ao segredo e a liberdade da vida privada, senão por via excepcional, para assegurar a protecção de outros valores que sejam superiores àqueles" ([602]). Importa,

---

([599]) Veja-se o artigo 79.º n.º 2 do Código Civil e o artigo 199.º do Código Penal.

([600]) Segundo J. J. Gomes Canotilho e Vital Moreira – "Constituição da República Portuguesa Anotada", 3.ª Ed. 1993, pág. 181 – deve ser reconhecido o "direito de cada um de não ser fotografado nem ver o seu retrato exposto em público sem o seu consentimento" e o "direito a impedir o acesso de estranhos a informações sobre a vida privada e familiar".

([601]) Lucrecio Rebollo Delgado – "El Derecho Fundamental a la Intimidad", Madrid, 2000, pág. 166 – salienta, no mesmo contexto, que "a intimidade não se refere a um sujeito concreto num espaço físico determinado. Aquela representa um direito que acompanha a pessoa independentemente do lugar onde se encontra. Desta forma, tanto a vida privada como a intimidade apresentam-se como direitos que merecem salvaguarda no lugares públicos".

([602]) Acórdão de 7 de Maio de 1997 (DR I.ª Série de 7/6/1997, pág. 2803) e Pierre Kayser – "La protection de la vie Privée", 2.ª Ed., 1990, pág. 7.

por isso, verificar que tipo de contornos são legalmente estabelecidos para assegurar o equilíbrio dos direitos fundamentais conflituantes.

Em consequência da referida declaração de inconstitucionalidade e da subsequente legislação entretanto publicada, nomeadamente na sequência da Lei n.º 29/2003 de 22 de Agosto, *que autorizou o Governo a legislar sobre o regime jurídico do exercício da actividade de segurança privada*, o quadro jurídico do regime da videovigilância terá que ser encontrado, no domínio que agora nos interessa, na aplicação das seguintes disposições legais:

a) DL n.º 35/2004, de 21 de Fevereiro, em relação à utilização destes meios por parte das empresas que exercem *actividade no âmbito da segurança privada*;

b) Lei 67/98, de 26 de Outubro, na medida em que – como resulta do artigo 4.º n.º 4.º – esta lei se aplica "à videovigilância e outras formas de captação, tratamento e difusão de sons e imagens" que permitem identificar pessoas sempre que o responsável pelo tratamento esteja domiciliado em Portugal;

c) Artigo 20.º do Código do Trabalho, pois delimita algumas condições em que devem ser utilizados "meios de vigilância a distância no local de trabalho".

2. É neste quadro legal que devem ser delimitadas as condições de tratamento de som e imagem, cuja captação é feita através do recurso a sistemas de videovigilância.

Um olhar pela autorização legislativa – conferida pela Lei 29/2003 – permite evidenciar uma preocupação em relação às condições de utilização de equipamentos electrónicos de vigilância: deve assegurar "o *respeito pela necessária salvaguarda dos direitos e interesses constitucionalmente protegidos*" (artigo 2.º al. g). Para além disso, a Assembleia da República deixou ao Governo a tarefa de "definir, no respeito pelo regime geral em matéria de protecção de dados, as regras respeitantes à utilização dos equipamentos electrónicos de vigilância ..., estabelecendo que o tratamento dos dados *visa exclusivamente a protecção de pessoas e bens*, delimitando temporalmente a conservação dos dados recolhidos, garantindo o *conhecimento pelas pessoas da utilização daqueles meios*, bem como *restringindo a utilização de dados recolhidos nos termos previstos na legislação processual penal*" (artigo 2.º al. h).

Da regulamentação operada pelo DL n.º 35/2004, de 21 de Fevereiro, consideramos que merecem especial realce os seguintes aspectos:

a) Este diploma é aplicável, *tão só*, *às entidades que exercem a actividade de segurança privada* (artigo 1.º n.º 1), enquanto «função subsidiária e complementar da actividade das forças e dos serviços de segurança pública do Estado» (artigo 1.º n.º 2);

b) A actividade de segurança privada engloba duas realidades distintas. Por um lado, a "prestação de serviços a terceiros por *entidades privadas* ([603]) com vista à protecção de pessoas e bens, bem como à prevenção da prática de crimes" (artigo 1.º n.º 3 al. a) e, por outro, a organização pelas entidades e em proveito próprio, para prossecução dos mesmos objectivos, de «*serviços de autoprotecção*» ([604]) (al. b).

c) É proibido, no exercício da actividade de segurança privada, "ameaçar, inibir ou restringir o exercício de direitos, liberdades e garantias ou outros direitos fundamentais" (artigo 5.º alínea b);

d) "As entidades titulares de alvará ou de licença para o exercício dos serviços estabelecidos nas alíneas a), c) e d) do artigo 2.º, podem utilizar equipamentos electrónicos de vigilância *com o fim de protecção de pessoas e bens e ressalvados os direitos e interesses constitucionalmente protegidos*" (artigo 13.º n.º 1);

e) "A gravação de imagens e som...devem ser conservadas pelo prazo de 30 dias, findo o qual serão destruídas, só podendo ser utilizadas nos termos da legislação penal e processual penal" (artigo 13.º n.º 2);

f) Nos locais objecto de vigilância é obrigatória a afixação, em local bem visível, de aviso que assegure o direito de informação, nos termos do n.º 3 do artigo 13.º;

([603]) Nos termos do artigo 22.º n.º 1 do DL n.º 35/2004, de 21 de Fevereiro, esta prestação de serviços a terceiros «só pode ser exercida com a autorização do Ministro da Administração Interna, **titulada por alvará** e após cumpridos todos os requisitos e condições estabelecidas no presente diploma e regulamentação complementar". Sobre a emissão de alvará rege o artigo 26.º

([604]) Também o artigo 22.º n.º 2 do DL n.º 35/2004, de 21 de Fevereiro, condiciona o exercício de actividade de «autoprotecção» a "autorização do Ministro da Administração Interna, **titulada por licença** e após cumpridos todos os requisitos e condições estabelecidas no presente diploma e regulamentação complementar" (veja-se, também, o disposto no artigo 3.º). Sobre a emissão da licença rege o artigo 27.º

g) *"A autorização para a utilização dos meios de vigilância electrónica nos termos do presente diploma, não prejudica a aplicação do regime geral em matéria de protecção de dados previsto na Lei 67/98, de 26 de Outubro"*.

Para além de as empresas serem obrigadas, conforme for o caso, a possuir alvará ou licença, devem observar as exigências em relação à preservação dos direitos liberdades e garantias das pessoas sujeitas à captação de som e imagem. A utilização de equipamentos electrónicos no âmbito das finalidades enunciadas na lei – protecção de pessoas e bens – obriga as entidades responsáveis a absterem-se de utilizar estes meios quando constituam ameaça, inibam ou restrinjam o exercício de direitos, liberdades e garantias ou outros direitos e interesses constitucionalmente protegidos.

3. Esta preocupação do legislador é claramente consentânea, no nosso ponto de vista, com os pressupostos estabelecidos pela Lei 67/98, de 26 de Outubro. A Lei 67/98 surge, assim, como legislação geral de enquadramento do tratamento da videovigilância e de outras formas de captação, difusão de sons e imagens.

Por força da aplicação da Lei 67/98, os responsáveis pelo tratamento de imagem e som estão obrigados, em particular, a notificar estes tratamentos à CNPD (art. 27.° n.° 1), a observar os princípios relativos à qualidade dos dados (artigo 5.°), a respeitar as "condições de legitimidade" e de licitude para poderem tratar esses dados (artigos 6.°, 7.° e 8.°) e a assegurar o direito de informação (art. 10.°). Os dados devem ser conservados por prazos limitados, cabendo à CNPD fixar o prazo de conservação em função da finalidade (artigo 23.° n.1 al. f). Não nos parece, igualmente, que possa ser afastado o direito de oposição quando se verifiquem os requisitos do artigo 12.° al. a).

Mas, em função da natureza dos dados e da forma como são recolhidos, interessa saber se as entidades têm legitimidade para proceder ao seu tratamento, continuando a realizar a captação de som e imagem.

Por força do artigo 35.° n.° 3 da CRP – e porque estamos perante dados da «vida privada» (cf. a doutrina do Tribunal Constitucional) – o tratamento só pode ser realizado quando houver «autorização prevista em lei» ou «consentimento dos titulares» ([605]). A CNPD deve, no caso con-

---

([605]) Admitimos que, em face dos perigos que envolve para a privacidade e intimidade da vida privada dos habitantes de um imóvel (v.g. condomínio fechado), a única con-

creto, apurar se será admissível o tratamento à luz do artigo 35.º n.º 3 da CRP e do artigo 7.º n.º 2 da Lei 67/98.

Isto é, para além dos casos em que a lei admite a possibilidade de utilização de sistemas de videovigilância no âmbito de certas actividades específicas (o caso do referido DL n.º 35/2004, de 21 de Fevereiro), há situações em que *é a própria lei* que impõe ou admite a utilização de sistemas de videovigilância:

a) A Lei 38/98, de 4 de Agosto, obrigou os organizadores de competições desportivas a dotarem os seus recintos de sistemas de videovigilância;

b) O DL 139/2002, de 17 de Maio, obriga os estabelecimentos de fabrico e armazenagem de produtos explosivos a "estarem protegidos por um sistema de vigilância permanente que assegure a detecção de intrusos", admitindo que uma das opções de controlo possa passar pela instalação de um "sistema de videovigilância instalado nos termos da lei geral" (artigo 22.º n.º 2 e 3 alínea b);

c) Outras disposições admitem a sua utilização quando esta se justifique em função de determinado tipo de actividades (cf. artigo 20.º n.º 2 do Código do Trabalho). Também se deve admitir, no mesmo contexto, a utilização destes sistemas para controlo de postos de trabalho que apresentem especiais riscos para os trabalhadores, quer pela sua especial perigosidade em relação ao manuseamento de certas substâncias perigosas quer pela inacessibilidade ou especial solidão em que os trabalhadores exercem a sua actividade (vg. minas, centrais nucleares, laboratórios em que sejam manuseados produtos químicos perigosos).

Pode ser igualmente legítima, à luz da Lei 67/98, a utilização de sistemas de videovigilância quando a mesma se fundamente na necessidade de assegurar a prevenção de crimes ou documentar a prática de infracções penais – nomeadamente no contexto da finalidade de «protecção de pessoas e bens» – e desde que tal tratamento se apresente como necessário à execução de finalidades legítimas do seu responsável, desde que não prevaleçam os direitos, liberdades e garantias do titular dos dados (artigo 8.º

---

dição que pode legitimar a colocação de sistemas de videovigilância será o consentimento das pessoas aí residentes (condóminos e arrendatários).

n.º 2 da Lei 67/98). É ainda necessário, como resulta do preceito acabado de citar, que este tratamento seja autorizado pela CNPD, que verificará se foram observadas as normas de protecção de dados e de segurança da informação.

Porque estão em conflito, mais uma vez, direitos passíveis de protecção – o direito de propriedade, à segurança de pessoas e bens, de um lado, e o direito à intimidade, de outro – este preceito condiciona o tratamento à necessidade de ponderação entre o interesse e finalidades legítimas dos responsáveis e os direitos, liberdades e garantias dos titulares dos dados que podem ser afectados pela recolha de imagens.

Verifica-se que, à semelhança do que acontece noutros sistemas jurídicos, a utilização da videovigilância deve observar o princípio da proporcionalidade «numa dupla vertente de idoneidade e de intervenção mínima» ([606]). É da ponderação dos meios que se pretendem utilizar e da verificação da sua idoneidade e indispensabilidade para atingirem a finalidade prosseguida, nomeadamente porque não existem outros métodos de vigilância e controlo menos intrusivos ou lesivos do direito à intimidade, que a CNPD pode, no caso concreto, autorizar ou limitar a utilização dos sistemas de videovigilância.

4. Um olhar pela doutrina e experiência noutros países, especialmente ao nível de autoridades de protecção de dados, permite confirmar que as linhas delineadas pelo Tribunal Constitucional, baseadas no princípio da proporcionalidade, influenciam, de forma decisiva, as condições de tratamento de dados que recorram a sistemas de videovigilância.

A *Autoridade de controlo grega* – numa decisão de 26 de Setembro de 2000 ([607]) – estabeleceu Directivas sobre a recolha de som e imagem através de circuitos fechados de televisão (CCTV). Começou por fixar, no

---

([606]) Requisitos estabelecidos no artigo 6.º da lei espanhola (Ley Orgnánica 4/1997, de 4 de Agosto). A *idoneidade* determina que "só poderá empregar-se a *camera* de vídeo quando seja adequado, numa situação concreta, para a manutenção da segurança do cidadão, em conformidade com o disposto na lei" (n.º 2 do artigo 6.º). A intervenção mínima exige "a ponderação, em cada caso, entre a finalidade pretendida e a possível afectação, pela utilização da *camera* de vídeo, do direito à honra, à própria imagem e à intimidade das pessoas" (n.º 3). Veja-se o acórdão do Tribunal Constitucional espanhol 98/2000, de 10 de Abril (in http:....).

([607]) http://www.dpa.gr

artigo 1.º, os critérios a considerar em termos de legitimidade do tratamento de dados:

A – O *princípio da necessidade* – O tratamento é permitido quando a finalidade não puder ser alcançada por qualquer outro meio igualmente eficaz, mas menos intrusivo para o cidadão;

Princípio da proporcionalidade – O interesse legítimo do responsável deve prevalecer sobre os direitos e interesses do indivíduo a que dizem respeito, desde que os seus direitos fundamentais não sejam violados.

Fixou princípios relativos à recolha de dados:

B – Os dados recolhidos por CCTV devem ser adequados, pertinentes e não excessivos em relação à finalidade para a qual são usados. Portanto, os locais onde as *cameras* fixas de vídeo devem ser instaladas, bem como a forma de gravação, deve ser de maneira a que não seja gravada mais informação da que for necessária para a finalidade.

C – Em espaços abertos as *cameras* de vídeo devem ser instaladas em locais que não lhes permitam captar imagens em entrada ou interior de residências privadas.

A *autoridade de controlo belga* – no seu parecer 34/1999, de 13 de Dezembro, relativo ao tratamento de imagens efectuadas por sistemas de videovigilância ([608]) – chamou particular atenção para o princípio da proporcionalidade, dando especial realce à necessidade de o "interesse geral ou interesses legítimos do gestor do tratamento serem balanceados com o direito à protecção da vida privada da pessoa objecto de registo".

No balanceamento entre o princípio da proporcionalidade e os riscos para a vida privada das pessoas, o campo coberto pelas *cameras* deverá limitar as possibilidades de identificação das pessoas visadas.

Em relação à colocação de *cameras* em locais públicos deve atender-se aos efeitos causados em relação à captação de lugares não acessíveis ao público e considerar que as imagens se devem apresentar como um meio adequado e necessário à realização do objectivo prosseguido.

O *Conselho da Europa* estabeleceu alguns princípios a adoptar em relação ao tratamento de som e imagem em matéria de videovigilância ([609]). Um dos aspectos relevantes que o documento sublinhou refere-se à ponderação, em termos de proporcionalidade, entre as exigências de segurança e a protecção da vida privada. Adianta, ainda, que "os sistemas

---

([608]) http://www.privacy.fgov.be
([609]) http://www.legal.coe.int

de videovigilância podem produzir efeitos positivos em termos de segurança. A eficácia dos seus efeitos não é uniforme. Algumas aplicações traduziram-se numa diminuição de actos ilícitos em espaços públicos. Outras mostraram-se ineficazes ou afastaram a criminalidade para zonas limítrofes ou limitaram-se a oferecer meios de prova em relação às pessoas observadas" ([610]).

Na apreciação dos efeitos decorrentes da introdução dos sistemas de viodeovigilância não podem deixar de ser analisados os "efeitos potenciais sobre a liberdade e comportamento dos cidadãos", fazendo-se uma necessária reflexão "sobre o grau de violação da vida privada" que tenha especial incidência nas vertentes da «liberdade de circulação» e na análise de «comportamentos».

Em matéria de pertinência é fundamental que os responsáveis pela recolha de imagens:

a) Definam a localização das *cameras* e as modalidades de registo (registo e conservação das imagens, ângulos utilizados, escolha de «grandes planos» e *scanner* de imagens);

b) Redução do campo visual em função da finalidade prosseguida ou das zonas em que "a videovigilância é efectivamente necessária, dando uma atenção particular aos casos em que as *cameras* – filmando lugares públicos – permitem o registo de som e imagem em lugares privados situados na proximidade";

c) Proceder à recolha de imagens no estritamente necessário à finalidade prosseguida, sendo dispensáveis grandes planos ou detalhes dispensáveis em função dos objectivos a que se propõe o responsável.

O *Grupo do Artigo 29.º* – Grupo de Protecção de Dados Pessoais – adoptou, em 11 de Fevereiro de 2004, o Parecer n.º 4/2004 sobre o tratamento de dados pessoais por meio de videovigilânica ([611]). Nesse documento foi salientada a necessidade de as entidades evitarem a «utilização despro-

---

([610]) Lucrecio Rebollo Delgado ("El Derecho Fundamental a la Intimidad", Madrid, 2000, pág. 168) considera, em sentido similar, que "a videovigilância não opera como elemento dissuasor da prática de delitos; representa, na sua essência, um elemento de prova da realização dos mesmos".

([611]) Disponível *in* http://europa.eu.int/comm/internal_market/privacy/working group/wp2004

porcionada» da videovigilância. O princípio da proporcionalidade exige uma apreciação sobre a «qualidade dos dados» (adequação, pertinência e carácter não excessivo) e avaliação de alguns aspectos sobre a forma como é feito o tratamento:

- Nas filmagens deverá ser considerado o «ângulo visual em relação à finalidade prevista» – por exemplo se a vigilância se fizer em local público, o ângulo não deverá permitir a visualização de pormenores que sejam irrelevantes para os fins visados nem das áreas interiores de locais privados situados nas proximidades, especialmente se estiverem activas funções de aproximação (*zooming in*) da imagem;
- O tipo de equipamento utilizado (fixo/móvel);
- A possibilidade de ampliar ou aproximar a imagem;
- A possibilidade de utilizar tecnologias de «bloqueio de imagem».

Tal como referimos, a ideia de proporcionalidade "implica, em cada caso concreto, a idoneidade do meio utilizado – a videovigilância – bem como, e também, o respeito pelo princípio da intervenção mínima.

O princípio da intervenção mínima implica, necessariamente, que se pondere entre a finalidade pretendida e a necessária violação de direitos fundamentais, aqui concretamente o direito à privacidade e à imagem.

Deverá mesmo pressupor-se, em concreto, que o risco a prevenir deverá ser de todo razoável" ([612]) e proporcionado quando comparado com os direitos fundamentais de terceiros que são afectados com a utilização destes meios.

Daqui decorre, desde logo, que a entidade patronal está impedida de utilizar sistemas de videovigilância que, objectivamente, coloquem em causa os direitos fundamentais dos trabalhadores. Em particular, deve ser incluída naquela inibição a recolha de imagens em locais onde deve ser preservada a intimidade dos trabalhadores (v.g. casas de banho, vestiários e gabinetes similares, refeitórios, serviços de consulta médica ou de medicina do trabalho) ([613]).

([612]) Veja-se a Deliberação da CNPD n.º 98/2002, de 21 de Maio.

([613]) Os princípios da necessidade e da proporcionalidade foram, também, determinantes para que a jurisprudência francesa considerasse como ilícita a revista sistemática, por apalpação corporal dos trabalhadores, com o objectivo de verificar a existência de objectos transportados (Cass. Crim. 1 Dez 1987 in Droit Ouvrier, 1989, pág. 138). Segundo

2.2. A videovigilância no local de trabalho

1. No âmbito da utilização de videovigilância no local de trabalho podem ser abordadas duas realidades distintas: (1)o aproveitamento e utilização do sistema de videovigilância colocado para protecção de pessoas e bens em relação ao público em geral que frequenta determinado estabelecimento ou (2)a colocação específica destes sistemas direccionados à prevenção e obtenção de prova de furtos praticados pelos trabalhadores.

Em relação à primeira situação será legítimo considerar que os sistemas de videovigilância vocacionados para protecção de pessoas e bens, direccionados para as pessoas que frequentam o estabelecimento, podem ser utilizados contra o trabalhador desde que captem imagens que envolvam os trabalhadores da empresa ([614]).

Está fora de dúvida que as gravações realizadas se destinam a finalidades específicas, só podendo ser utilizadas no âmbito da lei penal. Podem ser utilizadas para aquela finalidade, independentemente de os agentes envolvidos serem trabalhadores ou pessoas estranhas à empresa. Caso o trabalhador – informado da recolha de imagens ([615]) – venha a ser surpreendido pelo sistema de vigilância da empresa a praticar um furto não parece que possa invocar qualquer direito privilegiado em relação a qualquer cidadão frequentador do local de trabalho. É fundamental, no entanto, que o trabalhador tenha sido informado da existência destes meios, não sendo admissível, no nosso direito, a recolha de imagens sem o conhecimento das pessoas, salvo no âmbito de processo crime e nos termos previstos na lei penal e legislação complementar e sempre com base em despacho judicial.

A recolha de imagens neste contexto não parece traduzir-se em qualquer devassa ou intromissão indevida na esfera pessoal do trabalhador.

Entendemos que o facto de o DL n.º 35/2004, de 21 de Fevereiro, referir que «os dados recolhidos só podem ser utilizados nos termos da lei

---

a jurisprudência francesa só necessidades específicas ligadas à existência de furtos poderá justificar tais práticas, na condição de que a revista tenha lugar na presença de terceiros e com o consentimento do trabalhador (Conseil d'Etat 19 de Junho de 1989) – citados pela CNIL, ob. cit. pág. 15.

([614]) As imagens de uma *camera* instalada numa bomba de gasolina – vg. direccionada para a caixa – podem ser utilizadas em termos de processo crime ou disciplinar se for captado o acto do trabalhador que subtrai o dinheiro da caixa.

([615]) Veja-se, para mais desenvolvimento, Pierre Kayser, ob. cit. pág. 268.

penal» não invalida que a entidade patronal possa utilizar sistemas de tratamento (som, imagem e registos informáticos – v.g. *"tracing"* por razões de controlo de acessos e de segurança) para a instrução de processo disciplinar que tenha subjacentes factos imputáveis ao trabalhador e indiciadores de actos lesivos da segurança de pessoas e bens.

De acordo com jurisprudência uniforme, existe uma autonomia entre o procedimento disciplinar e o procedimento criminal ([616]) não parecendo defensável que – naquele caso concreto – a entidade patronal não possa servir-se das imagens para efeitos disciplinares.

O objectivo do preceito – que apenas visa regular a utilização destes meios para fins específicos – foi o de assegurar que o som e as imagens só seriam utilizadas em conformidade com a informação fornecida pelos responsáveis e no respeito pelas finalidades indicadas. A possibilidade de utilização das imagens no âmbito da relação de trabalho, se dúvidas existissem, ficou clarificada na previsão do artigo 20.º n.º 2 e 3 do Código do Trabalho.

Desde que se considere que o tratamento é legítimo e proporcionado em relação à finalidade – e, por isso, autorizado pela CNPD (cf. artigo 7.º n.º 2, 8.º n.º 2 e 28.º n.º 1 al. a) da Lei 67/98) – não há razões objectivas para considerar que as imagens recolhidas não possam ser utilizadas, no âmbito da finalidade declarada (protecção de pessoas e bens), contra os trabalhadores. Aliás, sendo a recolha de imagens feita com o seu conhecimento – porque é necessário afixar em local bem visível informação sobre o tipo de tratamento e finalidade – o trabalhador está consciente de que esse tratamento poderá vir a ser utilizado em caso de prática, nas instalações da empresa, por quem quer que seja, de actos lesivos de pessoas e de bens ([617]).

Em relação à segunda situação afigura-se-nos que terá que haver razões justificativas para a instalação destes meios, fundamentadas num "perigo concreto" ou "risco" determinado, em que se torna necessário fazer um balanceamento – em termos de proporcionalidade – dos interesses e valores conflituantes ([618]). Porém, o direito de informação dos

---

([616]) Vejam-se ao acórdãos do STJ de 25/1/80 (in AD n.º 219, pág. 390) e Ac. Rel. Lisboa 14/11/84 (in Col. Jur. IX, t. 5, pág. 200).

([617]) Não estão em causa, exclusivamente, factos que atentem contra a pessoa e bens do responsável do tratamento, mas em relação a todas as ocorrências registadas no estabelecimento.

([618]) Em seguida abordaremos, com maior detalhe, a previsão do artigo 20.º do Código do Trabalho.

trabalhadores é uma das condições prévias à licitude de utilização destes meios.

2. Antes de abordarmos o regime estabelecido no Código do Trabalho, consideramos útil fazer uma incursão pela jurisprudência nacional e internacional em matéria de utilização da videovigilância nos locais de trabalho.

O Supremo Tribunal de Justiça ([619]) teve oportunidade de considerar válidas as gravações vídeo feitas por dona de casino – e admitir que a sua utilização em julgamento não viola o disposto nos artigos 179.º e 180.º do CP de 1982 – com a finalidade de detecção de eventuais anomalias de acesso a máquinas de jogo ou fichas de jogo. De acordo com este aresto estes meios de prova, contra actuação dos seus trabalhadores, não integram qualquer "intromissão ou devassamento da vida privada de outrem".

Também a Relação do Porto ([620]) considerou válida a prova apresentada através de cassete vídeo reproduzindo imagens gravadas em salas de jogo, visionada em audiência sem ter sido suscitado qualquer reparo. Um outro acórdão do mesmo tribunal ([621]), considera que a lei do jogo não proíbe que as imagens gravadas nas salas de jogo sejam usadas como meio de prova em acção emergente de contrato de trabalho. Quando nela se discutam comportamentos imputados ao trabalhador, que exercia funções no bar de uma sala de jogo, aceitou o recurso a essas imagens para apreciar a sua conduta, a qual – contrariando instruções expressas da sua entidade patronal – omitiu o registo de parte das vendas efectuadas.

Porém, o acórdão do Tribunal Constitucional de 28 de Abril de 2003 ([622]) julgou organicamente inconstitucional, por violação da alínea b) do n.º 1 do artigo 168.º da Constituição, a norma ínsita no artigo 52.º do DL n.º 422/89, de 7 de Dezembro. Ou seja, foi considerada ilícita a prova recolhida por equipamentos de vigilância e controlo instalados em salas de jogo, destinados à protecção de pessoas bens, por falta de competência do Governo. Mais uma vez o Tribunal Constitucional considerou que o Governo legislou em matéria de reserva relativa de competência da Assembleia da República, em violação do artigo 168, n.º 1 alínea b) da CRP.

([619]) Acórdão de 9 de Novembro de 1994 *in* http://www.itij.pt
([620]) Acórdão de 27 de Setembro de 1999, *in* http://www.itij.pt
([621]) Acórdão dDe 20 de Setembro de 1999, *in* http://www.itij.pt
([622]) Acórdão n.º 207/2003, *in* DR II.ª Série de 30 de Maio de 2003, pág. 8421.

3. Em *França*, o Cour de Cassation, em acórdão de 20 de Novembro de 1991, considerou que "se o empregador tem o direito de controlar e fiscalizar a actividade dos seus trabalhadores durante o tempo de trabalho, todo o registo de imagens ou de palavras sem o seu conhecimento, quaisquer que sejam os motivos, constitui um meio de prova ilícito" ([623]). Segundo a doutrina, o mais alto tribunal francês "censurou a utilização de sistemas clandestinos de videovigilância, isto é, instalados com o desconhecimento dos trabalhadores".

Este entendimento manteve-se no acórdão do mesmo tribunal de 22 de Maio de 1995 ([624]), tendo sido reiterada a jurisprudência segundo a qual «é inadmissível todo e qualquer registo de imagens e de palavras feito com o desconhecimento do trabalhador e, de um modo geral, toda e qualquer prova recolhida por meios ilícitos».

Para além disso, e como é óbvio, a validade da prova passa, igualmente, pela comprovação de que as imagens recolhidas oferecem garantias de «autenticidade, de imparcialidade e de sinceridade, em relação quer à data do seu conteúdo» ([625]), nomeadamente quando a sua reprodução resulta de montagem.

Em *Espanha* o Tribunal Constitucional, no acórdão n.º 98/2000, de 10 de Abril, pronunciou-se em relação à gravação de som e imagem dos trabalhadores de um casino. Depois de considerar que o direito à intimidade implica a «existência de um âmbito próprio e reservado frente à acção e conhecimento dos demais, necessário, segundo os parâmetros da nossa cultura, para manter a qualidade mínima da vida humana», reconheceu, ao mesmo tempo, que o direito à intimidade não é absoluto. Daí que deva ceder «perante interesses constitucionalmente relevantes, sempre que o recorte que aquele tenha que experimentar se revele como necessário para lograr o fim legítimo previsto, proporcionado para alcançar e, em todo o caso, respeitar o conteúdo essencial do direito». O poder de direcção do empresário deve exercitar-se, como é lógico, dentro do respeito devido pela dignidade do trabalhador. A verdade é que, refere-se, há luga-

---

([623]) Sylvain Lefebvre – "Nouvelles Technologies et Protection de la Vie Privée en Milieu de Travail en France et au Québec", pág. 90.

([624]) Citado *in* Sylvain Lefebvre – "Nouvelles Technologies et Protection de la Vie Privée en Milieu de Travail en France et au Québec", pág. 105.

([625]) Decisão do Cour d'appel de Aix-en-Provence de 4 de Janeiro de 1994, Sylvain Lefebvre, loc. cit. pág. 108.

res na empresa onde a realização de gravação de conversas com os clientes podem violar o direito à intimidade do trabalhador, na medida em que podem ser abordadas questões alheias à relação de trabalho.

A empresa proprietária do Casino justificou a necessidade de captação e gravação de conversas dos trabalhadores (através de um sistema de videovigilância) invocando que «as gravações servem para complementar os sistemas de segurança» e que tal sistema tinha em vista a apreciação de eventuais reclamações dos clientes.

O Tribunal Constitucional conclui que a instalação de aparelhos de captação e gravação de som em zonas como a caixa ou a roleta francesa "não tem em conta que se trata de duas zonas nas quais se produzem transacções económicas de certa importância. Ora, a mera utilidade ou conveniência para a empresa não legítima, sem mais, a instalação dos aparelhos de audição e gravação, tendo em conta que a empresa já dispunha de outros sistemas de segurança que o sistema de audição pretende complementar". Para além disso, a instalação de microfones não foi efectuada como consequência da detecção de uma quebra nos sistemas de segurança e controlo. Ou seja, não se provou que o sistema de gravação de som seja «indispensável para a segurança e bom funcionamento do casino», para além de permitir a audição contínua e indiscriminada de todo o tipo de conversas – tanto dos trabalhadores como dos clientes – o que representa uma «actuação que ultrapassa amplamente a faculdades que o artigo 20.3 LET atribui ao empresário e supõe, em definitivo, uma intromissão ilegítima no direito à intimidade consagrada no artigo 18.° n.° 1 da Constituição».

O Tribunal Constitucional decidiu que "a implantação do sistema de audição e gravação não estava de acordo com os princípios da proporcionalidade e intervenção mínima que regem a modulação dos direitos fundamentais pelas exigências do interesse da organização empresarial, pois a finalidade que se prossegue (dar mais segurança, especialmente ante eventuais reclamações dos clientes) resulta desproporcionada para o sacrifício que implica o direito à intimidade dos trabalhadores (e incluindo os clientes do casino)".

4. Feitas estas considerações de carácter geral importa tecer algumas considerações em relação à norma do Código do Trabalho. O artigo 20.° – com epígrafe "meios de vigilância a distância" – estabelece o seguinte:

«1. O empregador não pode utilizar meios de vigilância a distância no local de trabalho, mediante o emprego de equipamento tecnológico, com a finalidade de controlar o desempenho profissional do trabalhador.

2. *A utilização do equipamento identificado no número anterior é lícita sempre que tenha por finalidade a protecção e segurança de pessoas e bens ou quando particulares exigências inerentes à natureza da actividade o justifiquem.*
3. Nos casos previstos no número anterior o empregador deve informar o trabalhador sobre a existência e finalidade dos meios de vigilância utilizados».

O preceito acabado de citar contém alguns princípios que – pela sua clareza, simplicidade e coerência – merecem ser evidenciados:

a) Os sistemas de videovigilância não podem, em caso algum, ser utilizados para "controlar o desempenho profissional do trabalhador". Uma recolha sistemática de som e imagem e um controlo permanente com finalidade de verificação do desempenho da actividade e conduta do trabalhador configura-se agora, *ope lege*, como sendo excessivo e desproporcionado, violador dos direitos e da confiança mútua que o contrato pressupõe, a menos que – excepcional e pontualmente – o processo de produção (v.g. linha de montagem) esteja totalmente direccionado para um tipo de controlo (por supervisão à distância), com o objectivo exclusivo de permitir a interrupção do processo de produção, quando se verifique alguma anomalia ou haja perigo para a segurança do trabalhador.

b) Podem ser utilizadas estas tecnologias, no âmbito da empresa, com a finalidade de assegurar a "protecção e segurança de pessoas e bens";

c) Podem, ainda, ser instalados estes equipamentos quando, em razão da «natureza da actividade», tal tecnologia se apresente como necessária e justificada.

Em qualquer dos casos, e à semelhança do que acontece com o regime geral da videovigilância, impõe-se que os trabalhadores sejam sempre informados sobre a *«existência e finalidade»* dos meios de vigilância utilizados [626].

---

[626] A jurisprudência francesa considera que, apesar de o empregador ter o direito de controlar e supervisionar a actividade dos trabalhadores durante o tempo de trabalho, todo o registo de imagens ou som sem o seu conhecimento, quaisquer que sejam os motivos,

A redacção demasiado genérica do n.º 2 artigo 20.º do Código do Trabalho – na parte em que condiciona a instalação de meios de vigilância à distância às finalidades de «protecção e segurança de pessoas e bens» – levanta problemas delicados na compatibilização dos direitos conflituantes, assumindo, também aqui, o princípio da proporcionalidade um factor decisivo na autorização para a utilização destas tecnologias.

O recurso à videovigilância para assegurar a protecção da propriedade privada da empresa, em detrimento dos direitos do trabalhador, confere à entidade empregadora um «certa margem de discricionaridade», o que levou alguns autores a considerarem que o empresário tem ao seu dispor uma série de meios alternativos de protecção do seu património, os quais devem ser compatibilizados para não comprometerem "toda uma série de direitos fundamentais do trabalhador" ([627])

Por isso, os princípios da proporcionalidade, da necessidade e da «razoabilidade» ou «idoneidade de meios» apresentam-se como elementos decisivos de ponderação da justificação da restrição das liberdades do trabalhador, obrigando a CNPD – na decisão que deve proferir em relação à apreciação das condições de utilização destas tecnologias – a verificar se os meios são aptos a atingirem o fim estabelecido, sem porem em causa ou comprometerem os direitos fundamentais dos trabalhadores.

3. O Correio Electrónico e a Internet

3.1. *Considerações gerais*

As novas formas de comunicação à distância vieram contribuir para que fosse dado um passo decisivo na criação de um instrumento que veio facilitar e massificar a liberdade de expressão e de informação, direitos com assento constitucional no artigo 37.º n.º 1. As novas tecnologias per-

---

constitui meio de prova ilícito (Chambre Sociale de la Cour de Cassation, 20 Novembre 1991, cit. *in* http://www.droitquotidien.com e estudo da CNIL *in* "Rapport" cit. pág. 24).

([627]) Angel Martin Aguado – "Actuaciones Irregulares que Afectan a la Libertad, Dignidad o Vida Privada del Trabajador, Limites Constitucionales al Poder de Direccion Empresarial" *in* Joaquin Aparicio e Antonio Baylos – "Autoridad Y Democracia en la Empresa", página. 60. Este autor entende que a lei deveria ser mais exigente e estabelecer a necessidade de acordo dos representantes dos trabalhadores para colocar estes meios ou, excepcionalmente, obter mandado judicial.

mitem a comunicação em tempo real, possibilitando que a informação e a mensagem possam ser acessíveis a uma multiplicidade de pessoas. Podemos restringir o acesso da mensagem a quem nós elegermos como destinatários (v.g. envio individual de correio electrónico ou partilha da informação no contexto de um *forum* de discussão) ou podemos lançar a mensagem no espaço virtual e disponibilizá-la a quem a procurar e a ela chegar (v.g. através da criação de sítio na *Internet*).

Estes novos meios de comunicação têm vantagens significativas em relação aos suportes tradicionais (v.g. cartas) na medida em que são mais baratos, a informação é disponibilizada em tempo real ao destinatário, independentemente do local onde se encontra, e pode ser reutilizada (ou aproveitada), independentemente do tipo de suporte.

É hoje reconhecido, por outro lado, que as sociedades modernas devem apostar na utilização destas novas tecnologias, na medida em que se caminha para uma divisão da sociedade que vai diferenciar, necessariamente, aqueles que têm acesso aos novos meios de comunicação e de informação e aqueles que deles são excluídos (os «info-excluídos» ([628]). A aposta nestes meios contribui, na óptica dos cidadãos, para a promoção da igualdade, a sua participação mais activa na vida pública e para uma integração efectiva no que já se designou por «sociedade do conhecimento».

O legislador constitucional – conhecedor desta realidade – não deixou de incentivar o uso das novas tecnologias ao reconhecer que a «todos é garantido livre acesso às redes informáticas de uso público», deixando à lei a tarefa de definir «o regime aplicável aos fluxos de dados transfronteiras e as formas adequadas de protecção de dados pessoais...» (art. 35.º n.º 6).

Estas vantagens estão na base da generalização, em grande escala, da utilização do correio electrónico e do acesso à *Internet*, quer no domínio da actividade privada quer na Administração Pública ([629]). É inegável que estes novos meios de comunicação trazem vantagens evidentes para a empresa na medida em que, em tempo real, podem difundir mensagens quer no interior da empresa (para os destinatários que quiser) quer para fora da empresa.

([628]) Para maior desenvolvimento veja-se o "Livro Verde para a Sociedade de Informação em Portugal", pág. 9 e ss.

([629]) Veja-se, ao nível da Administração Pública, a Resolução do Conselho de Ministros n.º 110/2000, de 22 de Agosto – Aprova a iniciativa Internet e adopta o respectivo plano de acção.

Perante a generalização destes meios de comunicação parece ilógico, irrealista e um tanto contraproducente que, no contexto da relação de trabalho, se proíba – de forma absoluta – a utilização do correio electrónico e o acesso à *Internet* para fins que não sejam estritamente profissionais [630]. Porém, a generalidade dos estudos apontam no sentido de que os internautas gastam mais tempo e dinheiro *on line* quando estão no trabalho do que quando estão no seu domicílio. De acordo com um estudo da Avenue A, verifica-se que, nos EUA, «64% dos que navegam na Net no trabalho efectuaram compras *on line* e 60% gastaram 100 dólares ou mais em compras virtuais nos últimos 3 meses (estudo realizado entre Maio e Junho de 2002), comparativamente aos 39% entre aqueles que acedem à Internet a partir de casa» [631].

Perante a massificação da utilização da Internet, também para fins particulares, entendemos que a entidade empregadora deverá analisar todos os factores – a salvaguarda da liberdade de expressão e de informação, a formação, o livre desenvolvimento e iniciativa do trabalhador, a sua sensibilização para acesso às redes públicas, os custos para a empresa, as políticas de segurança, de privacidade e o grau de utilização destes meios, o tipo de actividade e grau de autonomia dos seus funcionários, bem como as suas necessidades concretas e pessoais – para definir regras claras e precisas em relação à utilização do correio electrónico e da *Internet* para fins privados [632]. É essa a opção clara do Código do Trabalho quando, no seu artigo 21.º n.º 2, confere à entidade empregadora a faculdade de «estabelecer regras de utilização dos meios de comunicação da empresa», em particular em relação à utilização do correio electrónico.

---

[630] Deve reconhecer-se que esta ideia assenta, pura e simplesmente, no objectivo de criar um bom ambiente de trabalho e reforçar a mútua confiança e colaboração. Atendendo aos custos reduzidos para a empresa e aos benefícios da utilização destes meios pelos trabalhadores, admite-se que seja institucionalizado, neste domínio, um certo grau de tolerância, tal como já referimos em relação ao telefone. Não parece, no entanto, que exista qualquer norma que impeça a empresa de afectar os instrumentos de trabalho, em exclusivo, à actividade empresarial e proibir a utilização do correio electrónico e o acesso à *Internet* para fins privados.

[631] TEK/Sapo de 1/10/2002 *in* http://tek.sapo.pt/4Q0/355574.html.

[632] Um estudo realizado pela Pew Internet & American Life Project – disponível *in* http://www.pewInternet.org – revela que, de entre os utilizadores que acedem à Internet no local de trabalho, 44% consideram que a Internet melhora bastante a sua capacidade para exercer a sua actividade (pág. 8).

Estas regras – que não podem ser desenquadradas da prática institucionalizada e das necessidades particulares dos trabalhadores – devem assentar nos princípios da necessidade, da proporcionalidade, da mútua colaboração e da confiança recíproca, os quais estão subjacentes ao desenvolvimento da relação de trabalho. Estas regras – *que devem ser submetidas à consideração dos trabalhadores e dos seus órgãos representativos e respeitar os direitos de personalidade dos trabalhadores* – devem ser claramente publicitadas por forma a que seja assegurada uma informação clara sobre o grau de tolerância, o tipo de controlo efectuado e, mesmo, sobre as consequências do incumprimento daquelas determinações (cf. art. 10.º n.º 1 da Lei 67/98). Admite-se, desde logo, que estas regras possam ser estabelecidas através de «regulamentos internos».

Porém, a nível europeu (v.g. em França e na Bélgica) começam a surgir as «Cartas Internet», que pretendem regular o uso do *e-mail* e da Internet no seio da empresa. Sendo estas disposições «actos regulamentares de direito privado» elaborados pela entidade empregadora, a questão que se coloca é a de saber qual a natureza e força jurídica destas disposições unilaterais.

O Código do Trabalho parece admitir, neste domínio, duas formas de regulação: por *«regulamento interno»* (cf. artigo 153.º) ou através de *documento que fixa as «regras de utilização dos meios de comunicação na empresa»* (artigo 21.º n.º 2) [633]. Se o «documento» se limita a enunciar regras de boa conduta e procedimentos práticos de utilização dos meios de comunicação, no âmbito dos poderes de direcção, sem estabelecer novas obrigações ou sanções para os trabalhadores e com o objectivo de assegurar a *boa utilização* dos bens que lhe forem confiados pelo empregador (art. 121.º al. f) do CT), não se levantam problemas particulares uma vez que apenas está em causa a obtenção de uma maior eficácia e organização interna na utilização daqueles meios. Se o documento fixa novas regras de subordinação, estabelece limites em relação à utilização de certos meios, procedimentos a adoptar pelo trabalhador, sanções e limitações à autonomia e criatividade dos trabalhadores, parece-nos que deve assumir a fórmula de «regulamento interno» na medida em que, apesar de tudo, permite a intervenção de outros interessados na sua elaboração – comissões de

---

[633] Em face da redacção do preceito não parece que tenha sido objectivo do legislador obrigar a entidade empregadora a fixar as condições de utilização dos meios de comunicação através do regulamento interno.

trabalhadores – e fica sujeito a uma possível interferência da Inspecção-Geral do Trabalho. De qualquer modo, deve ficar claro que estes «instrumentos de regulação» – que não derivam de qualquer «poder normativo» conferido à entidade empregadora – devem respeitar o princípio da proporcionalidade e não podem ultrapassar os parâmetros do poder organizativo e de direcção da entidade empregadora ou estabelecer mecanismos sancionatórios ou de controlo que violem os direitos dos trabalhadores. Não admira, por isso, que a doutrina se insurja contra a validade de algumas disposições das «cartas Internet», nomeadamente quando proíbem, em absoluto, a utilização dos meios de comunicação para fins não profissionais e, em particular, legitimam o acesso ao conteúdo das comunicações [634].

Ainda que se possa admitir, em abstracto, que «o trabalho em linha e fora de linha» merece uma abordagem similar [635], a verdade é que a realidade dos novos meios de comunicação é bem mais complexa e a adaptação dos conceitos e teorias jurídicas aplicáveis aos suportes tradicionais (v.g. em sede de correspondência ou de telecomunicações) pode revelar-se insuficiente para enquadrar, juridicamente, estas novas realidades [636]. A Internet possibilitou a abertura da empresa às novas realidades da sociedade democrática em que a «informação» é determinante para o desenvolvimento; mas esta nova realidade, tal como tantas outras no domínio laboral, não deixa de propiciar um confronto entre os poderes do empregador e os direitos e liberdades dos trabalhadores.

3.2. O correio electrónico

3.2.1. *A comunicação através dos suportes tradicionais*

Em relação à correspondência expedida, nos suportes tradicionais (carta), é interessante constatar que existe um sentimento generalizado no

---

[634] Veja-se, para maior desenvolvimento, Fabrice Fevrier, ob. cit. pág. 56 e 57.

[635] Cf., neste sentido, o entendimento da Comissão Holandesa (supra cit.) e do Grupo do Artigo 29.º (*in* http://europa.eu.int/comm/internal_market/en/dataprot/wpdocs/index.htm).

[636] A doutrina tem defendido que a informação veiculada através do correio electrónico e da *Internet* não se limita à «palavra escrita», nem tão pouco à palavra à distância: "já é – e de maneira absolutamente indesmentível – *palavra virtual*" (Faria Costa, ob. cit. pág. 56 e 57).

sentido de considerar admissível que a entidade patronal se recuse a pagar a correspondência privada. Neste domínio, será possível a entidade patronal estabelecer dois procedimentos:

a) Admitir não fazer o controlo da correspondência expedida ou criar mecanismos internos de controlo que lhe permitam – p. ex. em função da identificação do destinatário – suportar os custos de expedição;

b) Estabelecer que todas as cartas serão entregues, *abertas*, nos "serviços de expedição" e que a empresa só pagará os custos de expedição em relação à correspondência de serviço, recusando-se a suportar os custos da correspondência privada.

Serão legítimos estes procedimentos? Embora estejamos perante uma questão de direito do trabalho e claramente estranha à previsão da Lei 67/98, de 26 de Outubro, não se vislumbra que existam disposições legais que impeçam a entidade patronal de adoptar estes procedimentos. Não temos conhecimento que esta «política» seja adoptada ou que haja preocupações deste tipo na medida em que, deve reconhecer-se, existe um sentimento generalizado e enraizado no seio das empresas que aponta no sentido de que não será aceitável o pagamento, por parte da empresa, de correspondência estritamente privada.

Em relação à *entrega de cartas fechada* a visualização pela entidade patronal ou pelo superior hierárquico do destinatário da carta não parece traduzir-se na violação de qualquer direito do trabalhador, enquadrando-se no âmbito dos poderes de controlo das tarefas que lhe foram atribuídas por força do contrato e inserindo-se no objectivo de relacionar o destinatário com a actividade da empresa.

Questão mais problemática é a de saber se a entidade patronal pode, à revelia do trabalhador, abrir carta fechada para verificar se a correspondência é privada ou profissional. Esta sua atitude, porque estamos perante acesso ao conteúdo de «carta fechada», deverá ser vista à luz da previsão do artigo 34.º n.º 1 da CRP e do artigo 194.º n.º 1 do Código Penal [637].

---

[637] Em França – onde o artigo 186-1 do Código Penal sanciona não só a intercepção, mas também o desvio, a utilização ou a divulgação de correspondência – os tribunais consideraram que um empregador não tinha o direito de desencaminhar ou reter correspondência destinada aos seus empregados (cf. Cass. Crim. dDe 18 de Julho de 1973, Bull. Crim. N.º 336, pág. 821).

Em relação à *entrega de cartas abertas* não parece que haja qualquer violação dos preceitos laborais ou da norma penal citada uma vez que, desde logo, é o próprio trabalhador que coloca a carta em condições de ser lida por qualquer pessoa e, por outro lado, não se verificam os elementos do tipo legal de crime: falta de consentimento ou abertura de «carta fechada».

3.2.2. *Implicações da atribuição do e-mail ao trabalhador*

Em relação ao envio de *correio electrónico* não poderá a entidade patronal, por razões técnicas, estabelecer procedimentos similares aos que podem ser utilizados para os suportes em papel, sendo muito mais complexa a abordagem jurídica das formas de controlo do *e-mail*.

Como se sabe, a entidade patronal pode disponibilizar uma "conta" de *e-mail* para cada trabalhador, a qual identifica a correspondência por ele expedida ou recebida ([638]). Os sistemas de processamento do correio electrónico (expedição/recepção) tratam automaticamente variada informação pessoal: endereço do expedidor e do destinatário, assunto, data da comunicação, hora, tipo de suporte enviado em anexo (ficheiro de texto, ficheiro ".exe", imagem) e cópia de todo o conteúdo da mensagem. É guardado – de forma estruturada (v.g. por datas ou por endereços) e automaticamente – o histórico da correspondência enviada e recebida, podendo esta informação ser registada pelo ISP, no servidor de comunicações da empresa (caso exista) ou no posto de trabalho do expedidor (se este estiver ligado directamente à rede). O empregador, por consulta ao servidor central, pode ler as mensagens ou ter acesso ao conteúdo das informações trocadas entre os trabalhadores e os seus representantes.

A este tratamento – que processa dados pessoais do trabalhador, de terceiros a quem são enviadas as mensagens ou que enviam mensagens ao trabalhador – são aplicáveis as disposições da Lei 67/98, nomeadamente a obrigação de notificação (art. 27.º), se a entidade responsável definiu a

---

([638]) Situação diversa será aquela em que existe apenas um único endereço na empresa (v.g. endereço geral) e que pode ser utilizado por uma multiplicidade de pessoas. Todos os utilizadores podem aceder a esta informação e, eventualmente, tomar conhecimento da correspondência enviada e recebida. Este tipo de comunicação não se caracteriza nem assume a natureza de uma «comunicação fechada».

realização de um tratamento e a utilização destes dados para qualquer finalidade (v.g. para controlo da actividade do trabalhador).

Interessa salientar alguns aspectos peculiares:

a) Tratando-se de um endereço pessoal ou que, eventualmente, evidencie a sua ligação à empresa, dispõe o trabalhador de um meio privilegiado de comunicação que se assume como «comunicação fechada». O trabalhador dispõe de *password* que lhe permite individualizar o acesso a este meio de comunicação e reclamar, pela natureza do benefício disponibilizado, uma certa reserva em relação aos dados pessoais objecto de tratamento. Este facto é suficiente para criar no trabalhador uma expectativa no sentido de que a informação por si manuseada está protegida contra qualquer intromissão de terceiros ([639]) e, portanto, da entidade patronal. Se bem que o objectivo seja esse, será oportuno alertar que o administrador de sistema ou o ISP podem ter acesso a essa informação, razão pela qual o trabalhador deve sempre ponderar a utilização desse meio para fins privados ([640]). Ambos, porém, estão vinculados à obrigação de segredo profissional (cf. art. 17.º da Lei 67/98).

b) Deve ter-se presente, por outro lado, que nem todas as entidades patronais adoptam medidas seguras para preservar o acesso de terceiros à informação que circula na rede (v.g. utilização de sistemas de encriptação ou, muito menos, a assinatura digital). Estando em causa a troca de mensagens através de uma «rede aberta», o que levou o legislador a consignar a obrigação legal de informação no sentido de que existe um «risco de os dados serem

---

([639]) A entidade patronal, no âmbito dos seus poderes de definição das condições em que deve ser prestado o trabalho, pode não fornecer ao trabalhador um endereço electrónico para seu uso exclusivo. Poderá, em alternativa, permitir-lhe o acesso ao «endereço geral da empresa» ou a um endereço «partilhado» por vários trabalhadores de um mesmo serviço e em que, por certo, o segredo em relação à correspondência privada é claramente relativizado em função de um acesso múltiplo e que, normalmente, inclui os seus superiores hierárquicos ou o próprio responsável da empresa. Da atribuição de um endereço «exclusivo» devem ser retiradas consequências úteis uma vez que lhe foi facultado um meio que visa assegurar uma «comunicação fechada».

([640]) V.g. para as situações mais sensíveis em que se pretende assegurar, em absoluto, uma "comunicação fechada" para preservar interesses de terceiros (segredo médico, segredo das fontes dos jornalistas e segredo dos advogados).

vistos e utilizados por terceiros não autorizados» (⁶⁴¹), será de constatar que este meio de comunicação não é comparável aos suportes tradicionais (cartas) que estiveram na base da consagração constitucional, no artigo 34.º da CRP, do segredo da correspondência. Não será de estranhar, neste contexto, que esta nova forma de comunicação seja comparada por alguma doutrina a um postal, que permite a sua leitura a qualquer pessoa que o receba (⁶⁴²). Por isso, existe uma tendência no sentido de atenuar, nessa medida, o carácter confidencial desta comunicação.

c) A entidade patronal, enquanto responsável pelo tratamento e proprietária dos meios de produção, mantém um certo controlo sobre as mensagens – o que não acontece com os suportes tradicionais – na medida em que pode realizar *backups* de toda a informação (profissional e privada) e, até, proceder à sua eliminação, mesmo antes de a mesma ser lida pelo seu destinatário. Se isto acontecer, o que pode ser questionado é se o trabalhador pode invocar alguns direitos em relação a uma «correspondência privada» que terá sido eliminada.

d) As razões que estiveram na base da atribuição de um endereço pessoal ao trabalhador podem ser determinantes para reforçar uma ideia de direito à reserva em relação às comunicações realizadas. Há situações específicas em que – por força da autonomia técnica do trabalhador (v.g. um engenheiro ou um médico) ou do dever de sigilo a que se encontra obrigado (sigilo das fontes para o jornalista, do sigilo do médico ou do segredo profissional do advogado) – tanto a entidade patronal (⁶⁴³) como o trabalhador (⁶⁴⁴)

(⁶⁴¹) Cf. artigo 10.º n.º 4 da Lei 67/98.

(⁶⁴²) Veja-se Paula Rainha e Sónia Queiróz Vaz – "Guia Jurídico da Internet em Portugal", 2001, pág. 62.

(⁶⁴³) No momento da atribuição do endereço a entidade patronal deve ponderar as condições de utilização e de controlo, confrontando os benefícios da empresa com a obrigação de reserva em relação a certas comunicações. Por exemplo, no exercício da sua actividade de medicina do trabalho não pode chegar ao conhecimento da entidade patronal qualquer informação clínica relativa aos trabalhadores (cf. artigos 20.º e 21.º do DL 26/94, de 1 de Fevereiro), sendo ilegítimo o conhecimento – por qualquer outro meio (v.g. através do acesso ao *e-mail* do médico do trabalho) – dos dados de saúde do trabalhador.

(⁶⁴⁴) Também os trabalhadores devem, na utilização de correio electrónico, estar conscientes dos riscos de as mensagens serem lidas por terceiros não autorizados. O facto

devem preocupar-se com formas de protecção reforçadas que garantam uma «cobertura de silêncio» em relação ao conteúdo de certas informações.

e) Para além de razões de natureza subjectiva, o princípio da proporcionalidade é condicionado, igualmente, em função da natureza do trabalho ou da actividade desenvolvida pela empresa. A situação será diferente, necessariamente, numa empresa artesanal ou numa central nuclear ([645]);

f) Esta forma de comunicação não permite à entidade patronal estabelecer procedimentos similares àqueles que se configuravam como possíveis em relação aos suportes tradicionais. Sendo a comunicação fechada por natureza, não será possível ao empregador (nem funcional para a empresa) condicionar a «expedição» da mensagem à apresentação prévia da mesma para verificar se é particular ou de serviço ([646]). Assim, num primeiro momento, será de presumir que a utilização do endereço concedido ao trabalhador será feita de acordo com as instruções recebidas (artigo 121.º n.º 1 al. d) do CT), respeitando o princípio da mútua colaboração (artigo 119.º n.º 2 do CT) e velando pela boa utilização dos bens relacionados com o seu trabalho (artigo 121.º n.º 1 al. f) do CT).

g) Os trabalhadores, tal como qualquer cidadão, podem hoje dispor de «contas de e-mail» sem que tenham necessidade de pagar qualquer quantia pelo espaço em disco ou pelo serviço prestado. Porém, há quem entenda que a interdição de utilização de servidores de mensagens gratuitas pode ser justificada por razões de segurança da empresa, em face dos riscos que pode apresentar em matéria de vírus ou de intrusão ([647]).

---

de a rede não oferecer garantias de segurança, de a informação ser acessível ao ISP ou ao administrador de sistema deve ser equacionado pelo «garante do sigilo». É nesta óptica, p. ex., que o jornalista se deve interrogar sobre se este meio preserva, de forma eficaz, o sigilo das fontes.

([645]) M Hubert Bouchet – "Vie Privée, vie salariée", 23.ª Conférence Internationale des Commissaires à la Protection des Données, 24 a 26 de Setembro de 2001, pág. 6.

([646]) Isto não invalida, como é óbvio, que muitas das mensagens de serviço, veiculadas por e-mail, não sejam o resultado de muitos contributos internos e que culminem com uma supervisão prévia do superior hierárquico.

([647]) Veja-se o estudo da CNIL, cit. pág. 42.

3.2.3. *Os contornos possíveis do controlo da utilização do e-mail*

1. A primeira questão que se coloca é a de saber se a entidade patronal pode, de algum modo, controlar as instruções dadas e que meios pode dispor para verificar se os instrumentos de trabalho colocados à disposição do trabalhador são utilizados em conformidade com as determinações previamente definidas ([648]).

Tal como referimos, entendemos *desejável* que a entidade patronal permita que os trabalhadores utilizem, com moderação e razoabilidade, os meios que esta colocou à sua disposição. Mas, em termos estritamente laborais, parece legítimo e admissível reconhecer (cf. considerações supra) que, de algum modo, a entidade patronal terá poderes para controlar uma ordem que se afigura «legítima» ([649]) e, nomeadamente, que não ofenda direitos e garantias do trabalhador. Não faria sentido reconhecer-lhe o direito de dar "ordens e instruções" (cf. artigo 119.º n.º 1 al. d) do CT) e depois recusar-lhe o poder de verificar a "execução e disciplina" estabelecida.

Mas, o simples facto de a entidade patronal proibir, de forma absoluta, a utilização do *e-mail* para fins privados ([650]) significará que será

([648]) Merece uma referência o Acórdão do STJ de 27/9/1995 (*in* http://www.itij.pt), o qual reconheceu que o "dever de lealdade é tanto mais acentuado quanto mais extensa for a eventual delegação de poderes no trabalhador e quanto maior a relevância das suas funções para a realização final do interesse do empregador". Ora, é em relação as estas situações de autonomia e relevância que, normalmente, o empregador atribui um *e-mail*. Esta decisão, ao comprovar que o trabalhador utilizou o computador localizado na empresa para fazer emendas, alterar e memorizar um conjunto de documentos e nele imprimir textos por uma ou duas vezes, considerou que o trabalhador violou o dever de lealdade, mas essa conduta não se revelou suficientemente grave (cf. o valor diminuto da lesão) para fundamentar o despedimento.

([649]) A imprensa difundiu uma notícia que dava conta que "a fabricante norte-americana Hewlett-Packard – fundida com a Compaq – suspendeu cerca de 150 funcionários na Grã-Bretanha e na Irlanda e despediu dois devido à utilização indevida do *e-mail* da companhia". Segundo o Tek/Sapo – http://tek.sapo.pt/4Mo/343812.html – esta decisão "surge numa altura em que as firmas estão a combater em força a utilização do correio electrónico por parte dos empregados para distribuir pornografia e anedotas". Ainda segundo o Tek/Sapo, que cita um responsável da empresa, esta "classifica os casos como uma violação perpetrada às regras internas da companhia, mas não como um assunto de natureza criminal".

([650]) É uma questão prévia que o direito de trabalho terá de resolver, não sendo da competência da CNPD resolvê-la. Mas, para a abordagem das questões de protecção de dados, a questão relevante é a existência de um «processo de controlo» institucionalizado, que deve ser objecto de notificação à CNPD quando a empresa se tenha decidido pela realização de tal tratamento.

legitima qualquer forma de controlo ou de intercepção e, em particular, o acesso ao conteúdo da mensagem?

Sem prejuízo da abordagem a fazer em relação aos poderes de controlo do *e-mail*, podemos alinhar, para já, algumas notas:

- A utilização do *e-mail* para fins privados – pelo simples facto de não serem respeitadas as instruções da entidade patronal – não pode transformar, só por si, uma mensagem reservada numa mensagem susceptível de devassa. Por isso, o facto de a entidade patronal proibir a utilização do *e-mail* para fins privados não lhe dá o direito de abrir, automaticamente, o *e-mail* dirigido ao trabalhador ([651]).
- É uma falsa questão considerar, como o fazem algumas entidades empregadoras, que o acesso ao conteúdo do *e-mail* é feito na pressuposição de que o trabalhador está ciente das limitações de utilização do *e-mail* e que está convicto de que – em qualquer altura – a entidade empregadora pode visualizar o conteúdo da comunicação. Por isso, está consciente que não deve utilizar os instrumentos da empresa para fins particulares.
- O facto de ter sido atribuída uma conta de *e-mail* na condição de ser utilizada, exclusivamente, para fins profissionais, não autoriza a entidade empregadora – quebrando o sigilo da correspondência – a ter acesso ao conteúdo do *e-mail* sem o consentimento ou anuência do trabalhador ([652]).
- O acesso ao conteúdo do *e-mail* deve ser abordado de uma forma mais geral, independentemente de haver uma proibição absoluta ou a definição de regras que apontem para uma certa permissividade, mesmo que a entidade patronal admita a possibilidade de controlo para «evitar abusos» ([653]).

([651]) Deve ficar claro, porém, que o exercício do poder disciplinar em relação à desobediência a instruções dadas é uma questão que deve ser resolvida no âmbito das relações laborais e estranha à apreciação da CNPD. Voltaremos, mais tarde, a esta questão. Veja-se em sentido contrário Sylvain Lefebvre (ob. cit. pág. 48) para quem, referindo o direito canadiano, não há uma intercepção ilegal quando não é razoável admitir-se que haja uma «comunicação privada». Um dos casos possíveis será quando o empregador previne os seus trabalhadores, com antecedência, que as suas conversações telefónicas correm o risco de ser controladas.

([652]) Cf. neste sentido, no direito brasileiro, a decisão da 13.ª Vara do Trabalho de Brasília de 9 de Outubro de 2001 (*in* http://www.cbeji.com.br/jurisprudencia/email.htm).

([653]) A autoridade Suíça (Boletim 2/2002 – http://www.esb.ch), reconhecendo à enti-

2. Têm sido invocadas razões várias – e de diversa natureza – para fundamentar e justificar o controlo do *e-mail* dos trabalhadores e, em situações particulares, o acesso ao seu conteúdo. Vejamos algumas:

    a) Razões económicas – Sendo a empresa a suportar os custos dos instrumentos de trabalho (computador pessoal, servidor de comunicações, espaço onde serão armazenadas as mensagens, meios de comunicação e endereço electrónico), deve-lhe ser reconhecido o direito de verificar quais são as mensagens de serviço e quais são as mensagens privadas. De acordo com as regras aplicáveis em matéria laboral seria sempre legítimo o controlo para evitar abusos dos trabalhadores.

    b) Razões técnicas e de segurança – A entidade patronal tem o direito de tomar medidas de controlo no sentido de evitar que a utilização das comunicações (*e-mail* e *Internet*) para fins privados possa colocar em risco a segurança da empresa e comprometer a "performance" do sistema. Muitos são aqueles que defendem que a empresa tem o direito de fazer verificações às transacções dos trabalhadores ("*tracing*") para prevenir a afectação do sistema por vírus, detectar a sua existência e proteger a empresa de intromissões externas [654]. Em relação às mensagens encriptadas torna-se necessário o seu desencriptamento para fazer correr o programa anti-vírus, facto que pode facilitar ou permitir o acesso ao conteúdo da mensagem.

    c) Preservação de riscos que comprometam o bom nome ou possam responsabilizar a empresa – A inexistência de políticas de segurança pode originar, no contexto do fluxo de informação para o exterior, a propagação de vírus. Por outro lado, a difusão – através do recurso a meios da empresa – de mensagens que perturbem,

---

dade empregadora o direito de interditar o uso de correio electrónico para fins privados, considera que o controlo necessário a fazer deve respeitar esta interdição e que o empregador se deve limitar à verificação dos endereços. Para ilustrar esta ideia refere que "o conteúdo das mensagens electrónicas do empregado diz-lhe exclusivamente respeito e não pode, em nenhum caso, ser consultado pelo empregador".

[654] Vejam-se, a título de exemplo, o documento da CNIL (pág. 6 a 13), da autoridade de controlo inglesa e M. Hubert Bouchet, 23.ª Conferência, loc. cit. pág. 3.

hostilizem, difamem, injuriem ou transmitam pornografia pode acarretar responsabilidade para a organização ([655])

d) *Razões de eficácia e continuidade da actividade da empresa* – A actividade da empresa pode não se compadecer, na maioria dos casos, com a impossibilidade de acesso ao *e-mail* atribuído ao trabalhador para fins exclusivamente profissionais quando o trabalhador – durante um período prolongado – adoece, tem um acidente de trabalho que o afasta da empresa ou, mesmo, está ausente por motivo de férias. Nestas situações seria inevitável o acesso ao *e-mail* do trabalhador, por forma a evitar que as tarefas a seu cargo fiquem comprometidas.

e) *Razões organizativas* – A empresa pode definir uma política que aponte, tendencialmente, para a diminuição dos suportes de papel e que imponha a constituição de um tratamento de correspondência que passa a integrar todos os *e-mails* enviados e recebidos. Para garantir o registo integral (arquivo) de toda a correspondência – sem ficar dependente de acção do trabalhador (que se pode revelar falível) – o empregador pode conceber um sistema automático de inclusão naquele tratamento de todos os *e-mails* recebidos e enviados. Neste caso o próprio sistema armazena automaticamente em arquivo, sem possibilidade de exclusão, todo o conteúdo dos *e-mails* recebidos e enviados.

f) *Razões de proporcionalidade e de boa-fé* – "A expectativa de direito à privacidade do funcionário não pode suplantar, sempre e em qualquer caso, os interesses da empresa. Ainda que o empregador tolere, eventualmente, o uso pessoal (e ocasional) do *e-mail*, as mensagens que daí resultem devem ser tratadas como quaisquer outras" ([656]). Nos casos em que a empresa proíbe a utilização do *e-mail* para fins privados, é pressuposto para a entidade patronal que a pasta do trabalhador não armazena mensagens privadas e que, de acordo com as suas determinações, não tem mensagens de carácter privado. Logo, será legítimo o controlo e acesso às mensagens na medida em que, de acordo com o princípio da boa-fé, a entidade patronal presume que tal acesso se faz no

---

([655]) Veja-se Paula Raínha e Sónia Vaz, ob. cit. pág. 58. e Fabrice Fevrier, ob. cit. pág. 27 a 33.

([656]) Paula Raínha e Sónia Vaz, ob. cit., pág. 66.

âmbito do exercício dos poderes de controlo e que, por certo, o acesso à pasta do trabalhador não violará a sua intimidade.

3.2.4. *Princípios de protecção de dados*

E quais serão, *em termos de protecção de dados*, os princípios a observar?
1. Em primeiro lugar, e tal como resulta das disposições legais já referidas (*v.g.* artigos 1.º, 5.º n.º 1 al. a) e b), 10.º n.º 1 da Lei 67/98, artigos 21.º n.º 2 e 153.º do CT), a entidade patronal deve informar o trabalhador da existência de tratamento, das suas finalidades, da existência de controlo (formas e metodologias adoptadas), do grau de tolerância admitido, das consequências da má utilização ou utilização indevida dos meios de comunicação colocados à sua disposição. Só depois de assegurado o direito de informação parece legítimo, em termos de protecção de dados, avançar para um «tratamento» ([657]).

Assim, a entidade patronal que permite a utilização do *e-mail* para fins privados, que não pretende estabelecer limites à sua utilização e, em consequência, se recusa a efectuar qualquer tipo de controlo – e até dá instruções, internamente, no sentido de assegurar a privacidade do conteúdo destes meios – não está obrigada a notificar aqueles "registos de comunicações" à CNPD. Em bom rigor, a entidade patronal que confere ao trabalhador total liberdade de acesso aos meios de comunicação sem se preocupar, minimamente, com o seu grau de utilização não deve – sob pena de violação do princípio da boa fé (cf. artigo 119.º n.º 1 do CT) – fazer qualquer tipo de controlo. Esta hipótese é pouco usual na medida em que raras são as situações em que a entidade patronal assume esta conduta.

As situações mais frequentes serão aquelas em que a entidade nada diz e se limita a fornecer um *e-mail* ao trabalhador, sem lhe dar quaisquer

---

([657]) À semelhança do que se referiu em relação à recolha de informação nas centrais telefónicas, também aqui (correio electrónico e *Internet*) o sistema está preparado para fazer um tratamento e gestão da utilização destes meios. Mas, não havendo qualquer definição de finalidade ou decisão de acesso ou utilização dos dados (estão no sistema mas "não servem para nada", porque ninguém os utiliza), não podemos falar em «responsável de tratamento» nos termos e para os efeitos do artigo 3.º al. d).

instruções em relação ao tipo de utilização e sem pensar em fazer qualquer controlo.

Em sede de protecção de dados, ambas as situações merecem a mesma abordagem:

a) Não haverá necessidade de proceder à notificação do "tratamento" na medida em que, em bom rigor, não está em causa a sua utilização para qualquer finalidade. Os registos efectuados pelo próprio sistema servirão de instrumento de trabalho sendo utilizados, no interesse do trabalhador, para uma boa gestão dos seus contactos.

b) Qualquer mudança súbita de política do empregador e que tenha em vista a utilização dos dados registados para controlo dos trabalhadores – porque passa a haver «tratamento» – consubstancia uma violação de vários preceitos da Lei 67/98.

c) Seria desejável, à semelhança do que defende alguma jurisprudência francesa, que os nossos tribunais retirassem, pelo menos, algumas ilações, em termos de validade da prova, pelo facto de o tratamento não ter sido notificado, previamente, à CNPD [658]. O facto de o titular dos dados não ter sido informado sobre as formas de tratamento deverá ter, igualmente, reflexos em sede de protecção da privacidade [659].

2. Sendo quase inexistentes os pedidos de notificação deste tipo de tratamentos à CNPD, não significa que não haja controlo dos trabalhadores. Têm vindo a ser formulados alguns "pedidos de esclarecimento" sobre a possibilidade de consulta de *e-mails*. Admite-se que a falta de sensibilização das empresas por parte da CNPD sobre esta temática não tenha contribuído para as alertar para a obrigação de notificarem esses tratamentos. Por isso, importa delimitar as condições que devem ser observadas em relação ao conjunto de tratamentos e, particularmente, às "operações de controlo" dos trabalhadores.

---

[658] O artigo 35.º n.º 2 da CRP confere à CNPD, entidade administrativa independente, um papel fundamental na protecção do cidadãos em relação às diversas formas de tratamento dos seus dados pessoais.

[659] O Acórdão da Relação de Lisboa de 11/1/1996 (Col. Jur. Ano XXI, 1996, pág. 79) considerou que o tratamento de dados pessoais sem conhecimento ou consentimento do titular – com ou sem «rótulo» de «mau pagador» – é lesivo do bom nome e reputação da pessoa.

Entendemos, tal como já foi referido, que seria desejável que a entidade patronal exercesse o seu poder de direcção com alguma dose de tolerância em relação à possibilidade de utilização destas tecnologias para uso privado. Os trabalhadores devem usar estes meios com moderação e de acordo com as instruções recebidas, estando conscientes que o segredo de correspondência, ainda que seja reconhecido, não é absoluto e que não poderá servir de fundamento à utilização abusiva e desproporcionada dos meios colocados à sua disposição.

A entidade patronal – enquanto responsável pelo tratamento (cf. art. 3.º al. d) da Lei 67/98) – tem legitimidade para tratar os dados, na sua vertente de «registo, organização e armazenamento» ([660]), devendo as condições de *«acesso»* respeitar, com especial rigor, os requisitos do artigo 6.º al. e) da Lei 67/98, que aponta para a necessidade de ser feita uma ponderação entre os "interesses legítimos do responsável" e os "interesses ou os direitos, liberdades e garantias do titular dos dados".

Delimitar, em abstracto, estes conflitos de interesses e aplicar o princípio da proporcionalidade em relação ao acesso ao *e-mail* é uma tarefa árdua e problemática na medida em que nos confrontamos com situações concretas que exigem um juízo de ponderação entre os interesses em presença ([661]). De acordo com a doutrina, deve procurar obter-se "a harmonização ou concordância prática dos bens em colisão, a sua optimização, traduzida numa mútua compressão por forma a atribuir a cada um a máxima eficácia possível" ([662]). No mesmo sentido se tem pronunciado o Tribunal Constitucional ([663]) ao considerar que a harmonização de direitos deve "limitar-se ao necessário para salvaguardar outros direitos ou interesses constitucionalmente protegidos, com respeito pelos princípios da propor-

---

([660]) Uma grande parte dos dados – ao serem estabelecidos os termos do contrato de trabalho e as condições da sua execução, com base no poder de direcção – são utilizados no interesse e benefício da actividade da empresa.

([661]) Sobre o «princípio da proporcionalidade no direito francês veja-se Fabrice Fevrier, ob. cit. pág. 49 e ss.

([662]) Cf. Pareceres da PGR, Vol. IX, pág. 18. Maria do Rosário Ramalho ("Estudos de Direito do Trabalho", cit. pág. 175) salienta que "esta colisão de direitos deve ser tratada nos termos gerais, ou seja, com a cedência recíproca e equilibrada dos direitos em confronto, ou através da prevalência do direito correspondente ao interesse que, no caso concreto, se considere superior (artigo 335.º do Código Civil).

([663]) Entre muitos veja-se o Acórdão n.º 394/93, de 16 de Junho de 1993 (DR I.ª Série-A, n.º 229, de 29 de Setembro de 1993).

cionalidade, adequação e necessidade". A ideia a reter é a de que a aplicação deste princípio tem em vista concretizar uma «moderação de poder» da entidade empregadora através da obtenção de um «equilíbrio» que, diga-se com realismo, se justifica quando está em causa a utilização de sistemas de comunicação como o *e-mail* e o acesso à Internet.

Tendo como pano de fundo os mesmos pressupostos, Paula Raínha e Sónia Vaz ([664]) consideram que "algumas cedências de parte a parte podem ser um primeiro passo bastante sensato na delimitação de políticas de utilização do correio electrónico, que respeitem os interesses dos trabalhadores e, concomitantemente, permitam ao empregador prosseguir as suas finalidades empresariais".

3. A qualidade de *responsável pelo tratamento* – posição que não pode deixar de ser assumida pelo empregador – poderia fazer supor que essa posição legitimaria, necessariamente, a faculdade de aceder aos dados objecto de tratamento. Efectivamente, o estabelecimento de reservas de acesso em relação a certo tipo de dados, por parte do responsável, poderia levar a questionar-nos se não estaríamos perante uma situação um tanto "anómala", em termos de protecção de dados, caracterizada pela existência de limites em relação ao conhecimento e acesso a todos os dados por ele tratados.

Esta realidade, embora não seja muito frequente, verifica-se em algumas situações pontuais em que se pretende preservar a privacidade dos titulares dos dados ou de terceiros. Num outro domínio da relação de trabalho – *medicina do trabalho* – temos uma situação similar em que, por força de disposição legal expressa (art. 20.º n.º 2 do DL 26/94, de 1 de Fevereiro) o empregador, embora seja o responsável do tratamento, está impedido de aceder aos dados de saúde ou à ficha clínica do trabalhador. O mesmo acontece em relação aos jornalistas os quais, por força de disposição legal (art. 38.º n.º 2 al. b) da CRP e art. 11.º do Estatuto do Jornalista, aprovado pela Lei n.º 1/99, de 13 de Janeiro), gozam de protecção em relação às fontes. Nestes exemplos o "garante da defesa da privacidade do titular dos dados" (o médico do trabalho ou o jornalista) devem ponderar, com rigor, a melhor forma de preservar a confidencialidade em relação àquela informação, podendo optar, em face da sua sensibilidade, pela não inserção de alguns dados no sistema.

([664]) *In* "Guia Jurídico da Internet em Portugal", pág. 67.

Mas, o exercício dos direitos *de acesso, correcção ou oposição* por parte de terceiros – destinatários dos *e-mails* enviados pelos trabalhadores – pode trazer dificuldades acrescidas e legitimar o acesso a dados por parte da entidade patronal. É uma obrigação do responsável assegurar aqueles direitos (cf. art. 11.º da Lei 67/98).

O destinatário de *e-mail*, subscrito pelo trabalhador, pode querer saber se a mensagem privada que lhe foi enviada consta do sistema de informação da empresa e, em face do seu conteúdo, querer exercer o direito de eliminação que o artigo 12.º al. a) Lei 67/98 lhe reconhece. O exercício do direito de informação e acesso, com consagração constitucional (art. 35.º n.º 1) e a que o responsável está vinculado (artigo 11.º da Lei 67/98), vê-se, assim, confrontado com um pressuposto direito à reserva reclamado pelo trabalhador.

Na ponderação dos interesses em presença, parece que o direito de informação e de acesso, bem como o direito de eliminação, não podem ser aniquilados por aquele direito do trabalhador. Porém, e aplicando de forma rigorosa o princípio da proporcionalidade, estes direitos devem ser compatibilizados. E, na compatibilização destes direitos, será desejável que o direito à privacidade possa ser sacrificado na medida do estritamente necessário a assegurar o exercício do direito de informação e acesso. A simples informação sobre a existência de *e-mail*, com a indicação da data ou hora da expedição – e sem se perscrutar o seu conteúdo – pode relevar-se suficiente para dar sequência aos direitos reclamados.

3.2.5. *Um olhar pela jurisprudência*

A *jurisprudência estrangeira* dá-nos conta de que ainda existe uma certa indecisão sobre este tema e que não se adivinham facilidades na ponderação da tensão existente em relação aos interesses divergentes e conflituantes em presença.

É bem conhecida a *sentença do Tribunal Superior de Justiça da Catalunha de 14 de Novembro de 2000*, a qual considerou justificado o despedimento do trabalhador, por utilização não autorizada do correio electrónico da empresa para fins pessoais. O trabalhador foi despedido por ter emitido uma quantidade significativa de mensagens (140 em 5 semanas), sem qualquer relação com a actividade profissional, em violação de um código de conduta que proibia a utilização do *e-mail*, durante o tempo de trabalho, para fins privados. O tribunal, não se pronunciando sobre a eventual «violação da vida privada» reconhecida no artigo 18.º da Constituição espanhola, considerou que a conduta do trabalhador – tanto pelo conteúdo das mensagens (humorísticas, sexistas e de carácter obsceno), como pela sua natureza reiterada – integrava uma falta disciplinar passível de despedimento.

Tudo indica, segundo informações que chegaram ao nosso conhecimento, que foi apresentada queixa crime por parte do trabalhador para apreciar a conduta intrusiva da empresa ([665]).

O *Tribunal de Trabalho de Bruxelas* admitiu, em litígio apreciado em 10 de Abril de 1999 ([666]), ser susceptível de censura – por «indelicada» e «faltosa» – a conduta do trabalhador que envia correio electrónico particular, através do *e-mail* profissional. Não se revelando desproporcionada a quantidade de mensagens privadas, considerou o tribunal que não se justificava o «despedimento por falta grave».

Uma segunda decisão – de 2 de Maio de 2000 ([667]) – pronunciou-se sobre a troca de numerosa correspondência electrónica de natureza privada entre dois colegas de trabalho. O Tribunal, após reconhecer que a correspondência trocada entre dois colaboradores da empresa tinha natureza privada na acepção do art. 8.º da Convenção Europeia, precisava que este direito à protecção da vida privada não é absoluto, "nomeadamente quando esta protecção se confronta com o *direito de controlo do empregador*", podendo revelar-se legítimo se se apresentar como "*necessário, indispensável*" e "*proporcional*".

O Tribunal sublinhou, ainda, que o respeito pela vida privada dos empregados implica que o controlo realizado deve limitar-se ao número de mensagens trocadas, ao tamanho das mensagens e ao formato dos ficheiros anexos à mensagem.

Uma outra decisão do Tribunal de Trabalho de Bruxelas de 22 de Junho de 2000 ([668]) considerou que o trabalhador que enviou, por correio electrónico da empresa, uma fotografia pornográfica a uma das suas colegas – com cópia a outros trabalhadores – violou as suas obrigações pes-

---

([665]) Para maior desenvolvimento à luz do direito espanhol veja-se o comentário de José Fernando M. Merchán *in* http://www.injef.com
([666]) http://www.droit-technologie.org
([667]) http://www.droit-technologie.org
([668]) http://www.droit-technologie.org

soais, estabelecidas no artigo 17.º da lei do contrato de trabalho. Considerando que o direito à protecção da vida privada não é absoluto, admitiu que também incumbe ao empregador "velar pelos bons costumes no seio da empresa".

A decisão do Tribunal de Verviers, de 20 de Março de 2002, citou uma decisão do Cour de Cassation francês ([669]) – conhecida por decisão *Nikon* – a qual considerou que "o trabalhador tem o direito, mesmo no tempo e local de trabalho, ao respeito pela sua intimidade da vida privada. Isto implica que seja reconhecido, em particular, o direito ao segredo da correspondência: o empregador não pode, sem violar esta liberdade fundamental, tomar conhecimento das mensagens pessoais enviadas e recebidas pelo trabalhador através de um equipamento informático que a entidade empregadora colocou à sua disposição, ainda que o empregador tenha proibido uma utilização não profissional do computador". Neste contexto, o tribunal considerou que os princípios poderiam ser transpostos para o direito belga e, por isso, decidiu que o comportamento do empregador que acedeu ao conteúdo de *e-mails* de um trabalhador que exercia uma «actividade paralela» era violador do segredo da correspondência (consagrado no artigo 29.º da Constituição) e constituía uma violação do artigo 8.º da Convenção Europeia dos Direitos do Homem. Considerou, em consequência, que "a prova obtida para comprovar uma «actividade de concorrência» é uma prova ilícita e que não pode ser tomada em consideração para a apreciação de um *motivo grave*".

Em *França* a jurisprudência pronunciou-se em várias situações.

O Conseil des prud'hommes de Paris decidiu, em 1 de Fevereiro de 2000, que a utilização de mensagens para fins privados, quando o regulamento interno o proibia, é susceptível de sanção ([670]).

O Conseil des prud'hommes de Montbéliard considerou, em 19 de Setembro de 2000, que era válido o despedimento de um trabalhador que trocava com um seu ex-colega de trabalho, através do correio electrónico da empresa, mensagens sobre as condições em que decorria a reorganização da empresa ([671]). Apesar de o trabalhador invocar a falta de informação dos trabalhadores e a falta de consulta do comité de empresa em relação aos dis-

---

([669]) Cour de Cassation Soc. de 2 de Outubro de 2001, arrêt n.º 4164 *in* www.courdecassation.fr

([670]) *In* http://www.droitquotidien.com

([671]) *In* Gazette du Palais, 14 de Dezembro de 2000, pág. 39.

positivos de controlo, o juiz considerou ser legítima a tomada de conhecimento do conteúdo da correspondência electrónica na medida em que a utilização do *e-mail* estava limitado a uma utilização profissional.

O Conseil des prud'hommes de Nanterre considerou, em 13 de Janeiro de 2000, que o empregado de um fabricante de computadores que obteve imagens pornográficas na *Internet* e que as enviou a alguns amigos não integra causa real e séria para o despedimento. Porém, é de salientar que o sentido da decisão foi influenciada por questões formais uma vez que o tribunal considerou que o disco do seu computador (por não ter sido selado) não constituía meio de prova em julgamento na medida em que "podia ter sido manipulado, sem dificuldade, entre a data dos factos e a dos debates em audiência" ([672]).

O Tribunal de Grande Instance de Paris – 17.ª Chambre Correctionnelle (decisão de 2 de Novembro de 2000) – considerou violadora da correspondência, efectuada através de telecomunicações, a actuação de um superior hierárquico que faz o controlo do correio electrónico de um estabelecimento de ensino (sem o conhecimento da estudante) com o objectivo de controlar a origem e a natureza das mensagens recebidas e enviadas à estudante em causa ([673]). O tribunal reconheceu que à rede mundial da *Net* e a todos os serviços que oferece, nela se incluindo a mensagem electrónica, é aplicável a legislação relativa às telecomunicações. A comunicação electrónica permite a transmissão de uma mensagem escrita de uma pessoa para outra, de forma análoga ao correio e, por isso, constitui «correspondência privada». Apesar de ter sido invocada a necessidade de assegurar «a segurança do sistema informático», o tribunal reconheceu que – na época – esta intervenção do superior hierárquico não teve qualquer relação com a segurança da rede.

O Cour de Cassation, em decisão de 2 de Outubro de 2001 (caso *Nikon* acima citado) pronunciou-se pela primeira vez sobre a problemática do exercício de liberdades do trabalhador no seio da empresa na sequência da utilização da informática e, em particular, do envio de mensagens. O sentido da decisão não deixa dúvidas, tal a sua clareza: ainda que o trabalhador tenha sido proibido de utilizar o computador para fins não pro-

---

([672]) *In* Gazette du Palais de 28 de Outubro de 2000, pág. 34.
([673]) O texto integral pode ser consultado *in* http://www.legalis.net/jnet

fissionais esse facto não legitima a entidade empregadora a ler o conteúdo das mensagens privadas enviadas e recebidas ([674]).

Também no *Brasil* – decisão da 13.ª Vara do Tribunal de Brasília de 9/10/2001 ([675]) – se consignou que uma seguradora "não tem o direito de violar a correspondência electrónica dos funcionários". Muito embora a entidade empregadora tenha estabelecido que o *e-mail* só podia ser utilizado para fins profissionais, esse facto não implica que o empregador possa aceder ao conteúdo da comunicação e «violar o segredo da correspondência consagrado no artigo 51, LVI da Constituição».

Estas decisões evidenciam alguma divergência de opiniões, que é notória em função do tipo de tribunal (trabalho ou criminal) que aprecia os factos. Esta dualidade de posições pode acontecer, em face das perspectivas como a legislação – laboral ou criminal – abordam os aspectos relativos aos poderes de apreciação da prova. A inexistência de legislação que regule, de forma expressa, a utilização das novas tecnologias no seio da empresa é, igualmente, um dos factores que pode estar na base destas divergências.

Nota-se uma certa uniformidade e sensibilidade dos tribunais de competência laboral em relação ao reconhecimento dos poderes de controlo e ao dever de obediência dos trabalhadores. Em consequência, a utilização do *e-mail* para fins privados em violação das instruções da entidade patronal apresenta-se, inevitavelmente, como sendo censurável. A medida da sanção será apreciada de acordo com os princípios subjacentes ao «direito disciplinar».

Porém, afigura-se-nos que a melhor doutrina – e que parece vir a sedimentar-se nas decisões mais recentes – é aquela que assegura uma efectiva preservação do direito fundamental relativo ao segredo da correspondência e que considera ilícita a prova obtida com violação daquele direito fundamental. A proibição de utilização dos meios da empresa para fins particulares não pode traduzir-se no exercício de um «poder absoluto» do empregador que se materializa na devassa da correspondência do trabalhador, especialmente quando este a qualifica, por qualquer forma, como «correspondência privada».

([674]) Veja-se, para maior desenvolvimento, o arrêt n.º 4164 *in* www.courdecassation.fr

([675]) *In* http://cbeji.com.br/jurisprudencia/email.htm

3.2.6. *Os limites do poder de controlo da entidade patronal e o novo Código do Trabalho*

1. Os poderes de controlo da entidade patronal – que não podem ser postos em causa – devem ser compatibilizados com os direitos dos trabalhadores, assegurando-se que devem ser evitadas intrusões desnecessárias e dispensáveis [676].

A entidade patronal deve escolher as metodologias de controlo menos intrusivas, em condições que preservem a dignidade e intimidade da pessoa [677], que estejam de acordo com os princípios previamente definidos e que, conforme referido, sejam do conhecimento dos trabalhadores [678]. Propendemos, por isso, a definir algumas regras que, assegurando o poder de controlo, se revelam compatíveis com a defesa da privacidade dos trabalhadores:

a) A entidade patronal deve assegurar-se que os trabalhadores estão claramente informados e que estão conscientes das regras e dos limites estabelecidos em relação à utilização de *e-mails* para fins privados e que conhecem as formas de controlo que podem ser adoptadas.

b) As razões determinantes da entrada na caixa postal dos empregados, com fundamento em ausência prolongada (férias, doença), devem ser claramente explicitadas e do seu conhecimento prévio.

c) A entidade patronal não deve fazer um controlo permanente e sistemático do *e-mail* dos trabalhadores. O controlo deve ser pontual e direccionado para as áreas e actividades que apresentem um maior "risco" para a empresa.

---

[676] Para maior desenvolvimento veja-se Fabrice Fevrier – "Pouvoir de Contrôle de l'employeur et droits des salariés à l'heure d'Internet", Les enjeux de la cybersurveillance dans l'entreprise. Droit et Nouvelles Technologies (*in* http://www.droit-technologie.org), pág. 16.

[677] Veja-se, para maior desenvolvimento, Pierre Kayser, ob. cit. pág. 270.

[678] No entendimento de Paula Raínha e Sónia Vaz (ob. cit. pág. 67) "o *e-mail* pode estar ao serviço da empresa mas tem de se respeitar o facto de que um acesso indiscriminado e excessivo pela entidade empregadora ao conteúdo do mesmo, reduz ao mínimo uma das vertentes principais do direito do trabalho. Isto porque este direito não exige apenas que o seu exercício seja acompanhado de condições adequadas de salubridade e higiene mas também que requisitos básicos relativos a liberdade de autodeterminação e dignidade profissional sejam respeitados".

d) Qualquer decisão sobre a realização de controlo deve ser proporcionada, evitando-se que os benefícios que a entidade patronal pretende obter sejam desproporcionados em relação ao grau de lesão que vai ser causado à privacidade e autonomia dos empregados.

e) O grau de autonomia do trabalhador e a natureza da actividade desenvolvida, bem como as razões que levaram à atribuição de um *e-mail* ao trabalhador devem ser tomadas em conta, decisivamente, em relação à forma como vão ser exercidos os poderes de controlo. O segredo profissional específico que impende sobre o empregado (*v.g.* sigilo médico ou segredo das fontes) deve ser preservado.

f) Deve ser claramente diferenciado o grau de exigência e de rigor em relação ao controlo dos *e-mails* expedidos e recebidos, sendo facultados ao trabalhador meios expeditos e eficazes para assegurar a eliminação imediata dos *e-mails* recebidos e cuja entrada na sua caixa de correio ele não pode controlar.

g) O controlo dos *e-mails* – a realizar de forma aleatória e não persecutória – deve ter em vista, essencialmente, a garantia de segurança do sistema, a sua performance e, eventualmente, o espaço em disco. Para assegurar estes objectivos a entidade patronal pode encarregar o administrador de sistema ([679]) de adoptar os procedimentos necessários para – eventualmente e com conhecimento dos trabalhadores – fazer uma «filtragem» com *software* antivírus ou apagamento de certos ficheiros ([680]) que, pela natureza da actividade desenvolvida pelo trabalhador podem indiciar, claramente, não se tratar de *e-mails* de serviço (*v.g.* ficheiros «*.exe*», .mp3 ou de imagens). A necessidade de detecção de vírus não justifica, só por si, a leitura dos *e-mails* recebidos.

([679]) Como referem Lionel Bochurberg e Sebastien Cornuaud, ob. cit. pág. 15, o "administrador de sistema é o homem-chave de todo o processo de controlo. Nenhum processo de filtragem, operação de registo dos traços relativos ao fluxo de informação e respectivo controlo pode ser instalado ou activado sem a sua autorização ou conhecimento".

([680]) Muito embora a nova previsão do artigo 194.º n.º 1 do Código Penal incrimine a «*supressão de correspondência*» (cf. "Comentário Conimbricense do Código Penal" dirigido por Jorge Figueirdeo Dias, Parte Especial, Tomo I, Coimbra Editora, pág. 753) não me parece que este procedimento, realizado nas circunstâncias descritas e com estas motivações possa integrar o tipo legal de crime.

h) Podem, também, ser adoptadas metodologias de trabalho e procedimentos técnicos que impeçam a recepção ou envio de ficheiros executáveis e de imagens.

i) O controlo fundamentado na prevenção ou detecção da divulgação de segredos comerciais deve ser direccionado, exclusivamente, para as pessoas que têm acesso a esses segredos.

j) Se estiverem em causa razões de custos ou de produtividade, o controlo deve ser feito, num primeiro momento, através da contabilização do número de *e-mails* enviados. À constatação da utilização desproporcionada deste meio de comunicação – que será comparada com a natureza e tipo de actividade desenvolvida – deve seguir-se um aviso do trabalhador e, se possível, o controlo através de outros meios alternativos e menos intrusivos.

k) Os prazos de conservação dos dados de tráfego devem ser limitados em função de razões relacionadas com a organização da actividade e gestão da correspondência e nunca em razão de quaisquer objectivos de controlo ou organização de perfis comportamentais dos trabalhadores.

l) O acesso ao *e-mail* deverá ser o último recurso a utilizar pela entidade patronal, sendo desejável que esse acesso se processe na presença do trabalhador visado e, de preferência, na presença de um representante da comissão de trabalhadores ([681]). O acesso deve limitar-se à visualização dos endereços dos destinatários, o assunto, a data e hora do envio e "conta", podendo o trabalhador – se for o caso – especificar a existência de alguns *e-mails* de natureza privada e que não pretende que sejam lidos pela entidade patronal.

m) Perante tal situação a entidade patronal deve abster-se de consultar o conteúdo do *e-mail*, em face da oposição do trabalhador,

---

([681]) O art. 23.º al. c) da Lei 46/79, de 12 de Setembro, estabelece que o direito à informação devida às comissões de trabalhadores abrange a "organização da produção e suas implicações no grau de utilização da mão-de-obra e do equipamento". Anota-se, porém, que o artigo 18.º n.º 3 do mesmo diploma reconhece que "as comissões de trabalhadores não podem, através do exercício dos seus direitos e do desempenho das suas funções, prejudicar o normal exercício das competências e funções inerentes à hierarquia administrativa, técnica e funcional da respectiva empresa". A sua intervenção no caso em apreço visa, em certa medida, comprovar que o controlo não se revela abusivo e desproporcionado em relação à finalidade a atingir.

tendo a faculdade de tomar as medidas que considere adequadas ao caso (entre elas o procedimento disciplinar se considerar haver fundamento para o efeito).

2. Estas considerações mantêm-se válidas com a publicação do novo Código do Trabalho, o qual foi expresso e clarificador em relação a alguns aspectos. O artigo 21.° n.° 1 consagrou, quer em relação à mensagem expedida quer recebida, o «direito de reserva e confidencialidade relativamente ao conteúdo das mensagens de natureza pessoal», adiantando que essa reserva é extensiva ao «acesso a informação de carácter não profissional». Do preceito resulta claro que a entidade empregadora só pode aceder ao conteúdo das mensagens de natureza profissional. Isto é, sempre que o trabalhador, por qualquer meio (v.g. por anotação na respectiva mensagem ou por inclusão numa pasta de «correspondência privada»), consigne que determinada mensagem tem natureza «privada» – ainda que a entidade empregadora tenha proibido a utilização dos equipamentos para fins privados – fica o empregador impedido de aceder ao seu conteúdo, sob pena de violação do artigo 21.° n.° 1 do CT.

O n.° 2 do mesmo preceito confere à entidade empregadora a faculdade de «estabelecer regras de utilização dos meios de comunicação na empresa», em particular em relação ao correio electrónico ([682]). Este preceito vem, afinal, confirmar tudo quanto foi referido em relação aos poderes da entidade empregadora. Porém, a insuficiência regulamentadora desta disposição mantém algumas das dúvidas que já se levantavam anteriormente.

Continua a ser problemática a questão de saber se a entidade patronal pode – e em que circunstâncias – ter acesso ao conteúdo do *e-mail*. Não ignoramos que o conteúdo de um *e-mail* pode ser decisivo em relação à escolha da sanção disciplinar a aplicar a um trabalhador ([683]), nomeada-

---

([682]) No site http://www.droit-tecnhologie.org podem ser consultados dois exemplos de «Directivas relativas à Utilização de Correio Electrónico e Internet no seio da Empresa», da autoria do advogado Olivier Rijckaert. Estes exemplos podem dar um contributo significativo às entidades empregadoras que pretendam, no contexto deste preceito do CT, elaborar «regras de utilização dos meios de comunicação na empresa».

([683]) A divulgação de um segredo comercial ou industrial, a revelação de informações que possam lesar interesses patrimoniais sérios da empresa ou a produção e difusão de mensagens injuriosas em relação aos superiores hierárquicos e à entidade patronal podem comprometer a subsistência da relação laboral e, por isso, integrar justa causa de despedimento (cf. art. 396.° do CT).

mente quando a entidade patronal verifica que o número de *e-mails* expedidos são pouco significativos em relação ao "grau de tolerância" permitido.

Embora não estejamos perante matéria que se enquadre, em bom rigor, no âmbito do regime relativo à protecção de dados e da competência da CNPD, devemos assinalar que esta é uma questão fulcral e que se coloca com frequência.

O enquadramento penal da intercepção do *e-mail* foi já objecto, entre nós, de reflexão de Faria Costa [684], razão pela qual nos limitamos a sintetizar o sentido do seu entendimento. Este ilustre penalista, salientando não querer avançar com uma posição definitiva, evidencia alguns princípios fundamentais aplicáveis e lembra, desde logo, que "a interpretação analógica, relativamente à norma incriminadora (art. 194.º do C. Penal), é absolutamente proibida" (art. 1.º n.º 3). Mas, "sendo proibida a interpretação analógica, não o é a interpretação extensiva".

E continua este autor: "assim sendo, tanto mais que a lei fala em conteúdo de telecomunicação, parece, por conseguinte, defensável dizer-se que quem perscrutar e aceder ao conteúdo informacional veiculado por *e-mail* comete o crime previsto no n.º 2 do art. 194.º. Repare-se que o tipo legal de crime não se refere a escrito, como acontece no n.º 1, caso em que seria muito mais difícil ou até impossível aplicar esta norma incriminadora, já que, nessas circunstâncias, se não está perante palavra escrita mas, como se viu, perante *palavra virtual*. Todavia, a palavra virtual dá-nos conteúdos de significações, como a palavra escrita, quer como a palavra falada. Foi esse conteúdo que o legislador quis continuar a preservar. E a preservar tendo em consideração os novos meios de telecomunicação. E o chamado correio electrónico é, sem sombra de dúvida, um eficaz e potentíssimo meio de comunicação à distância. Um, hoje, indispensável meio de telecomunicação".

E, a concluir, considera que o ordenamento penal português consagra "quatro níveis ou graus de protecção à privacidade contida no fluxo informacional veiculado por meios de comunicação, quais sejam: imposição de sigilo para todos os que pelas suas funções possam aceder ao conteúdo reservado da informação; proibição da intromissão no próprio conteúdo informacional; proibição da divulgação daquele preciso conteúdo informacional e, finalmente, proibição fora das condições legais, de qualquer

---

[684] Ob. cit. pág. 71 e 72.

contacto com instrumentos técnicos susceptíveis de realizar devassa informacional".

Os mesmos princípios são defendidos por Manuel da Costa Andrade que, na sua anotação ao artigo 194.º ao Código Penal ([685]), adianta que o portador do bem jurídico protegido não será o proprietário do meio de comunicação mas "aquele que confia os seus pensamentos a um escrito fechado ou se decide a comunicar por via de missiva ou de telecomunicação". Adianta, ainda, que "o legislador de 1995 substituiu a expressão «comunicação telefónica ou telegráfica», constante da versão de 1982, pela fórmula mais genérica e compreensiva, *«telecomunicações»*. Assim, e a par das formas clássicas do telefone e do telegrama, cabem aqui telecomunicações como o telex, o telefax, a telefoto e o correio electrónico".

3. A verdade é que, tal como defendemos, também a letra do artigo 21.º n.º 1 afasta a possibilidade de a entidade empregadora ter acesso ao conteúdo de mensagens de natureza pessoal, não se vislumbrando que haja qualquer disposição legal que – mesmo no âmbito de processo disciplinar em curso (vg. por desconfiança de revelação de segredos comerciais) – permita perscrutar o referido conteúdo ([686]). Por isso, a única via para o acesso ao conteúdo passa pelo consentimento do trabalhador.

A valoração da gravidade da conduta terá que passar pela apreciação do incumprimento das condições estabelecidas em matéria de «regras de utilização», pelo tipo ou natureza de destinatários e respectivas justificações apresentadas pelo trabalhador. A apreciação da conduta do trabalhador que se escuda no «segredo da mensagem» quando a entidade proibiu, em absoluto, a utilização do *e-mail* da empresa para fins privados deve ter uma valoração diversa nas situações em que existe uma certa tolerância (cf. artigo 396.º n.º 2 do CT).

Entendemos, porém, que tanto o julgador como o legislador devem estar atentos às limitações de prova que este tipo de tecnologias apresenta.

([685]) "Comentário Conimbricense do Código Penal" dirigido por Jorge Figueirdeo Dias, Parte Especial, Tomo I, Coimbra Editora, pág. 755.

([686]) Também em França se considera que o *e-mail* é um «correio como qualquer outro», coberto pelo segredo da correspondência. A confidencialidade do *e-mail* foi reconhecida pelo Tribunal Correcional de Paris, com o fundamento de que «constitui correspondência privada» (17.ª Ch. de 2 de Novembro de 2000 *in* www.juriscom.net).

O facto de os instrumentos de trabalho pertencerem à entidade patronal, ser ela quem disponibiliza os meios para a realização da comunicação no seio da empresa, quem suporta os respectivos encargos e tem legitimidade para tratar os dados pessoais objecto da comunicação, quem adopta medidas de segurança para evitar a sua intercepção, alteração ou eliminação (*v.g.* realização de cópias de *backup*), quem deve tomar medidas para defender o seu sistema contra vírus, apresentam-se como motivos relevantes para a existência de dificuldades de enquadramento jurídico acrescidas. Nesse contexto, há quem defenda que as especificidades da utilização das novas tecnologias na empresa, em particular o correio electrónico e a Internet, contribuem para considerar que pode existir uma certa "inadaptação da noção da vida privada em relação ao exercício das liberdades na empresa" ([687]).

Interessa saber em que medida o facto de as listagens de *e-mails* ou o seu próprio conteúdo estarem disponíveis em servidor de comunicações ou no disco do computador pertencentes à entidade patronal terá influência no enquadramento do conceito de «*intercepção de telecomunicações*» (art. 194.º do Código Penal) ou de «*acesso indevido*» (art. 44.º da Lei 67/98).

Acresce, por outro lado, que não podemos perder de vista que – como resulta do disposto nos artigos 194.º e 198.º do Código Penal e do artigo 44.º n.º 3 da Lei 67/98 – *o procedimento criminal depende de queixa*. Daí que qualquer iniciativa incriminatória passe, necessariamente, por um impulso processual da pessoa que vê devassada a mensagem.

3.3. *O acesso à Internet*

Em termos gerais, são aqui aplicáveis, *mutatis mutandis*, os princípios definidos para a utilização e controlo do *e-mail*.

1. A *Internet* é, por natureza, um espaço privilegiado para o exercício da liberdade de expressão e um dos principais meios capazes de assegurar a liberdade de informação ([688]). Sendo reconhecido ao empregador o direito de determinar as condições de utilização da *Internet* no seio da

---

([687]) Veja-se Fabrice Fevrier, ob. cit. pág. 44.
([688]) Para maior desenvolvimento e abordagem da jurisprudência do Tribunal Constitucional espanhol veja-se Maria Luisa Esteban, ob. cit. pág. 34 e ss.

empresa (em particular em relação ao tempo de utilização e ao condicionamento de acesso a determinados sítios), esse poder deve ser utilizado de forma equilibrada e compatabilizando os vários interesses em presença.

As razões fundamentais que têm estado na base do estabelecimento de limites à utilização da *Internet* prendem-se com o excessivo tempo despendido pelos empregados e do qual decorrem perdas na produtividade, a utilização do equipamento informático da empresa em operações morosas (v.g. *downloads* de música e pornografia) ou consideradas eticamente reprováveis por alguns empregadores (v.g. *sites* pornográficos) e cujo resultado envolve a ocupação de significativo espaço em disco ou a afectação de meios técnicos pertencentes à empresa e que podem ter reflexos visíveis na performance do sistema quer ao nível da capacidade do disco, eventualmente, "atribuída" a cada utilizador quer na largura de banda disponível.

Têm sido alinhadas, igualmente, razões de segurança ([689]) para limitar o acesso dos trabalhadores à *Internet*:

a) Pode ocorrer a instalação de aplicações – *v.g.* economizadores de écran – que são susceptíveis de limitar o acesso às aplicações destinadas à utilização profissional (entrave à disponibilidade) ou, até, à sua falsificação ([690]);

b) O acesso à *Internet* – porque representa a conexão com sistemas exteriores à empresa – é mais um factor potenciador de vírus. O vírus é um pequeno programa em "código de máquina" que se reproduz e se multiplica noutros computadores e que pode produzir estragos significativos ou irreparáveis no sistema de informação. O vírus pode ser transmitido em jogos, na cópia de ficheiros ou de programas.

c) A frequência de *chats* e o fornecimento de contactos da empresa potencia o envio de mensagens com vírus que podem afectar, igualmente, os sistemas.

d) O *Worm* é um programa autónomo e que se propaga de um sistema para outro, através da rede. Produz efeitos similares ao vírus

---

([689]) Para maior desenvolvimento veja-se Fabrice Fevrier – "Pouvoir de Contrôle de l'employeur et droits des salariés à l'heure d'Internet", Les enjeux de la cybersurveillance dans l'entreprise. Droit et Nouvelles Technologies (*in* http://www.droit-technologie.org), pág. 20 e ss.

([690]) Veja-se o trabalho elaborado pela Comissão de Protecção de Dados da Suíça – "Guide relatif à la surveillance de l'utilisation d'Internet et du courrier électronique au lieu de travail" *in* http://www.edsb.ch

e pode destruir dados e diminuir ou neutralizar a operacionalidade do sistema;

e) O «*cavalo de Troia*» – que produz efeitos sobre a segurança do sistema – pode permitir a supressão das palavras de passe, contribuindo para a vulnerabilidade e acessibilidade a algumas aplicações protegidas e facultar o acesso indevido a dados, a sua modificação ou supressão.

2. Deve dizer-se, porém, que estes riscos já existem, de forma potencial, quando os empregados acedem à *Internet* por razões profissionais. Por isso, as questões de segurança podem apresentar-se como um falso problema, uma vez que a entidade patronal deve adoptar mecanismos de segurança que protejam o sistema da empresa, não se vislumbrando que o acesso por motivos privados possa trazer riscos acrescidos em relação ao acesso por motivos profissionais. A vulnerabilidade invocada – que é real quando o sistema de segurança da empresa não está convenientemente preparado para responder aos desafios das redes abertas – não decorre da forma como os trabalhadores utilizam os computadores, mas da insuficiência de medidas ou de políticas de segurança que fragilizam muitas empresas e as expõem a "ataques" externos.

De entre os múltiplos mecanismos técnicos – e sem queremos desenvolver esta temática – entendemos que os programas anti-vírus devem estar actualizados. Por outro lado, a entidade patronal deve adoptar procedimentos regulares de *backup* para evitar a perda da informação. Será desejável, igualmente, definir políticas de "gestão de quotas de disco", sistemas de alarme e registo de tentativas de intrusão no sistema da empresa ou, até, mecanismos "*anti-cookie*".

Porém, os sistemas *firewall* são aqueles que se revelam mais eficazes para proteger a empresa contra a intrusão exterior ([691]).

Os sistemas *firewall* "protegem os próprios dados contra os ataques vindos do exterior e evitam que o espaço de banda e o tempo de trabalho sejam solicitados de forma desproporcionada. Estes sistemas, normalmente posicionados entre a *Internet* ou uma *intranet*, filtram o tráfego de dados nos dois sentidos em função da identificação do utilizador (*userid*),

---

([691]) Para maior desenvolvimento sobre sistemas de segurança e *firewall* veja-se Didier Godart – "Sécurité Informatique", Risques, Stratégies et Solutions, Editions de la Chambre de Commerce et d'Industrie, Belgique, 2002, pág. 279 e ss.

o endereço IP ou os protocolos da aplicação" ([692]). Este sistema de *firewal* pode ser especialmente eficaz se forem adoptados mecanismos complementares que procedam à filtragem do tráfego, nomeadamente:

- *a)* Através da especificação de sítios interditos – *lista negativa* – que pode ser organizada através dos *URL* indesejáveis;
- *b)* Através de uma metodologia diversa da anterior que consiste na enumeração dos sítios susceptíveis de consulta – *lista positiva* – e que servirá de suporte à identificação dos endereços *Internet* considerados necessários ao desempenho das actividades no interior da empresa ([693]);
- *c)* São conhecidas, igualmente, algumas medidas adoptadas por ISP's para evitar a disponibilização de sítios nocivos, através da criação de *software* que permita a identificação de «palavras-chave» que são determinantes para negar o acesso aos internautas quando essas palavras são utilizadas. Porém, esta metodologia não se revelou adequada e foi pouco eficaz quando a America Online fechou, acidentalmente, um «grupo de discussão» sobre o cancro da mama («*breast cancer*»). Em 1996, por exemplo, a Compuserve, por seu turno, proibiu mais de 200 grupos de discussão ([694]).
- *d)* Será ainda admissível – em relação aos protocolos de transferência de ficheiros (*v.g.* FTP e http) – o estabelecimento de mecanismos de bloqueamento de tráfego em relação à natureza e formato de certos ficheiros (v.g. .exe, imagens ou mp3). Estes sistemas podem não ser eficazes em relação à informação encriptada ou aos ficheiros comprimidos (.zip).

Um estudo recente da SurfControl, empresa de sistemas de filtragem na *Internet*, dá-nos conta de que cerca de 83% dos empresários "acredita que os seus trabalhadores utilizam o computador da empresa para tratar de questões pessoais *on line*" ([695]). De acordo com um estudo da Quick

---

([692]) Documento da autoridade de controlo suíça, loc. cit. pág. 11.

([693]) Afigura-se-nos que este sistema é demasiado redutor da autonomia, criatividade e capacidade de investigação do trabalhador.

([694]) Para mais desenvolvimento veja-se Maria Luisa Esteban, ob. cit. pág. 109.

([695]) Para maior desenvolvimento veja-se o «TeK Sapo» – http://tek.sapo.pt/470/264567.html

Take ([696]), mais de 75% dos administradores de empresas norte americanas afirmam que é indispensável a utilização de filtros para tecnologias de observação direccionados no combate ao uso privado da *Internet* por parte dos seus trabalhadores durante as horas de trabalho.

Estes sistemas de filtragem, qualquer que seja a sua amplitude, não devem ser demasiado restritivos, ao ponto de limitarem o acesso a um número reduzido de sítios e inviabilizarem, de forma redutora, a liberdade de acesso às redes públicas. Porém, deve reconhecer-se que é preferível a utilização de sistemas de filtragem à interdição absoluta.

A limitação de acesso a certo tipo de sítios (*v.g.* pornográficos ([697]), negacionistas ([698]), de jogos ou de música) só devem ser limitados se houver razões objectivas que, em função dos perigos, imponham tais interdições.

3. A entidade patronal dispõe de condições técnicas que lhe permitem exercer um controlo sobre a utilização da *Internet* pelos trabalhadores. O diverso *software* de navegação na *Internet* (*browser*) está preparado para fazer o *tracing* dos acessos de cada trabalhador, com referência ao seu *Userid*, guardando o histórico de todas as transacções: os equipamentos de conexão da rede (*v.g.* os servidores de comunicações) permitem o registo diário do endereço IP (que identifica «quem» se ligou), a data e hora da ligação (registo da conexão e desconexão), que fica gravado, e o URL (endereço *Internet*) que foi chamado ([699]). Estes *browsers* criam ficheiros temporários no disco do utilizador que permitem verificar os sítios visitados e o seu conteúdo. Ao mesmo tempo, também o *proxy-server* que realiza a gestão da *Intranet* da empresa permite verificar todo o fluxo de

---

([696]) Ainda de acordo com essa nota do TeK Sapo, os administradores de 75 empresas da área das Tecnologias de Informação inquiridas "apontam o aumento da segurança como principal motivo para a utilização de sistemas de filtragem e observação".

([697]) Veja-se a abordagem que a comissão inglesa faz sobre esta temática. Se os trabalhadores estão autorizados a conectar-se fora do horário de trabalho, não se vislumbra que interesse representa ou que risco se pretende evitar com o controlo do conteúdo. Só razões de performance do sistema (*v.g. downloads* demorados ou que ocupem espaço significativo no disco) podem justificar a limitação e o controlo dos conteúdos.

([698]) Uma entidade cujo objectivo principal é a luta contra o racismo e xenofobia.

([699]) Veja-se, para maior desenvolvimento, o trabalho da Comissão suíça, loc. cit pág. 12.

informação e acessos realizados pelos trabalhadores («quem»), bem como o «tempo de conexão» (início e fim) e páginas visitadas ([700]).

4. Dispondo a entidade patronal dos meios que permitem um controlo dos trabalhadores interessa definir as regras e princípios a observar. Os princípios são em tudo similares àqueles que já enunciámos em relação à utilização do *e-mail*:

a) A entidade patronal deve assegurar-se que os trabalhadores estão claramente informados e que estão conscientes dos limites estabelecidos em relação à utilização de *Internet* para fins privados e que conhecem as formas de controlo que podem ser adoptadas. Deve ser admitido um certo grau de tolerância em relação ao acesso para fins privados, nomeadamente se este decorrer fora do horário de trabalho.

b) Qualquer decisão sobre a realização de controlo deve ser proporcionada, evitando-se que os benefícios que a entidade patronal pretende obter sejam desproporcionados em relação ao grau de lesão que vai ser causada à privacidade e à autonomia dos empregados. Devem ser consideradas as vantagens – quer para a empresa quer para os trabalhadores – que o acesso à *Internet* traz para o desenvolvimento da capacidade de investigação, autonomia e iniciativa do trabalhador, aspectos que podem ser capitalizados em benefício da empresa em matéria de utilização das novas tecnologias.

c) A entidade patronal não deve fazer um controlo permanente e sistemático do acesso à *Internet*. O controlo dos acessos à *Internet* – a ser decidido – deve ser feito de forma não individualizada e global em relação a todos os acessos na empresa, com referência ao tempo de conexão na empresa. A realização de estudos estatísticos podem ser suficientes para a entidade patronal se poder aperceber do grau de utilização da *Internet* no local de trabalho e em que medida o acesso compromete a dedicação às tarefas profissionais ou a produtividade.

([700]) Para mais desenvolvimento veja-se Lionel Bochurberg e Sébastien Cornuaud – "Internet et la vie privée au bureau", Delmas Express, Dalloz, 2001, página 55 e seguintes.

d) Se estiverem em causa razões de custos ([701]) ou de produtividade ([702]), o controlo do trabalhador deve ser feito, num primeiro momento, através da contabilização do tempo médio de conexão, independentemente dos sítios consultados. Perante a verificação de acessos excessivos e desproporcionados deste meio de comunicação deve seguir-se um aviso do trabalhador em relação ao grau de utilização.

e) O controlo em relação ao tempo de acesso diário e aos sítios consultados por cada trabalhador só deverá ser realizado em circunstâncias excepcionais, nomeadamente quando, no contexto da sua advertência, este duvidar das indicações da empresa e quiser conferir a realização de tais acessos. Em particular, poderá ser necessário verificar as horas de conexão (início e fim) para comprovar que o acesso para fins privados ocorreu fora do horário de trabalho.

f) Admite-se que seja feito um tratamento dos sítios mais consultados na empresa, sem identificação dos postos de trabalho.

Embora não seja da competência da CNPD, não deve ser afastada, como é óbvio, a possibilidade de aplicação de sanções disciplinares pela utilização indevida e desproporcionada da *Internet* para fins privados ([703]).

5. Questão complexa é a de saber em que medida o empregador pode verificar quais os «sites» visitados pelo trabalhador. Deve reconhecer-se, desde logo, que o artigo 21.º n.º 1 do Código do Trabalho, distingue duas realidades diversas em matéria de direito de reserva da confidencialidade:

a) Relativamente ao conteúdo das mensagens de natureza pessoal;
b) Relativamente ao acesso a informação de carácter não profissional que envie, receba ou **consulte**.

([701]) Sobre os custos de acesso à Internet veja-se Lionel Bochurberg e Sébastien Cornuaud – "Internet et la vie privée au bureau", Delmas Express, Dalloz, 2001, página 69 e 70. Não deve ser colocada de parte a situação em que as empresas dispõem de ligações permanentes e em que a utilização da Internet para fins privados não tem qualquer implicação, em termos de custos, para a entidade empregadora.

([702]) Não está claramente comprovado que a consulta da Internet para fins privados tenha efeitos decisivos na produtividade (veja-se Lionel Bochurberg e Sébastien Cornuaud, loc. cit. pág. 72), tanto mais que, em muitos casos, a «navegação» é realizada fora do horário de trabalho.

([703]) Veja-se no direito francês, para maior desenvolvimento, Lionel Bochurberg e Sébastien Cornuaud, loc. cit. pág. 92 e ss.

Enquanto a previsão aludida em (a) se deve referenciar a toda e qualquer comunicação que envolva uma «mensagem» – v.g. e-mail, chat/grupo de discussão – e que pode ser identificada como uma «comunicação fechada», admitimos que a realidade referenciada em (b) – especialmente quando se fala em «*consulta*» – pode, de algum modo, ter querido englobar, embora de forma muito imprecisa, a realidade do acesso à Internet.

Admitimos, por isso, que o legislador tenha querido consignar que o trabalhador goza de um «direito à reserva» em relação ao tipo de informação a que aceda (via Internet) e que tenha carácter não profissional. Esta intromissão da entidade empregadora sempre poderá colocar em risco aspectos da vida privada do trabalhador e da sua família (cf. artigo 16.º do CT). A consulta de *sites* visitados poderá permitir, nalguns casos, a constituição de perfis do trabalhador, bem como o conhecimento de gostos, *hobbies*, consulta sistemática de documentação relativa a determinada doença, a compra de determinados produtos, a preparação de uma viagem ou o gozo de férias, enfim, a procura de um novo emprego. Daí que o legislador tenha sido cauteloso e prudente, assegurando que a entidade empregadora não poderia – por essa via – estabelecer «perfis de consulta» ou vir a tomar conhecimento de aspectos da vida privada do trabalhador e que nada têm a ver com a actividade da empresa.

Muito embora os tribunais sejam um tanto «generosos» em relação à utilização da Internet por parte dos trabalhadores para fins privados [704], não podemos deixar de reconhecer que nenhuma disposição do Código do Trabalho lhes assegura um direito de, contra a vontade expressa da entidade empregadora, poderem utilizar os meios de comunicação para fins privados. Porém, e tal como já foi referido em relação ao e-mail, a proibição de utilização da Internet para fins privados não legitima a devassa sobre as transacções e a navegação do trabalhador sem o seu conhecimento.

6. Mas, contrariamente ao que acontece com o acesso ao conteúdo do *e-mail*, temos grandes dúvidas em considerar que a verificação dos sítios consultados possa integrar uma «intromissão no conteúdo de telecomunicação» (cf. artigo 194.º n.º 2 do Código Penal).

O bem jurídico típicamente protegido pela incriminação do artigo 194.º é a «privacidade em sentido formal», ideia que Manuel da Costa

---

[704] Veja-se, no mesmo sentido, Lionel Bochurberg e Sébastien Cornuaud, ob. cit. pág. 69.

Andrade ([705]) ilustra quando refere que o que se pune "é apenas a ultrapassagem de uma *barreira física* e o *tabu* que ela representa e assinala". Mas, para além disso, o que tem especial relevância é facto de estarmos perante informação que se encontra no espaço virtual, acessível a qualquer pessoa que a queira consultar e colocada pelos produtores de informação com esse objectivo concreto e específico ([706]). Por outro lado, interessa sublinhar que esta informação não estará apenas alojada no computador pessoal do trabalhador mas pode estar «espalhada» por uma série de locais: no servidor de telecomunicações da empresa, no sistema do ISP contratualizado pela empresa ou, eventualmente, em cada uma das entidades que gerem os sítios consultados pelo trabalhador.

Acresce, por outro lado, que a doutrina considera ([707]), de forma pacífica, que «só pertencem à área de tutela da incriminação as chamadas telecomunicações privadas ou endereçadas (que permitem uma relação comunicativa directa e recíproca entre pessoas determinadas) e não já as telecomunicações públicas, de massas ou de difusão (comunicações não endereçadas).

Por isso, propendemos a considerar que a verificação/controlo pela entidade empregadora dos sítios consultados pelo trabalhador por razões estritamente privadas não parece integrar-se no conceito de «intromissão no conteúdo de telecomunicações» incriminado pelo artigo 194.º n.º 2 do Código Penal.

([705]) "Comentário Conimbricense do Código Penal" dirigido por Jorge Figueirdeo Dias, Parte Especial, Tomo I, Coimbra Editora, pág. 754.

([706]) Em relação aos «escritos», um dos fundamentos decisivos para integrarem objecto típico da infracção será a necessidade de estarem «fechados».

([707]) "Comentário Conimbricense do Código Penal" dirigido por Jorge Figueirdeo Dias, Parte Especial, Tomo I, Coimbra Editora, pág. 760 e Manuel Leal Henriques e Manuel Simas Santos – "Código Penal Anotado", 3.ª Edição, Vol. II (parte especial), pág. 575.

BIBLIOGRAFIA

ABRANTES, José João – "Contrato de Trabalho e Direitos Fundamentais" *in* II Congresso Nacional de Direito do Trabalho, Almedina.

AGUADO, Angel Martin – "Actuaciones Irregulares que Afectan a la Libertad, Dignidad o Vida Privada del Trabajador, Limites Constitucionales al Poder de Direccion Empresarial" *in* Joaquin Aparicio e Antonio Baylos – "Autoridad y Democracia en la Empresa".

AGUILERA, Abel Téllez – "Nuevas Tecnologías, Intimidad y Protección de Datos", Madrid, 2001.

ALMEIDA, F. J. Coutinho – "Os poderes da entidade patronal no direito português" *in* Revista de Direito e Economia, Ano III, 1977.

ANDRADE, Costa – "Sobre as proibições de Prova em Processo Penal", Coimbra Editora.

ANDRADE, José Carlos Vieira de – "Os Direitos Fundamentais na Constituição Portuguesa de 1976", 2.ª Edição, Coimbra, 2001

ANDRADE, José Carlos Vieira de – "Os direitos fundamentais nas relações entre particulares" *in* Documentação e Direito Comparado, n.º 5.

ANTUNES, Morais e Guerra, Amadeu – "Despedimentos e outras formas de cessação do contrato de trabalho", Coimbra, Almedina, 1984.

Anuario de Derecho de las Tecnologías de la Información y las Comunicaciones" – (TIC), 2002, Davara & Davara, Asesores Jurídicos.

APARICIO, Joaquín e Baylos, Antonio – "Autoridad y Democracia en la Empresa", Editorial Trotta, 1992.

APARICIO, Joaquin – "Empresas Ideológicas y Derechos Fundamentales del Trabajador" *in* Joaquin Aparicio e Antonio Baylos – "Autoridad y Democracia en la Empresa".

ASCENSÃO, Oliveira – "Sociedade de Informação" *In* "Direito na Sociedade de Informação", Vol. I, Coimbra Editora, Outubro de 1999, pág. 163.

AUBY, Jean-Marie – "Le Droit de la Santé", Thémis.

BARREIROS, José António – "Informática, Liberdades e Privacidade" *in* Estudos sobre a Constituição.

BARRETO, Irineu Cabral – "A Convenção Europeia dos Direitos do Homem" Anotada, Coimbra Editora, 1999.

BEATO, María José García – "Principios y Derechos en la Ley Organica 5/1992, de 29 de Octubre, e en la Directiva 95/46/CE" *in* Jornadas Sobre El Derecho Español de la Protección de Datos.

BOCHURBERG, Lionnel e Counuaud, Sebastian – "Internet et la vie privée au bureau", Delmas Express, 2001.

BOUCHET, M. Hubert – "Les Écoutes Téléphoniques des Salariés sur les Lieux de Travail", *in* XIX Conférence Internationale des Commissaires à la Protection des Données, Bélgica, 1997.

BOUCHET, M. Hubert – "La Cybersurveillance des Salariés dans l'entreprise", Março de 2001

BOUCHET, M. Hubert – "Vie Privée, vie salariée", 23.ª Conference Internationale des Commissaires à la Protection des Données, 24 a 26 de Setembro de 2001

BOULANGER, Marie-Héléne e Dhont, Jan – "Protection de la vie privée et données génétiques: quelques considérations" *in* Cahiers du Centre de Recherches Informatique et Droit n.º 16, Droit des technologies de l'information.

CABRAL, Rita Amaral – "Direito à intimidade da vida privada" *in* Separata dos Estudos em memória do Prof. Doutor Paulo Cunha, 1988.

CANOTILHO, J. J. Gomes e Moreira, Vital – "Constituição da República Portuguesa Anotada", 3.ª Ed. 1993.

CASTRO, Catarina Sarmento e – "A protecção de dados pessoais dos trabalhadores" *in* Questões Laborais, Coimbra Editora, Ano IX, 2002, pág. 27.

CAUPERS, João – "Os direitos fundamentais dos trabalhadores e a Constituição", Almedina, 1985

CAVOUKIAN, Ann – "Privacy and Biometrics" *in* Conferência Internacional de Comissários de Protecção de Dados, Hong Kong

CHORÃO, Mário Bigotte – "Direito e Inovações Biotecnológicas" *in* «O Direito», ano 126, 1994, III-IV – Julho/Dezembro, pág. 429

COSTA, Faria – "As telecomunicações e a privacidade: o olhar (in)discreto de um penalista" *in* «As Telecomunicações e o Direito na Sociedade de Informação», Coimbra, 1999.

CUBEL, Sanchez – "Todo sobre la nueva Ley de Prevención de Riesgos Laborales", Barcelona, 1996

DELAHAIE, Henri e Paoletti, Félix – "Informatique et libertés", Editions la Decouverte".

DELGADO, Lucrecio Rebollo – "El Derecho Fundamental a la Intimidad", Madrid, 2000.

DIDIER, Bernard – "Breves introductions sur le marché do traitement automatique de l'empreinte digitale"

DIOP, Assane – "Vie au travail e protection de la vie privée: pour un travail décent dans une société de l'information" *in* La 23.ª Conférence Internationale des Commissaires à la Protection des Données, Paris, 24/26 Setembro 2001

DOMÍNGUEZ, Juan José Fernández e Escanciano, Susana Rodríguez – "Utilización y Control de Datos Laborales Automatizados", Agencia de Protección de Datos, 1997.

FARIA, Paula Lobato – "Données Génétiques Informatisées, Un nouveau défi à la protection du droit à la confidentialité des données personnelles de santé", Bordeaux, 1996.

FERNANDES, Monteiro – "Noções Fundamentais de Direito do Trabalho", 2.ª Edição, Coimbra, 1976.

FERNANDES, Monteiro – "Fundamentos do poder disciplinar" *in* Estudos Sociais e Corporativos, n.º 24, 1967, pág. 17

FEVRIER, Fabrice – "Pouvoir de Contrôle de l'employeur et droits des salariés à l'heure d'Internet", Les enjeux de la cybersurveillance dans l'entreprise. Droit et Nouvelles Technologies (*in* http://www.droit-technologie.org)

FOISY, M. Jean – "La cueillette de certains renseignements personnels par les employeurs" intervenção realizada, em Abril de 1996, em Manchester, sobre «Privacidade no Trabalho».

GALINDO, Fernando – "Derecho e Informatica", Madrid, Dezembro de 1998

GERADIN, Bertrand – "La Convention Collective de travail relative à la protection de la vie privée des travailleurs a l'égard du contrôle des données des communications électroniques en réseau du 26 avril 2002"

GIL-DELGADO, Reyes Corripio – "Las nociones de interés publico e interés legitimo en relacion al ejercicio del derecho de oposicion del interessado" *in* Jornadas sobre el Derecho Español de la Protección de Datos Personales, Madrid, 1996.

GIMENO, Blat – "Relaciones laborales en empresas ideológicas", Madrid, 1986.

GODART, Didier – "Sécurité Informatique", Risques, Stratégies et Solutions, Editions de la Chambre de Commerce et d'Industrie, Belgique, 2002.

GOMES, Mário Manuel Varges – "A biometria e a protecção de dados pessoais" (obra não publicada)

GOMES, Mário Manuel Varges – "A biometria e a protecção de dados pessoais" *in* Revista «Administração Pública», Edição 16, Março de 2003, pág. 46

GOMES, M. Januário – "O problema da salvaguarda da privacidade antes e depois do computador" *in* BMJ n.º 319, pág. 31

GOUVEIA, Jorge Bacelar – "A protecção de dados informatizados e o fenómeno religioso em Portugal" *in* Revista da Faculdade de Direito da Universidade de Lisboa, Vol. XXXIV, 1993.

GOUVEIA, Jorge Bacelar – "Os Direitos Fundamentais à Protecção dos Dados Pessoais Informatizados" *in* Revista da Ordem dos Advogados, Ano 51.º, Dez. 1991, III.

GUERÍN, De Otaduy – "Libertad religiosa y contratación del profesorado en centros concentrados" *in* Actualidad Laboral, n.º 33, 1991

GUERRA, Amadeu – "Leis do Trabalho", 2000, 2.ª Edição.

GUERRA, Amadeu – "Informática e Tratamento de Dados Pessoais", Vislis Editores, 1997.

– "Informática e Privacidade", Vislis Editores, 1998

"A lei de protecção de dados pessoais" *in* Direito da Sociedade de Informação, Vol II, Coimbra Editora, 2001, pág. 145

GUTIÉRREZ, Claudio – "El algoritmo Informático".

HENRIQUES, Leal e Santos, Simas – "Código de Processo Penal Anotado", Rei dos Livros, 1996.

HIGUERAS, Manuel Heredero – "La Directiva Comunitaria de Protección de los Datos de Carácter Personal", Aranzadi Editorial, 1997.

"Informatique et Libertés", Edição da CNIL, Paris, Julho de 1991

KAYSER, Pierre – "La Protection de la Vie Privée par le Droit", 3.ª Ed., 1995.

KNOPPERS, B. M. – "La Génétique Humaine: de l'information à l'informatisation", 1992.

LACK, M. Robert – "Utilisation de la Vidéosurveillance et Développement des Technologies de la Reconnaissance de Visage sur le Place Publique" *in* La 23.ª Conférence Internationale des Commissaires à la Protection des Données, Paris, 24/26 de Setembro de 2001.

LEFEBVRE, Sylvain – "Nouvelles Technologies et Protection de la Vie Privée en Milieu de Travail en France et au Québec", Centre de Droit Social, 1998.

LEITE, Jorge – "Legislação do Trabalho", 13.ª Ed., Coimbra, 1999

LEITE, Jorge – "Direito do Trabalho e de Segurança Social", Lições ao 3º ano da Faculdade de Direito, Coimbra, 1982, pág. 289

LOPES, Fernando Ribeiro – "Trabalho subordinado ou trabalho autónomo: um problema de qualificação" *in* Revista de Direito e Estudos Sociais, Janeiro/Março 1987, ano XXIX, n.º 1 pág. 59.

LOPES, J. de Seabra – "A protecção dos dados pessoais no contexto internacional e comunitário", Separata de Legislação, Cadernos de Ciência de Legislação, INA, n.º 8, Outubro/Dezembro, 1993.

LOURENÇO, Paula Meira "Os Deveres de Informação no Contrato de Trabalho", Separata da Revista de Direito e Estudos Sociais, Janeiro/Junho de 2003, Ano XLIV

LUÑO, Antonio Enrique Pérez – "La Tutela de la Libertad Informatica" *in* Jornadas sobre el Derecho Español de la Protección de Datos Personales, Madrid, 1996

MARQUES, Garcia – "Informática e Vida Privada" *in* BMJ n° 373, pág. 10

MARQUES, Garcia e Martins, Lourenço – "Direito da Informática", Almedina, 2000.

MARTINEZ, Pedro Romano – "Relações entre empregador e empregado" *in* "Direito da Sociedade de Informação", Coimbra Editora, 1999.

MARTINS, João Nuno Zenha – "O Genoma Humano e a Contratação Laboral", Celta Editora, Oeiras, 2002

MARZOUKI, Meryem – "Les enjeux des techniques de biométrie – Une première approche ", La 23.ª Conférence Internationale des Commissaires à la Protection des Données, Paris, 24/26 de Setembro de 2001.

MESQUITA, José António – "Poder Disciplinar" *in* Suplemento ao BMJ, Lisboa,1979

MIALON, Marie-France – "Les pouvoirs de l'employeur ".

MIGUEL, Carlos Ruiz – "El derecho a la protección de la vida privada en la jurisprudencia del Tribunal Europeo de Derechos Humanos", Cuadernos Civitas, 1994.

MIRANDA, Jorge – "O regime dos direitos liberdades e garantias".

MONIZ, Helena – "Notas sobre a Protecção de Dados Pessoais perante a Informática (O caso especial dos dados pessoais relativos à saúde)", *in* Revista Portuguesa de Ciência Criminal, Ano 7, Abril/Junho de 1997

MONTEIRO, Luís Miguel Henrique – "Da vontade contratual na configuração da prestação de trabalho" *in* Revista de Direito e Estudos Sociais, Jan/Dez 1990, Ano XXXII, pág. 287.

NETO, Abílio – "Contrato de Trabalho, Notas práticas", 14.ª Edição, 1997

OLIVEIRA, Guilherme de – "Implicações Jurídicas do conhecimento do genoma" *in* Revista de Legislação e Jurisprudência, Ano 128.° (n.° 3860).

PACHÉS, Fernando De Vicente – "El Derecho à la Intimidad y la Informática en el Ambito Laboral" *in* Informática y Derecho, Revista Iberoamericana de Derecho Informático, n.° 30-32, 1999.

PINHEIRO, Alexandre Sousa e Fernandes, Mário João de Brito – "A Concordata de 1940 e a Constituição da República Portuguesa", Setembro de 2000.

Pinto, Paulo Mota – "A Protecção da Vida Privada e a Constituição" *in* Boletim da Faculdade de Direito, Universidade de Coimbra, Vol. LXXVI

Pinto, Paulo Mota – "Direito à reserva sobre a intimidade da vida privada" *in* Revista da Faculdade de Direito, 1993, Vol. LXIX.

Rainha, Paula e Vaz, Sónia Queiróz – "Guia Jurídico da Internet em Portugal", 2001

Ramalho, Maria do Rosário – "Do fundamento do poder disciplinar laboral".

Ramalho, Maria do Rosário – "Estudos de Direito do Trabalho", volume I, Almedina, Junho de 2003.

Redinha, Maria Regina – "O Teletrabalho" *in* II Congresso Nacional de Direito do Trabalho, Almedina

Rocha, Manuel Lopes – "Direito da Informática nos Tribunais portugueses", 1990-1998.

Seña, Jorge Malem – "Privacidad y Mapa Genético".

Serrano, García e Alquézar, I. Pedrosa – "Vigilancia de la salud de los trabajadores", aspectos clínicos y jurídicos de los reconocimientos médicos en el trabajo, 1999

Servera, Pedro Grimalt – "La responsabilidad civil en el tratamiento automatizado de datos personales", Editorial Comares, Granada, 1999.

"SIDA – Legislação Comunitária e Documentos de Organizaçãoes Internacionais" *in* Cadernos Temáticos da Assembleia da República, Série XIII, Maio de 1994.

Simitis, M. – "Les données sensible revisitées", Conselho da Europa, Strasbourg 24-26 de Novembro de 1999 (http://www.coe.int)

Sonia Le Bris – "Les données génétiques: de la collection à l'utilisation", intervenção na 22.ª Conferência Internacional sobre a Vida Privada e Protecção de Dados, Veneza, 2000.

Sousa, Rabindranath Capelo de – "O Direito geral de personalidade", Coimbra, 1995

Kemp, Peter – "Sida et éthique de responsabilité"

Sousa, Silvestre – "Problemática da embriaguez e da toxicomania em sede de relação de trabalho" *in* Revista de Direito e Estudos Sociais, Ano XXIX (II da 2.ª Série), Julho-Setembro de 1987, n.º 3.

Sparenta, Elleanor – "Il genetic Privacy Act" *in* Revista Critica del Diritto Privato, Ano 15, n.º 2/97,

Stoddart, Jennifer – "Des Technologies de Surveillance", La 23.ª Conférence Internationale des Commissaires à la Protection des Données, Paris, 24/26 de Setembro de 2001.

TISSOT, O. de – «Pour une analyse juridique du concept de "dignité" du salarié» *in* Droit Social, num. 12, 1995.

TISSOT, O. de – "La protection de la vie privée du salarié", Droit Social, 1995, n.º 3 pág. 225.

TOMÉ, Herminia Campuzano – "Vida Privada y Datos Personales", Madrid, 2000.

WALTER, M. Jean-Phillippe – "Tests de dépistage de la consommation de drogues sur le lieu de travail, en particulier auprès des apprentis", La 23.ª Conférence Internationale des Commissaires à la Protection des Données, Paris, 24/26 de Setembro de 2001.

XAVIER, Bernardo – "Regime Jurídico do Contrato de Trabalho", 2.ª Ed. Coimbra, 1972

XAVIER, Bernardo G. L. – "Atestado médico e controlo patronal das faltas por doença" *in* Direito e Estudos Sociais, XXIX, 1987, n.º 2 pág. 213 e ss.

* * *

Páginas da Internet:

http://www.missao-si.mct.pt
http://www.itij.pt
http://www.europa.eu.int/comm./privacy
http://www.droitquotidian.com
http://www.tek.sapo.pt
http://www.ibgweb.com/reports/public/reports/components_processes.html
http://www.imasters.com.br/web/conteudo/coluna_segurança.asp?codColuna=231
http://www.securitinfo.com
http://www.injef.com
http://www.droit-technologie.org
http://www.legalis.net/jnet
http://www.img.lx.it.pt/~fp/comimg/ano2001_2002/trabalhos2001_2002/
        trabalho4/ http://www.securiteinfo.com/conseils/biometrie.shtml
http://www.claudigutierrez.com/El_algoritmo_informatico.html.
http://www-conference-2001.org/fr
http://www.zdnet.pt/redes/0802/a02-00-00.shtml
http://www.house.gov/search97cgi
http://www.tribunalconstitucional.pt
http://www.legal.coe.int
http://europa.eu.int/comm/internal_market/en/dataprot/wpdocs/index.htm
http://www.registratiekamer.nl
http://www.garanteprivacy.it e http://www2.garanteprivacy.it
http://www.cnil.fr
http://www.edsb.ch
http://www.cnpd.pt.
http://www.privacy.fgov.be
http://www.privcom.gc.ca

ANEXO I

AUTORIZAÇÕES DE ISENÇÃO

AUTORIZAÇÃO DE ISENÇÃO N.º 1/99

Processamento de Retribuições, Prestações, Abonos de Funcionários ou Empregados

Artigo 1.º
(Finalidade do tratamento)

Estão isentos de notificação à CNPD os tratamentos automatizados, relativamente a funcionários ou empregados, que tenham como finalidade exclusiva:

a) O cálculo e pagamento de retribuições, prestações acessórias, outros abonos e gratificações;
b) O cálculo, retenção na fonte e operações relativas a descontos na retribuição, obrigatórios ou facultativos, decorrentes de disposição legal;
c) Convenção colectiva de trabalho, pedido formulado pelo trabalhador ou decisão judicial;
d) O cálculo da participação nos lucros da empresa, nos termos da legislação aplicável;
e) A realização de operações estatísticas não nominativas relacionadas com o processamento de salários no âmbito da entidade processadora;

Artigo 2.º
(Categorias de dados)

Os dados tratados deverão ser os estritamente necessários à realização das finalidades referidas no artigo anterior, limitando-se às seguintes categorias de dados:

a) *Dados de identificação*: o nome, data de nascimento, naturalidade, filiação, sexo, nacionalidade, morada e telefone, habilitações literárias, número de bilhete de identidade, número de contribuinte, número de segurança social, número de sócio do sindicato;

b) *Situação familiar*: estado civil, nome do cônjuge, filhos ou pessoas a cargo e outras informações susceptíveis de determinar a atribuição de complementos de remuneração;
c) *Sobre a actividade profissional*: horário e local de trabalho, número de identificação interno, data de admissão, antiguidade, categoria profissional, antiguidade na categoria, nível/escalão salarial, natureza do contrato;
d) *Elementos relativos à retribuição*: retribuição base, outras prestações certas ou variáveis, subsídios, férias, assiduidade e absentismo, licenças, outros elementos relativos à atribuição de complementos de retribuição, montante ou taxa em relação aos descontos obrigatórios ou facultativos;
e) *Outros dados*: grau de incapacidade do trabalhador ou de membro do agregado familiar, incapacidade temporária resultante de acidente de trabalho ou de doença profissional, local de pagamento, número de conta bancária, número de associado e identificação da entidade à ordem da qual devem ser efectuados descontos obrigatórios ou facultativos (sindicato, serviços sociais, grupo desportivo, etc.).

ARTIGO 3.º
(Prazo de Conservação)

1 – A informação não poderá ser conservada para além de 10 anos sobre a cessação da relação de trabalho.

2 – A informação sobre o motivo da ausência não poderá ser conservada para além do prazo necessário à elaboração do recibo de pagamento da remuneração, nem para além do prazo de prescrição do procedimento disciplinar quando esteja em causa a apreciação de faltas injustificadas.

3 – O prazo especificado no n.º 1 não prejudica a conservação dos dados estritamente necessários à prova da qualidade de trabalhador, tempo de serviço e evolução salarial, para efeitos de previdência ou para pagamento de prestações complementares posteriores devidas em momento posterior à cessação da relação de trabalho.

ARTIGO 4.º
(Destinatários das informações)

1 – No âmbito das suas atribuições, apenas podem ser destinatários dos dados:

– As entidades a quem os dados devam ser comunicados por força de disposição legal ou a pedido do titular dos dados;

– As instituições financeiras que gerem as contas da entidade responsável pelo pagamento da retribuição e do trabalhador;
– As Sociedades Gestoras de Fundos de Pensões, desde que o trabalhador tenha sido informado;
– As Companhias de Seguros quando estiver em causa a celebração de contrato de seguro de acidentes de trabalho ou de acidentes pessoais;
– As entidades que, por força de disposição legal, estão encarregadas de processamento das estatísticas oficiais;

2 – Não estarão isentos de notificação os tratamentos automatizados que comuniquem dados a entidades e em circunstâncias diferentes das indicadas no número anterior ou que procedam ao fluxo transfronteiras de dados pessoais.

ARTIGO 5.º
(Direito de Informação)

A presente isenção não prejudica a obrigação do responsável do ficheiro quanto ao direito de informação, constante no artigo 10° da Lei 67/98, de 26 de Outubro.

AUTORIZAÇÃO DE ISENÇÃO N.º 4/99

Gestão Administrativa de Funcionários, Empregados e Prestadores de Serviços

Artigo 1.º
(Finalidade do tratamento)

Estão isentos de notificação à CNPD os tratamentos automatizados que tenham por finalidade exclusiva a gestão administrativa de funcionários, empregados e prestadores de serviços.

Artigo 2.º
(Categorias de Dados)

Os dados pessoais tratados devem ser os estritamente necessários à realização da finalidade referida no artigo anterior, limitando-se às seguintes categorias de dados:

- a) *Dados de identificação:* Nome, idade, número de bilhete de identidade, morada, telefone, fax, e-mail, número de identificação interno e fotografia;
- b) *Outros dados*: Habilitações literárias e profissionais, funções exercidas, categoria, situação profissional e local de trabalho.

Artigo 3.º
(Prazo de Conservação)

1 – Os dados pessoais podem ser conservados por período máximo de um ano após a cessação do vínculo laboral à entidade, sem prejuízo da sua conservação em caso de procedimento judicial, para além daquele prazo, até ao limite de seis meses após o trânsito em julgado.

2 – O dados podem ainda ser conservados para fins históricos.

ARTIGO 4.º
(Destinatários dos Dados)

São destinatários dos dados as entidades a quem estes devam ser comunicados por força de disposição legal.

ARTIGO 5.º
(Direito de Informação)

A presente isenção não prejudica a obrigação do responsável do ficheiro quanto ao direito de informação, constante no artigo 10º da Lei 67/98, de 26 de Outubro.

AUTORIZAÇÃO DE ISENÇÃO N.º 5/99

Registo de Entradas e Saídas de Pessoas em Edifícios

Artigo 1.º
(Finalidade do tratamento)

1 – Estão isentos de notificação à CNPD os tratamentos automatizados que tenham por finalidade exclusiva o registo de entradas e saídas de pessoas em edifícios.

2 – A isenção prevista no número anterior não abrange o registo obtido através de câmaras de vídeo.

Artigo 2.º
(Categorias de Dados)

Os dados pessoais tratados devem ser os estritamente necessários à realização da finalidade referida no artigo anterior, limitando-se às seguintes categorias de dados:

a) *Dados de identificação:* Nome, tipo e número de documento de identificação;
b) *Outros dados*: hora de entrada e de saída, local, pessoa a contactar, motivo da visita e, nas situações aplicáveis, dados referentes ao veículo.

Artigo 3.º
(Prazo de Conservação)

Os dados pessoais não podem ser conservados por período superior a seis meses.

ARTIGO 4.º
(Destinatários dos Dados)

Os dados pessoais não podem ser comunicados a terceiros, salvo autorização legal que o permita.

ARTIGO 5.º
(Direito de Informação)

A presente isenção não prejudica a obrigação do responsável do ficheiro quanto ao direito de informação, constante no artigo 10º da Lei 67/98, de 26 de Outubro.

AUTORIZAÇÃO DE ISENÇÃO N.º 6/99

**Cobrança de Quotizações em Associações
e Contactos com os respectivos Associados**

Artigo 1.º
(Finalidade do tratamento)

Estão isentos de notificação à CNPD, desde que autorizados pelo titular, os tratamentos automatizados destinados exclusivamente à cobrança de quotizações e contactos com os associados no âmbito da actividade estatutária da Associação, independentemente da sua natureza, designadamente os efectuados por fundação, associação ou organismo sem fins lucrativos de carácter político, filosófico, religioso ou sindical.

Artigo 2.º
(Categorias de Dados)

Os dados tratados deverão ser os estritamente necessários à realização das finalidades referidas no artigo anterior, limitando-se às seguintes categorias de dados:

a) *Dados de identificação:* Nome, morada, idade, número de bilhete de identidade, número de contribuinte, número de sócio, telefone, fax, e-mail, filiação, profissão, habilitações literárias;
b) *Situação familiar:* Estado civil, nome do cônjuge, nome dos dependentes e nome e contactos dos encarregados de educação em caso de menores;
c) *Outros dados*: valor da quota, N.I.B., instituição bancária, situação perante a associação e cargo exercido.

ARTIGO 3.º
(Prazo de Conservação)

O prazo máximo da conservação dos dados é de três anos finda a qualidade de sócio, excepto quando haja pendência de acção judicial em caso de incumprimento das obrigações de associado.

ARTIGO 4.º
(Destinatários dos Dados)

No âmbito das suas atribuições apenas podem ser destinatários dos dados:
a) Entidades a quem os dados devam ser comunicados por força de disposição legal ou estatutária;
b) Instituições bancárias para pagamento das respectivas quotas;
c) Companhias de Seguros quando estiver em causa a celebração de contrato de seguro.

ARTIGO 5.º
(Direito de Informação)

A presente isenção não prejudica a obrigação do responsável do ficheiro quanto ao direito de informação, constante no artigo 10° da Lei 67/98, de 26 de Outubro.

ANEXO II

FORMULÁRIOS PARA NOTIFICAÇÃO DE TRATAMENTOS À CNPD

Declaração 1

GESTÃO DE INFORMAÇÃO DE CANDIDATOS A EMPREGO

ATENÇÃO
Aconselha-se a leitura das notas anexas antes de iniciar o preenchimento

A PREENCHER PELA C.N.P.D.	
Autorização	Entrada em ____ / ____ / ____
Registo	Proc. N.º _____ / _____

1. RESPONSÁVEL PELO TRATAMENTO

Pessoa Colectiva ou Equiparada
Denominação – Sociedade Fictícia, SA
Natureza Jurídica – Sociedade Anónima
N.º Pessoa Colectiva 1234568899
C.A.E. (indicar o CAE)
Sede – Rua Nova n.º 27, 4.º Esq.
Endereço – Rua Nova n.º 27.º, 4.º Esq. CP 1000 – Lisboa
Tel.: 213455500   Fax: 213455501   e-mail: geral@socficticia.pt

Pessoa Singular/ Empresário em Nome Individual
Nota: *Este quadro só será preenchido se o responsável – em vez de ser uma «pessoa colectiva ou equiparada» – for uma pessoa singular (v.g. profissional liberal) ou um empresário em nome individual. Neste caso, como é óbvio, não será preenchido o quadro precedente.*

Representante do Responsável do Tratamento
Nota: *este quadro será preenchido, apenas, quando o responsável, nos termos do artigo 4.º n.º 5 da Lei 67/98, tenha que nomear um representante estabelecido em Portugal. Terá que ser preenchido, sempre, um dos quadros precedentes para identificar o **responsável**, o qual – nos termos do artigo 4.º n.º 3 al. c) da Lei 67/98 – não está estabelecido em território da União Europeia.*

Nome _____
B.I./N.I.P.C. _____
C.A.E. _____
Endereço _____ CP _____
Tel.: _____ Fax: _____ e-mail: _____

2. CARACTERÍSTICAS DO SISTEMA (Quadro de Preenchimento facultativo)

Data de Início do Tratamento 12 /12/2003

Equipamento
Sistema central (*mainframe*)
Sistema departamental (médio porte) **X**

Computador pessoal
isolado
em rede

Sistema operativo
Unix
MS-DOS
Novell
Outro

Windows
Windows NT **X**
OS/2
Outro

Suporte lógico
Sistema de Gestão de Bases de Dados **X**   Linguagem de programação

3. FINALIDADE DO TRATAMENTO

Descrição – Tratamento dos dados pessoais de candidatos a emprego. Tratamento estatístico. Aproveitamento dos dados pessoais dos candidatos admitidos, através da inserção/transferência de dados para o ficheiro de gestão de pessoal. Produção das listagens necessárias à realização de exames médicos.

Nota: Trata-se de finalidades possíveis que nem sempre se verificam. Só devem ser indicadas as verdadeiras finalidades definidas pela entidade responsável.

4. ENTIDADE ENCARREGUE DO PROCESSAMENTO DA INFORMAÇÃO

Entidade – A empresa responsável pelo tratamento (acima identificada)

Nota: Caso tenha sido encarregada uma outra entidade para processar os dados (mas que não seja responsável pelo tratamento) deve ser identificada.

Endereço (o indicado supra)

Tel.: _____ Fax: _____ e-mail: _____

5. DADOS PESSOAIS CONTIDOS EM CADA REGISTO

Tipos de dados pessoais

Descrição – Nome, data de nascimento, elementos de contacto (morada, telefone – fixo/móvel – e-mail), nacionalidade (caso seja estrangeiro: data de início e termo da autorização de residência, da autorização de permanência ou visto de trabalho), habilitações literárias, conhecimento de línguas estrangeiras, experiência profissional (empresas onde trabalhou, data da celebração do contrato, data da cessação e cargos exercidos), cursos de formação profissional realizados, conhecimentos de informática (S/N – detalhe), tem carta de condução (S/N), ordenado auferido e ordenado pretendido. Resultado dos testes psicotécnicos (resumo). Resultado do exame médico prévio à admissão (limita-se a referenciar informação sobre «aptidão», sem especificação de dados de saúde)

Nota: devem ser indicados, de forma exaustiva, todos os dados tratados. Esta indicação pode ser feita através da enumeração neste ponto, através de "print" do écran de registo de dados ou através da junção do «dicionário de dados».

Dados relativos ao crédito e solvabilidade

Dados pessoais sensíveis   Sim   Não   X
Convicções filosóficas ou políticas   Origem racial ou étnica   Vida privada
Dados de saúde, genéticos ou vida sexual   Filiação partidária ou sindical, fé religiosa

Dados pessoais referidos no artigo 8.º   Sim   Não   X
Suspeita de actividades ilícitas   Infracções penais   Contra-ordenações
Outros dados   Quais? _____

6. RECOLHA DE DADOS
Em anexo, juntar documento que serve de base à recolha

Legitimidade do Tratamento

Consentimento dos titulares dos dados ....
Para cumprimento de obrigações legais .... **X**
Execução de obrigação pre-contratual .... **X**
Para protecção de interesse vital do titular ....
Execução de missão de interesse público ....
Prossecução de interesse legítimo ....
Exercício de direito em processo judicial ....
Inexistência de risco de intromissão na vida privada ou de discriminação ...

Recolha directa   **X**   **Recolha indirecta**   **X**

Pessoal (1) **X**   telefone   Internet   Descrição: *testes psicotécnicos e relatório do médico/ficha de aptidão.*

Por impresso (2) **X**   outra

(1) Através de entrevista.

(2) Sugere-se que seja anexado um exemplar do impresso de recolha de dados. Este impresso deve conter um texto que assegure o «direito de informação», como dispõe o artigo 10.º n.º 1 e 2 da Lei 67/98.

7. FORMA DE ACTUALIZAÇÃO DOS DADOS
Em anexo, juntar documento que serve de base à actualização

Directa   **X**   **Indirecta**

pessoal   **X**   telefone   Internet   Descrição – Nos termos do ponto anterior.

por impresso   **X**   outra

8. COMUNICAÇÃO DE DADOS

Existe comunicação de dados
Não

Sim   X

Por telecomunicações

Em suporte de papel
Em suporte magnético   Banda

Há comunicação de dados (aproveitamento de dados) ao Serviço de Pessoal em relação às pessoas contratadas.

Disquete

CD/ROM

Em caso afirmativo, indique em anexo as entidades a que podem ser transmitidos os dados e em que condições

9. INTERCONEXÕES

Existe inter-relacionamento de tratamentos   Sim   Não   X

Descrição _____

Em caso afirmativo indicar em anexo o tipo de dados, finalidade, entidades envolvidas e seguranças adoptadas

10. FLUXOS TRANSFRONTEIRAS DE DADOS PESSOAIS

Existem fluxos transfronteiras

Sim   Não   X

Países da U.E.   **Quais:**_____

Outros países _____

Indicar em anexo os fundamentos e condições do fluxo (n° 2 do artigo 19°)

11. MEDIDAS PARA GARANTIR SEGURANÇA DAS INFORMAÇÕES		
Segurança implementada no sistema		
Cópias de *backu*p (segurança) dos dados X		Sistemas de processamento de *backup* X
Password de acesso às informações X		Informação cifrada
Segurança física das instalações		
Acesso restrito de pessoas X		Sistemas de alarme e resposta
Outras _____		

12. TEMPO DE CONSERVAÇÃO DOS DADOS PESSOAIS
Qual o tempo de conservação dos dados – Os dados necessários ao controlo de discriminação são conservados por 5 anos. Os restantes dados serão conservados pelo período de 2 anos quando se preveja que podem ser utilizados no preenchimento de vagas que possam ocorrer na empresa. Podem ser eliminados quando o titular dos dados o solicite por escrito. Caso não se prevejam novas contratações os dados são eliminados logo que termine o processo de admissão.

13. FORMA E CONDIÇÕES COMO O TITULAR PODE CONHECER, CORRIGIR EELIMINAR OS DADOS QUE LHE RESPEITEM
Descrição – Desde que o solicite pessoalmente ou por escrito junto da entidade responsável.
Anexos apresentados: *Referido no quadro 6* **X** (impresso de recolha de dados)
Outra documentação

Os dados recolhidos são processados automaticamente e destinam-se à gestão dos processos de legalização de ficheiros junto da CNPD. O seu preenchimento é obrigatório. Os titulares dos dados podem aceder à informação que lhes respeite e solicitar por escrito, junto da CNPD, a sua actualização ou correcção.

ATESTA A VERACIDADE DA DECLARAÇÃO APRESENTADA ___ / ___ / ___
O RESPONSÁVEL DO TRATAMENTO
NOME _____

ASSINATURA (*)

(*) O formulário deve ser assinado pelo responsável. Tratando-se de sociedade deve ser assinado por pessoa que tenha poderes para a obrigar.

Declaração 2

GESTÃO DE PESSOAL E SANÇÕES DISCIPLINARES

ATENÇÃO
Aconselha-se a leitura das notas anexas antes de iniciar o preenchimento

A PREENCHER PELA C.N.P.D.

Autorização	Entrada em ____ / ____ / ____
Registo	Proc. N.° _____ / _____

1. RESPONSÁVEL PELO TRATAMENTO

Pessoa Colectiva ou Equiparada
Denominação – Sociedade Fictícia, SA
Natureza Jurídica – Sociedade Anónima
N.° Pessoa Colectiva 1234568899
C.A.E. (indicar o CAE)
Sede – Rua Nova n.° 27, 4.° Esq.
Endereço – Rua Nova n.° 27.°, 4.° Esq. CP 1000 – Lisboa
Tel.: 213455500   Fax: 213455501   e-mail: geral@socficticia.pt

Pessoa Singular/ Empresário em Nome Individual
Nota: *Este quadro só será preenchido se o responsável – em vez de ser uma «pessoa colectiva ou equiparada» – for uma pessoa singular (v.g. profissional liberal) ou um empresário em nome individual. Neste caso, como é óbvio, não será preenchido o quadro precedente.*

Representante do Responsável do Tratamento
Nota: *este quadro será preenchido, apenas, quando o responsável, nos termos do artigo 4.° n.° 5 da Lei 67/98, tenha que nomear um representante estabelecido em Portugal. Terá que ser preenchido, sempre, um dos quadros precedentes para identificar o **responsável**, o qual – nos termos do artigo 4.° n.° 3 al. c) da Lei 67/98 – não está estabelecido em território da União Europeia.*

Nome _____
B.I./N.I.P.C. _____
C.A.E._____
Endereço _____ CP _____
Tel.: _____ Fax: _____ e-mail: _____

2. CARACTERÍSTICAS DO SISTEMA (Quadro de Preenchimento facultativo)

Data de Início do Tratamento 12 /12/2002

Equipamento
Sistema central (*mainframe*)
Sistema departamental (médio porte) **X**

Computador pessoal
isolado
em rede **X**

Sistema operativo
Unix
MS-DOS
Novell **X**
Outro
_____

Windows
Windows NT
OS/2
Outro
_____

Suporte lógico
Sistema de Gestão de Bases de Dados **X**   Linguagem de programação

3. FINALIDADE DO TRATAMENTO

Descrição – Gestão do processo individual do trabalhador e processamento de remunerações. Formação profissional, gestão da carreira profissional e registo das sanções disciplinares.

4. ENTIDADE ENCARREGUE DO PROCESSAMENTO DA INFORMAÇÃO

Entidade – A empresa responsável pelo tratamento (acima identificada)

Endereço (o indicado supra)

Tel.: _____   Fax: _____   e-mail: _____

5. DADOS PESSOAIS CONTIDOS EM CADA REGISTO

Tipos de dados pessoais

Descrição – Nome, data de nascimento, naturalidade, sexo, filiação, n.º de BI, n.º de contribuinte e da Segurança Social. Elementos de contacto (morada, telefone – fixo/móvel – e-mail), nacionalidade (caso seja estrangeiro: data de início e termo da autorização de residência, da autorização de permanência ou visto de trabalho), habilitações literárias, conhecimentos de línguas estrangeiras (quais), data da admissão na empresa e tipo de contrato (a prazo, a termo, por tempo indeterminado). NIB. Situação familiar (estado civil, nome do cônjuge e dos filhos – datas de nascimento e n.º de Segurança Social).
Elementos relativos à retribuição (retribuição-base, outras retribuições certas ou variáveis, subsídios, complementos de retribuição).
Experiência profissional, cursos de formação profissional realizados (datas e classificações caso existam), conhecimentos de informática (S/N – detalhe), tem carta de condução (S/N). Categorias anteriores na empresa, categoria actual e respectivas datas de mudança de categoria. Horário de trabalho.
Data do próximo exame médico regular.
Sindicato em que está filiado. Número. Qualidade de representante dos trabalhadores (S/N; cargo). Desconto de quotas na retribuição (S/N).
Outros dados: Grau de incapacidade, acidentes de trabalho (datas, incapacidade). Descontos facultativos e descontos judiciais na retribuição (montante e periodicidade).
Sanções disciplinares aplicadas (fundamento, especificação da sanção e data).

Dados relativos ao crédito e solvabilidade

Dados pessoais sensíveis   Sim   **X**   Não
Convicções filosóficas ou políticas   Origem racial ou étnica   Vida privada
Dados de saúde, genéticos ou vida sexual   Filiação partidária ou sindical, fé religiosa **X**

Dados pessoais referidos no artigo 8.º   Sim   **X**   Não
Suspeita de actividades ilícitas   Infracções penais   Contra-ordenações
Outros dados   **X**   Quais? **Sanções disciplinares**

6. RECOLHA DE DADOS

Em anexo, juntar documento que serve de base à recolha

Legitimidade do Tratamento

Consentimento dos titulares dos dados .... **X**
Para cumprimento de obrigações legais .... **X**
Execução de obrigação pre-contratual ....
Para protecção de interesse vital do titular ....
Execução de missão de interesse público ....
Prossecução de interesse legítimo ....
Exercício de direito em processo judicial ....
Inexistência de risco de intromissão na vida privada ou de discriminação ...

Recolha directa **X**	**Recolha indirecta** **X**
Pessoal (1) **X** telefone Internet	Descrição: *Serviços de Higiene e Segurança no Trabalho*
Por impresso (2) **X** outra	
(1) Através de entrevista.	
(2) Sugere-se que seja anexado um exemplar do impresso de recolha de dados. Este impresso deve conter um texto que assegure o «direito de informação», como dispõe o artigo 10.° n.° 1 e 2 da Lei 67/98.	

7. FORMA DE ACTUALIZAÇÃO DOS DADOS

Em anexo, juntar documento que serve de base à actualização

Directa **X**	**Indirecta**
pessoal **X** telefone Internet	Descrição – Nos termos do ponto anterior.
por impresso **X** outra	

8. COMUNICAÇÃO DE DADOS

Existe comunicação de dados
Não
Sim   X

Por telecomunicações

Em suporte de papel   X
Em suporte magnético   X
Banda
Disquete   X
CD/ROM

Entidades a quem são transmitidos os dados: Segurança Social, DGCI, Sindicato em relação aos trabalhadores que o consentiram, Banco (depósito do vencimento), Companhia de Seguros (acidentes de trabalho) e tribunais (nos termos da lei).

9. INTERCONEXÕES

Existe inter-relacionamento de tratamentos   Sim   Não   X

Descrição _____

Em caso afirmativo indicar em anexo o tipo de dados, finalidade, entidades envolvidas e seguranças adoptadas

10. FLUXOS TRANSFRONTEIRAS DE DADOS PESSOAIS

Existem fluxos transfronteiras

Sim   X   Não

Países da U.E.   X   **Quais**: França e Espanha

Outros países _____

Indicar em anexo os fundamentos e condições do fluxo (n.º 2 do artigo 19.º)

11. MEDIDAS PARA GARANTIR SEGURANÇA DAS INFORMAÇÕES		
Segurança implementada no sistema		
Cópias de *backup* (segurança) dos dados	X	Sistemas de processamento de *backup*
Password de acesso às informações	X	Informação cifrada
Segurança física das instalações		
Acesso restrito de pessoas	X	Sistemas de alarme e resposta
Outras _____		

12. TEMPO DE CONSERVAÇÃO DOS DADOS PESSOAIS
Qual o tempo de conservação dos dados – Os dados serão eliminados decorrido 1 ano sobre a cessação da relação laboral.

13. FORMA E CONDIÇÕES COMO O TITULAR PODE CONHECER, CORRIGIR EELIMINAR OS DADOS QUE LHE RESPEITEM
Descrição – Desde que o solicite pessoalmente ou por escrito junto da entidade responsável.

Anexos apresentados: *Referido no quadro 6* (impresso de recolha de dados)   **Anexo ao quadro 10** (fluxos)   **Outra documentação**

    Os dados recolhidos são processados automaticamente e destinam-se à gestão dos processos de legalização de ficheiros junto da CNPD. O seu preenchimento é obrigatório. Os titulares dos dados podem aceder à informação que lhes respeite e solicitar por escrito, junto da CNPD, a sua actualização ou correcção.

    ATESTA A VERACIDADE DA DECLARAÇÃO APRESENTADA ___ / ___ / ___
                        O RESPONSÁVEL DO TRATAMENTO
NOME _____

_____

ASSINATURA (*)

    (*) O formulário deve ser assinado pelo responsável. Tratando-se de sociedade deve ser assinado por pessoa que tenha poderes para a obrigar..

Anexo ao quadro 10

1. Finalidade do Fluxo transfronteiras – Estabelecer a política salarial e evolução na carreira nas empresas do Grupo. Possibilidade de recrutamento para desempenhar cargo no estrangeiro.

2. Entidades a quem são comunicados os dados – X... (Espanha) Y... (França)

3. Dados pessoais transmitidos – Nome do trabalhador, categoria profissional actual, categorias desempenhadas na empresa, remuneração actual, habilitações e cursos de formação, conhecimento de línguas estrangeiras.

As empresas indicadas têm os seus tratamentos notificados nos respectivos países: CNIL (França) e Agencia de Protección de Datos (Espanha) – Documentos anexos.

Declaração 3

GESTÃO DOS SERVIÇOS DE MEDICINA DO TRABALHO

ATENÇÃO
Aconselha-se a leitura das notas anexas antes de iniciar o preenchimento

A PREENCHER PELA C.N.P.D.

Autorização	Entrada em ___ / ___ / ___
Registo	Proc. N.º _____ / _____

1. RESPONSÁVEL PELO TRATAMENTO

Pessoa Colectiva ou Equiparada
Denominação – Sociedade Fictícia, SA
Natureza Jurídica – Sociedade Anónima
N.º Pessoa Colectiva 1234568899
C.A.E. (indicar o CAE)
Sede – Rua Nova n.º 27, 4.º Esq.
Endereço – Rua Nova n.º 27.º, 4.º Esq. CP 1000 – Lisboa
Tel.: 213455500 Fax: 213455501 e-mail: geral@socficticia.pt

Pessoa Singular/ Empresário em Nome Individual
Nota: *Este quadro só será preenchido se o responsável – em vez de ser uma «pessoa colectiva ou equiparada» – for uma pessoa singular (v.g. profissional liberal) ou um empresário em nome individual. Neste caso, como é óbvio, não será preenchido o quadro precedente.*

Representante do Responsável do Tratamento
Nota: *este quadro será preenchido, apenas, quando o responsável, nos termos do artigo 4.º n.º 5 da Lei 67/98, tenha que nomear um representante estabelecido em Portugal. Terá que ser preenchido, sempre, um dos quadros precedentes para identificar o **responsável**, o qual – nos termos do artigo 4.º n.º 3 al. c) da Lei 67/98 – não está estabelecido em território da União Europeia.*

Nome _____
B.I./N.I.P.C. _____
C.A.E._____
Endereço _____CP _____
Tel.: _____ Fax: _____ e-mail: _____

2. CARACTERÍSTICAS DO SISTEMA (Quadro de Preenchimento facultativo)

Data de Início do Tratamento 12 /12/2003

Equipamento
Sistema central (*mainframe*)
Sistema departamental (médio porte) **X**

Computador pessoal
isolado
em rede **X**

Sistema operativo
Unix
MS-DOS
Novell **X**
Outro _____

Windows
Windows NT
OS/2
Outro _____

Suporte lógico
Sistema de Gestão de Bases de Dados **X**   Linguagem de programação _____

3. FINALIDADE DO TRATAMENTO

Descrição – Gestão da actividade relativa à medicina do trabalho. Gestão de exames médicos prévios à celebração de contratos e exames de saúde (aptidão física e psíquica do trabalhador para o exercício da profissão). Gestão de exames periódicos. Gestão da ficha clínica. Produção da «ficha de aptidão». Gestão dos acidentes de trabalho. Produção de estatísticas.

4. ENTIDADE ENCARREGUE DO PROCESSAMENTO DA INFORMAÇÃO

Entidade – Os serviços de medicina do trabalho da empresa responsável pelo tratamento (acima identificada). **O director clínico é o Dr. (identificação do médico)**

Endereço (o indicado supra)

Tel.: _____   Fax: _____   e-mail: _____

5. DADOS PESSOAIS CONTIDOS EM CADA REGISTO

Tipos de dados pessoais

Descrição – Nome, data de nascimento, n.º de BI, N.º utente do SNS. N.º de empregado.
Elementos de contacto (morada, telefone – fixo/móvel – e-mail), nacionalidade, categoria profissional, data da admissão na empresa e tipo de contrato (a prazo, a termo, por tempo indeterminado).
Nome do cônjuge e dos filhos (datas de nascimento) e n.º de Segurança Social.
Categorias anteriores na empresa, categoria actual e respectivas datas de mudança de categoria. Secção onde desempenha funções. Horário de trabalho.
Ficha clínica: Antecedentes familiares e pessoais, resultados dos exames realizados (datas e resultados/diagnósticos), fumador (S/N – quantidades), consumo de álcool (S/N), Tensão arterial, Peso, altura.
Exames complementares solicitados (descrição e resultados). Encaminhamento para o médico de família (identificação do médico e data).
Hábitos de vida: prática de desporto ou outras actividades físicas, hobbies, ocupação dos tempos livres.
Data da gravidez. Data do parto. Período de férias de maternidade.
Gestão de acidentes de trabalho: Data do acidente, descrição do acidente e extensão das lesões, partes do corpo atingidas, períodos de ITA (datas), de ITP (datas e incapacidades). Alta da seguradora (data);tipo e grau de incapacidade atribuída. Descrição das consequências do acidente e repercussões na actividade profissional (identificação das actividades compatíveis com a lesão).
Datas das fichas de aptidão e resultado. Data de envio à Direcção de Pessoal.
Data do último e do próximo exame médico regular.

Dados relativos ao crédito e solvabilidade

Dados pessoais sensíveis   Sim   **X**   Não
Convicções filosóficas ou políticas   Origem racial ou étnica   Vida privada
Dados de saúde, genéticos ou vida sexual   **X**   Filiação partidária ou sindical, fé religiosa

Dados pessoais referidos no artigo 8.º   Sim   Não   **X**
Suspeita de actividades ilícitas   Infracções penais   Contra-ordenações
Outros dados   Quais?

6. RECOLHA DE DADOS

Em anexo, juntar documento que serve de base à recolha

Legitimidade do Tratamento

Consentimento dos titulares dos dados	X
Para cumprimento de obrigações legais	X
Execução de obrigação pre-contratual	
Para protecção de interesse vital do titular	
Execução de missão de interesse público	
Prossecução de interesse legítimo	
Exercício de direito em processo judicial	
Inexistência de risco de intromissão na vida privada ou de discriminação ...	

Recolha directa   X   **Recolha indirecta**   X

Pessoal (1) **X**   telefone   Internet   Descrição: *exames médicos e exames complementares. Comunicação da Seguradora*

Por impresso   outra

(1) Através de exame directo e entrevista

7. FORMA DE ACTUALIZAÇÃO DOS DADOS

Em anexo, juntar documento que serve de base à actualização

Directa   X   **Indirecta**

pessoal **X** telefone Internet   Descrição – Nos termos do ponto anterior.

por impresso   outra

8. COMUNICAÇÃO DE DADOS

Existe comunicação de dados
Não

Sim X

(*) *Há comunicação ao responsável dos recursos humanos (ficha de aptidão) – são comunicados dados que não envolvam segredo profissional. Comunicação de dados ao médico de família ou de dados necessários à realização de exames complementares. Ao Tribunal de Trabalho, nos termos da lei.*

Por telecomunicações

Em suporte de papel X
Em suporte magnético
Banda

Disquete X
CD/ROM

Em caso afirmativo, indique em anexo as entidades a que podem ser transmitidos os dados e em que condições

9. INTERCONEXÕES

Existe inter-relacionamento de tratamentos   Sim   Não   X

Descrição _____

Em caso afirmativo indicar em anexo o tipo de dados, finalidade, entidades envolvidas e seguranças adoptadas

10. FLUXOS TRANSFRONTEIRAS DE DADOS PESSOAIS

Existem fluxos transfronteiras

Sim   Não   X

Países da U.E.   **Quais:** _____

Outros países _____

Indicar em anexo os fundamentos e condições do fluxo (n.º 2 do artigo 19.º)

11. MEDIDAS PARA GARANTIR SEGURANÇA DAS INFORMAÇÕES		
Segurança implementada no sistema		
Cópias de *backup* (segurança) dos dados	X	Sistemas de processamento de *backup*
Password de acesso às informações	X	Informação cifrada
Segurança física das instalações		
Acesso restrito de pessoas	X	Sistemas de alarme e resposta
Outras Separação lógica entre dados de identificação e dados de saúde. Os dados de saúde são de acesso restrito ao médico de trabalho. O enfermeiro acede aos dados de identificação e aos dados relativos aos cuidados de enfermagem por ele realizados, bem como à data do próximo exame regular. Os funcionários administrativos acedem, apenas, aos dados administrativos.		

12. TEMPO DE CONSERVAÇÃO DOS DADOS PESSOAIS
Qual o tempo de conservação dos dados – Os dados serão eliminados decorridos 6 meses sobre a cessação da relação laboral.

13. FORMA E CONDIÇÕES COMO O TITULAR PODE CONHECER, CORRIGIR EELIMINAR OS DADOS QUE LHE RESPEITEM
Descrição – Desde que o solicite pessoalmente ou por escrito junto dos serviços de medicina do trabalho. Os dados de saúde são revelados pelo médico do trabalho ou por outro médico indicado pelo trabalhador.

Anexos apresentados:
Outra documentação

Os dados recolhidos são processados automaticamente e destinam-se à gestão dos processos de legalização de ficheiros junto da CNPD. O seu preenchimento é obrigatório. Os titulares dos dados podem aceder à informação que lhes respeite e solicitar por escrito, junto da CNPD, a sua actualização ou correcção.

ATESTA A VERACIDADE DA DECLARAÇÃO APRESENTADA ___ / ___ / ___
O RESPONSÁVEL DO TRATAMENTO
NOME _____

ASSINATURA (*)

(*) O formulário deve ser assinado pelo responsável. Tratando-se de sociedade deve ser assinado por pessoa que tenha poderes para a obrigar.

Declaração 4

GESTÃO DA ASSIDUIDADE COM RECURSO A SISTEMAS BIOMÉTRICOS

ATENÇÃO
Aconselha-se a leitura das notas anexas antes de iniciar o preenchimento

A PREENCHER PELA C.N.P.D.

Autorização	Entrada em ___ / ___ / ___
Registo	Proc. N.º _____ / _____

1. RESPONSÁVEL PELO TRATAMENTO

Pessoa Colectiva ou Equiparada
Denominação – Sociedade Fictícia, SA
Natureza Jurídica – Sociedade Anónima
N.º Pessoa Colectiva 1234568899
C.A.E. (indicar o CAE)
Sede – Rua Nova n.º 27, 4.º Esq.
Endereço – Rua Nova n.º 27.º, 4.º Esq.   CP 1000 – Lisboa
Tel.: 213455500   Fax: 213455501   e-mail: geral@socficticia.pt

Pessoa Singular/ Empresário em Nome Individual
Nota: *Este quadro só será preenchido se o responsável – em vez de ser uma «pessoa colectiva ou equiparada» – for uma pessoa singular (v.g. profissional liberal) ou um empresário em nome individual. Neste caso, como é óbvio, não será preenchido o quadro precedente.*

Representante do Responsável do Tratamento
Nota: *este quadro será preenchido, apenas, quando o responsável, nos termos do artigo 4.º n.º 5 da Lei 67/98, tenha que nomear um representante estabelecido em Portugal. Terá que ser preenchido, sempre, um dos quadros precedentes para identificar o **responsável**, o qual – nos termos do artigo 4.º n.º 3 al. c) da Lei 67/98 – não está estabelecido em território da União Europeia.*

Nome _____
B.I./N.I.P.C. _____
C.A.E. _____
Endereço _____ CP _____
Tel.: _____ Fax: _____ e-mail: _____

2. CARACTERÍSTICAS DO SISTEMA (Quadro de Preenchimento facultativo)

Data de Início do Tratamento 12 /12/2003

Equipamento
Sistema central (*mainframe*)
Sistema departamental (médio porte)

Computador pessoal
isolado
em rede **X**

Sistema operativo
Unix
MS-DOS
Novell
Outro

Windows
Windows NT
OS/2
Outro

_____

_____

Suporte lógico
Sistema de Gestão de Bases de Dados **X**   Linguagem de programação

3. FINALIDADE DO TRATAMENTO

Descrição – Tratamento dos dados pessoais de trabalhadores – *impressão digital* – com o objectivo de gestão do horário de trabalho/assiduidade. Registo da hora de entrada e saída na empresa.
Utilização de equipamento (descrição das características do equipamento e marca comercial) que se justifica pelo facto de o sistema existente (cartões magnéticos) permitir a sua utilização por terceiros. Envolve o controlo de 350 trabalhadores. A entidade fornecedora garante a impossibilidade de reversão do template e impossibilidade de cruzamento das características biométricas deste sistema com outros sistemas. O dado biométrico – impressão digital – é armazenado num cartão que é guardado pelo trabalhador. Junta-se, em anexo, documentação técnica relativa às características do equipamento (Anexo I).

4. ENTIDADE ENCARREGUE DO PROCESSAMENTO DA INFORMAÇÃO

Entidade – A empresa responsável pelo tratamento (acima identificada)

Nota: *Caso tenha sido encarregada uma outra entidade para processar os dados (mas que não seja responsável pelo tratamento) deve ser identificada.*

Endereço (o indicado supra)

Tel.: _____   Fax: _____   e-mail: _____

5. DADOS PESSOAIS CONTIDOS EM CADA REGISTO
Tipos de dados pessoais
Descrição – Nome, n.º de empregado, *template* da impressão digital, data e hora de entrada, data e hora de saída.
Dados relativos ao crédito e solvabilidade
Dados pessoais sensíveis   Não   X   Convicções filosóficas ou políticas   Origem racial ou étnica   Vida privada   Dados de saúde, genéticos ou vida sexual   Filiação partidária ou sindical, fé religiosa
Dados pessoais referidos no artigo 8.º   Sim   Não   X   Suspeita de actividades ilícitas   Infracções penais   Contra-ordenações   Outros dados   Quais? _____

6. RECOLHA DE DADOS
Em anexo, juntar documento que serve de base à recolha
Legitimidade do Tratamento   Consentimento dos titulares dos dados . . . .   Para cumprimento de obrigações legais   X   Execução de obrigação pre-contratual . . . .   Para protecção de interesse vital do titular . . . .   Execução de missão de interesse público   X   Prossecução de interesse legítimo . . . .   Exercício de direito em processo judicial . . . .   Inexistência de risco de intromissão na vida privada ou de discriminação . . .
Recolha directa   **Recolha indirecta**   X   Pessoal X   telefone   Internet   Descrição: *Através do fornecimento dos*   *dados através dos serviços de pessoal*   Por impresso   outra

7. FORMA DE ACTUALIZAÇÃO DOS DADOS

Em anexo, juntar documento que serve de base à actualização

Directa   **Indirecta**

pessoal   telefone   Internet   Descrição – Nos termos do ponto anterior.

por impresso   outra

8. COMUNICAÇÃO DE DADOS

Existe comunicação de dados
Não

                              Por telecomunicações

Sim   X

                              Em suporte de papel   X
                              Em suporte magnético   Banda
                              Disquete
Comunicação de dados á Direcção de Pessoal   CD/ROM
com listagem das faltas ao serviço

Em caso afirmativo, indique em anexo as entidades a que podem ser transmitidos os dados e em que condições

9. INTERCONEXÕES

Existe inter-relacionamento de tratamentos   Sim   Não   X

Descrição _____

Em caso afirmativo indicar em anexo o tipo de dados, finalidade, entidades envolvidas e seguranças adoptadas

10. FLUXOS TRANSFRONTEIRAS DE DADOS PESSOAIS

Existem fluxos transfronteiras

                Sim   Não   X

Países da U.E.   **Quais:** _____

Outros países _____

Indicar em anexo os fundamentos e condições do fluxo (n.° 2 do artigo 19.°)

11. MEDIDAS PARA GARANTIR SEGURANÇA DAS INFORMAÇÕES		
Segurança implementada no sistema		
Cópias de *backup* (segurança) dos dados	X	Sistemas de processamento de *backup* X
Password de acesso às informações	X	Informação cifrada
Segurança física das instalações		
Acesso restrito de pessoas	X	Sistemas de alarme e resposta
Outras _____		

12. TEMPO DE CONSERVAÇÃO DOS DADOS PESSOAIS
Qual o tempo de conservação dos dados – O dado biométrico é eliminado logo que o trabalhador seja transferido para outro local de trabalho ou em caso de cessação do contrato de trabalho.

13. FORMA E CONDIÇÕES COMO O TITULAR PODE CONHECER, CORRIGIR EELIMINAR OS DADOS QUE LHE RESPEITEM
Descrição – Desde que o solicite pessoalmente ou por escrito junto da entidade responsável.

Anexos apresentados: *Referido no quadro 3 (documentação técnica relativa às características do equipamento).*
Outra documentação

    Os dados recolhidos são processados automaticamente e destinam-se à gestão dos processos de legalização de ficheiros junto da CNPD. O seu preenchimento é obrigatório. Os titulares dos dados podem aceder à informação que lhes respeite e solicitar por escrito, junto da CNPD, a sua actualização ou correcção.

    ATESTA A VERACIDADE DA DECLARAÇÃO APRESENTADA ___ / ___ / ___
                    O RESPONSÁVEL DO TRATAMENTO
NOME _____

ASSINATURA (*)

    (*) O formulário deve ser assinado pelo responsável. Tratando-se de sociedade deve ser assinado por pessoa que tenha poderes para a obrigar.

Declaração 5
GESTÃO DO CONTROLO DE UTILIZAÇÃO DE E-MAIL E INTERNET PARA FINS ESTRANHOS À ACTIVIDADE DA EMPRESA

ATENÇÃO
Aconselha-se a leitura das notas anexas antes de iniciar o preenchimento

A PREENCHER PELA C.N.P.D.

Autorização	Entrada em ___ / ___ / ___
Registo	Proc. N.º _____ / _____

1. RESPONSÁVEL PELO TRATAMENTO

Pessoa Colectiva ou Equiparada
Denominação – Sociedade Fictícia, SA
Natureza Jurídica – Sociedade Anónima
N.º Pessoa Colectiva 1234568899
C.A.E. (indicar o CAE)
Sede – Rua Nova n.º 27, 4.º Esq.
Endereço – Rua Nova n.º 27.º, 4.º Esq. CP 1000 – Lisboa
Tel.: 213455500   Fax: 213455501   e-mail: geral@socficticia.pt

Pessoa Singular/ Empresário em Nome Individual
Nota: *Este quadro só será preenchido se o responsável – em vez de ser uma «pessoa colectiva ou equiparada» – for uma pessoa singular (v.g. profissional liberal) ou um empresário em nome individual. Neste caso, como é óbvio, não será preenchido o quadro precedente.*

Representante do Responsável do Tratamento
Nota: *este quadro será preenchido, apenas, quando o responsável, nos termos do artigo 4.º n.º 5 da Lei 67/98, tenha que nomear um representante estabelecido em Portugal. Terá que ser preenchido, sempre, um dos quadros precedentes para identificar o **responsável**, o qual – nos termos do artigo 4.º n.º 3 al. c) da Lei 67/98 – não está estabelecido em território da União Europeia.*

Nome _____
B.I./N.I.P.C. _____
C.A.E._____
Endereço _____ CP _____
Tel.: _____ Fax: _____ e-mail: _____

2. CARACTERÍSTICAS DO SISTEMA (Quadro de Preenchimento facultativo)

Data de Início do Tratamento 12/12/2003

Equipamento
Sistema central (*mainframe*)   **X**   Computador pessoal isolado
Sistema departamental (médio porte)   em rede

Sistema operativo
Unix   *Windows*
MS-DOS   *Windows NT*   **X**
Novell   *OS/2*
Outro   Outro
_____   _____

Suporte lógico
Sistema de Gestão de Bases de Dados **X**   Linguagem de programação

3. FINALIDADE DO TRATAMENTO

Descrição – Tratamento dos dados pessoais dos trabalhadores que, no seu posto de trabalho, utilizem o correio electrónico e acedam à Internet.
Junta-se cópia da «Carta Internet» que contém os procedimentos e condições em que é realizado o controlo dos trabalhadores (Anexo I).

4. ENTIDADE ENCARREGUE DO PROCESSAMENTO DA INFORMAÇÃO

Entidade – A empresa responsável pelo tratamento (acima identificada)

Endereço (o indicado supra)

Tel.: _____ Fax: _____ e-mail: _____

5. DADOS PESSOAIS CONTIDOS EM CADA REGISTO

Tipos de dados pessoais

Descrição – Identificação do posto de trabalho, *login, password* que identifica o utilizador. Dados pessoais armazenados pelo respectivo *software* para *e-mail* (outlook) – endereço electrónico do destinatário ou destinatários e remetentes, assunto, conteúdo da mensagem, anexos enviados, data e hora da mensagem – e Internet (Internet Explorer): endereço dos *sites* consultados, data e hora do início e fim da conexão, conteúdos consultados e operações realizadas.

Dados relativos ao crédito e solvabilidade

Dados pessoais sensíveis	Não	X		
Convicções filosóficas ou políticas		Origem racial ou étnica		Vida privada
Dados de saúde, genéticos ou vida sexual		Filiação partidária ou sindical, fé religiosa		

Dados pessoais referidos no artigo 8.º   Sim   Não   X
Suspeita de actividades ilícitas   Infracções penais   Contra-ordenações
Outros dados   Quais? _____

6. RECOLHA DE DADOS

Em anexo, juntar documento que serve de base à recolha

Legitimidade do Tratamento
Consentimento dos titulares dos dados . . . .
Para cumprimento de obrigações legais . . . .
Execução de obrigação pre-contratual . . . .
Para protecção de interesse vital do titular . . . .
Execução de missão de interesse público . . . .
Prossecução de interesse legítimo   X
Exercício de direito em processo judicial . . . .
Inexistência de risco de intromissão na vida privada ou de discriminação . . .

Recolha directa				**Recolha indirecta** X
Pessoal X	telefone		Internet	Descrição: *Através da consulta do servidor de comunicações.*
Por impresso		outra		

7. FORMA DE ACTUALIZAÇÃO DOS DADOS

Em anexo, juntar documento que serve de base à actualização

Directa	**Indirecta**
pessoal telefone Internet	Descrição – Nos termos do ponto anterior.
por impresso outra	

8. COMUNICAÇÃO DE DADOS

Existe comunicação de dados
Não   X

Sim

                        Por telecomunicações

                        Em suporte de papel   X
                        Em suporte magnético   Banda
                        Disquete
                        CD/ROM

Em caso afirmativo, indique em anexo as entidades a que podem ser transmitidos os dados e em que condições

9. INTERCONEXÕES

Existe inter-relacionamento de tratamentos   Sim   Não   X

Descrição _____

Em caso afirmativo indicar em anexo o tipo de dados, finalidade, entidades envolvidas e seguranças adoptadas

10. FLUXOS TRANSFRONTEIRAS DE DADOS PESSOAIS

Existem fluxos transfronteiras

            Sim   Não   X

Países da U.E.   **Quais:** _____

Outros países _____

Indicar em anexo os fundamentos e condições do fluxo (n.º 2 do artigo 19.º)

11. MEDIDAS PARA GARANTIR SEGURANÇA DAS INFORMAÇÕES

Segurança implementada no sistema
Cópias de *backup* (segurança) dos dados   X   Sistemas de processamento de *backup*   X

Password de acesso às informações   X   Informação cifrada

Segurança física das instalações
Acesso restrito de pessoas   X   Sistemas de alarme e resposta

Outras _____

12. TEMPO DE CONSERVAÇÃO DOS DADOS PESSOAIS

Qual o tempo de conservação dos dados – 2 meses

13. FORMA E CONDIÇÕES COMO O TITULAR PODE CONHECER, CORRIGIR EELIMINAR OS DADOS QUE LHE RESPEITEM

Descrição – Para além de o trabalhador ter acesso às suas próprias transacções, pode sempre solicitar, pessoalmente ou por escrito, o acesso aos seus dados pessoais.

Anexos apresentados: *Referido no quadro 3 – cópia da «Carta Intenet» que contém os procedimentos e condições em que é realizado o controlo dos trabalhadores (Anexo I).*

Outra documentação

      Os dados recolhidos são processados automaticamente e destinam-se à gestão dos processos de legalização de ficheiros junto da CNPD. O seu preenchimento é obrigatório. Os titulares dos dados podem aceder à informação que lhes respeite e solicitar por escrito, junto da CNPD, a sua actualização ou correcção.

      ATESTA A VERACIDADE DA DECLARAÇÃO APRESENTADA ___ / ___ / ___
                    O RESPONSÁVEL DO TRATAMENTO
NOME _____

                    ASSINATURA (*)

     (*) O formulário deve ser assinado pelo responsável. Tratando-se de sociedade deve ser assinado por pessoa que tenha poderes para a obrigar.